金融科技

FINANCIAL IT ARCHITECTURE
AND OPERATION
Cloud Native, Distribution and Security

金融级
IT架构与运维

云原生、分布式与安全

魏新宇 宋志麒 杨金锋 ◎著

图书在版编目（CIP）数据

金融级 IT 架构与运维：云原生、分布式与安全 / 魏新宇，宋志麒，杨金锋著 .-- 北京：机械工业出版社，2022.1（2025.1 重印）

（金融科技）

ISBN 978-7-111-69829-6

I. ①金⋯　II. ①魏⋯　②宋⋯　③杨⋯　III. ①数字技术 - 应用 - 银行业务 - 研究　IV. ① F830.49

中国版本图书馆 CIP 数据核字（2021）第 257352 号

金融级 IT 架构与运维：云原生、分布式与安全

出版发行：机械工业出版社（北京市西城区百万庄大街 22 号　邮政编码：100037）

责任编辑：董惠芝　李　艺　　　　　　　　责任校对：马荣敏

印　　刷：北京建宏印刷有限公司　　　　　版　　次：2025 年 1 月第 1 版第 3 次印刷

开　　本：186mm×240mm　1/16　　　　　印　　张：25.5

书　　号：ISBN 978-7-111-69829-6　　　　定　　价：119.00 元

客服电话：（010）88361066　68326294

版权所有 · 侵权必究

封底无防伪标均为盗版

赞 誉

本书详细阐述了在金融领域中使用的分布式架构和容器方面的技术，既有深入的理论分析，又有翔实的案例说明。随着容器平台在IT基础设施中逐步普及，应用系统已经广泛采用分布式架构，并适应云原生技术。书中深入讲述了应用平台技术的发展过程，也对当前容器环境下分布式、微服务、安全等主流技术做出了详细剖析。对于金融行业及其他信息化领先行业的企业，本书都有技术选型和开发指导的作用。

——张建锋　永源中间件总经理

本书汇聚了作者多年售前和售后实践经验，聚焦金融行业客户数字化转型需求，融合云原生、分布式技术和安全，通过多个客户实际落地案例为金融行业IT数字化转型提供了明确的建议和参考。本书对计划及已开展数字化转型的用户具有很强的指导作用和借鉴意义。

——兰庆白　中国民生银行信息科技部架构师

作者对金融IT行业涉猎颇深，书中对金融系统架构的深入分析和独到见解令人印象深刻。市面上很难再找到一本如此贴近实践的技术书，推荐还在传统架构向云架构转型中苦苦摸索的金融IT从业者阅读。

——张林　中国光大银行数据中心资深技术专家

金融行业的发展需要科技力量的加持，金融行业的数字化转型需要完整的解决方案，包括容器云、云边界、云原生、云安全、智能运维。本书正是从上述几个方面深入浅出地阐述技术原理，并佐以真实的行业案例，非常值得金融科技从业者借鉴、学习，有助于他们设计出符合自身特点的数字化转型整体方案。

——徐鲁宁　华夏银行信息科技部资深技术专家

前　言 Preface

目前市面上介绍 Kubernetes 技术、分布式架构、安全、自动化等内容的书很多，但大多停留在单一技术的功能介绍和使用层面，缺乏实际的行业案例分析，未完整地描绘企业数字化转型路线。

本书作者均有多年开源软件架构、运维和开发的经历，在数字化转型方面拥有大量项目实践经验，帮助很多金融行业客户实现了数字化转型。为了让这些经验能够帮助更多的客户，我们决定合著一本真正从实践落地角度出发的书，将开源技术和金融行业客户数字化转型的需求相结合，为金融企业的数字化转型抛砖引玉。

本书主要内容

本书从金融行业客户的数字化转型入手，通过具体案例介绍金融行业客户如何通过开源技术完成金融级 IT 架构与运维，实现数字化转型。全书共 14 章，分为五部分。

第一部分：金融企业 IT 系统（第 1 章）

本部分介绍金融企业 IT 系统的发展历史，重点介绍银行业和保险业的发展历史，然后总结了金融科技的建设路径，为读者了解金融级 IT 架构与运维奠定基础。

第二部分：金融企业的容器云建设（第 2 ~ 4 章）

本部分首先介绍建设容器云的关键考量，然后通过两个具体的容器云建设案例分析如何进行容器云建设，最后介绍容器云上的最佳实践。

第三部分：金融企业的分布式架构与分布式事务（第 5 ~ 8 章）

本部分首先分析并总结金融行业 IT 分布式架构的整体发展趋势，接着分析微服务在容器及非容器架构下的注册中心与服务发现过程以及开放 API 技术平台的建设思路，最后介绍分布式事务的架构与实现，以及分布式事务的最佳实践。

第四部分：金融企业的稳态与敏态安全（第 9 ~ 11 章）

本部分主要讨论稳态中心安全建设与敏态中心安全建设。首先分析金融行业安全现状与建设思路；然后探讨稳态中心安全建设，内容包括防火墙、SSL 卸载和基于数据中心的应用安全防护，以及安全设备编排方案；接着介绍敏态中心安全建设，内容包括可编程蜜罐、iptables 防火墙在云原生中的应用、软件化 SSL 卸载资源池等。

第五部分：金融企业的自动化运维（第 12 ~ 14 章）

本部分首先通过一个具体案例讲解如何基于 Ansible 实现自动化运维，包括如何进行 Ansible 项目的配置、主机、任务、输出管理，然后通过两个客户的具体实践案例介绍 RHEL 的性能优化与配置管理，最后讲解虚拟化与分布式存储的相关内容。

本书亮点

- 一线售前和实施经验总结，具有较强的指导性。
- 将容器云建设、分布式架构与分布式事务建设、稳态与敏态安全建设、自动化运维建设综合起来进行系统阐述。
- 从金融行业客户的实际案例角度出发，为金融行业客户通过开源技术实现 IT 转型提供具体的建议和参考架构。
- 秉承全栈理念，兼顾运维和开发。

读者对象

本书适合金融行业的架构师、IT 经理、应用架构师、开源技术爱好者等阅读。

资源获取

本书中演示使用的全部代码均放到了作者自建的 GitHub 仓库中。由于开源产品的版本迭代较快，因此建议读者站在架构的角度来阅读，不必过于纠结小的版本的差别。

为了控制篇幅并方便读者重现实验，我们为每一章创建了对应的 GitHub Repo，可通过浏览器直接访问，地址为 https://github.com/davidsajare/FSI-IT-construction。

本书勘误

由于开源产品迭代较快，书中的内容难免有过时之处。另外，因编写仓促，笔误或不足之处也在所难免。读者可以关注公众号"大魏分享"（david-share）反馈相关问题，还可以在公众号留言申请加入本书的微信读者群。

最后，祝你在阅读本书的过程中能够有所收获。让我们在开源技术与企业相结合的道路上共同成长！

目录 Contents

赞誉
前言

第一部分 金融企业IT系统

第1章 银行业和保险业中IT系统的发展 2

1.1 银行业中IT系统的发展 2
    1.1.1 银行业的挑战 2
    1.1.2 银行业的业务转型 4
    1.1.3 银行业的信息化建设 4
1.2 保险业中IT系统的发展 6
    1.2.1 保险业的信息化建设 7
    1.2.2 保险业的发展展望 8
1.3 金融科技的建设之路 8
1.4 本章小结 10

第二部分 金融企业的容器云建设

第2章 建设容器云的关键考量 12

2.1 容器云构建金融业敏态业务的考量 12
    2.1.1 国内企业敏态IT建设趋势分析 12
    2.1.2 敏态IT的构建路径 14

    2.1.3 容器云承载的应用 15
    2.1.4 应用上容器云的准入条件和最佳实践 17
    2.1.5 应用容器化迁移步骤 19
    2.1.6 容器应用基础镜像的选择 20
    2.1.7 C语言应用上容器云的方法 23
    2.1.8 容器云的混沌工程 29
    2.1.9 微服务治理框架的选择 36
    2.1.10 容器云常用的中间件与数据服务选择 40
2.2 微服务与容器云的边界 44
    2.2.1 微服务注册中心的选择 45
    2.2.2 微服务配置中心的选择 49
    2.2.3 平台与应用级相结合的注册和配置中心 50
2.3 本章小结 54

第3章 容器云建设案例 55

3.1 H公司容器云建设案例 55
    3.1.1 H公司业务需求 56
    3.1.2 业务需求的技术实现 56
    3.1.3 项目实施成功的关键因素与难点 59
3.2 S公司容器云建设案例 61
    3.2.1 S公司业务需求 61
    3.2.2 项目实施内容与效果 64
3.3 本章小结 75

第 4 章 容器云上的最佳实践 …… 76
4.1 容器云的安全加固 …… 76
- 4.1.1 手工安全加固手段 …… 76
- 4.1.2 传统的 DevSecOps …… 81
- 4.1.3 借助 StackRox 实现 DevSecOps …… 87

4.2 容器云的备份与双活 …… 97
- 4.2.1 容器云的备份 …… 97
- 4.2.2 容器云的多集群管理 …… 100
- 4.2.3 容器云的双活与灾备 …… 109

4.3 容器原生存储的选择 …… 113
- 4.3.1 OpenShift 容器存储架构 …… 114
- 4.3.2 创建 OCS 存储 …… 115
- 4.3.3 使用 rbd 为应用提供持久化存储 …… 121
- 4.3.4 使用 CephFS 为应用提供持久化存储 …… 123
- 4.3.5 OCS Operator 对接外部存储 …… 124

4.4 容器云上的数据库定制化方案 …… 125
- 4.4.1 分布式数据库的发展 …… 125
- 4.4.2 MySQL 的复制与高可用 …… 126
- 4.4.3 OpenShift 提供的 MySQL 容器镜像 …… 127
- 4.4.4 以命令行和模板方式部署 MySQL …… 128
- 4.4.5 使用 S2I 方式定制化部署 MySQL …… 130
- 4.4.6 使用模板部署 MySQL 主从复制 …… 134
- 4.4.7 MySQL 主从复制的限制与不足 …… 136
- 4.4.8 CDC 方案的选择 …… 136

4.5 本章小结 …… 138

第三部分 金融企业的分布式架构与分布式事务

第 5 章 金融行业的 IT 分布式趋势 …… 141
5.1 应用架构分布式演进 …… 141
- 5.1.1 应用服务器技术演进 …… 142
- 5.1.2 微服务拆分案例 …… 147

5.2 分布式应用开发框架选型 …… 152
- 5.2.1 Spring 为什么一直很受欢迎 …… 152
- 5.2.2 Dubbo 分布式开发框架 …… 155
- 5.2.3 某银行微服务开发框架选型规范 …… 159

5.3 金融行业案例分析 …… 161
- 5.3.1 M 银行 SDN 网络资源池建设 …… 163
- 5.3.2 H 银行微服务架构下软负载资源池的应用 …… 165

5.4 本章小结 …… 166

第 6 章 微服务注册发现与开放 API 平台 …… 167
6.1 微服务应用在 Kubernetes 内的注册与发现机制 …… 167
- 6.1.1 Kubernetes 自身分布式架构分析 …… 167
- 6.1.2 Kubernetes 上微服务应用的注册与发现 …… 169

6.2 容器应用发布 …… 174
- 6.2.1 容器应用发布三大方案 …… 174
- 6.2.2 容器应用发布建设方案选型建议 …… 182
- 6.2.3 M 银行容器应用发布案例 …… 184

6.3 全局注册中心与服务发现 …… 185

6.3.1　七层应用注册中心建设⋯⋯⋯⋯186
6.3.2　四层应用注册中心建设⋯⋯⋯⋯189
6.4　开放 API 技术平台⋯⋯⋯⋯⋯⋯⋯⋯191
6.4.1　API 网关与 API 安全⋯⋯⋯⋯⋯193
6.4.2　API 管理系统⋯⋯⋯⋯⋯⋯⋯⋯201
6.5　本章小结⋯⋯⋯⋯⋯⋯⋯⋯⋯⋯⋯⋯206

第 7 章　分布式事务的架构与实现⋯⋯207

7.1　分布式事务概述⋯⋯⋯⋯⋯⋯⋯⋯⋯207
7.1.1　什么是事务⋯⋯⋯⋯⋯⋯⋯⋯⋯207
7.1.2　分布式事务产生的原因⋯⋯⋯⋯208
7.1.3　分布式事务的整体实现方式⋯⋯209
7.2　单体应用的拆分⋯⋯⋯⋯⋯⋯⋯⋯⋯210
7.2.1　单体应用到微服务的演进⋯⋯⋯210
7.2.2　按照业务领域进行垂直拆分⋯⋯213
7.2.3　关系型数据库的分库分表⋯⋯⋯215
7.2.4　再拆分⋯⋯⋯⋯⋯⋯⋯⋯⋯⋯217
7.2.5　按照功能进行水平拆分⋯⋯⋯⋯219
7.2.6　微服务架构的异步实现⋯⋯⋯⋯220
7.3　分布式事务在微服务中的实现⋯⋯⋯221
7.3.1　刚性事务 2PC 的实现⋯⋯⋯⋯222
7.3.2　柔性事务中事务消息的实现⋯⋯223
7.3.3　通过 RocketMQ 半消息实现
　　　　事务消息⋯⋯⋯⋯⋯⋯⋯⋯⋯⋯224
7.3.4　通过本地事务表实现事务消息⋯225
7.4　本章小结⋯⋯⋯⋯⋯⋯⋯⋯⋯⋯⋯⋯231

第 8 章　分布式事务的最佳实践⋯⋯⋯232

8.1　业务高可用的考量⋯⋯⋯⋯⋯⋯⋯⋯232
8.2　应用的无状态设计⋯⋯⋯⋯⋯⋯⋯⋯233
8.3　性能设计⋯⋯⋯⋯⋯⋯⋯⋯⋯⋯⋯⋯235
8.4　应用的无状态化事务的幂等性
　　　设计⋯⋯⋯⋯⋯⋯⋯⋯⋯⋯⋯⋯⋯⋯239
8.5　分布式锁的设计⋯⋯⋯⋯⋯⋯⋯⋯⋯241

8.6　缓存一致性考量⋯⋯⋯⋯⋯⋯⋯⋯⋯244
8.7　Redis Cluster 的跨数据中心复制⋯⋯246
8.8　微服务间的通信协议和消息格式⋯⋯247
8.9　消息中间件的考量⋯⋯⋯⋯⋯⋯⋯⋯250
8.10　分布式追踪系统的考量⋯⋯⋯⋯⋯252
8.11　本章小结⋯⋯⋯⋯⋯⋯⋯⋯⋯⋯⋯254

第四部分　金融企业的稳态与敏态安全

第 9 章　金融行业安全现状与建设思路⋯⋯⋯⋯⋯⋯⋯⋯⋯⋯⋯⋯⋯⋯257

9.1　某银行安全攻防对抗纪实⋯⋯⋯⋯⋯257
9.2　安全监管法律法规与国家
　　　护网行动⋯⋯⋯⋯⋯⋯⋯⋯⋯⋯⋯⋯260
9.3　某银行信息安全建设思路分享⋯⋯⋯263
9.4　本章小结⋯⋯⋯⋯⋯⋯⋯⋯⋯⋯⋯⋯266

第 10 章　稳态中心安全建设⋯⋯⋯⋯⋯267

10.1　防火墙⋯⋯⋯⋯⋯⋯⋯⋯⋯⋯⋯⋯267
10.2　SSL 卸载设备⋯⋯⋯⋯⋯⋯⋯⋯⋯270
10.3　基于数据中心的应用安全防护⋯⋯272
10.4　安全设备编排方案⋯⋯⋯⋯⋯⋯⋯276
10.5　本章小结⋯⋯⋯⋯⋯⋯⋯⋯⋯⋯⋯279

第 11 章　敏态中心安全建设⋯⋯⋯⋯⋯280

11.1　主动防御可编程蜜罐⋯⋯⋯⋯⋯⋯280
11.2　iptables 防火墙在云原生中的
　　　　应用⋯⋯⋯⋯⋯⋯⋯⋯⋯⋯⋯⋯⋯283
11.3　软件化 SSL 卸载资源池⋯⋯⋯⋯⋯289
11.4　基于单个应用的安全防护⋯⋯⋯⋯293
11.5　开放 API 技术平台安全能力建设⋯298
11.5.1　金融开放生态安全方法论⋯⋯298

11.5.2　API 技术平台安全建设实践 … 302
11.6　本章小结 … 310

第五部分　金融企业的自动化运维

第 12 章　基于 Ansible 的自动化运维 … 312
12.1　Ansible 项目配置管理 … 314
12.2　Ansible 项目主机管理 … 318
12.3　Ansible 项目任务管理 … 326
12.4　Ansible 项目输出管理 … 340
12.5　Ansible 项目最佳实践 … 345
12.6　本章小结 … 347

第 13 章　RHEL 的性能优化与配置管理 … 348
13.1　RHEL 7 与 RHEL 8 的技术参数与生命周期 … 348
　　13.1.1　RHEL 7 的技术参数与生命周期 … 348
　　13.1.2　RHEL 8 的新特性 … 350
13.2　RHEL 8 的性能调优与管理 … 355
　　13.2.1　RHEL 8 的性能调优工具 … 355
　　13.2.2　自定义性能配置文件 … 357
　　13.2.3　利用 Ansible Role 实现 RHEL 8 的自动化管理 … 359
13.3　Z 客户实现 RHEL 的补丁管理和配置管理 … 362
　　13.3.1　客户对 RHEL 操作系统的管理需求 … 362
　　13.3.2　实施环境总体架构 … 363
13.4　C 客户使用 Ansible 管理大规模 Linux 的设计与优化 … 365
　　13.4.1　C 客户使用 Ansible 管理 2000 个异地 Linux 系统 … 365
　　13.4.2　Ansible 的调优 … 368
　　13.4.3　Ansible 优化前后对比 … 373
　　13.4.4　Ansible 安全 … 374
13.5　本章小结 … 376

第 14 章　虚拟化与分布式存储 … 377
14.1　虚拟化方案的选择 … 377
　　14.1.1　KVM 大量普及 … 377
　　14.1.2　传统 KVM 虚拟化方案的选择 … 377
　　14.1.3　Kubernetes 统一纳管的虚拟化 … 380
14.2　F 公司 OpenStack 案例 … 382
　　14.2.1　项目背景 … 382
　　14.2.2　需求分析 … 382
　　14.2.3　建设目标 … 382
　　14.2.4　总体架构 … 383
　　14.2.5　云主机容量评估 … 386
　　14.2.6　项目收益 … 387
14.3　存储虚拟化的选择 … 387
　　14.3.1　Ceph 的背景 … 387
　　14.3.2　Ceph 的架构 … 388
　　14.3.3　Ceph 的配置规范 … 389
14.4　T 客户案例 … 389
　　14.4.1　案例背景 … 390
　　14.4.2　红帽 Ceph 节点服务器配置 … 391
　　14.4.3　BlueStore 的设计 … 392
　　14.4.4　故障域设计 … 393
　　14.4.5　网络设计 … 394
14.5　本章小结 … 395

第一部分 *Part 1*

金融企业 IT 系统

第一部分旨在介绍金融企业 IT 系统的发展历史，其中重点介绍了银行业和保险业的发展历史，包括面临的挑战、信息化建设以及未来发展趋势等，然后总结了金融科技的建设路径，希望为读者了解金融 IT 建设奠定基础。

Chapter 1 第 1 章

银行业和保险业中 IT 系统的发展

众所周知，与其他行业相比，金融行业对 IT 的依赖程度最高。因此，金融行业向来是 IT 公司的必争之地。任何一家 IT 公司，在扩展业务时，必然会投入大量的精力拓展金融业务。可以说，对于 IT 企业来说，得金融行业者得天下。IBM、甲骨文、Cisco、EMC、VMware 无不如此。同样，当一家跨国的 IT 公司衰退的时候，金融行业也是它最后退出的行业。在金融行业中，银行和保险行业又是 IT 依赖程度最高的两个子行业。接下来，我们将分析金融行业中银行和保险业的 IT 建设，以期对金融行业客户和服务金融行业的 IT 厂商的技术人员有一定帮助。

接下来，我们将介绍银行业和保险业中 IT 系统的发展。

1.1 银行业中 IT 系统的发展

银行业是金融行业中信息化程度最高的细分行业，其 IT 建设历史由来已久。接下来，我们先来了解银行业中 IT 系统面临的挑战。

1.1.1 银行业的挑战

长久以来，IT 架构服务于银行的业务架构，并为其发展提供了有利的支撑。
- 20 世纪 60 年代，台式机的出现使银行的核心账户处理可以由计算机实现。
- 20 世纪 80 年代，C/S 架构的出现推动了银行 ATM、POS 的快速发展。
- 20 世纪 90 年代，电子商务和新支付手段的出现，拓展了银行业的业务范围。
- 2010 年后，第三平台（云计算、大数据、移动平台、社交媒体）促进银行业的业务创新。IT 的地位大为提升，开始引领业务发展的趋势。

我们知道，在银行业中，无论IT部门地位多么高，它都是服务于业务的。也就是说，IT战略必须服务于业务战略。当IT战略与业务战略相匹配时，它就会成为后者发展的助推器，否则会成为业务发展的鸡肋，犹如生产力和生产关系的关系。

银行业的传统核心业务主要是"存贷汇"。银行在其中充当中介的角色。举例来说，大魏平时将工资存到工行的储蓄卡里，并且通过工行购买一些理财产品。有一天，大魏想购买山姆出售的房子，那购买二手房的流程中，房地产中介会成为整个交易过程的第一中介。购售双方在房地产中介签署购买合同。大魏通过银行汇款支付定金，到银行申请抵押贷款，通过银行打首付，银行批贷下来以后打尾款，拿到房子的钥匙，然后每月按照与银行的贷款约定还贷。在整个过程中，银行充当关键的中介作用，所有环节都绕不开银行（房地产起到第一中介的作用，所以要收取不菲的中介费）。

我们考虑一个较为极端的情况，如果购售双方有足够的信任，购买方直接以现金方式将全部房款付给山姆，而山姆后续会直接消费这些现金（不存到银行中），那么购房行为的所有中间环节就都没有了，银行在其中没有起到任何作用，我们称这种情况为金融脱媒。

在金融脱媒的进程中，头部互联网公司的金融跨界行为起到推动的作用。互联网为资金供需双方提供搜索平台，充当资金信息中介，融资交易由双方自己完成。此外，互联网提供的第三方支付平台为交易双方提供首付款、转账、支付等功能，最终推动无中介金融市场的形成。

为何说头部的互联网企业跨界会对金融、银行带来巨大的挑战呢？主要原因有以下两个。

1）银行对客户的了解程度并不比其他机构高。阿里巴巴这样的电商企业，在自己的领域中，掌握着客户的第一手交易信息，也掌握着消费者的购买记录、还款信息，可以据此构建出非常准确的客户画像，它比银行更了解客户，因此往往能为用户推荐准确的金融服务产品。

2）金融本身是次生需求，只有买东西时资金不够了才会产生融资的需求，任何一家银行都不可能构建起端到端的金融生态。在网上购物盛行的今天，银行更多是被嵌入生态中。

在金融脱媒愈演愈烈的同时，2014年国家放开存款利率管制，银行依赖的存贷利差的传统盈利模式难以为继，银行在这种模式下的竞争陷入红海，银行急需扩展业务类型、创新业务模式来提高盈利能力。

也就是说，当下银行业需要面对的，既有同行业内同质化的竞争，又有互联网的跨界竞争，可谓前有埋伏，后有追兵。在这种情况下，银行如果不做改变，除非国家发行政命令，禁止互联网行业涉足金融领域业务，设置高壁垒来保护银行，否则银行受到的挑战将会越来越大，银行会越来越被动。

1.1.2 银行业的业务转型

近些年,银行信息化建设的一个重要目标就是提升"离柜率"。根据中国银行业协会发布的《2017年中国银行业服务报告》:2017年,中国银行的平均离柜率为88.68%。在银行离柜率提升的过程中,电子渠道的兴起起到了关键性作用。但有些现金业务仍然需要人们去银行物理网点办理。一旦法定数字货币发行,人们对物理网点的依赖将彻底消除。

为了应对各类挑战,2010年开始银行开始大力发展互联网金融业务。目前银行业的互联网金融业务模式主要有五种。

- **第三方支付**:主要形式是银行与第三方支付机构合作。
- **P2P 网络贷款**:如通过网上银行购买理财产品、股票等。
- **大数据金融**:银行可以通过自己内部的大数据或者第三方机构的大数据,分析客户的信用等级,辅助实现快速批贷、信用卡额度快速提升等。
- **传统服务互联网化**:如理财产品交易、贵金属交易、水电费代缴等业务,通过手机银行的移动 App 来实现。银行的传统服务互联网化有三种体现方式,即成立直销银行,与微信银行、支付宝等第三方机构对接,提供转账支付、社交聊天等服务终端。
- **互联网金融门户**:其核心是"搜索+比价",如兴业的"钱大掌柜"、融360等。

在以上五种模式中,传统服务互联网化对于银行来讲是最主动、最直接的方式。自2014年开始,很多银行成立了直销银行。2014年2月28日,国内首家直销银行——民生银行直销银行正式上线。

直销银行是互联网时代应运而生的一种新型银行运作模式,是互联网金融科技(Fintech)环境下的一种新型金融产物。在这一经营模式下,银行没有营业网点,不发放实体银行卡,客户主要通过电脑、电子邮件、手机、电话等远程渠道获取银行产品和服务,因没有网点经营费用和管理费用。直销银行可以为客户提供更有竞争力的存贷款服务及更低的手续费率。降低运营成本、回馈客户是直销银行的核心价值。如兴业银行直销银行,为客户提供智盈宝、定期、理财、基金、兴业宝等丰富的投资理财产品,支持通过多家银行的银行卡直接在线购买,操作简单。

我们知道,一切业务转型,最终都要通过信息化手段实现。接下来我们介绍银行的信息化建设。

1.1.3 银行业的信息化建设

2006—2020 年,中国银行业取得了非常大的发展。金融行业的 IT 架构也发生了很大的变化。值得注意的是,IT 基础架构的变化与应用的发展,是互相推动、相辅相成的。早年间,高度集中式的应用,就比较适合运行在纵向扩展能力很强、稳定性非常高的 IT 基础架构上。随着分布式应用的普及,应用更要求底层架构的横向扩展能力,而对单机/单实例的稳定性要求，反而没有以前那么苛刻。随后，互联网应用兴起，它的分布式、去状态化做得很好，同时要求底层基础架构具有弹性扩展、动态伸缩能力。

整体来看，银行数字化转型分为四个阶段，如表 1-1 所示。

表 1-1 银行数字化转型阶段及其特点

项目	说 明			
银行发展阶段	传统物理银行	数字化银行	电子银行/直销银行	开放平台银行
特点	线下银行，设立大量的营业网点	有数字化渠道，但运营模式和传统物理银行没有区别	只有移动端的线上银行	由多方提供模块化的银行或非银行类产品和服务，又称 API 银行

接下来，我们分析最近 20 年银行 IT 架构的发展。

2000—2010 年，银行主要实现了数据中心大集中，即将分散在各省的小数据中心集中到几个大的数据中心。这段时间是银行的 IT 大建设阶段，银行采购了大量的软件、数据库、小型机、存储设备。银行的核心业务系统部署在大型机上。下面从 UNIX 时代的谢幕开始分析，以期让读者有一定感性认知。

1. UNIX 时代的谢幕，x86 和虚拟化的崛起

在早期，由于小型机（AS400）的硬件、操作系统、驱动，甚至应用，都是由一家或者某几家厂商提供的，所以它的兼容性非常好、稳定性非常高，能够充分满足银行对业务稳定性的要求。笔者在 2011—2014 年就职于 IBM 系统科技部，负责 IBM Power 的售前工作。彼时 IBM Power7 服务器将 IBM 的小型机在中国的业务推到了顶峰。在 2006 年，银行只会将外围的应用放在 x86 服务器上，一些重要的应用和数据库都会运行在小型机或大型机上。在那个时候，很多人（包括笔者在内）都没有意识到，短短的几年后，小型机的衰落会如此之快。2012 年，IBM 小型机在国内的销售额开始下滑，而随着甲骨文收购 Sun 公司并宣布不支持安腾芯片，惠普小型机也逐渐走到了尽头。2019 年年初英特尔宣布安腾处理器开始从 2019 年 1 月 30 日正式退役。2017 年 9 月，甲骨文裁掉了 Solaris 和 SPARC 团队的核心人才，这意味着对于这个产品系列甲骨文未来只提供维护服务，不会再进行研发。

小型机时代的落幕、x86 服务器的崛起，很大程度上得益于 x86 虚拟化技术的普及。虚拟化的高可用、在线迁移等特性，很大程度上弥补了早期 x86 服务器稳定性相对差的缺点。2008 年，工行全面部署服务器虚拟化，这是国内 x86 虚拟化的起点，随即国内银行大量进行 U2L，将 UNIX 的业务下移到 x86 服务器。

2013—2014 年，工行进行了 vSphere 虚拟化大批量采购。2014 年，工行完成了"两地三中心"工程建设。借助 x86+vSphere 虚拟化，2013 年 9 月建行完成北京主生产中心的建设（称为一期），新业务应用全部使用虚拟化、Web 及 App 使用 x86 虚拟化、DB 使用小型机虚拟化。一期建设使得 x86 占比增加了 30%，其与小型机的比例达到 2∶1。2015 年 2 月，建行完成北京与武汉双中心建设（称为二期），二期通过扩大新一代平台规模使得 x86 与小型机比例达到 5∶1。2016 年建行进行北京与武汉三中心的建设（称为三期），小型机数据上移至主机平台或下移到 x86 平台，新一代平台成为行内绝大多数应用运行平台。

2. OpenStack 的出现

OpenStack 的第一个版本 Austin 是在 2010 年 1 月发布的。OpenStack 的出现，直接拉低了很多 IT 公司进入云计算行业的门槛，随后银行也开始了对 OpenStack 的尝试。2017 年，经过多年的技术探索，工行基于 OpenStack 并通过自研云管理平台（CMP）搭建了基础设施云，完成了 6 个云机房模块的建设。但 OpenStack 在银行的普及程度远不及 vSphere 虚拟化。

3. Docker 发布

2013 年 Docker 的出现，使容器具备了"一次打包，四处运行"的能力。从那时起，很多银行（如工行）开始研究 Docker 技术。

2014 年，开源软件在国内赢来了新的发展契机。同年，银监会发文要求银行逐步实现 IT 技术自主可控，很大程度上推动了开源软件在国内的发展。

2014 年 6 月，Kubernetes 发布，2015 年红帽基于 Kubernetes 的容器云平台 OpenShift 3 发布，奠定了 Kubernetes 在容器调度平台方面事实标准的基础和 OpenShift 在企业客户容器云市场垄断地位的基础。

2016 年，银监会发布了中国银行业信息科技"十三五"发展规划，规划实施时间为 2016 年至 2020 年。规划认为，开源软件符合"开放性强、透明度高、适用面广的信息技术"属性；其次，使用开源软件有助于银行业保障网络和信息安全，实现风险可控，并建议银行研究开源软件在银行重要信息系统中的应用。

从 2016 年开始，银行开始筹划构建基于容器的 PaaS 平台。2017 年，IBM 中标工行 PaaS（Docker）云计算项目。2018 年，招行使用 OpenShift 构建容器云平台。2019 年，农行使用 OpenShift 构建容器云平台。此外，中信银行信用卡中心也使用 OpenShift 构建了容器云平台。2016—2020 年，多家银行纷纷成立金融科技公司。截至 2020 年 8 月，五大行均成立了金融科技公司。

2020 年，新冠肺炎疫情在全球爆发，这对包括银行在内的各个行业产生了重大的冲击。对于银行来说，应该如何应对？从整体上看，应加速数字化转型，增加数字化分销渠道，大力发展数字化支付。

在介绍了银行业 IT 系统的发展后，我们接下来看保险业中 IT 系统的发展。

1.2 保险业中 IT 系统的发展

建国以后，保险业历经人保的成立、产寿分离、放开外资保险市场、实现互联网保险等阶段。整体而言，保险业竞争激烈程度增加，垄断性利润再难复现。下面我们先来了解保险业的信息化建设。

1.2.1 保险业的信息化建设

保险业的发展和信息化建设大致经历了如下阶段。

1992 年之前，保险业的业务处理几乎全通过手工记账的方式完成。

1992—2000 年，保险公司以市、县为中心逐步实现电算化。在这期间，保险业完成了产寿分离，引入代理人机制，各市、县开发了大量单独出单应用。

2000—2006 年，保险业进行了全险种、全流程的建设。在此之前，保险公司逐步建立和实践"以客户为中心"的思路，坚持以服务为核心的"全险种、全流程"的核心业务系统，逐步开始数据集中。

2006—2010 年，保险公司进行了如下建设：建立"全组织、全核算"的绩效考核体系；保险业大集中完成；在竞争的驱动下逐渐开始在集中的数据上挖掘业务价值（CC、BI、CRM 等）。

2010—2016 年，是保险公司 IT 业务创新的几年，在此期间保险公司完成了多中心建设、新一代系统建设、IT 与业务的融合（理念、战略、价值链、行动），IT 架构开始支持快速变化、灵活变化并引导服务的创新。

2016—2020 年，保险公司逐步构建互联网+业务系统，通过构建敏捷的 IT 基础架构，构建互联网核心，与传统保险核心并存。传统保险与互联网保险的对比如表 1-2 所示。

表 1-2 传统保险与互联网保险的对比

	传统保险	互联网保险
信息处理	困难	容易
风险评估	信息不对称	数据丰富、信息对称
资金供求	通过银行	自行解决
支付	保险业支付渠道	集中和个人移动支付相统一
供求方	间接交易	直接交易
产品	需要设计复杂的对冲风险	简单化
成本	交易成本高	保险市场互联网化，成本低

保险行业的 IT 建设，也经历了大量使用小型机以及 x86+ 虚拟化大量普及的过程。以中国人保为例，2011 年，它开始进行信息系统全国大集中，2012 年采用 x86+vSphere 虚拟化技术构建了佛山南数据中心。在该数据中心，除了数据库之外的业务，大多运行在 x86 虚拟机中。

2016 年保监会印发《中国保险业发展"十三五"规划纲要》，里面提到："充分运用新理念、新思维、新技术，积极探索新产品、新渠道、新模式，加快形成以创新为主的保险业发展新业态、新动力。"这在客观上推动了互联网保险的发展，一些保险公司构建了基于容器云的互联网核心业务。

随着 Kubernetes 技术的兴起，保险公司也开始构建容器云。如 2017 年华泰人寿基于 OpenShift 构建了容器云，2019 年农银人寿基于 OpenShift 构建了容器云。此外，大地保险也基于 OpenShift 构建了容器云。从目前看，保险业的 IT 投资重点有以下两方面。

- 效率提升方面（RPA、AI），关键决策人是首席运营官（COO）。
- 核心现代化（云计算、API、微服务），关键决策人是首席执行官（CEO）、首席信息官（CIO）。

1.2.2 保险业的发展展望

2020 年年初爆发的新冠肺炎疫情同样对保险行业造成了较大冲击。疫情具体会如何影响保险行业未来的发展呢？我们可以从三个角度进行分析：市场格局、竞争格局、客户需求。

从市场格局看：中国保险业在整个亚太地区是增长最快的，2013—2017 年中国寿险增长了 25%（4000 亿美元，2017 年），财险增长了 13%（1500 亿美元，2017 年）。而日本寿险同期增长 –1%，财险增长 2%。在整个亚太地区，从 2000 年到 2020 年，寿险的增长率远远高于财险。从 CIO 的角度来看，2020 年保险公司面临的最大压力来自监管要求和运营成本。对于中国而言，监管要求云服务合作伙伴必须是本地的，而且数据也必须放在本地。

从竞争格局看：在中国，排名前 3 的保险公司（中国平安、中国人寿、太平保险）占了 60% ~ 90% 的市场份额。此外保险公司面临着较大的跨界竞争压力，如众安保险、微保等。

从客户需求看：各年龄段人口占比的变化使保险业面临巨大风险，尤其是寿险（老年人投保率高可能意味着更多的索赔）。2000 年，中国 65 岁以上人口占比约为 6.9%，到了 2040 年，这个数字将变为 23.8%。在中国，千禧一代有一定的保险购买需求（如车险、寿险），他们对数字化交互有强烈的偏好。

2020 年，亚太保险公司在新销售、索赔和投资组合方面的收入下降。但亚太地区的 IT 支出（如软硬件采购），预计比其他地区反弹得更快，所以整体上我们看好国内保险行业的发展。

1.3 金融科技的建设之路

前文提到了目前五大行已经成立了金融科技公司，一些保险公司也成立了自己的科技公司，如平安科技。那么互联网金融和金融科技有什么区别呢？

互联网金融实际上是金融行业在渠道方面的一种拓展，即其是一种通过互联网渠道来实现商业化的模式，简单而言就是将互联网作为一种金融产品的销售渠道。而金融科技的重点在于技术变革，是用大数据、人工智能、区块链等一系列的技术，去为金融机构服务。金融科技不仅可以服务于互联网金融，还可以服务于传统金融。因此，金融科技中既包含传统的稳态 IT 支撑稳态业务，也包含敏态 IT 支撑敏态业务。整体而言，金融科技的建设路径如图 1-1 所示。

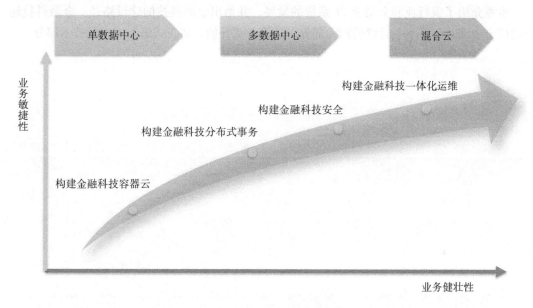

图 1-1　金融科技的建设路径

图 1-1 中所示横坐标表示业务健壮性，其建设步骤通常分为如下三个。

第一步：建设单数据中心。大多数企业级客户，如金融、电信和能源类企业，其业务系统运行在企业数据中心内部的私有云上。在数据中心建设初期，它们通常用的是单数据中心。

第二步：建设多数据中心。随着业务规模的扩张和重要性的提升，企业通常会建设灾备或者双活数据中心，这样可以保证当一个数据中心出现故障时，业务不会受到影响。

第三步：构建混合云。随着公有云的普及，很多企业级客户，尤其是制造行业的客户，开始将一些前端业务系统向公有云迁移，使得客户的 IT 基础架构最终成为混合云的模式。

图 1-1 中的纵坐标表示业务敏捷性，企业在业务敏捷性方面的转型通常包含以下四步。

第一步：通过容器云构建云原生平台，承载金融科技的新型的敏态业务。容器云平台为开发人员提供了构建应用程序的环境，旨在加快应用开发的速度，实现平台即服务，使业务敏捷且具有弹性。

第二步：基于容器云对传统的单体应用进行改造，构建分布式架构和分布式事务。

第三步：实现敏态业务的安全，即实现基于容器云的敏态业务的防火墙、API 安全。

第四步：提升传统稳态 IT 的运维效率。通过 Ansible 实现稳态 IT 的运维自动化并提升敏态业务的效率，最终实现金融科技一体化运维。

1.4 本章小结

本章介绍了银行业和金融业 IT 系统的发展，并给出金融科技的建设路径。金融科技建设的四个步骤对应着本书后续的四大部分。从第 2 章开始，将正式进入本书的技术部分。

第二部分 *Part 2*

金融企业的容器云建设

第二部分为金融企业的容器云建设,包括第2~4章。第2章首先介绍了建设容器云的关键考量,包括国内企业敏态IT建设趋势分析、敏态IT构建路径、容器云承载的应用、应用上容器云的准入条件和最佳实践、应用容器化迁移步骤、容器应用基础镜像选择、C语言应用上容器云的具体实现方法等,然后介绍了微服务与容器云的边界,旨在帮助读者更好地理解并应用到实践中。第3章通过两个具体的容器云建设案例分析如何进行容器云建设,帮助读者加深理解。第4章对容器云上的最佳实践,包括容器云的安全加固、容器云备份与双活、容器原生存储的选择以及容器云上数据库定制化方案等进行了详细介绍。

Chapter 2 第 2 章

建设容器云的关键考量

在本章，我们首先会从容器云构建金融业敏态业务的考量入手展开介绍，包括国内企业敏态 IT 的建设趋势与构建路径、应用上容器云的准入条件、迁移步骤、镜像选择、实现方法等，然后介绍了微服务与容器云的边界，以期让读者加深理解。

2.1 容器云构建金融业敏态业务的考量

近两年，很多金融企业已经开始部署或计划部署容器云。我们先分析一下容器云如何帮助金融客户构建敏态 IT 以及适合容器云的应用是什么。

2.1.1 国内企业敏态 IT 建设趋势分析

我们知道，在敏态 IT 建设过程中，DevOps 的建设是其中最重要的一个环节。笔者这里通过对云计算开源产业联盟发布的《中国 DevOps 现状调查报告》⊖进行解读，分析国内企业敏态 IT 建设趋势。

阅读报告，可以得出如下 21 条结论。

1）国内企业普遍接受了 DevOps 的观念，并已经开始实践敏捷开发。

2）敏捷管理实践排名采用度依次为：发布计划、看板、每日站会、Spring 迭代。Sprint 迭代是 DevOps 的基础。举例来说，红帽 OpenShift 采用 Sprint 迭代模式开发，而 Ansible 采用看板模式开发。

3）最受欢迎的四个工程实践：持续集成、自动构建、单元测试、持续部署。

⊖ 报告完整内容见 https://github.com/davidsajare/FSI-IT-construction/blob/main/Chapter2/China-DevOps-report.pdf。

4)项目管理使用最多的工具是 JIRA。

5)多数企业将代码、配置管理、自动化脚本被纳入版本控制系统。

6)代码主干集成比例提升。

7)自动化测试比例大幅提升,但模糊测试、混沌测试、全链路测试仍需要提升。

8)测试左移比例提升,但仍不高。

9)大多数客户在使用虚拟机和容器。

10)告警平台的智能化与自动化决策有待提升。

11)运维全生命周期数据智能化分析有待提升。

12)变更管理可视化能力有待提升。

13)智能化配置管理和关联分析能力弱。

14)全链路容量管理能力有待提升。

15)自动化和智能化高可用管理能力有待提升。

16)企业应用 RTO 有待提升。

17)Spring Boot 和 Spring Cloud 被大量使用。

18)两成企业微服务拆分简单粗暴。

19)半数以上企业尝试 DevSecOps。

20)选择混合云的企业比重增加,选择公有云的企业比重下降。

21)超过 20% 的企业无法判断 DevOps 实践是否成功。

通过以上 21 条结论,我们来分析企业今后在敏态 IT 方面的 8 个建设重点。

1)混沌工程平台的建设会成为继容器云、DevOps 建设后,企业 IT 建设这两年的重点。

2)企业短时间很难实现所有应用上容器,虚拟机+容器模式将会长期存在,因此 DevOps 建设应该考虑虚拟机+容器的混合环境。

3)智能告警、运维、变更、自动化等平台建设是企业在 DevOps 建设后,提升运维能力的重点建设方向。

4)企业应用 RTO 有待提升,企业会重视基于容器云实现业务的双活建设,保证在单数据中心出现故障时,服务不降级。

5)DevSecOps 被普遍接受,将容器云的安全工具纳入 DevSecOps 工具成为企业 IT 建设的主要方向。

6)Spring Boot 和 Spring Cloud 仍然受欢迎,因此 Istio 大规模商用的基础目前尚不存在。

7)20% 的企业单体应用拆分简单粗暴,因此使用专业的方法论(如 DDD)拆分单体应用,并进行微服务落地是建设重点。

8)选择混合云的企业比重增加,因此基于混合云实现 DevOps、多云管理是企业建设的重点。

2.1.2 敏态 IT 的构建路径

在物理机中部署应用，我们需要先安装操作系统（如 Linux），然后安装应用服务器（如 WebLogic、Tomcat），再部署应用包（如 war 包）。在虚拟化环境中，可以将部署了应用服务器的虚拟机做成模板，如果需要部署新的应用服务器，可先进行模板部署，再将应用包部署到应用服务器上。

虚拟化环境下应用部署的便捷性有了很大的提升，但在应用弹性扩容方面，效果还是不理想。在业务突然繁忙的时候，如银行的纪念币销售、保险公司的开门红业务造成大量的突发访问请求，紧急通过模板部署虚拟机、部署并启动应用，显然耗时太长。但是，如果提前准备虚拟化环境，一来增加工作量，浪费资源，二来临时准备的虚拟机，也未必能够承载突增的业务访问请求。所以，构建容器云是金融科技敏态业务的基础。金融科技敏态 IT 的构建分为 5 个步骤，如图 2-1 所示。

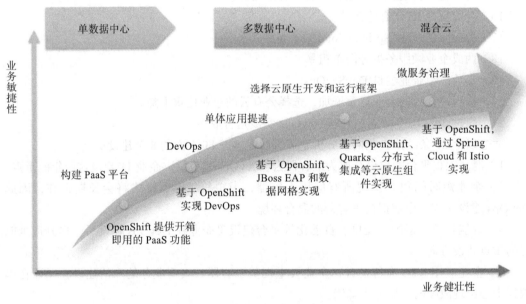

图 2-1　金融科技敏态 IT 构建路径

接下来，我们针对图 2-1 中的 5 个步骤进行说明。

- 在容器云中，我们可以通过模板直接部署应用服务器的容器化镜像，同时在部署的时候，也可以借助类似 Java Source to Image 的开源技术⊖实现从源码构建应用以及应用的容器化。而当业务请求量高时，可以通过容器云的自动横向扩容来实现应用服务器的横向扩展。在容器云中，我们可以通过容器镜像仓库统一管理容器镜像，实现容器镜像的标准化，然后将应用的配置放到配置仓库，这样相同的容器镜像，

⊖　https://docs.openshift.com/online/pro/using_images/s2i_images/java.html。

在不同的环境部署时只需使用不同的配置文件即可，从而大幅提升应用部署速度。
- 借助于容器云，我们可以便捷地实现 CI/CD 工具链的落地，提升应用的开发和发布速度。
- 传统的应用服务器通常较重，如 WebLogic，在向容器云迁移时存在一定的难度，需要将应用迁移到轻量级的应用服务器（如 Tomcat）或进行微服务拆分。近两年，随着 Spring Cloud 和 Service Mesh 的发展，越来越多的新型应用在设计之初就已经符合微服务的设计原则。
- 云原生计算基金会（Cloud Native Computing Foundation，CNCF）一直主推的云原生，实际上也是以轻量级应用开发框架为核心，以分布式、容器化的开源中间件堆栈为依托，以容器云为承载平台实现的。
- 加快微服务的落地，也是很多企业选择构建容器云的重要目的。

在介绍了金融科技通过容器云构建敏态 IT 的路径后，接下来我们介绍适合于容器云承载的应用。

2.1.3 容器云承载的应用

容器云在发展之初，主要是承载无状态的、轻量级的应用。比较常见的企业级应用有运行在 Tomcat 中的 War 包，或者以 Spring Boot 方式打包并运行在 OpenJDK 中的 Fat Jar。可以看到，这类应用都是重要性相对较低的 Web 应用。如果容器云平台只是 Web 类、网站前端类的应用，显然容器云平台的重要性也不会太高。在 Kubernetes 层面，我们可以通过 Statefulset 支撑有状态应用，而大量无状态应用和少量有状态应用则在容器云运行，如图 2-2 所示。

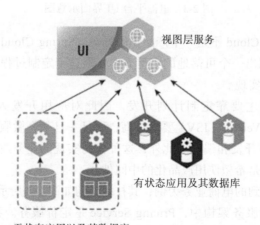

图 2-2　容器云承载应用种类

随着 Operator 项目的兴起并被 CNCF 采纳，有状态应用集群也可以很方便地在容器云上部署和管理。目前 OperatorHub 已经有超过 3000 种有状态应用，并且仍在迅速增长，如 etcd、ElasticSearch、TiDB 等。

如果我们想让容器云承载更为复杂的业务，那势必需要借助一些类似中间件的架构，才能使容器化应用体系化。Spring Cloud 作为一种微服务治理框架，本身具备一定中间件功能。例如在 OpenShift 上基于 Spring Cloud 开发一套电商平台，其 UI 界面如图 2-3 所示。

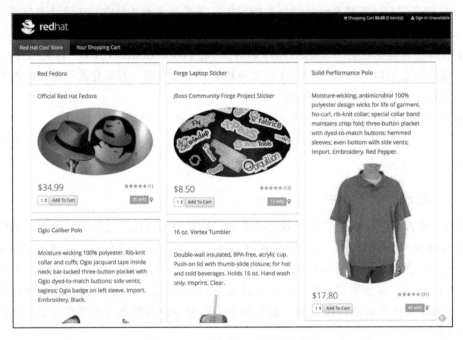

图 2-3　电商平台 UI 界面示意图

本质上讲，Spring Cloud 不是一个产品化的方案。Spring Cloud 包括大量组件，可以根据客户的不同需求定制出一个可落地的完整方案，但这个定制过程涉及较多的架构相关的工作，以及业务代码的实现。

由于 Spring Cloud 主要靠定制计划开发，因此对应用开发人员或独立软件开发商（Independent Software Vendor，ISV）要求很高，而且一旦某个微服务模块的业务逻辑发生变化，都需要重新定制开发和编译。此外，这种代码实现的业务逻辑缺乏 IT 厂商的支持。因此，不少企业客户还是希望使用产品化的中间件。

我们仍然以上文提到的电商业务为例，其技术架构如图 2-4 所示。

在图 2-4 所示的微服务架构中，Pricing Service 是定价服务。我们可以通过代码的方式实现定价逻辑，但工作量较大，且变更不方便。在 Pricing Service 中，如果使用 JBoss BRMS 产品实现定价业务规则，则会灵活得多。因为开发者可以只关注业务代码开发，而无须将过多精力放在架构开发上。

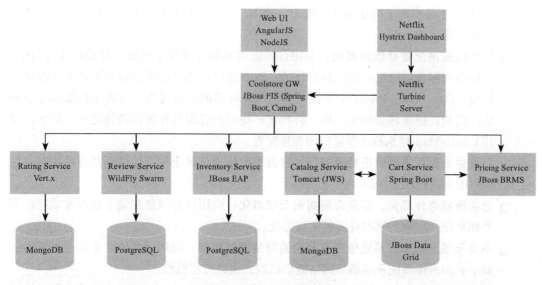

图 2-4 电商业务技术架构示意图

近两年，中间件厂商针对容器云发布了更为轻量级的容器化中间件，主要也是这个目的。如 IBM 推出了 WAS Liberty，红帽推出了很多云原生相关的开源方案，如 Quarkus（云原生开发框架）、Camel-K（云原分布式集成）、Kogito（云原生业务流程自动化）、Debezium（云原生的 CDC）、AMQ-Streams（容器化 Kafka）、JBoss Data Grid（云原生分布式缓存）。具体技术细节，可以参考《云原生应用构建：基于 OpenShift》这本书。

Spring Cloud 的本质和首要目的，是实现微服务治理。但我们知道 Spring Cloud 的治理框架是代码侵入式的，不是针对 Kubernetes 原生的微服务治理框架，所以代码开发人员需要站在七层协议的角度，同时关注微服务之间的调度关系。2017 年由谷歌和 IBM 主导，正式开源了 Service Mesh 架构：Istio。Istio 的目的是将微服务的治理框架交由底层 Istio 和 Kubernetes 来实现。但 Istio 并不负责具体微服务的业务逻辑，比如上文举的 Pricing Service 微服务的例子，其定价规则可以由代码实现，也可以由容器化中间件实现。

随着 Kubernetes 的发展，现在有一个新的技术趋势：在容器云中以 Pod 的方式运行虚拟机，这样容器云平台就能够提供普通容器无法实现的功能。例如 OpenShift 上的 OpenShift Virtualization 技术，对应开源社区的 KubeVirt 技术。OpenShift Virtualization 能够承载的应用包括 WebSphere Application Server、Oracle DB、MSFT SQL Server（non-clustered）、IBM DB2 LUW、MySQL 等。相信通过类似的技术，越来越多的应用会向容器云迁移。

2.1.4　应用上容器云的准入条件和最佳实践

整体而言，应用上容器云的准入条件包含如下几个方面（包含但不限于）。

- 已建立了清晰的可自动化的编译及构建流程：应用使用如 Maven、Gradle、Make 或

Shell 等工具实现了构建编译步骤的自动化，以便在容器平台上实现自动化的编译及构建流程。

- **已实现应用配置参数外部化**：应用已将配置参数外部化于配置文件或环境变量中，以便应用容器能适配不同的运行环境。包含特定环境的配置的容器镜像不能在整个环境（Dev、QA、Prod）中升级。为了实现可靠的发布过程，应将在较低环境中测试过的相同镜像部署到生产中。将特定环境的配置保留在容器镜像之外，例如，使用 ConfigMap 和 Secret 存储应用程序配置。
- **已提供合理可靠的健康检查接口**：容器平台将通过健康检查接口判断容器状态，对应用服务进行状态保持。
- **已实现状态外部化，以及应用实例无状态化**：应用状态信息存储于数据库或缓存等外部系统，应用实例本身实现无状态化。
- **不涉及底层的操作系统依赖及复杂的网络通信机制**：应用以处理业务为主，不强依赖于底层操作系统及组播等网络通信机制，提高可移植性。
- **部署交付件及运行平台的大小在 2GB 以内**：轻量级的应用便于在大规模集群中快速传输分发，更符合容器敏捷的理念。
- **启动时间在 5 分钟以内**：过长的启动时间将不能发挥容器敏捷的特性。

如果应用明显不符合上述条件，则其暂时不适合运行在容器上。

在应用上容器云时，除了需要遵循以上准入条件，还需要尽量符合以下最佳实践。

- **在 Pod 定义中指定资源请求和资源限制**。如果请求资源的配置不正确的话，那么应用程序可能会耗尽内存或导致 CPU 资源不足。指定请求的内存和 CPU 资源可以使集群做出适当的调度决策，以确保应用程序具有足够的可用资源。
- **使用 Pod 中断预算保护应用程序**。在某些情况下，需要将应用程序容器从集群节点中逐出。例如，在管理员可以执行节点维护之前或在缩减规模时集群自动缩放器可以从集群中删除节点之前，需要驱逐 Pod。为确保驱逐 Pod 时应用程序仍然可用，你必须定义各自的 PodDisruptionBudget 对象。PodDisruptionBudget 是一个 API 对象，用于指定保证应用可用的最小副本数或最小百分比。
- **每个容器运行一个进程**。避免在单个容器中运行多个进程。每个容器中运行一个进程可以更好地隔离进程，避免信号路由出现问题。
- **应用程序监视和警报**。应用程序监视和警报对保持应用程序在生产中良好运行并满足业务目的至关重要。可以使用 Prometheus 和 Grafana 等监视工具来监视你的应用程序。
- **配置应用程序以将其日志写入 stdout 或 stderr**。容器云将收集这些日志并将其发送到集中位置（ELK、Splunk）。在分析生产问题时，应用程序日志是宝贵的资源。基于应用程序日志内容的警报有助于确保应用程序按预期运行。
- **考虑实施弹性措施：断路器、超时、重试、速率限制**。弹性措施可以使你的应用程序在出现故障时表现更好。它们可保护你的应用程序免于过载（速率限制、断路器），并在遇到连接问题（超时、重试）时提高性能。考虑利用 OpenShift Service Mesh 来实现这些措施，需在应用程序中更改代码。
- **使用受信任的基础镜像（base image）**。尽可能使用容器厂商提供的企业级容器镜像。容器厂商提供的镜像已通过测试、安全加固并有相应的技术支持。如果使用社区提供的镜像，请尽量使用你信任的社区提供的镜像。不要使用公共注册表（例如 Docker Hub）中有未知来源的镜像。
- **使用最新版本的基础镜像**。通常，仅最新版本的容器镜像包含所有可用的安全修复程序。设置 CI 管道，以便在构建应用程序镜像时始终提取最新版本的基础镜像，同时在更新的基础镜像可用时重建应用程序。
- **使用单独的构建镜像和运行时镜像**。创建具有最小依赖的、单独的运行时镜像可减少攻击面，并产生较小的运行时镜像。构建镜像包含构建依赖关系，构建依赖关系对于构建应用程序是必需的，对于运行应用程序则不是必需的。
- **尽可能遵守受限制的安全上下文约束（SCC）**。修改你的容器镜像以允许在受限制的 SCC 下运行。应用程序容易受到攻击，强制使用 OpenShift 受限制的 SCC 可提供最高级别的安全性，以防止在应用程序被破坏的情况下损害集群节点。
- **使用 TLS 保护应用程序组件之间的通信**。应用程序组件可能会传达应受到保护的敏感数据。除非你认为基础 OpenShift 网络是安全的，否则你可能希望利用 TLS 保护应用程序组件之间的通信。考虑利用 OpenShift Service Mesh 从应用程序中卸载 TLS 管理。

2.1.5 应用容器化迁移步骤

针对已有传统应用系统的改造迁移，通常需要经过如图 2-5 所示的流程。

图 2-5 应用容器化迁移流程图

从图 2-5 中，我们可以看到应用容器化迁移大致需要经历 6 个步骤。
- **应用准入评估**：根据制定的应用准入评估准则对要迁移的应用或系统进行评估，如果满足运行在容器云上的准入要求，则进行应用迁移方案的制定。
- **制定应用迁移方案**：在应用迁移方案制定中，需要综合考虑应用或系统的技术语言、通信协议、中间件版本、配置传入方式、日志输出方式、应用灰度发布等技术实现细节，并结合 Kubernetes/OpenShift 的特性以及约束制定迁移方案，其间可能需要进行必要的技术验证。
- 应用改造：待应用迁移方案确定并得到认可之后，可能需要对应用进行必要的改造，以最佳的形式在 Kubernetes/OpenShift 上运行，如日志的输出形式、配置外部化等。
- 应用容器化：将应用改造或打包为可以容器形式运行的过程。应用容器化通常包括基础镜像制作、应用容器化构建、其他技术组件容器化这三个方面。
- 迁移验证和正式迁移：在应用容器化完成之后，就可以进行迁移验证了。如果过程中出现问题可能需要随时调整，最终达到符合预期的效果就可以正式迁移了。

可以看到，在这 6 个步骤中，最关键的是制定应用迁移方案和应用容器化。应用迁移方案没有一个通用的形式，它会因应用系统的不同而差异很大，所以企业需要根据应用系统的特点制定。后文将着重介绍应用容器化的方法。

2.1.6　容器应用基础镜像的选择

应用容器化的第一步就是选择基础镜像，具体遵循如下选择标准。

镜像应从官方途径获得，避免使用来自社区构建和维护的镜像。应用镜像应在 PaaS 平台中构建，所选择的基础镜像应来自可信的镜像源，包括：
- Docker Hub 官方镜像（https://hub.docker.com）；
- 红帽容器镜像库 registry.access.redhat.com 或 registry.redhat.io。

在容器云中，我们更推荐使用第二类镜像。红帽提供的镜像经过了严格的安全扫描，其镜像扫描遵循如下规则。
- 镜像中不能出现严重（Critical）和重要（Important）级别的安全问题。
- 镜像应遵循最小安装原则，在镜像中不要引入与应用系统运行无关的组件和软件包。
- 镜像应为非特权镜像（Unprivileged Image），不需要提升容器运行权限。
- 镜像应经过数字签名检查，避免镜像被覆盖和篡改。
- 安全扫描仅限在镜像范围，不会涉及源码等其他资源。

根据扫描结果确定镜像的健康级别，只有 A、B 级别可运行在 OpenShift 平台上，避免使用 C 及以下级别的镜像，如图 2-6 所示。

图 2-6　镜像安全等级

红帽的很多基础镜像，是可以直接从互联网拉取（无须额外的认证）的，如 RHEL7 的基础容器镜像，如图 2-7 所示。

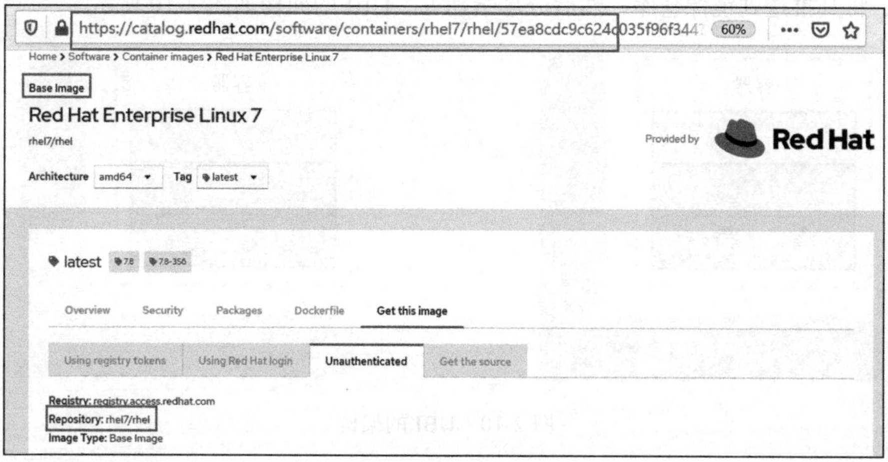

图 2-7 RHEL7 的基础容器镜像

查看镜像的健康等级，如图 2-8 所示。

图 2-8 查看镜像的健康等级

使用 Docker 或者 Podman 都可以拉取镜像，如图 2-9 所示。

图 2-9 成功拉取容器镜像

除了 RHEL 容器镜像之外，红帽还提供了通用基础镜像（Universal Base Image，UBI），该镜像可以运行在任何 OCI 兼容的 Linux 上。这意味着我们可以在 UBI 上构建容器化的应用程序，将其推送到镜像仓库，然后分享给别人。UBI 的架构如图 2-10 所示。

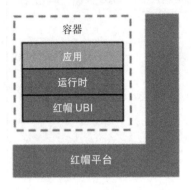

图 2-10　UBI 的架构

什么时候使用 UBI？可以参照以下几种情况。
❑ 开发人员想要构建一个容器镜像，以便可以更广泛地分发。
❑ 运营团队希望获得具有企业全生命周期可支持的基础镜像。
❑ 企业想要为客户提供 Kubernetes Operator。
❑ 客户希望在其红帽环境中获得企业支持。
❑ 社区希望更自由地共享容器化的应用程序。

UBI 7 支持 8 类容器镜像，供我们自行选择，如图 2-11 所示。

UBI 7 IMAGES	USAGE
ubi	For standard use cases
ubi-minimal	For apps with minimal dependencies
ubi-init	For running multiple applications with systemd
nodejs-8	For building and running web-based Node.js applications
php-72	For building and running web-based PHP applications
python-27	For building and running web-based Python 2 applications
python-36	For building and running web-based Python 3 applications
ruby-25	For building and running web-based Ruby applications

图 2-11　UBI 7 提供的 8 类容器镜像

我们可以在任意安装了 Podman 或 Docker 的 Linux 服务器上获取 UBI 的镜像，如图 2-12 所示。

```
[root@ip-172-31-44-35 ~]# docker pull registry.access.redhat.com/ubi7/ubi:7.6
7.6: Pulling from ubi7/ubi
2b10c4b8508a: Pull complete
1fe78366afe1: Pull complete
Digest: sha256:adf499ed354847d81fbd993546c8bd1ba414e3a45fa10b5c68f532fa09d2f172
Status: Downloaded newer image for registry.access.redhat.com/ubi7/ubi:7.6
registry.access.redhat.com/ubi7/ubi:7.6
[root@ip-172-31-44-35 ~]# docker images | grep -i 7.6
registry.access.redhat.com/ubi7/ubi         7.6          247ee58855fd     11 months ago    204MB
[root@ip-172-31-44-35 ~]#
```

图 2-12　获取 UBI 的镜像

目前，红帽 UBI 已经发布到 Docker Hub 中，也就是说即使没有 OpenShift 的订阅，也可以使用这个基础镜像，如图 2-13 所示。

图 2-13　ubi8-minimal 镜像

2.1.7　C 语言应用上容器云的方法

截至目前，笔者所接触的容器云上运行的应用，大多基于 Java 语言，少量基于 Python、Go 语言。由于 Java 是解释型语言，使用 OpenJDK 或 Tomcat 的基础容器镜像实现应用容器化即可，这里不再赘述。而 C 语言是本地编译的，这可能会和编译环境的操作系统产生关联。在本节中，我们将具体介绍 C 语言应用上容器云的方法。

C 语言应用上云需要考虑的第一点是基础镜像。如果容器云使用的基础镜像与容器云宿主机的操作系统不一致，是否会有问题？举例而言，如果开发环境是 SUSE Linux，那应用上 OpenShift 的时候，使用红帽基于 RHEL 的容器镜像，是否能够正常运行？

不能，但这个问题解决起来并不难。在 C 语言应用上容器云时，我们可以使用比红帽提供的基础容器镜像更为底层的镜像：Alpine Linux。这样我们就可以将 C 语言的编译和运行环境做到容器镜像里，从而规避了跨 Linux 操作系统的问题。Alpine Linux 是一个由社区开发的基于 MUSL 和 BusyBox 的 Linux 操作系统，它以安全为理念，面向 x86 路由器、防火墙、虚拟专用网、IP 电话盒及服务器而设计。

Alpine Linux 的基础层只有 6MB。它使用 BusyBox 提供外壳程序，根据 MUSL C 库而不是 glibc 构建。MUSL 是一个符合 POSIX 的最小 C 标准库。Alpine Linux 镜像中可以正常使用诸如 cp 和 wget 之类的命令。BusyBox 有自己的方式来执行系统设置任务，例如添加用户和组。

下面我们来查看 Alpine Linux 的版本和 Linux 内核的版本。我们在写 Dockerfile 的时候，需要选对应内核版本的 Alpine Linux，如图 2-14 所示。后文的验证使用 Alpine Linux 3.12。

版本号	发布日期	支持结束日期	Linux内核版本
3.2	2015-05-26	2017-05-01	3.18.xx
3.3	2016-01-06	2017-11-01	4.1.xx
3.4	2016-05-31	2018-05-01	4.4.xx
3.5	2016-12-22	2018-11-01	4.4.xx
3.6	2017-05-24	2019-05-01	4.9.xx
3.7	2017-11-30	2019-11-01	4.9.xx
3.8	2018-06-26	2020-05-01	4.14.xx
3.9	2019-01-29	2020-11-01	4.19.xx
3.10	2019-06-19	2021-05-01	4.19.xx
3.11	2019-12-19	2021-11-01	5.4.xx
3.12	2020-05-29	2022-05-01	5.4.xx
3.13	2021-01-14	2022-11-01	5.10.xx
edge	滚动更新	不适用	不适用

格式： 旧版本　旧版本，仍被支持　当前版本　最新的预览版

图 2-14　Alpine Linux 的版本

需要注意的是，Alpine Linux 的核心应用程序都与 MUSL 连接，而不是 glibc，并且 Alpine Linux 默认不包含其他 C 库。对于在 Linux 开发中已经习惯 glibc 扩展的人来说，使用 MUSL 会遇到一些问题。这里简单举几个例子。首先，MUSL 中没有与 glibc qsort_r() 函数等效的函数，该函数用于对任意数据结构进行排序。其次，MUSL 在实现某些功能时存在一些无法解释的问题。例如，用于格式化时间数据的 strftime() 函数缺少 glibc 实现所具有的说明符。

如果需要对微服务的 HTTP 通信进行加密，则需要决定是在 OpenShift 集群中还是仅在外部通过 HTTP 访问 OpenShift 上的应用时进行加密。对到集群的所有流量加密其实很简单，因为我们可以配置 OpenShift 路由进行边缘终止。如果在 OpenShift 集群中也要对流量进行加密，则需要为微服务提供自己的传输层安全性（TLS）支持。libmicrohttpd 库支持 TLS，但是该支持需要使用许多 GNU TLS 库的开发版本来构建。当然，这些库也必须在运行时可用于容器。

此外，需要提供服务器证书，并为客户的管理员提供一种获取该证书的方法。你可以在 OpenShift Secret 或 ConfigMap 中提供证书，然后将其作为文件挂载到 Pod 的文件系统

中。这种技术相对普遍,基于 C 语言或基于其他任何语言编写在原理上没有什么不同。

接下来,我们通过一个基于 C 语言的微服务测试代码验证上容器的方式。在这个展示中,我们使用 solunar_ws,它是基于 REST 的 Web 服务,可在指定日期提供特定城市的日出和日落时间并设置信息。solunar_ws 是用 C 语言实现的基于 REST 的 Web 服务的 demo,容器的总大小约为 10MB,包括操作系统层、应用程序二进制文件和相关性,以及(在此特定情况下)完整的世界时区数据库。solunar_ws 组件只有两个重要的依赖项:libmicrohttpd 和 tzdata(全局时区数据库)。libmicrohttpd 是 GUN 下开源的一个小型 HTTP 库,能够方便地嵌入系统中。它支持 HTTP 1.1 可以同时监听多个端口,具有 select、poll、pthread、thread poo 等多种模式。tzdata 软件包(全称为 Time Zone and Daylight-Saving Time Data)可供各个 Linux 系统安装,以读取时区数据库中的数据。

查看如下 Dockerfile,我们将 C 语言应用编译和容器化:

```
FROM alpine:3.12

RUN apk add git build-base tzdata zlib-dev && \
  wget https://ftp.gnu.org/gnu/libmicrohttpd/libmicrohttpd-latest.tar.gz && \
  tar xfvz libmicrohttpd-latest.tar.gz && \
  (cd libmi*; ./configure; make install) && \
  git clone https://github.com/kevinboone/solunar_ws.git && \
  make -C solunar_ws
  # Binary solunar_ws ends up in / directory

FROM alpine:3.12

RUN apk add tzdata

COPY --from=0 /solunar_ws/solunar_ws /
COPY --from=0 /usr/local/lib/libmicrohttpd.so.12 /usr/local/lib

USER 1000
CMD ["/solunar_ws"]
```

以上 Dockerfile 的整体构建包含两个阶段。

第一阶段: 基于 Alpine Linux 3.12 基础镜像下载 libmicrohttpd 的源代码并进行构建,然后对 solunar_ws 进行相同操作。这些源代码来自不同的地方,但是它们都是以相同的方式编译。在此示例中,请注意,在构建 Web 服务之前,我们必须先构建 libmicrohttpd 的原因是 Web 服务依赖它。

本阶段镜像构建完以后,镜像大小约为 210MB。

第二阶段: 从相同的 Alpine Linux 3.12 基础层开始,仅安装运行时所需的软件包,即 tzdata。然后,从先前的版本中复制容器在运行时所需的两个文件:二进制 solunar_ws 和库 libmicrohttpd.so.12。

查看镜像构建过程:

```
[root@helper c]# docker build -t davidwei/capp:1.0 .
Sending build context to Docker daemon   2.56kB
```

```
Step 1/8 : FROM alpine:3.12
3.12: Pulling from library/alpine
Digest: sha256:36553b10a4947067b9fbb7d532951066293a68eae893beba1d9235f7d11a20ad
Status: Downloaded newer image for alpine:3.12
 ---> 13621d1b12d4
Step 2/8 : RUN apk add git build-base tzdata zlib-dev &&   wget https://ftp.gnu.
    org/gnu/libmicrohttpd/libmicrohttpd-latest.tar.gz &&   tar xfvz libmicrohttpd-
    latest.tar.gz &&    (cd libmi*; ./configure; make install) &&   git clone
    https://github.com/kevinboone/solunar_ws.git &&   make -C solunar_ws
 ---> Using cache
 ---> 1d295e9520a1
Step 3/8 : FROM alpine:3.12
 ---> 13621d1b12d4
Step 4/8 : RUN apk add tzdata
 ---> Using cache
 ---> bb67735c5825
Step 5/8 : COPY --from=0 /solunar_ws/solunar_ws /
 ---> 7eff173bd44c
Step 6/8 : COPY --from=0 /usr/local/lib/libmicrohttpd.so.12 /usr/local/lib
 ---> d64545f7695e
Step 7/8 : USER 1000
 ---> Running in 34c744835d6f
Removing intermediate container 34c744835d6f
 ---> 6c8ba9f65b94
Step 8/8 : CMD ["/solunar_ws"]
 ---> Running in ce84fd4cfb84
Removing intermediate container ce84fd4cfb84
 ---> fb0ab1acd1b0
Successfully built fb0ab1acd1b0
Successfully tagged davidwei/capp:1.0
```

镜像构建成功后，如图 2-15 所示。

```
[root@repo c]# docker images
REPOSITORY        TAG    IMAGE ID       CREATED          SIZE
davidwei/capp     1.0    fb0ab1acd1b0   39 seconds ago   9.37MB
<none>            <none> 1d295e9520a1   21 minutes ago   252MB
```

图 2-15 查看构建好的镜像

我们可以在本地运行容器镜像：

#docker run -d -p 8080:8080 davidwei/capp:1.0

然后通过浏览器访问应用，代码如下，访问结果如图 2-16 所示。

http://localhost/day/london/jun%2020

在 OpenShift 中，我们可以使用以下三种方式部署应用。

❑ 利用 Dockerfile 部署应用，自动生成 Deployment。
❑ 部署容器镜像，自动生成 Deployment。
❑ 手工书写 Deployment、Service 等对象，部署容器镜像。

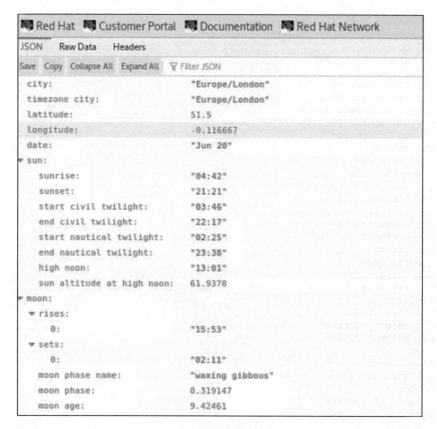

图 2-16　访问 C 语言应用

下面展示第三种部署方法，yaml 文件如下所示：

```
kind: DeploymentConfig
    apiVersion: apps.openshift.io/v1
    metadata:
      name: solunar-ws
    spec:
      replicas: 1
      strategy:
  type: Rolling
        selector:
  name: solunar-ws
        template:
  metadata:
    name: solunar-ws
    labels:
      name: solunar-ws
  spec:
    containers:
      - env:
        - name: SOLUNAR_WS_LOG_LEVEL
      value: "1"
        name: solunar-ws
```

```yaml
      image: quay.io/davidwei/capp:1.0
      imagePullPolicy: Always
      ports:
    - containerPort: 8080
      protocol: TCP
        livenessProbe:
      failureThreshold: 3
      initialDelaySeconds: 30
      periodSeconds: 10
      successThreshold: 1
      tcpSocket:
        port: 8080
      timeoutSeconds: 1
        readinessProbe:
      failureThreshold: 3
      initialDelaySeconds: 30
      periodSeconds: 10
      successThreshold: 1
      tcpSocket:
        port: 8080
      timeoutSeconds: 1
        resources:
      limits:
        memory: 128Mi
          securityContext:
      privileged: false
---
kind: Service
apiVersion: v1
metadata:
  name: solunar-ws
spec:
  ports:
- name: solunar-ws
  port: 8080
  protocol: TCP
  targetPort: 8080
    selector:
  name: solunar-ws
```

从之前的步骤可以看出，在 OpenShift 上运行 C 语言应用是完全没问题的。但是，由于 C 语言无法像 Java 语言那样实现外部构建（mvn），因此我们不建议让 C 语言应用参与到 OpenShift 的 CI/CD 中。我们在书写 Dockerfile 的时候，需要以 Alpine Linux 为基础镜像，把 C 语言应用编译和运行所依赖的环境都做到容器镜像中。如果应用的源码发生变化，则在 OpenShift 上以 Dockerfile 的方式重新部署应用即可。

在 OpenShift 上选择以 Dockerfile 方式部署应用，输入 Dockerfile 所在的 git 地址，选择自动生成 Route 和 Deployment，如图 2-17 所示。

在介绍了 C 语言应用上容器云后，接下来我们介绍如何将应用迁移到轻量级应用服务器。

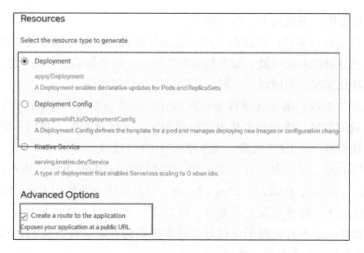

图 2-17 在 OpenShift 上部署 C 语言应用

2.1.8 容器云的混沌工程

混沌工程是在分布式系统上进行实验的学科，目的是建立系统抵御生产环境中失控条件的能力以及信心。测试混沌工程本身是一种生产演练，即通过周期化和自动化的生产演练，发现未知的故障场景，处理未知场景下的问题，从而提升系统的可用性。

接下来，我们简单介绍混沌工程的发展。混沌工程是 2010 年由 Netflix 提出的，到 2014 年，混沌思想成为 Netflix 的一种企业文化（内部设置混沌工程师岗位）。2015 年 Netflix 提出混沌工程原则。2016 年，第一个混沌工程商业化的产品出现：Gremlin。国内对混沌工程探索比较多的公司是阿里巴巴。它开源了 ChaosBlade 混沌工程工具。

想到混沌工程，我们就会想到混沌测试，也会想到传统的压力测试。混沌测试和压力测试的主要区别如下所示。

- 对象：混沌测试侧重现实世界意外事件引起的系统不稳定；而压力测试偏向于系统自身的流程不稳定。
- 目标：混沌测试侧重实践无法预知的信息，帮助我们更好地认识系统；而压力测试更偏重是否达到预期。
- 结果：混沌测试用来探索未知、发现新知识；压力测试主要用来验证。
- 环境：混沌测试离生产越近越好，而且要持续自动化实验；压力测试通常离生产越远越好，主要是内部环境的自主控制。

混沌工程的五个原则如下。

- 建立稳定状态的假设：混沌工程只有在系统稳定的情况下才能做，即在稳定的系统上做混沌工程。
- 多样化现实世界时间：混沌工程的故障，必须是模拟真实世界的物理事件，如拔网线、机房停电、磁盘满了、内存烧了。
- 在生产环境运行实验：应该在生产环境运行测试，只有这样才会最真实。混沌工程一定是在分布式系统中做，如果是单机系统，一定会影响生产的业务。
- 持续自动化实验：不做样子工程，要做持续化模拟实验。
- 最小化爆炸半径：最小化爆炸半径没做好的典型场景是"切尔诺贝利事件"。在生产上的故障测试，造成整个核电站出现问题，导致核泄漏。我们一定要控制故障范围，比如模拟一个CPU故障，而不是所有CPU故障。

目前混沌测试的工具较多，除了有阿里开源的 ChaosBlade Box，还有其他开源工具，如 Powerfulseal、Litmus、Kraken、Chaos Mesh。目前国内企业使用 ChaosBlade Box 较多。如果客户对构建混沌工程平台无太多要求，可以直接使用 ChaosBlade Box。企业使用混沌工程应该是来构建一个平台，而不仅仅是对开源工具的验证。因此我们在构建混沌工程平台时，可能需要多种开源工具进行集成。

混沌工程平台需要具备的功能可以从工具视角和流程视角两方面来看。

从流程视角来看，混沌工程需要具备以下四种功能。

1）实验计划管理功能：模板管理、流水线编排、演练方案设计、审批流程（技术方案评审）管理。

2）自动化执行功能：执行控制与风险管控，故障注入，应急恢复，自动化操作脚本、代理。

3）故障观察功能：评价系统健康的 KPI 指标，故障感知涉及的主动拨测、被动监控、数据可视化等功能，应急处置协同连接功能。

4）事后环境恢复功能：环境恢复的自动化、环境恢复的数据分析、总结报告、跟进闭环。

从流程视角来看，混沌工程需要在以下方面实现如下功能。

1）决策层面，接受复杂与不确定性，认同故障常态化，并推动有效应对故障的架构设计与应急管理。

2）执行层面，加强故障注入、故障观察、故障恢复的管控能力，控制好故障影响范围，在对生产保持敬畏之心的基础上践行混沌工程，并建立持续优化的闭环协同机制。我们使用混沌工程最终是为了解决问题。

3）场景层面，生产环境注入故障实验，实际协同应急环境执行应急管理。

4）工具层面，加强故障注入的风险管控、操作留痕，并与实际工作场景涉及的工具连接。

我们以为某客户设计的混沌工程平台的建设步骤为例，如表 2-1 所示。

表 2-1 混沌工程平台建设步骤

子任务名称	描 述	涉及验证点
故障场景	• 系统层面设计实验需求、实验对象、实验范围，确定故障场景、爆炸半径，进行验证。例如：节点磁盘打满、IO 注入、CPU、内存打满，压力注入，Service Kill，系统（etcd、kube-apiserver、APIServer、Prommetheus、OCP system）故障注入，Pod 节点时间不一致等 • 网络层面设计实验需求、实验对象、实验范围，确定故障场景、爆炸半径，进行验证。例如：网络延时，丢包，网络堵塞，CoreDNS Pod 故障等 • 应用层面设计实验需求、实验对象、实验范围，确定故障场景、爆炸半径，进行验证。Pod IO 加压，Pod、容器删除等	故障场景
工具选型	选择并使用合适的实验工具和平台框架，如 PowerfulSeal、Cerberus、Litmus、Kraken、ChaosBlade、Chaos Mesh 等。	工具平台
平台开发	在 PaaS 中搭建所选的实验工具和平台框架，进行平台和 UI 的开发，与开源工具对接	工具平台
故障注入	制定实验计划，使用实验工具对所设计的故障场景进行故障注入	演练样例
观测指标	设计合适的技术或业务指标，能够观测并监控故障注入后的关键变化	监控能力
演练样例	待实验完成后，清理和恢复实验环境，并产出演练样例	演练样例
故障画像	根据故障场景和实验结果进行分析，查找解决方法并记录到故障恢复手册	故障画像
流程编排	创建故障注入工作流，自动化或周期性执行故障注入演练，持续迭代和有效改进	流程编排

混沌工程平台的目标架构如图 2-18 所示。

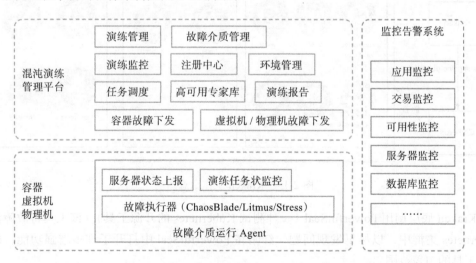

图 2-18 混沌工程平台的目标架构

为了帮助读者对开源混沌测试工具有所了解，接下来我们介绍 Kraken 工具的验证效果。需要指出的是，Kraken 比较适合简单的 Kubernetes/OpenShift 故障注入场景，本节列出该工具的验证效果只是为了帮助读者理解容器云的故障注入实现,并非推荐读者使用 Kraken。

Kraken 工具是红帽主导的开源项目,以故意注入故障并在 Kubernetes/OpenShift 环境中造成混乱的方式进行测试。构建 Kraken 的目标是确认在故障注入期间和之后,处于混乱状态的 Kubernetes/OpenShift 组件不仅能够恢复,而且在性能和规模方面不会降低。

通过 Kraken,我们可以简单的方式在 Kubernetes/OpenShift 集群中注入混乱。用户可以持续引起混乱,并从长远角度观察集群如何响应各种故障。另外,可以验证集群能否从一组故障注入引发的混乱中完全恢复到其正常的健康状态。Kraken 的工作示意图如图 2-19 所示。

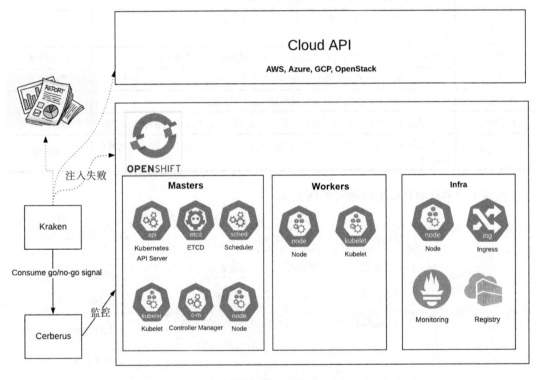

图 2-19　Kraken 工作示意图

Kraken 底层调用 PowerfulSeal(一种测试 Kubernetes 的开源工具)。该工具将故障注入 Kubernetes 集群中,以尽早发现问题。红帽在 PowerfulSeal 中打开了许多增强功能,以改善该工具的覆盖范围。

Kraken 支持以下几个混乱场景。

1. Pod 混乱场景

Pod 的健康状态不仅关系到 Pod 是否已启动并正在运行,还关系到其能否接收和响应请求以及能否从混乱注入中恢复的能力。通过调整配置文件，用户可以杀死任何命名空间中的 Pod。Kraken 当前具有在以下命名空间中杀死 Pod 并得到预期结果的方案。

- etcd：验证资源持久性内的混乱情况不会破坏 etcd 集群。
- openshift-apiserver：杀死一个 Pod 副本，看看我们是否仍然能够在没有停机的情况下访问 OpenShift API。
- openshift-kube-apiserver：破坏包括 Pod、Service，rc 等在内的 API 对象的有效性，并确认配置不受影响。
- Prometheus：对 OpenShift 的警报和监视组件造成严重破坏，并且看不到警报中断。
- 随机 OpenShift 命名空间：大规模的 Pod 杀死功能，能够测试 OpenShift 和用户应用程序所有区域的弹性。

2. 节点混乱场景

Kraken 支持以下几种节点混乱方案。

- 关闭节点：将节点实例按指定的时间停止。Kraken 还使用户能够在节点实例停止后启动它。
- 重启节点：重新启动节点实例。
- 终止节点：终止节点实例，在集群中删除该节点。
- 让节点崩溃：混乱场景导致内核崩溃，从而使节点崩溃。
- 停止节点的 kubelet 服务：Kraken 提供了一种方案来停止节点的 kubelet 服务。它还使用户能够在停止 kubelet 服务之后启动它。

目前，Kraken 支持以停止、重新引导和终止等适用于 AWS 云类型的任何节点实例（后面一定会适应到私有云场景）的混乱情况。

3. 集群关闭场景

Kraken 提供了一个混乱场景，可以关闭所有节点（包括控制平面），并在指定的持续停止时间后重新启动它们，以查看集群是否从混乱注入中恢复、稳定并能够满足请求。

Kraken 可以作为 Kubernetes 部署在集群内部运行。但是，建议从集群外部运行 Kraken，以确保混沌注入不会意外杀死 Kraken 所运行的 Pod。我们将 Kraken 安装在一台独立的虚拟机上，对 Kubernetes/OpenShift 发起测试。由于篇幅有限，这里不展示 Kraken 安装的步骤，具体步骤见 https://github.com/cloud-bulldozer/kraken/blob/master/docs/installation.md。

我们查看 Kraken 工具的配置文件的核心部分，文件路径为 #cat /home/david/kraken/config/config.yaml。

```
kraken:
    distribution: openshift                          # 确定发行版是Kubernetes还是Openshift
    kubeconfig_path: /home/david/1/kubeconfig        # kubeconfig的路径
    exit_on_failure: False                           # 当一个后动作方案失败时退出
```

```
litmus_version: v1.10.0                              # 要安装的Litmus版本
litmus_uninstall: False                              # 如果失败，卸载Litmus
chaos_scenarios:                                     # 要加载的policies/chaos列表
    - pod_scenarios:                                 # 要加载的pod故障场景
        - - scenarios/etcd.yml
        - - scenarios/regex_openshift_pod_kill.yml
          - scenarios/post_action_regex.py
      node_scenarios:                                # 要加载的节点故障场景
        - scenarios/node_scenarios_example.yml
      pod_scenarios:
        - - scenarios/openshift-apiserver.yml
        - - scenarios/openshift-kube-apiserver.yml
      time_scenarios:                                # 要加载的时间错乱故障场景
        - scenarios/time_scenarios_example.yml
      litmus_scenarios:                              # 要加载的Litmus场景
        - - https://hub.litmuschaos.io/api/chaos/1.10.0?file=charts/generic/
            node-cpu-hog/rbac.yaml
          - scenarios/node_hog_engine.yaml
      cluster_shut_down_scenarios:
        - - scenarios/cluster_shut_down_scenario.yml
          - scenarios/post_action_shut_down.py
```

在上面的配置文件中，最关键的是设置 distribution 和 kubeconfig_path。配置文件其余部分是测试场景对应的 yaml 配置文件和 Python 脚本。如果我们想修改某个测试项，修改对应的 yaml 文件即可，例如修改节点测试场景的 yaml 文件。如果我们不想测试某些项目，将 yaml 文件中对应的行注释掉或删除即可。yaml 文件路径为 [david@helper kraken]$ cat scenarios/node_scenarios_example.yml。

```
node_scenarios:
  - actions:
    - node_stop_start_scenario
    - stop_start_kubelet_scenario
    - node_crash_scenario
    node_name:
    label_selector: node-role.kubernetes.io/worker
    with matching label_selector is selected for node chaos scenario injection
    instance_kill_count: 1
    timeout: 120
  - actions:
    - node_reboot_scenario
    node_name:
    label_selector: node-role.kubernetes.io/worker
    instance_kill_count: 1
    timeout: 120
```

在上面的配置文件中，我们对集群关闭场景进行了混沌测试。接下来，我们对主要混沌测试过程进行分析。

启动混沌测试后，Kraken 会通过 kubeconfig_path 指定的文件获取 OpenShift 集群信息，如图 2-20 所示。

查看 Kill Pod 的测试场景，测试通过，如图 2-21 所示。

查看 Kill API Server 场景，如图 2-22 所示。

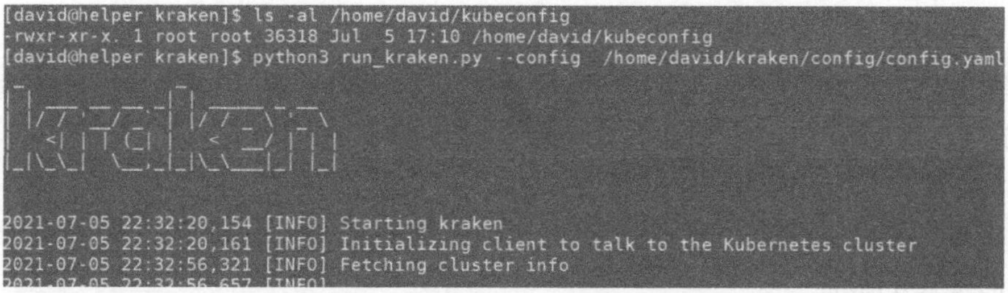

图 2-20　Kraken 获取 OpenShift 集群信息

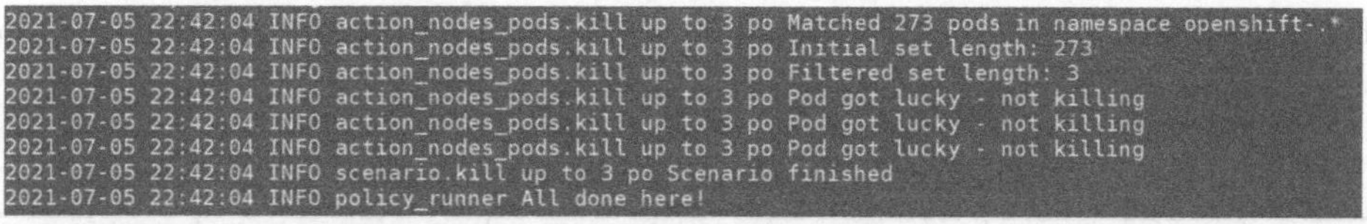

图 2-21　Kill Pod 的测试场

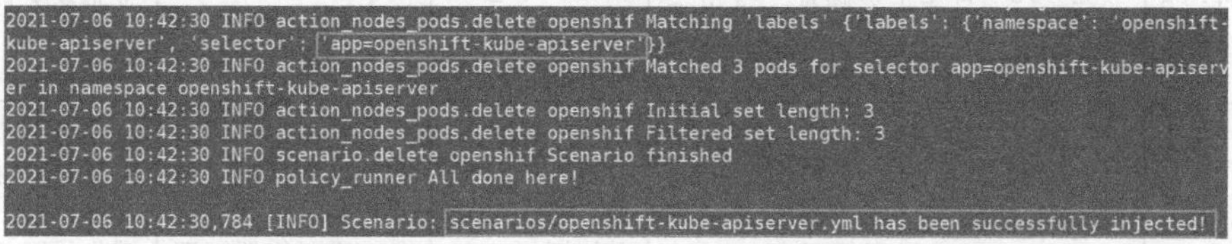

图 2-22　Kill API Server 场景

Crash 节点场景如图 2-23 所示。

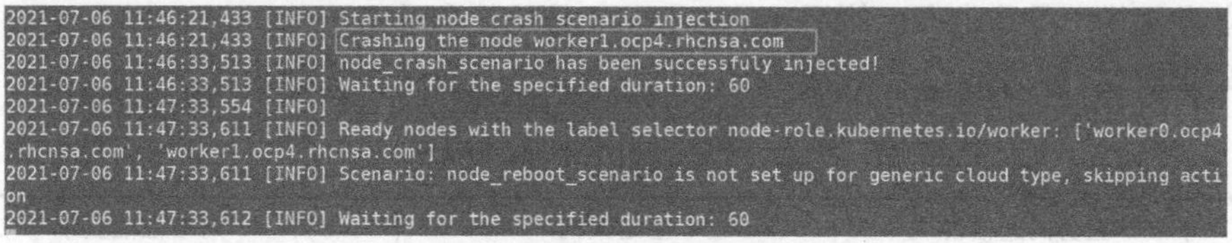

图 2-23　Crash 节点场景

查看 API Server Pod，有一个 Pod 被删除后自动重建，如图 2-24 所示。

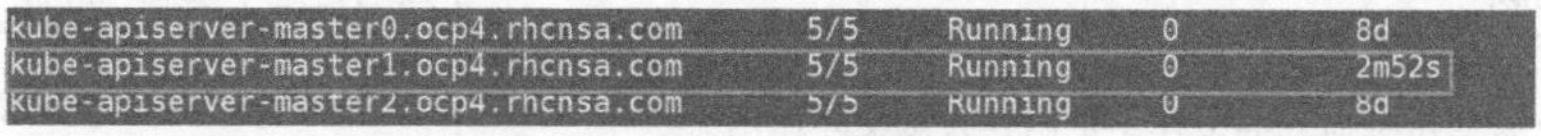

图 2-24　API Server Pod 被删除后自动重建

结合使用 Kraken 与 Cerberus，除了可以完成全面的集群运行状况检查外，还可以在合理的时间内仔细检查目标分组是否从混乱注入中恢复。

2.1.9 微服务治理框架的选择

目前主流的微服务治理框架主要是 Spring Cloud。而 Istio 作为新一代微服务框架,越来越受到关注。在本节中,我们分享如何选择这两种微服务框架。

Istio 被引入的主要原因是传统微服务存在以下问题。

- 多语言技术栈不统一:C++、Java、PHP、Go。Spring Cloud 无法提出非 Java 语言的微服务治理。
- 服务治理周期长:微服务治理框架与业务耦合,上线周期长,策略调整周期长。
- 产品能力弱:Spring Cloud 缺乏平台化和产品化的能力,可视化能力弱。

那么,是不是说企业一定需要使用 Istio?不是。表 2-2 是对 Spring Cloud 与 Istio 的简单对比。

表 2-2 Spring Cloud 与 Istio 的对比与选择

场景选择	开发语言	治理策略变更	框架升级	高级治理功能需求	业务规模
使用 Spring Cloud	业务几乎都是 Java 单语言	治理策略变更不频繁,可以通过上线解决	框架升级不频繁,不会和业务升级相互耦合、影响	无	业务规模中,核心业务不是微服务框架
使用 Istio	业务跨语言,微服务治理框架不统一	策略变更频繁,有动态服务治理的强需求	框架迭代频繁,需要和业务解耦	需要使用高级的服务治理功能,如混沌测试、智能调参,需要容器间网络可编程	业务规模庞大,需要一种可复制的基础设施,满足规模化的服务治理需求

也就是说,如果企业的开源语言主要是 Java、更新升级不频繁、无过多高级治理功能需求、业务规模不是非常大,使用 Spring Cloud 是比较合适的。

如果企业要引入 Istio,引入成本有多高?具体分三种情况,如表 2-3 所示。

表 2-3 企业引入 Istio 的成本

成本	业务间通信协议	基础架构	网络性能要求
无成本	业务间通信使用 HTTP 协议	运行在 Kubernetes 上	业务本身是长耗时请求,对 Istio 引入的延迟不敏感(3ms)
低成本	业务间通信使用私有协议	跨 Kubernetes 和虚拟机	业务本身是长耗时请求,对 Istio 引入的延迟不敏感(3ms)
高成本	业务规模巨大,大量私有协议需要开发支持	跨 Kubernetes、虚拟机、使用私有服务注册中心	对性能、网络延迟敏感

接下来,我们对在 OpenShift 上通过 Spring Cloud 和 Istio 实现的企业微服务治理进行对比,如表 2-4 所示。

第 2 章　建设容器云的关键考量

表 2-4　Spring Cloud 与 Istio 的实现对比

功能列表	描述	Spring Cloud	OpenShift 上的 Spring Cloud	Istio	OpenShift 上的 Istio
服务注册与发现	在部署应用时，会自动进行服务的注册，其他调用方可以即时获取新服务的注册信息	支持，基于 Eureka、Consul 等组件实现，提供 Server 和 Client 管理	基于 etcd + OpenShift Service+ 内置 DNS 实现	必须依赖 PaaS 实现	基于 etcd + OpenShift Service+ 内置 DNS 实现
配置中心	可以管理微服务的配置	支持，基于 Spring Cloud Config 组件实现配置	基于 OpenShift Config-Map 实现	必须依赖 PaaS 实现	基于 OpenShift ConfigMap 实现
支持 Namespace 隔离	基于 Namespace 隔离微服务	必须依赖 PaaS 实现	基于 OpenShift 的 Project 实现	必须依赖 PaaS 实现	基于 OpenShift 的 Istio 支持多租户隔离
微服务间路由管理	实现微服务之间相互访问的管理	基于网关 Zuul 实现，需要代码级别配置	基于 Camel 实现	基于声明配置文件，最终转化成路由规则实现，Istio Virtual Service 和 Destination Rule	基于声明配置文件，最终转化成路由规则实现 Istio VirtualService 和 Destination Rule
支持负载均衡	客户端发起请求在微服务端做负载均衡	Ribbon 或 Feigin	Service 的负载均衡，通常是 kube-proxy	Envoy，基于声明配置文件，最终转化成路由规则实现	Service 的负载均衡 和 Envoy 实现
应用日志收集	收集微服务的日志	支持，提供 Client 对接第三方日志系统，例如 ELK	基于 OpenShift 集成的 EFK 实现	Istio 对接 OpenShift 中的 EFK	Istio 对接 OpenShift 中的 EFK
对外访问 API 网关	为所有客户端请求的入口	基于 Zuul 或者 spring-cloud-gateway 实现	基于 Camel 实现	基于 Ingress 网关以及 Egress 网关实现入口和出口的管理	基于 Ingress 网关、Router 以及 Egress 网关实现入口和出口的管理
微服务调用链路追踪	可以生成微服务之间调用的拓扑关系图	基于 Zipkin 实现	基于 Zipkin 或 Jaeger 实现	基于 Istio 自带的 Jaeger 实现，并通过 Kiali 展示	基于 Istio 自带 的 Jaeger 实现，并通过 Kiali 展示
无源码修改方式的应用迁移	将应用迁移到微服务架构时不修改应用源代码	不支持	不支持	必须依赖 PaaS 实现，在部署的容器化应用的时候进行 Sidecar 注入	在部署的时候进行 Sidecar 注入

（续）

功能列表	描述	Spring Cloud	OpenShift 上的 Spring Cloud	Istio	OpenShift 上的 Istio
灰度、蓝绿发布	实现应用版本的动态切换	需要修改代码实现	OpenShift Router	Envoy实现，基于声明配置文件，最终转化成路由规则实现	Envoy实现，基于声明配置文件，最终转化成路由规则实现
灰度上线	允许上线实时流量的副本，客户无感知	不支持	不支持	Envoy，基于声明配置文件，最终转化成路由规则实现	Envoy，基于声明配置文件，最终转化成路由规则实现
安全策略	实现微服务访问控制的RBAC，对于微服务入口流量可设置加密访问	支持，基于Spring Security组件实现，包括认证、鉴权等	基于OpenShift RBAC和加密Router实现	Istio的认证和授权	除了基于Istio本身的认证和授权之外，还基于OpenShift RBAC和加密Router实现
性能监控	监控微服务的实施性能	支持，基于Spring Cloud提供的监控组件收集数据，对接第三方监控数据存储	通过OpenShift集成Prometheus和Grafana实现	基于Istio自带的Prometheus和Grafana实现	基于Istio自带的Prometheus和Grafana实现
支持故障注入	模拟微服务的故障，增加可用性	不支持	不支持	支持退出和延迟两类故障注入	支持退出和延迟两类故障注入
支持服务间调用限流、熔断	避免微服务出现雪崩效应	基于Hystrix实现，需要代码注释	基于Hystrix实现，需要代码注释	Envoy，基于声明配置文件，最终转化成路由规则实现	Envoy，基于声明配置文件，最终转化成路由规则实现
实现微服务间访问控制黑白名单	灵活设置微服务之间的相互访问策略	需要代码注释	需要代码注释	基于声明配置文件，最终转化成路由规则实现	基于声明配置文件，最终转化成路由规则实现
支持服务间路由控制	灵活设置微服务之间的相互访问策略	需要代码注释	通过OpenShift OVS中的networkpolicy实现	Envoy，基于声明配置文件，最终转化成路由规则实现	Envoy，基于声明配置文件，最终转化成路由规则实现
支持对外部应用的访问	微服务内的应用可以访问微服务本身之外的应用	需要代码注释	OpenShift Service Endpoint	ServiceEntry	ServiceEntry
支持链路访问数据可视化	实时追踪微服务之间访问的链路，包括流量、成功率等	不支持	不支持	基于Istio自带的Kiali实现	基于Istio自带的Kiali实现

从开放性以及先进性角度来说，建议将服务网格 Istio 作为首选微服务应用框架。接下来我们介绍 Istio 在实践中的使用建议。

Istio 运维方面的建议包括版本选择、备用环境、评估范围、配置生效、功能健壮性参考、入口流量选择。当然，这些建议只是基于目前我们在测试过程中得到的数据总结的。随着 Istio 使用越来越广泛，相信最佳实践将会越来越丰富。

1. 版本选择

Istio 是一个迭代很快的开源项目。截止到 2021 年 5 月，社区最新的 Istio 版本为 1.9。

频繁的版本迭代会给企业带来一些困扰：是坚持使用目前已经测试过的版本，还是使用社区的最新版本？在前文中我们已经提到，红帽针对 Istio 有自己的企业版，通过 Operator 进行部署和管理。出于安全性和稳定性的考虑，红帽 Istio 往往比社区要晚两个小版本左右。因此建议使用红帽 Istio 的最新版本。目前看，社区的最新版本的 Istio 的稳定性往往不尽如人意。

2. 备用环境

针对相同的应用，在 OpenShift 环境中部署一套不被 Istio 管理的环境。比如文中的三层微服务，独立启动一套不被 Istio 管理的应用，使用 OpenShift 原本的访问方式即可。这样做的好处是，每当进行 Istio 升级或者部分参数调整时都可以提前进行主从切换，让流量切换到没有被 Istio 管理的环境中，将 Istio 升级调整验证完毕后再将流量切换回来。

3. 评估范围

由于 Istio 对微服务的管理是非代码侵入式的。因此通常情况下，业务服务需要进行微服务治理，需要被 Istio 纳管。而对于没有微服务治理要求的非业务容器，不必强行纳管在 Istio 中。当非业务容器需要承载业务时，被 Istio 纳管也不需要修改源代码，重新在 OpenShift 上注入 Sidecar 部署即可。

4. 配置生效

如果系统中已经有相关对象的配置，我们需要使用 oc replace -f 指定配置文件来替换之前配置的对象。Istio 中有的配置策略能够较快生效，有的配置需要一段时间才能生效，如限流、熔断等。新创建策略（oc create -f）的生效速度要高于替换性策略（oc replace -f）。因此在不影响业务的前提下，可以在应用新策略之前，先删除旧策略。

此外，Istio 的配置生效，大多是针对微服务所在的项目，但也有一些配置是针对 Istio 系统的。因此，在配置应用时，要注意指定对应的项目。

在 OpenShift 中，Virtual Service 和 Destination Rules 都是针对项目生效，因此配置应用时需要指定项目。

5. 功能健壮性参考

从笔者大量的测试效果看，健壮性较强的功能有基于目标端的蓝绿、灰度发布，基于源端的蓝绿、灰度发布，灰度上线，服务推广，延迟和重试，错误注入，mTLS，黑白名单。

健壮性有待提升的功能有限流和熔断。

所以，从整体上看，Istio 的功能虽日趋完善，但仍有待提升。

6. 入口流量方式选择

在创建 Ingress 网关的时候，会自动在 OpenShift 的 Router 上创建相应的路由。Ingress 网关能够暴露的端口要多于 Router。所以，我们可以根据需要选择通过哪条路径来访问应用。在 Istio 体系中的应用不使用 Router 也可以正常访问微服务。但是 PaaS 上运行的应用未必都是 Istio 体系下的，其他非微服务或者非 Istio 体系下的服务还是要通过 Router 访问。此外，Istio 本身的监控系统和 Kiali 的界面都是通过 Router 访问的。

相比 Spring Cloud，Istio 较好地实现了微服务的路由管理。但在实际生产中，仅有微服务的路由管理是不够的，还需要诸如不同微服务之间的业务系统集成管理、微服务的 API 管理、微服务中的规则流程管理等。

2.1.10 容器云常用的中间件与数据服务选择

前面我们提到，容器云主要适合承载无状态的应用。那么，容器云常用的中间件和数据服务都有哪些？企业客户应该如何选择呢？本节将详细介绍。

对于消息中间件，我们针对常见的 3 种消息中间件进行对比，如表 2-5 所示。

表 2-5 常见消息中间件对比

产品名称	产品开放性	单实例吞吐	消息延迟	可扩展性	可追溯	高级队列	动态扩展	可视化监控
RocketMQ	商业开源	万级	微秒	高	是	否	是	中
Kafka	商业开源	十万级	毫秒	高	是	否	是	优
ActiveMQ Artemis	商业开源	万级	微秒	高	否	是	是	中

产品名称	可维护性	易用性	高可用	丢消息	消息重复	BASE 事务特性	成熟度	多语言支持
RocketMQ	中	中	非常高	是	会	是	成熟	Java
Kafka	中	高	非常高	是	会	否	成熟	Java
ActiveMQ Artemis	中	高	非常高	否	可控制	否	成熟	多语言

我们可以得出如下结论：

- RocketMQ 是唯一支持 BASE 事务特征的消息中间件，适用于微服务的事务消息；
- ActiveMQ Artemis 提供跨语言支持，可以实现可靠消息传递；

- Kafka 适合日志、行为数据等海量数据的场景。

在容器云中,我们通常可以使用 RocketMQ、ActiveMQ Artemis 和 Kafka 这三种消息中间件中的任意一种。如果不需要实现 BASE 事务,使用 ActiveMQ Artemis 即可。在海量数据场景中,建议使用 Kafka。

对于关系型数据库,我们对以下 3 种常见关系型数据库进行对比,如表 2-6 所示。

表 2-6 关系型数据库的对比

产品名称	产品开放性	事务支持	易用性	跨多平台	物化视图	Hash Join	高可用	扩展性	监控	查询优化器
MySQL	商业开源	中	高	是	否	否	是	可水平扩展	高	一般
Oracle	商业闭源	高	中	是	是	是	是	不可水平扩展;可硬件垂直扩展	高	强大
PostgreSQL	商业开源	高	中	是	否	是	是	通过修改大量源代码实现水平扩展	地	较强

我们可以得出如下结论:
- 在非容器环境中,建议使用 Oracle 数据库,暂时不作变更;
- 对于新建的系统,如果是容器云环境,建议采用 MySQL 数据库,不仅开源而且可水平扩展,为向分布式数据库体系演进打好基础;
- 遗留系统改造时逐步从 Oracle DB 向 MySQL 迁移。

对于分布式关系型数据库,我们对以下 5 种常见分布式关系型数据库进行对比,如表 2-7 所示。

我们可以得出如下结论:
- 在非强一致性的业务场景下,建议使用商业闭源的 PolarDB-X;
- 在强一致性的业务场景下,可以使用 TiDB 和 OceanBase,对于稳定性要求高的场景,推荐选用 OceanBase;如果场景中有 OLAP,则推荐选用 TiDB。

从开源的角度看,我们建议在容器云上使用 TiDB 分布式关系型数据库。

对于分布式缓存,我们对以下 4 种缓存进行对比,如表 2-8 所示。

从表 2-8 可以看出,Redis 是成熟度最高、使用度最广泛的商业开源键–值(Key-value)型数据库。在容器云上,我们使用 Redis 作为分布式缓存。

对于文档存储型 NoSQL 产品,我们对比如下 4 种方案,如表 2-9 所示。

从表 2-9 中可以得出结论:MongoDB 是成熟度最高、使用度最广泛和可扩展性最好的文档型数据库。我们在容器云上选择使用 MongoDB 文档型数据库。

对于流程及规则引擎产品,我们对比如下 4 种方案,如表 2-10 所示。

表 2-7 分布式关系型数据库对比

产品名称	产品开放性	产品成熟度	支持的数据库协议	性能	分库分表	可扩展性	分布式事务	分布式存储	中间层Proxy	应用侵入性	OLAP业务支持
Sharding-JDBC	社区开源	低	任意	高	支持	线性扩展	柔性事务	否	无	高	无
MYCAT	社区开源	中	MySQL	中	不能同时支持分库分表	线性扩展	弱 XA	否	有	中	无
PolarDB-X	商业闭源	高	MySQL	高	支持	线性扩展	两阶段事务；XA 强一致性事务	否	有	中	无
TiDB	商业闭源	中	MySQL	高	支持	线性扩展	强一致性	是	无	低	有
OceanBase	商业闭源	中	MySQL Oracle	高	支持	线性扩展	强一致性	是	无	低	无

表 2-8 分布式缓存对比

产品名称	产品开放性	开发语言	运行平台	是否支持在线软件升级	一致性支持	是否支持跨硬件Sharding	活跃度	成熟度	可扩展性	读写能力	高可用性
Membase	商业开源	C/C++ Erlang	Linux、Windows、Mac OS	支持	强一致性	支持	高	中	中	极快	中
MemcacheDB	商业开源	C	POSIX (Linux、BSD、Mac OS)	不支持	强一致性	不支持	高	低	中	极快	中
Redis	商业开源	C	POSIX (Linux、BSD、Mac OS)	支持	最终一致性	支持	高	高	中	极快	高
Voldemort	社区开源	Java	任意 Java	支持	最终一致性	支持	低	中	高	极快	高

表 2-9 NoSQL 方案对比

产品名称	产品开放性	开发语言	运行平台	是否支持在线软件升级	一致性支持	是否支持跨硬件 Sharding	活跃度	成熟度	可扩展性	读写能力	高可用性
CouchDB	商业开源	Erlang	Linux	支持	最终一致性	不支持	高	中	中	中	中
MongoDB	商业开源	C++	Linux, Mac, Windows	不支持	最终一致性	支持	高	高	高	中	高
RavenDB	商业闭源	C#	.Net/Windows	支持	未在数据库层定义	不支持	高	高	中	中	中
Terrastore	社区开源	Java	Linux, any Java.+/0-20	支持	强一致性	支持	低	中	低	中	高

表 2-10 流程及规则引擎方案对比

产品名称	产品开放性	规则引擎	可视化编辑器	数据库持久层 ORM	BPMN 规范	内部服务通信	支持的流程格式	支持的数据库	集成接口	架构	案例丰富度
Activiti	社区开源	流程虚拟机 (PVM)	Activiti-Modeler	MyBatis	BPMN 2.0	Service 间通过 API 调用	BPMN2、xPDL、jPDL	Oracle、SQL Server、MySQL	SOAP, Mule, RESTful	Spring Boot, Spring Cloud	国内使用较多
Camunda	社区开源	流程虚拟机 (PVM)	Camunda modeler	Hibernate	BPMN 2.0	Service 间通过 API 调用	BPMN2、xPDL、jPDL	Oracle、SQL Server、MySQL	SOAP, Mule, RESTful	Activiti5	国内使用较少
Flowable	社区开源	Camel	Flowable Modeler	JPA	BPMN 2.0	Service 间通过 API 调用	BPMN2、xPDL、jPDL	Oracle、SQL Server、MySQL、DB2	SOAP, Mule, RESTful	Spring Boot, Spring Cloud	国内使用较少
jBPM	商业开源	Drools	Eclipse-based and web-based	JPA	BPMN 2.0	Apache Mina 异步通信	BPMN2 xml	Oracle、SQL Server、MySQL	消息通信	Drools Flow	国内使用较多

结合表 2-10 的对比，在容器云上，我们推荐使用 jBPM。

综上所述，在容器云中，我们推荐的开源中间件和数据服务如表 2-11 所示。

表 2-11 推荐使用的开源中间件和数据服务

方案名称	企业级容器云部署方式
RocketMQ/AMQ	RocketMQ Operator/AMQ Template
Kafka	Red Hat AMQ Streams
MySQL	MySQL Template/MySQL Operator
TiDB	TiDB Operator
Redis	Redis Operator
MongoDB	MongoDB Operator
jBPM	Red Hat Business Automation Operator

2.2 微服务与容器云的边界

微服务与 Kubernetes 容器云的边界的考量，其实就是思考微服务要不要跨多个 Kubernetes 集群的问题。比较理想的情况是微服务和 Kubernetes 完全对齐，也就是一套微服务运行在一套 Kubernetes 集群上。在这种情况下，微服务、配置中心+注册中心都在相同的 Kubernetes 集群中。当微服务指向配置中心时，写配置中心的 ServiceName 即可，网络 I/O 路径较短。否则，需要通过 Kubernetes Ingress 访问注册中心（如果容器云的 SDN 采用 overlay 模式），网络延迟将会较大。这在微服务数量较多、变更较频繁的时候更为明显。

但是，如果微服务跨多个 Kubernetes，会有什么问题呢？

我们先看两种实现方式。

1）配置+注册中心在一个 Kubernetes 集群上：如果 Kubernetes 集群的 SDN 用的是 underlay 网络，那么其他 Kubernetes 集群注册的时候，由于其 Pod IP 和宿主机 IP 在同一个网络平面，使得注册中心能够准确识别到 Pod 的 IP。

这种方式的弊端体现在如下三个方面。

- 微服务去注册中心注册时，由于跨 Kubernetes 集群，网络 I/O 路径长。
- 数据中心网络需要打开 BGP（用到了类似 Caico 的 underlay SDN 方案）。
- underlay 网络方案比较耗费数据中心的 IP。

2）配置+注册中心不在一个 Kubernetes 集群上：如果 Kubernetes 集群的 SDN 方案用的是 overlay 网络，那么其他 Kubernetes 集群注册的时候，由于 Pod IP 和宿主机 IP 不在同一个网络平面，导致注册中心不能准确识别 Pod 的 IP，只能识别到 Pod 所在 Kubernetes 宿主机的 IP（Pod 以 SNAT 的方式访问集群外部）。想要解决这个问题，可以考虑使用 Pod

的多网络平面,也就是给 Pod 增加第二个虚拟网卡,挂载数据中心到同一个网络平面的 IP。这种方式类似 macvlan、ipvlan,不用再单独配置 DNS,但弊端是当宿主机上启动的 macvlan 数量较多时,网卡性能会下降。

以上两种实现方式各有优劣势。笔者看来,如果 Spring Cloud 的边界远大于一个 Kubernetes 边界,想让一套 Spring Cloud 分布在很多个 Kubernetes 集群时,最好把微服务配置中心和注册中心从 Kubernetes 集群中独立出来,放在虚拟机或者物理机上。这样做的好处是让这个配置+注册中心离所有 Kubernetes 集群网络都比较近。而且,在虚拟机或者物理机上部署配置+注册中心,当需要注册微服务的时候,也不必再经过类似 Ingress 的环节,性能也会得到提升。此外,我们可以针对独立的配置+注册中心做高可用或者容灾方案。

接下来,我们介绍如何选择微服务注册中心和配置中心。

2.2.1 微服务注册中心的选择

注册中心本质就是一个 Query 函数,即 Si=F(ServiceName)。ServiceName 为查询服务参数,Si 为服务可用的列表(IP:Port)。

为了方便读者理解服务注册,我们参照图 2-25 进行介绍,将 ServiceA 的三个实例注册到注册中心。

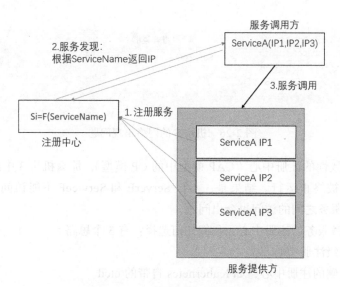

图 2-25　三个实例注册到注册中心

1)服务提供方将三个实例注册到注册中心。

2)服务调用方想要调用 ServiceA,通过 ServiceName 去注册中心查询。然后注册中心通过 Si=F(ServiceName) 查询出服务的 IP:Port 列表。

3）服务调用方通过 IP:Port 列表去调用服务。

接下来，我们考虑一个问题：对于 ServiceA 来说，如果在注册中心注册的时候，只成功注册两个实例，那么是否应该允许服务调用方访问 Service 的两个实例？在真实的微服务中，我们一定希望服务调用方能访问 ServiceA 注册成功的两个实例，而不是必须等三个实例都注册成功后才能被访问。

此外，注册中心不能因为自身的任何原因破坏服务之间本身的可连通性。

如图 2-26 所示，我们将服务注册中心集群中的三个实例分别部署到三个机房。每个机房各有两个微服务。如果机房 3 的网络出现问题，不能与机房 1 和机房 2 进行通信，结果会怎样？

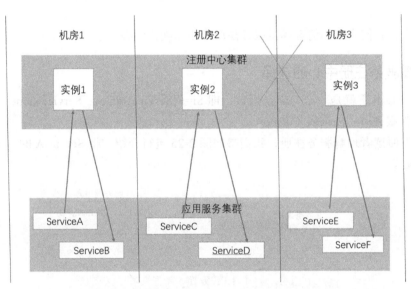

图 2-26　机房 3 的网络出现问题

如果是强一致性的注册中心（CAP 模型中的 CP 模型），那么机房 3 中的实例 3 由于是少数节点，将会被终止运行。结果是，不仅 ServerE 和 ServiceF 不能访问机房 1 和机房 2 的服务，这两个服务之间的访问也会出问题。

那么，针对微服务的注册中心，我们如何选择？有 3 个思路。

- 搭建应用级注册中心。
- 利用平台侧的注册中心，如 Kubernetes 自带的 etcd。
- 平台与应用级相结合：例如将 Eureka 部署到一个 Kubernetes 集群上，集群内的应用注册使用 SVC。这种方式只适合 Spring Cloud 部署在单个 Kubernetes 集群的情况，此前这种方式被大量使用，但绝不是一个好的方法，详见 2.2.3 节。

关于应用级注册中心，我们选取几个主流的开源方案进行对比，如表 2-12 所示。整体而言，针对 Java 类应用，Nacos 作为应用级注册中心具有很大的优势。

表 2-12 注册中心方案对比

对比维度	ZooKeeper	etcd	Consul	Eureka（Netflix）	Nacos
CAP 模型	CP	CP	CP	AP	CP/AP
数据一致性	ZAB（Paxos）	Raft	Raft	不支持	Raft/Gossip
多数据中心	不支持	不支持	支持（Gossip）	支持	支持
多语言支持	SDK 客户端	HTTP/gRPC	HTTP/DNS	HTTP	gRPC/Dubbo/Spring Cloud RESTful
Watch 支持	支持	Long Polling	Long Polling	Long Polling	支持
KV 存储	支持	支持	支持	不支持	MySQL
服务健康检查	心跳	心跳	服务状态、内存、硬盘等	显示配置	Ping/TCP/HTTP/MySQL/agent/自定义
自身监控	不支持	metrics	metrics	metrics	metrics
Spring Cloud 集成	支持	支持	支持	支持	支持（Dubbo/Kubernetes）
自身开发语言	Java	Go	Go	Java	Java
社区支持	积极	积极	积极	新版本已暂停	积极

从表 2-12 可以看到，ZooKeeper、etcd、Consul 都是 CP 模型。而 etcd 和 ZooKeeper 都不支持跨数据中心部署。因此，我们在选择微服务的服务注册中心时，可以选择 Nacos。

使用应用级注册中心的优缺点如下。

- 优点：服务注册中心可以跨 Kubernetes 集群边界，甚至可以跨基础架构，如 Kubernetes+ 虚拟机 + 物理机。
- 缺点：我们需要为每种编程语言提供服务发现库（客户端 SDK）。

具体的，使用应用级注册中心，需要考虑 Pod 的服务注册实现。

- 应用级注册中心，最好部署到容器云上，否则所有的注册请求都需要经过容器云的 Ingress 网关，不仅增加了 I/O 路径和瓶颈点，还增加了方案的复杂度。注册中心放在虚拟机或者物理机即可。此外，我们还可以针对独立的注册中心做高可用或者容灾方案。
- 有些容器云如 OpenShift（后面简称 OCP）的 SDN 默认使用 OVS，即 overlay 网络。所以 Pod 在出 OCP 时，其 IP 地址是 OCP 集群宿主机的 IP，但以宿主机的 IP 去外置注册中心注册显然不靠谱。这时候可以考虑使用 Multus-CNI，即给 Pod 挂一个数据中心的 underlay 的 IP 地址，再去注册中心注册。这样做的好处是节约数据中心的业务 IP，我们可以仅根据需要去注册中心注册的 Pod 配置 Multus-CNI。这种方式的弊端是当宿主机上启动的 macvlan 数量较多时，网卡性能会下降。
- OCP 和 Kubernetes 也支持 underlay 的 SDN 方案，如 Calico。使用这种方案，就无

须使用 Multus-CNI 了,但缺点是 Pod 会消耗数据中心的真实 IP。此外,underlay 方案需要组网支持 BGP。

接下来我们看看平台侧的服务注册中心。

如果程序员决定用 Kubernetes 做服务发现,实现不同服务之间的调用,那么就需要使用 Kubernetes 的 Service 名称。Service 名称是可以固定的。

Kubernetes/OpenShift 中 Service 有短名和长名两种。以图 2-27 为例,jws-app 就是 Service 的短名,Service 的长名的格式是 <sevrvice_name>.<namespace>.svc.cluser.local,例如 jws-app.web.svc.cluser.local。Service 短名可以自动补充成长名,由 OpenShift 中的 DNS 实现,具体将在后面介绍。

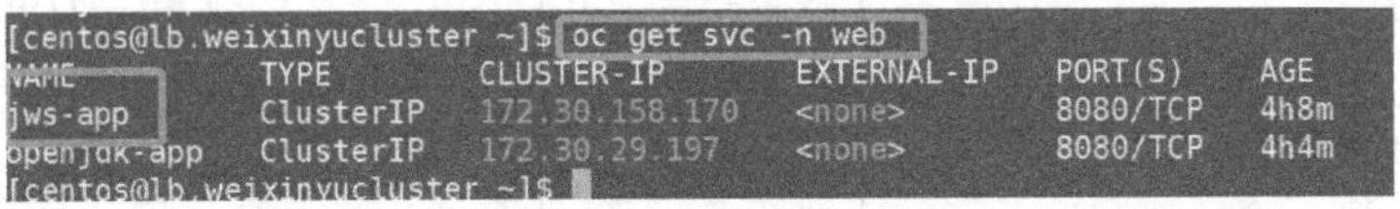

```
[centos@lb.weixinyucluster ~]$ oc get svc -n web
NAME          TYPE        CLUSTER-IP      EXTERNAL-IP   PORT(S)    AGE
jws-app       ClusterIP   172.30.158.170  <none>        8080/TCP   4h8m
openjdk-app   ClusterIP   172.30.29.197   <none>        8080/TCP   4h4m
[centos@lb.weixinyucluster ~]$
```

图 2-27 Service 名称

如果在两个不同的 Namespace 中有两个相同的 Service 短名,微服务调用是否会出现混乱?程序员的代码里是否要写 Service 全名?

首先,从容器云集群管理员的角度来看,对于所有项目,例如几十个或者更多,会觉得在不同 Namespace 中存在相同的 Service 短名是可能的(比如 Namespace A 中有名为 acat 的 Service,Namespace B 中也有名为 acat 的 Service)。但从程序员的角度来看,他只是容器云的使用者,只拥有自己负责的 Namespace 的管理权,不能访问其他 Namespace。而且绝大多数情况下,同一个业务项目的微服务一般会运行在同一个 Namespace 中,如果使用短名称(只写 Service 名称),则默认会自动补全成当前 Namespace 的 FQDN。只有在跨 Namespace 调用的时候才必须写全名。

所以,如果程序员写的程序用到了 Service 名称,那么,真正进行应用的 Pod 之间的通信时,也必然会以 Service 名称去查找。通过 Service 名称解析为 Service ClusterIP,然后经过 Kube-proxy(默认为 iptables 模式)的负载均衡设备最终选择一个实际的 Pod IP。找到 Pod IP 之后,接下来就会进行实际的数据交换,与 Service 并无关联。

使用平台注册中心的优缺点如下。

- 优点:服务端和客户端都不需要包含任何服务发现代码,因此它可以跨语言及开发框架。
- 缺点:平台注册中心不能处理跨平台的服务注册和发现。

注册中心的整体选择思路主要从三个维度考量:应用是否跨开发语言,微服务的边界是否大于 Kubernetes 集群,以及是否限定应用的 Service 名称。

下面我们看 5 种情况。

1)应用跨语言,微服务边界不大于一个 Kubernetes 集群,不限定应用的 Service 名称:

使用 Kubernetes 平台的 etcd。

2）应用跨语言，微服务边界大于一个 Kubernetes 集群，不限定应用的 Service 名称：使用应用级注册中心，而且每种语言都需要设置自己的注册中心。

3）应用不跨开发语言，微服务不大于一个 Kubernetes 边界，不限定应用的 Service 名称：使用 Kubernetes 平台的 etcd。

4）应用不跨开发语言，微服务大于一个 Kubernetes 边界，不限定应用的 Service 名称：使用一个应用级注册中心。

5）限定应用的 Service 名称：使用应用级注册中心。

2.2.2 微服务配置中心的选择

配置中心存储的是独立于应用的只读变量。除此之外，配置中心还需要有权限控制，并且可以进行多个不同集群的配置管理。

与注册中心一样，配置中心同样有以下 3 个选择思路。

- 搭建应用级配置中心。
- 利用平台侧的配置中心，如 Kubernetes 自带的 ConfigMap。
- 平台与应用级相结合：例如将 service-config 部署到一个 Kubernetes 集群上，集群内的应用配置使用 SVC。这种方式只适合 Spring Cloud 部署在单个 Kubernetes 集群的情况，此前这种方式被大量使用，但绝不是一个好的方法，详见 2.2.3 节。

对于平台侧的配置中心，Kubernetes/OpenShift 默认的配置管理是 ConfigMap，即通过 ConfigMap 方式给应用注册配置。ConfigMap 的访问权限由 Kubernetes/OpenShift 自身的 RBAC 提供。

应用级配置中心如表 2-13 所示。整体而言，针对 Java 类应用，Apollo 作为应用级别配置中心具有很大的优势。

表 2-13 注册中心方案选择

对比维度	Spring Cloud Config	Apollo	Disconf
本地配置缓存	不支持	支持	支持
配置生效时间	重启生效	实时	实时
配置版本管理	不支持	UI 支持	不支持
灰度发布	不支持	支持	支持不完善
多环境	不支持	支持	支持
报警通知	不支持	支持邮件	支持邮件
配置界面	不支持	支持	支持
客户端支持	Java	Java、.net、HTTP	Java
业务侵入性	低	低	低

(续)

对比维度	Spring Cloud Config	Apollo	Disconf
单点故障	支持 HA	支持 HA	支持 HA
多数据中心支持	支持	支持	支持
依赖组件	Eureka	Eureka	ZooKeeper
自身语言	Java	Java	Java

配置中心的整体选择思路主要从两个维度考量：应用是否跨开发语言以及微服务的边界是否大于 Kubernetes 集群。

下面我们看 4 种情况。

1）应用跨语言，微服务边界不大于一个 Kubernetes 集群：使用 Kubernetes 平台的 ConfigMap。

2）应用跨语言，微服务边界大于一个 Kubernetes 集群：使用应用级配置中心，而且每种语言都需要设置自己的配置中心。

3）应用不跨开发语言，微服务不大于一个 Kubernetes 边界：使用 Kubernetes 平台的 ConfigMap。

4）应用不跨开发语言，微服务大于一个 Kubernetes 边界，不限定应用的 Service 名称：使用应用级配置中心。

2.2.3 平台与应用级相结合的注册和配置中心

在本节中，我们介绍平台与应用级相结合的注册和配置中心的实现。需要指出的是，这种方式只适合 Spring Cloud 部署在单个 Kubernetes 集群的情况，此前这种方式被大量使用，但绝不是一个好的方法。笔者之所以展开介绍，是想让读者直观了解配置中心和注册中心的实际效果。

以图 2-28 为例，我们将整套微服务部署到一个 Namespace 中，从图中可以看到配置中心（service-config）和注册中心（service-registry）的 SVC 和端口号（https://github.com/davidsajare/spring-cloud-on-openshift.git）。

```
[root@bastion ~]# oc get svc
NAME                TYPE         CLUSTER-IP        EXTERNAL-IP   PORT(S)
admin               ClusterIP    172.30.12.223     <none>        8080/TCP
card-service        ClusterIP    172.30.24.101     <none>        8080/TCP
fraud-verifier      ClusterIP    172.30.37.105     <none>        8080/TCP
gateway             ClusterIP    172.30.172.122    <none>        8080/TCP
service-config      ClusterIP    172.30.236.194    <none>        8888/TCP
service-registry    ClusterIP    172.30.51.240     <none>        8761/TCP
user-service        ClusterIP    172.30.187.210    <none>        8080/TCP
zipkin              ClusterIP    172.30.78.248     <none>        8080/TCP
```

图 2-28　配置中心和注册中心

微服务部署完后，业务微服务在指定配置中心的地址是 service-config:8888。而 service-config 到 IP 地址的解析，由 Kubernetes 中的 CoreDNS 完成。例如，我们查看 card-service 部署中的环境变量，configure server 指向 http://service-config:8888/，如图 2-29 所示。

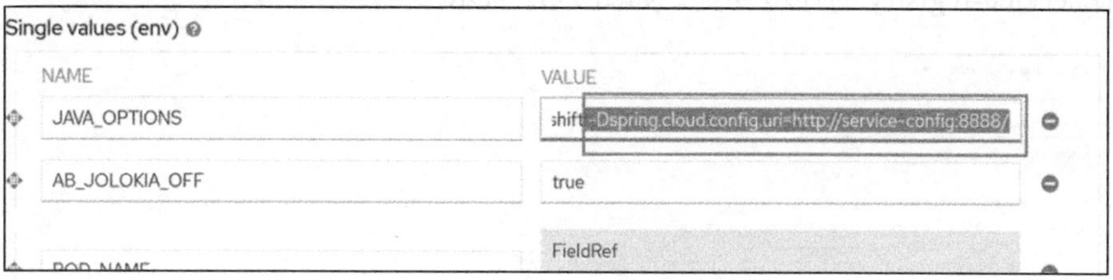

图 2-29 configure server 的配置

在微服务注册时，先指定访问配置中心（service-config:8888），然后配置中心（service-config）的 Profile 定义了注册中心的地址和端口号（service-registry:8761），以便微服务能够在注册中心进行注册，效果如图 2-30 所示。

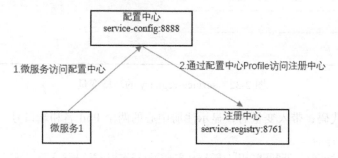

图 2-30 微服务访问配置中心和注册中心

我们查看配置中心（service-config:8888）名为 openshift 的配置文件，如图 2-31 所示。

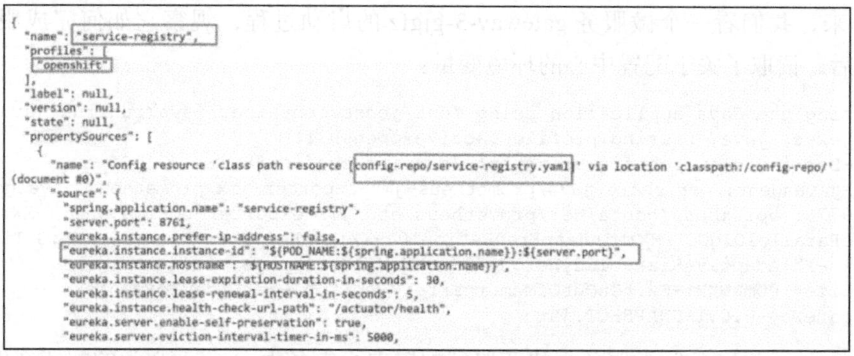

图 2-31 名为 openshift 的配置文件

图 2-31 所示的配置指定了注册中心的地址和端口号（service-registry:8761），即 Eureka

的地址和端口号：

```
"eureka.instance.instance-id": "${POD_NAME:${spring.application.name}}:${server.port}",
"eureka.instance.hostname": "${HOSTNAME:${spring.application.name}}",
```

查看 service-registry 的环境变量，如图 2-32 所示。

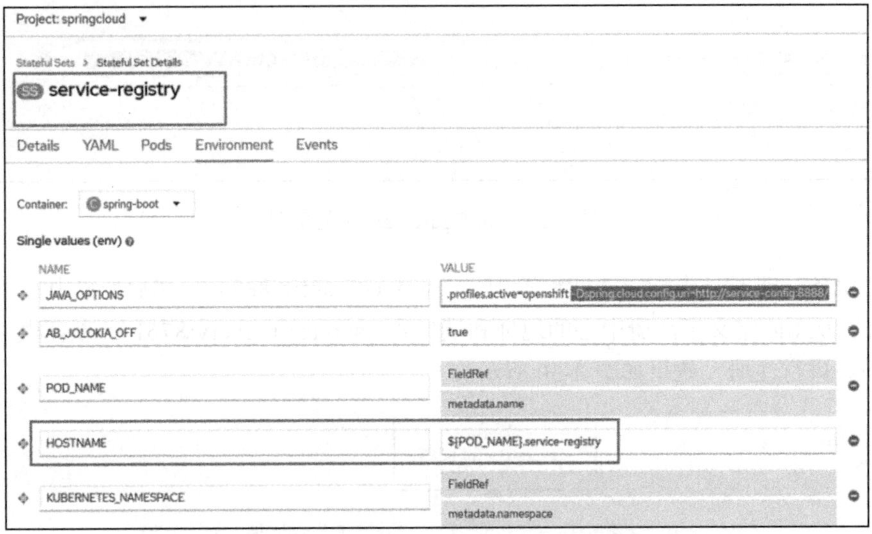

图 2-32　service-registry 的环境变量

上面第一段代码，带入变量后，显示注册中心的两个 Pod 名和端口号：

```
#第一个注册中心Pod
"eureka.instance.instance-id": service-registry-0:service-registry:8761
"eureka.instance.hostname": service-registry-0.service-registry:service-registry
#第二个注册中心Pod
"eureka.instance.instance-id": service-registry-1:service-registry:8761
"eureka.instance.hostname": service-registry-1.service-registry:service-registry
```

接下来，我们看一个微服务 gateway-3-gjgfz 的启动过程，观察它如何完成服务注册。Pod 启动后，读取了关于配置中心的环境变量：

```
Starting the Java application using /opt/jboss/container/java/run/run-java.sh ...
INFO exec  java -Dspring.profiles.active=openshift
    -Dspring.cloud.config.uri=http://service-config:8888/
    -javaagent:/usr/share/java/prometheus-jmx-exporter/jmx_prometheus_javaagent.jar=
    9779:/opt/jboss/container/prometheus/etc/jmx-exporter-config.yaml -XX:+Us
    eParallelOldGC -XX:MinHeapFreeRatio=10 -XX:MaxHeapFreeRatio=20 -XX:GCTimeRatio=
    4 -XX:AdaptiveSizePolicyWeight=90 -XX:MaxMetaspace
    Size=100m -XX:+ExitOnOutOfMemoryError -cp "." -jar /deployments/
    gateway-0.0.1-SNAPSHOT.jar
```

然后 gateway-3-gjgfz 微服务很快获取到配置中心中名为 openshift 为的配置文件：

```
2021-03-13 01:58:44.020  INFO 1 --- [main]
    c.c.c.ConfigServicePropertySourceLocator : Fetching config from server
    at:http://service-config:8888/
```

```
2021-03-13 01:58:44.153  INFO 1 --- [           main]
    c.c.c.ConfigServicePropertySourceLocator : Located environment: name=gateway,
    profiles=[openshift], label=null, version=null,
```

接下来完成服务注册:

```
2021-03-13 01:58:46.835  INFO 1 --- [           main]
    DiscoveryClientOptionalArgsConfiguration : Eureka HTTP Client uses RestTemplate.
2021-03-13 01:58:46.969  INFO 1 --- [           main]
    o.s.c.n.eureka.InstanceInfoFactory       : Setting initial instance status as: STARTING
2021-03-13 01:58:47.042  INFO 1 --- [           main]
    com.netflix.discovery.DiscoveryClient    : Initializing Eureka in region us-east-1
2021-03-13 01:58:47.049  INFO 1 --- [           main]
    c.n.d.s.r.aws.ConfigClusterResolver      : Resolving eureka endpoints via configuration
2021-03-13 01:58:47.073  INFO 1 --- [           main]
    com.netflix.discovery.DiscoveryClient    : Disable delta property : false
2021-03-13 01:58:47.073  INFO 1 --- [           main]
    com.netflix.discovery.DiscoveryClient    : Single vip registry refresh property : null
2021-03-13 01:58:47.073  INFO 1 --- [           main]
    com.netflix.discovery.DiscoveryClient    : Force full registry fetch : false
2021-03-13 01:58:47.073  INFO 1 --- [           main]
    com.netflix.discovery.DiscoveryClient    : Application is null : false
2021-03-13 01:58:47.073  INFO 1 --- [           main]
    com.netflix.discovery.DiscoveryClient    : Registered Applications size is zero : true
2021-03-13 01:58:47.073  INFO 1 --- [           main]
    com.netflix.discovery.DiscoveryClient    : Application version is -1: true
2021-03-13 01:58:47.073  INFO 1 --- [           main]
    com.netflix.discovery.DiscoveryClient    : Getting all instance registry info
    from the eureka server
2021-03-13 01:58:47.146  INFO 1 --- [           main]
    com.netflix.discovery.DiscoveryClient    : The response status is 200
2021-03-13 01:58:47.149  INFO 1 --- [           main]
    com.netflix.discovery.DiscoveryClient    : Starting heartbeat executor: renew
    interval is: 30
2021-03-13 01:58:47.152  INFO 1 --- [           main]
    c.n.discovery.InstanceInfoReplicator     : InstanceInfoReplicator onDemand
    update allowed rate per min is 4
2021-03-13 01:58:47.157  INFO 1 --- [           main]
    com.netflix.discovery.DiscoveryClient    : Discovery Client initialized at
    timestamp 1615600727156 with initial instances count: 7
2021-03-13 01:58:47.158  INFO 1 --- [           main]
    o.s.c.n.e.s.EurekaServiceRegistry        : Registering application GATEWAY
    with eureka with status UP
2021-03-13 01:58:47.159  INFO 1 --- [           main]
    com.netflix.discovery.DiscoveryClient    : Saw local status change event
    StatusChangeEvent [timestamp=1615600727159, current=UP, previous=STARTING]
2021-03-13 01:58:47.162  INFO 1 --- [nfoReplicator-0]
    com.netflix.discovery.DiscoveryClient    : DiscoveryClient_GATEWAY/gateway-3-
    gjgfz:8080: registering service...
2021-03-13 01:58:47.216  INFO 1 --- [nfoReplicator-0]
    com.netflix.discovery.DiscoveryClient    : DiscoveryClient_GATEWAY/gateway-3-
    gjgfz:8080 - registration status: 204
2021-03-13 01:58:47.312  INFO 1 --- [           main]
    o.s.b.web.embedded.netty.NettyWebServer  : Netty started on port 8080
2021-03-13 01:58:47.313  INFO 1 --- [           main]
    .s.c.n.e.s.EurekaAutoServiceRegistration : Updating port to 8080
2021-03-13 01:58:47.332  INFO 1 --- [           main]
    com.demo.gateway.Application             : Started Application in 4.556
```

```
seconds (JVM running for 5.166)
2021-03-13 02:03:47.076  INFO 1 --- [trap-executor-0]
    c.n.d.s.r.aws.ConfigClusterResolver : Resolving eureka endpoints via configuration
2021-03-13 02:08:47.077  INFO 1 --- [trap-executor-0]
    c.n.d.s.r.aws.ConfigClusterResolver : Resolving eureka endpoints via configuration
```

微服务注册成功后，我们到注册中心查看注册成功的应用，如图 2-33 所示。

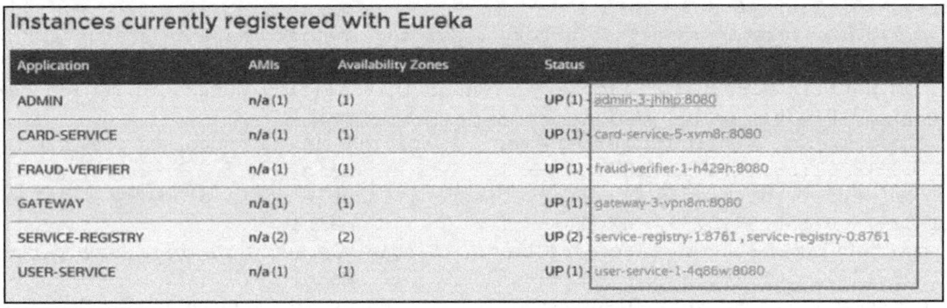

图 2-33　在注册中心查看注册成功的应用

总结如下：

1）在上述 Spring Cloud 代码中，业务微服务访问配置中心，用的是 Kubernetes ServiveName:Port，然后读取配置中心的配置，去注册中心注册；

2）微服务在注册中心注册成功后，记录端点的信息是 Pod Hostname:Port。

注意，Kubernetes 和 Spring Cloud 完全 1∶1 对应是比较理想的情况，这时候微服务之间的互访、微服务访问配置中心和注册中心，都是在内部完成的。

2.3　本章小结

在本章中，我们介绍了建设容器云时的考量点，拓展介绍了如何选择容器云上的中间件与数据服务。下一章将介绍两个金融行业客户容器云建设的案例，帮助读者加深理解。

第 3 章

容器云建设案例

在第 2 章中,我们介绍了建设容器云的关键考量,在本章中,我们会通过两个容器云建设案例进行深入分析,介绍在具体实施过程中容器云建设带来的收益以及需要预估的困难,以期对读者有一定帮助。

容器云的出现,在一定程度上打破了传统运维和开发的明确界限,尤其在通过容器云实现 DevOps 场景中。这也带来一个问题,容器云建设,应该由开发部门主导还是由运维部门主导?

笔者参与的 10 余个容器云项目,既有开发部门发起的,又有运维部门发起的。开发部门对容器云的诉求主要是"更快速地构建业务应用""业务转型,数字化运营";运维部门对容器云的诉求主要是"更好地运行和管理容器应用""高效构建和管理基础架构"。但从整体上看,容器云项目更多是由开发部门发挥主导作用。

当然,无论容器云项目是由哪个部门发起,在容器云项目落地时,两个部门都应该参与其中,以期更好地掌控容器云相关技术。如果容器云项目由开发部门发起,通常在容器云项目上生产环境后,逐渐将该项目的运维工作转交到运维部门。因此运维部门前期参与项目是十分必要的。如果容器云项目由运维部门主导,那么在容器云平台建成后,运维部门也会和开发部门对接。因此开发部门也应积极参与到前期的项目建设中。

在下文中,我们将介绍两个容器云建设案例,在这两个项目中,客户的开发和运维部门都全程参与,取得了较好的效果。

3.1 H 公司容器云建设案例

本节以 H 公司为例,该公司在中国开设了数百余家分支机构和营业网点。在互联网保险业务领域，它通过技术创新和业务拓展，极大提升了互联网保险业务的竞争力。

3.1.1　H 公司业务需求

为了进一步提升企业在中国保险市场的竞争优势，H 公司希望利用云计算、大数据等技术，为业务增长提供更为有力的支撑，推动创新业务转型升级。但是，在数字化转型的过程中，它发现 IT 系统建设面临着严峻的挑战。首先，互联网保险业务正处于快速的演进之中，不但用户需求不断进化，业务环境也瞬息万变，这就对企业的敏捷响应、快速开发能力提出了严格的要求。而客户既有的 IT 系统基于闭源技术打造，缺乏自主能力，当业务拓展亟需开发创新应用时，IT 部门很难敏捷地响应应用开发、升级等需求，不利于对客户自身需求的敏锐洞察与引导。

此外，互联网保险业务具有大规模、高并发的特征，大量的应用需要从海量用户生成的庞大数据中抽丝剥茧，对数据洞察、反馈的响应速度往往需要达到秒级甚至更高，这就对 IT 系统的处理能力、可用性提出了严苛的要求。由于 H 公司近几年积极推动互联网保险业务拓展，IT 系统需要处理的业务与数据出现快速增长，在高负载的压力下，旧的系统很快出现了运行速度慢、可用性差等问题，如果要通过持续升级软硬件的方式来应对，将会给成本控制带来巨大考验。

3.1.2　业务需求的技术实现

H 公司的业务需求，可以转化为以下三方面技术需求。

- 云环境应用基础设施：通过建立一个稳定、高效、标准化的平台，促进产品创新，促使 IT 运营更加敏捷灵活，为未来企业发展奠定坚实基础。
- 支持快速弹性伸缩：实现 IT 基础设施资源的合理利用、按需动态调整容量，支持应用系统的快速部署和灵活调度。
- 实现应用快速迭代：促进协同合作，缩短应用开发迭代周期，加快产品推出速度，更好地支持各类版本投产、日常运维和互联网应用等的快速发展。

在上面的需求中，前两个属于 PaaS 平台的需求，第三个属于 DevOps 的需求。最终，H 公司决定构建基于容器和 Kubernetes 的容器云平台，并选择了红帽的 OpenShift 平台。容器云平台使用的持久化存储方案为红帽的 Ceph。通过容器云平台，H 公司打造了基于容器云的业务（包括但不限于）：互联网核心、销售管理系统、自主经营分析平台、保全无纸化、活动量、增援。

H 公司一期项目实施历时 4 个月，具体实施内容如表 3-1 所示。

一期项目实施后，H 公司的业务能力有了明显的提升，我们可以从如表 3-2 所示的 6 个方面进行对比。

表 3-1　H 公司一期项目实施内容

编号	类别	交付物
1	需求和设计	方案设计说明书
2	OpenShift 环境搭建	成功搭建并可正常运行的 SIT 环境，安装配置手册
3	培训	Docker 私有云、OpenShift 相关培训及相关文档
4		Docker 私有云、Ceph 实施的成功案例分享及相关文档
5		日常故障及环境部署培训及相关文档
6	MariaDB	高可用 MariaDB 部署配置手册
7	应用容器化	互联网核心、销售管理系统进行容器化迁移文档
8		容器化 Redis 服务器搭建手册
9		容器化 ActiveMQ 服务器搭建手册
10		容器化 Consul 服务器搭建手册
11		可用于 OpenShift 环境基于 Consul 的应用模板
12	环境验收	验收清单文档

表 3-2　一期项目实施前后各方面对比

条目	使用前	使用后
应用部署方式	中间件环境单点物理机部署	基于基础镜像和模板统一、快速部署容器化中间件集群
应用服务器管理	JDK、应用服务器版本不统一，各自为政	基于标准镜像统一版本，有效控制运行环境的合规性
应用发布	人工物理环境发布，十多步打包发布流程（命令）	一键点击，部署流程自动化、可视化，关键节点人工确认，极大提高了开发、运维人员的生产效率
应用部署时间	应用部署时间：30min 及以上	应用部署时间：5min 以内
应用版本维护	人工维护历史 WAR/Jar 包，人工回退	版本可追溯（回退），减少人为操作可能带来的失误
配置文件管理	人工维护不同环境的配置文件，发布不同环境需要重新编译	Git 统一管理，启动时替换配置文件以适配不同环境，确保基准镜像一致性

接下来我们查看容器云的系统架构图，如图 3-1 所示。

在图 3-1 中，客户的请求会先经过 DMZ 区的 A10 负载均衡器，转发到 OpenShift 的 Ingress，然后转发到 WebServer Pod 上。在 OpenShift 上的 WebServer Service 中部署 Tomcat 应用，Consul 集群（一主二从）在 OpenShift 中使用 DeploymentConfig 形式进行部署，在对集群内部提供服务的同时又可以满足高可用的要求。ActiveMQ 作为消息中间件，以主从方式部署到 OpenShift 上。Web 应用与后端的应用交互，通过 ActiveMQ 实现松耦合。

此外，H 公司将 Redis 以三主三从的模式部署到 OpenShift 上，为应用提供分布式缓存。持久化数据通过在物理服务器部署的 Ceph 实现。Redis 上没有的数据，将会从 Ceph 中获取。

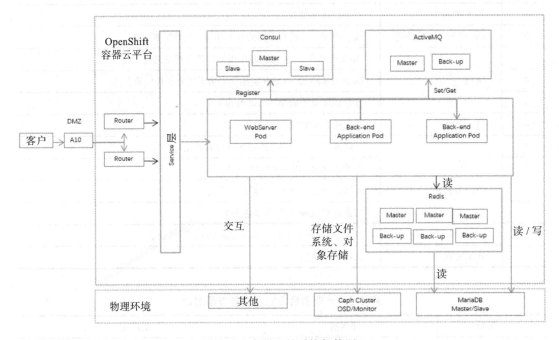

图 3-1　容器云的系统架构图

应用发布图如图 3-2 所示，一共部署两个容器云集群：第一个集群运行非生产环境，包括 SIT、UAT、Pre-Prod 三个环境，通过 Namespace 进行隔离；第二个容器云集群为生产环境，非生产环境成功发布的容器镜像通过容器镜像仓库复制到生产环境的容器镜像仓库进行部署。CI 工具使用 OpenShift S2I 和 Jenkins 相结合的方式，S2I 实现从源码构建，Jenkins 实现 Pipeline 的管理。

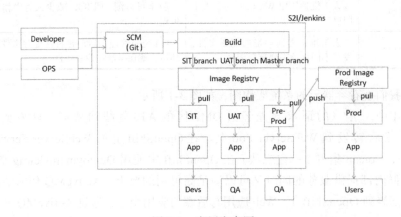

图 3-2　应用发布图

借助上述容器云架构，H 公司实现了"小核心、大外围"的架构。容器云平台对接的外围系统包括微信销售平台、渠道管理平台、电子保单、易保核心等。

在实施容器云之前，H 公司的业务系统主要部署在物理服务器上。所以我们在实施容器云的时候，就会涉及对现有传统应用的容器化改造。在传统物理机或者虚拟化环境中，用得最多的 App Server 是 WebLogic 和 WAS。但在容器环境中，无论是客户还是 ISV，都不会倾向于直接在容器云上部署 WebLogic，而是倾向于使用类似 Tomcat 这样轻量级的 App Server。H 公司的应用拆分和应用服务器迁移，主要是在 ISV 主导下完成的，迁移后运行在容器化的 Tomcat 中。

在介绍了 H 公司业务需求的技术实现后，接下来介绍项目实施成功的关键因素与难点。

3.1.3 项目实施成功的关键因素与难点

我们知道，一个项目的顺利实施，取决于人、流程、技术三方面。

本次项目实施领导小组的组长是 H 公司的 IT 经理，该领导同时管理开发部门和运维部门，且 H 公司技术人员的项目参与度很高，这相当于扫清了开发部门和运维部门在管理层的壁垒。在项目实施过程中，H 公司和红帽都设有项目经理。项目采取项目管理的机制，每周举行项目周例会，沟通一周的实施情况（每次会议时间不必太长，1 个小时以内为宜）以及遇到的困难，了解并控制项目实施周期。因此，H 公司的容器云项目实施先天就消除了人和流程方面的障碍。具体项目管理周期如表 3-3 所示。

表 3-3 项目管理周期

	项目启动会议
沟通管理计划	• 红帽项目组例会：任务实施进程监控与回顾，风险与问题分析追踪，需求与变更管理； • 项目组会议：本阶段实施效果回顾，本阶段问题状态与解决方案分享，下一阶段实施计划讨论（需求、变更、实施）； • 项目中期回顾会议：项目到达相应里程碑时举行，由双方公司主管领导和项目负责人参加；审核当前里程碑中项目实施进度与交付物质量；讨论需求与变更计划，为下一阶段工作做好规划； • 项目结项会议：整体交付物审核结果，客户满意度调查，后续维护计划或下一期实施工作讨论
项目计划及进度控制	• 项目经理每周按时组织项目周会，提交项目周报，总结进度情况并安排后续工作； • 在每次项目例会上，项目经理需要与项目组相关人员及时沟通项目进度情况，对不能按时完成的部分要及时制定方案，及时处理； • 如果调整项目计划，更改后的项目计划必须经项目领导小组通过方可实施
风险管理	• 风险管理的目的是最大限度地减少项目中各方面可能出现的负面影响，从而尽可能地减小项目的风险； • 对项目中出现的重大问题，应由双方项目经理向项目领导小组报告

(续)

变更管理	在项目中工作任务和项目时间表发生变更时,由项目另一方进行调查。如果双方项目经理对调查结果和变更处理(如对项目时间的影响、成本的影响处理)达成一致,则双方项目经理签字确认后实施;如果双方项目经理无法达成一致,则项目经理上报项目领导小组,由项目领导小组协商解决

项目实施过程中的难点主要是 H 公司与红帽 OpenShift 产品之间的技术分歧。社区和容器云相关的开源项目多达几十个,在每一个功能点都可以有不同的选择。H 公司站在技术自主可控的角度,在技术细节选择方面有自己的主张。OpenShift 作为企业级容器云方案,在构建容器云时,也会集成社区开源组件,并经过大量稳定性测试和 Bug 修复,才能正式发布。这就带来一个问题:OpenShift 默认集成的某些开源组件,未必是最新版本,也未必是 H 公司想采用的。

例如在本次项目中,H 公司的技术需求点(包括但不限于)如下所示:
- 容器云入口控制器采用 Nginx;
- 容器云 SDN 使用 Calico;
- 应用服务注册发现使用 Consul。

这三个技术需求点,都是 H 公司基于开源社区的技术提出来的。经过红帽与 H 公司的沟通,站在项目按时上线、风险最低的角度,二者最终达成了一致。

- 针对入口控制器,项目最终使用容器化 HAProxy,在七层实现上 HAProxy 的功能和性能并不比 Nginx 差,而且红帽提供对 HAProxy 的技术支持。
- 在 SDN 方面,H 公司主要认为 Calico 的网络开销小,性能更好;而 OpenShift 默认使用 OVS。虽然 OpenShift 与 Calico 会在当前最新的 OpenShift 版本上发布官方认证,但红帽不会提供 Calico Kernel Bug 级的问题修复,因此红帽建议 H 公司在生产环境中使用 OVS,以便获得企业级支持。在开发测试环境,可以部署基于 Calico 的容器云(项目实施过程中,OpenShift 发布了对 Calico 的认证),以便进行功能和性能对比。
- 在服务注册发现方面,Kubernetes 和 OpenShift 都使用 etcd。最终,容器云平台保留使用 etcd,应用的服务注册发现使用 Consul,且应用和 Consul 均以模板方式部署。

开源社区的技术发现日新月异,迭代很快。但客户在生产环境使用相关的技术时,需要从功能性和稳定性综合考虑,使用某个开源技术最新的版本或者最"潮"的技术未必最合适。像红帽这样的开源技术厂商,它会有清晰的产品路径,紧跟开源社区的技术发展趋势,可以防止陷入开源社区的技术债务。

H 公司由于 IT 部门技术水平较高,因此未提出中文化的需求,使用 OpenShift 原生的英文界面。在其他的容器云项目中,有的客户对中文化 UI 提出了较高的要求,即使本身提供中文化 UI 的容器云厂商,其界面也未必能满足客户对 UI 的所有需求,因此在项目实施过程中，需要花费较大的成本和较多的时间进行 UI 的定制化开发，而且结果往往不如人意。从技术角度，建议客户着重关注 PaaS 平台本身的稳定性和健壮性，而对中文化的 UI 需求，可以适当予以控制。或者通过单独的开发商进行 UI 的定制化开发，千万不要将 UI 操作的便捷性作为容器云平台选型的主要标准。

在介绍了 H 公司的容器化建设案例后，接下来我们介绍 S 公司的容器云建设案例。

3.2　S 公司容器云建设案例

S 公司计划由研发部门牵头构建容器云平台以承载敏态业务，最终实现打造数字银行的目标。

3.2.1　S 公司业务需求

S 公司希望通过引入持续交付的思想、工具、流程、规范，提升数字银行在代码质量管理、版本管理、构建、测试、部署、验证等交付环节的效率和质量，实现项目任务统一管理、应用自动化构建、自动化部署以及量化各个交付环节指标，提高开发效率，构建可靠的发布版本，改善产品质量，加速产品推向市场。

S 公司的项目需求具体包括如下几个方面。

1. 持续交付咨询

持续交付咨询通过现状调研、方案制定等活动，提供持续交付所需的各项内容咨询服务。

1）数字银行软件交付过程咨询（包括交付组织架构和交付模型现状调研、需求过程、软件设计过程、软件编码与单元测试过程、代码审查过程、软件测试过程、软件发布过程），并依据以往实施方法论和数字银行现状制订软件交付过程、流程转换细节及流转与检验标准。

2）持续集成系统功能咨询（包括持续集成系统的功能、工具、集成方法、部署架构、持续集成 SLA 服务体系及标准、主要用户视图、过程基础数据留存等）。

3）持续发布系统功能咨询（包括持续发布系统的功能、工具、集成方法、部署架构、持续发布 SLA 服务体系及标准、主要用户视图、过程基础数据留存等）。

4）容器化咨询（包括容器选型、容器化落地的应用转换方案、容器管理及后续运营方案等）。

5）统计分析咨询（包括与 IT 领导和关键岗位负责人沟通确认软件交付度量指标、如何在交付过程收集保存各指标、针对不同的软件提供的统计视图等）。

6）培训咨询（包括人员技能调研、人员技能与持续交付要求差距分析、针对性的培训课程内容及培训计划）。

2. 项目交付全生命周期管理

持续发布平台管理涵盖软件项目的全生命周期管理，要求该平台具备与行内现有的项目跟踪管理、需求管理、代码仓库、统一在线接口管理、代码构建、测试用例、基于接口的自动化测试、测试缺陷管理、软件发布、上线审批等支撑系统进行集成，并提供项目交付全生命周期的管理和跟踪页面，以便直观查看和检视项目进展和健康状况。

3. 持续集成

通过 Jenkins 或其他自动化构建工具实现自定义脚本、流水线等交付过程的统一管理，具体包括如下几个方面。

1）支持多种编译语言：支持 Java、Python、JS、Android、iOS 等多种编译语言的构建环境。

2）支持多代码管理系统：支持行内现有的 SVN 和 GitLab 版本管理系统，支持代码管理与项目生命周期管理解决方案对接，实现从需求到编码的跟踪。

3）支持代码权限精细化管理：支持线上权限申请、审批、分配等；代码根据分支策略制定不同权限管理规范模板。

4）支持多种构建方法：支持 MVN、Gradle、Xcode、NPM、静态 File 类型等多种构建方法。

5）构建集成：通过 Jenkins 等自动化构建工具进行代码构建，并将构建结果集成到项目交付周期管理中，实现从需求、编码到构建的全过程跟踪；通过各种检查规范确保从源码到交付物的一致性，实现可持续性交付并降低整个项目的风险。

6）支持编译参数：支持默认构建参数，允许自定义配置构建参数，满足个性化构建需求。

7）构建工件仓库：支持与行内 Nexus 构建工件仓库的集成及与提供构建工件仓库的迁移，实现代码二进制包的统一管理，包括（但不限于）二进制包的保存、包依赖分析等。

8）交付物安全管理：提供 Java 代码编码规范检查功能，支持静态代码扫描、技术债管理，提供代码审查工具或插件，支持漏洞扫描。

9）支持自动化测试：提供接口测试自动化、UI 测试自动化、性能测试自动化执行及测试报告统一展现功能，支持自动化测试案例库的管理和维护。

10）构建日志展示：提供构建日志的实时同步界面并支持问题下钻，可以及时了解编译过程和定位问题。

11）支持 Android 和 iOS 的持续集成。

4. 持续发布

通过 Jenkins 或其他自动工具实现发布流水线的配置并保存流转指标数据，提供统一页面对发布过程进行可视化的展示，具体体现在如下几个方面。

1）支持应用配置管理：通过应用配置管理对代码和环境进行隔离，实现一次发布多个环境,提供基于 ConfigMap 的容器方案配置中心或独立的分布式应用配置中心方案。

2)依赖分析:支持基于二进制文件的依赖分析(如 Jar 或项目调用依赖),并提供交付二进制文件的版本管理(如版本列表和版本追溯)。

3)支持多种发布方式:支持基于二级制文件(WAR 或 Jar 包)的发布或基于 Docker 容器的发布,支持蓝绿发布、灰度发布。

4)发布过程定制:支持自动化发布,支持配置人工审批环节的自动化发布,支持人工跳过某些步骤直接发布应对紧急发布流程。

5)发布日志及记录展示:提供构建日志的实时同步界面并支持问题下钻,可以及时了解编译过程和定位问题。

6)提供内网的类似 fir、蒲公英的 App 发布系统,支持账号和权限管理、新建包、新建发布渠道,支持通过 API 或页面表单上传包,支持与 Jekins 集成或通过定制开发满足类似需求场景。

5. 容器化

容器是提供不可变环境的基础,基于容器可以解决持续发布环境自动化的问题,进而提升持续发布的效率。容器化具体体现在如下几个方面。

1)镜像库:支持高可靠、高可用镜像中心部署,如开发测试和生产环境的镜像同步,支持镜像管理,包括镜像信息、镜像搜索、镜像历史版本查询、镜像下载历史列表等,支持镜像仓库可用镜像的安全漏洞扫描。

2)支持多环境:基于容器技术实现开发环境、SIT 测试环境、UAT 测试环境、准生产环境的容器化基础平台,支持多个隔离的镜像中心之间的镜像同步。

3)集群管理:可以动态扩容、缩容;支持集群级别的弹性伸缩,支持集群操作和管控对接用户权限管理,所有操作可回溯。

4)网络管理:支持对接不同的网络方案,支持 Docker 原生 host、bridge 模式和扩展模式,支持集群内网络资源管理,如创建网络子网、网络 IP 管理,支持查看网络资源使用情况;应用发布时支持实例 IP 不变,也支持动态分配 IP。

5)部署管理:支持应用基于容器的分批、分次、灰度等发布动作和自定义发布动作,支持应用回滚,支持部署过程跟踪、结果上报、应用状态守护等功能,支持对应用的配置文件进行管理。

6)需要乙方协助甲方完成完整项目的 CI/CD 及容器化改造。

7)应用商店(应用模板):支持常用公共组件的应用商店及不同版本的选择,包括 Nginx、Oracle、Tomcat、WebLogic、MySQL、Jenkins、MongoDB、ELK、Redis、RocketMQ 等,提供应用商店上下架、权限控制、使用情况统计等功能。

6. 统计分析

量化和可视化是持续改进的基础,具体体现在如下几个方面。

1）项目生命周期统计：支持项目进度、需求质量、开发质量、测试质量、发布质量、项目生产运行质量统计分析。

2）持续集成统计：支持基于部门、项目、人员的多维度的开发编码规范，Bug 质量，构建次数，构建成功率，构建次数等统计分析。

3）持续发布统计：支持基于部门、项目、人员的多维度的发布成功率，发布持续时长，发布次数统计等统计分析。

4）容器统计：支持容器个数、容器类型、容器运行情况、系统资源使用情况等统计分析。

5）研发效率统计：支持研发人员代码提交总量、有效代码占比、项目生命周期耗时、项目投入人员数等统计分析。

3.2.2 项目实施内容与效果

S 公司项目经过公开招标，最终选择红帽 OpenShift 作为容器云平台，并成功上线。需要指出的是，S 公司在构建容器云之前就已经基于虚拟化环境构建了持续交付平台，其自身的 IT 水平也很高。因此在项目实施过程中，很大一部分工作是完善现有的持续交付平台，并将工具链容器化。

本项目整体实施进度如图 3-3 所示，可以看到实施周期大致为 5 个月。

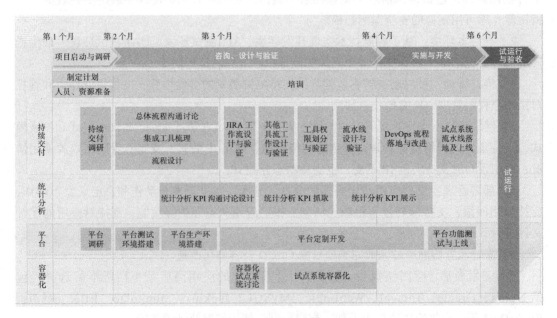

图 3-3 项目整体实施进度

我们将项目实施内容分为如下四类，具体实施目标和项目实施后的效果如表 3-4 所示。

表 3-4 项目实施目标及实施后的效果

实施内容分类	实施目标	项目实施后效果
工作流程设计	引入持续交付的思想、工具、流程、规范,帮助提升任务管理能力、工作流程的规范性、项目推进效率	根据持续交付的思想,完善了现有工作流程并新增了相关工作流程,提升了各类任务的管理能力和操作规范性,提升了项目整体效率,有助于后续的规范管理、统计分析和考评工作
PaaS 平台及容器化	提升客户在代码质量、版本管理、构建、测试、部署、验证等交付环节的效率和质量	在生产环境和测试环境部署了 PaaS 平台,并对四个试点系统进行了容器化及流水线设计落地,提升了客户在代码质量、版本管理、构建、测试、部署、验证等交付环节的效率和质量
统计指标分析	通过对应到 IT 部每个工作岗位指标的展示来提高对应人员的工作积极性及工作效率,对 IT 部所有项目进行统计分析,体现目前各项目的预期完成百分比、各系统缺陷量及解决效率等	通过分角色和分统计维度的 220 张统计表格,实现了通过对应到 IT 部每个工作岗位指标的展示来提高对应人员的工作积极性及工作效率,对 IT 部所有项目进行统计分析,体现目前各项目的预期完成百分比、各系统缺陷量及解决效率等
持续交付	实现项目任务统一管理、应用自动化构建、自动化部署、量化各个交付环节指标,提高开发效率,构建可靠的发布版本,改善产品质量,加速产品推向市场	通过实现项目任务统一管理、应用自动化构建、自动化部署、量化各个交付环节指标,提高开发效率,构建可靠的发布版本,改善产品质量,加速产品推向市场

接下来,我们针对这四类实施内容进行说明。

1. 工作流程设计

在工作流程设计阶段,经过与各个负责人多轮的整体、单独讨论,确定流程及子流程场景,具体分为以下 8 个流程。

1)平台及系统创建流程:该流程为项目级流程,描述项目及项目整体计划的创建过程。

2)新增及变更流程:该流程描述了由业务发起的任务流程。

3)生产缺陷流程:该流程描述了系统上线后发现并处理生产缺陷的流程场景。

4)IT 技术优化流程:该流程描述了由 IT 部门内部发起的任务流程。

5)报表、提数流程:该流程描述了数据报表相关需求的流程场景。

6)测试缺陷子流程:该流程描述了标准流程在 SIT 测试环节发现并处理测试缺陷的流程场景。

7)终止、暂停流程:该流程适用于各个流程各个节点出现终止、暂停的流程场景。

8)会议管理流程:该流程适用于各种会议的流程场景。

与 8 个流程相对应的是 8 个流程角色,角色定义如表 3-5 所示。在后续工作中,流程角色将与工具中的用户组和用户进行权限对应。

表 3-5 流程角色与用户权限对应说明

序号	定义	人员
1	项目负责人	项目经理
2	需求申请人	业务部门、开发部门和运维部门提出需求的人员
3	需求专员	需求组人员
4	开发专员	开发部门人员
5	测试专员	测试人员
6	运维专员	运维组人员
7	配置管理员	运维组中的系统管理岗位
8	投产评审员	目前由架构师兼任

由于篇幅有限，我们选取部分流程图为例进行说明。

平台及系统创建流程如图 3-4 所示，其中涉及如下几个方面。

- 阶段：规划阶段。
- 角色：项目负责人、配置管理员。
- 问题类型：项目整体计划。

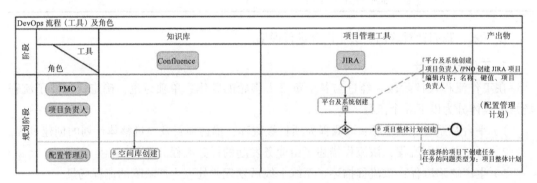

图 3-4 平台及系统创建流程示意图

报表、提数流程如图 3-5 所示，具体涉及如下几个方面。

- 阶段：需求阶段、设计阶段、开发阶段、UAT 测试阶段、投产阶段。
- 角色：需求申请人、开发专员。
- 问题类型：报表、提数需求。

终止、暂停流程如图 3-6 所示，具体涉及如下几个方面。

- 阶段：所有阶段。
- 角色：项目负责人。
- 问题类型：所有问题类型。

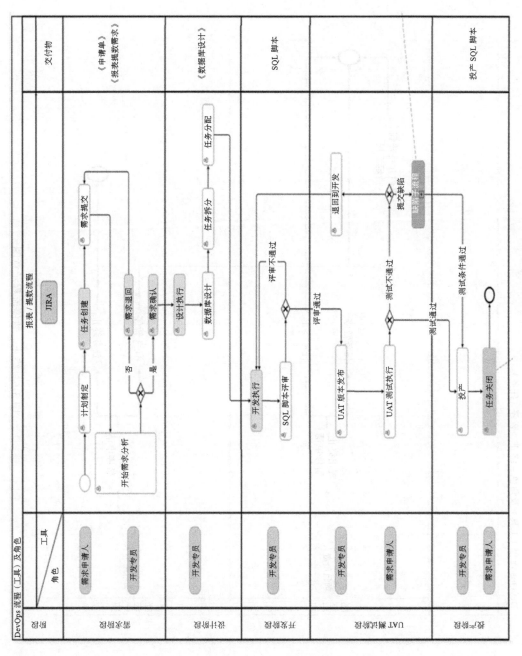

图 3-5 报表、提数流程示意图

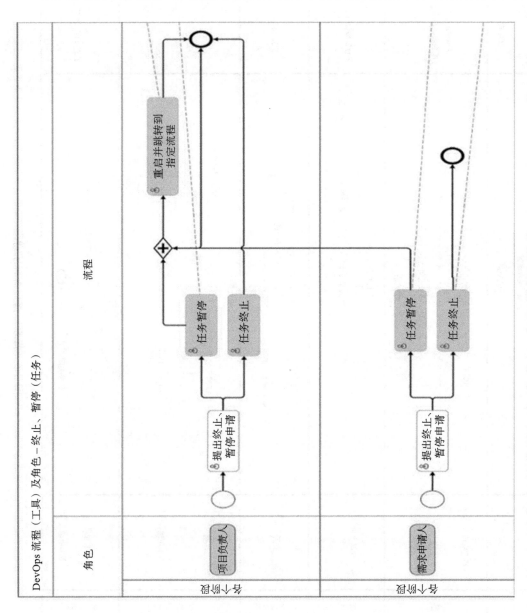

图 3-6 终止、暂停流程示意图

会议管理流程如图 3-7 所示，具体涉及如下几个方面。

- 阶段：提交阶段、准备阶段、召开阶段、整理阶段、关闭阶段。
- 角色：所有角色。
- 问题类型：会议管理。

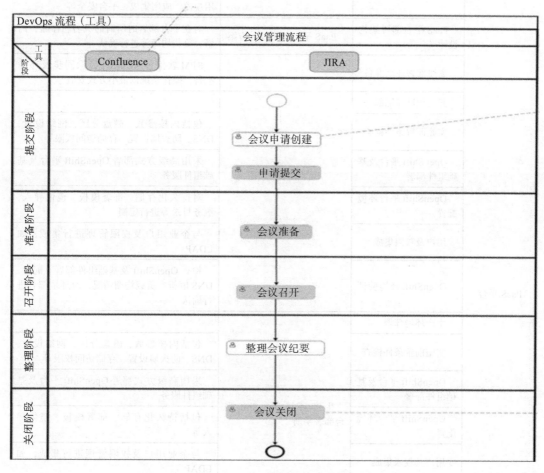

图 3-7　会议管理流程示意图

2. PaaS 平台及容器化

S 公司使用红帽 OpenShift 容器云平台，其 PaaS 平台构建工作内容如表 3-6 所示。

表 3-6　PaaS 平台构建工作内容说明

工作项	工作子项	交付物	描述
PaaS 平台			通常容器云平台实施包括开发测试环境和生产环境部署

(续)

工作项	工作子项	交付物	描述
PaaS 平台	PaaS 平台需求调研	调研、访谈大纲	准备需求调研大纲，组织平台建设各方进行需求访谈，了解企业基础设施现状，包括服务器、存储、网络、负载均衡、应用规模、应用集成、平台安全等
	PaaS 平台部署架构设计	PaaS 平台部署设计方案	对在平台部署时所需的域名、存储、网络、负载均衡等进行确认
	离线部署环境准备		RPM 软件包、Docker 镜像同步及环境准备，操作系统以最小方式安装
	开发测试环境部署		
	实施前置条件检查		包括内核参数、磁盘分区、网络设置、DNS、防火墙设置、存储访问权限等
	OpenShift 平台及基础组件部署		采用高级方式部署 OpenShift 平台及基础组件服务
	OpenShift 平台环境配置		对持久化存储、部署模板、镜像导入、服务目录等进行定制
	用户及权限集成		与企业用户及权限管理进行集成，如 LDAP
	OpenShift 环境验证		检查 OpenShift 及基础组件部署、配置、DNS 解析、负载均衡情况，对环境部署进行确认
	生产环境部署		
	实施前置条件检查	生产环境 OpenShift 平台部署手册	包括内核参数、磁盘分区、网络设置、DNS、防火墙设置、存储访问权限等
	OpenShift 平台及基础组件部署		采用高级方式部署 OpenShift 平台及基础组件服务
	OpenShift 平台环境配置		包括持久化存储、部署模板、镜像导入等
	用户及权限集成		与企业用户及权限管理进行集成，如 LDAP
	OpenShift 环境验证		检查 OpenShift 及基础组件部署、配置情况，对环境部署进行确认
	PaaS 平台性能测试	PaaS 平台性能测试报告	对 PaaS 平台处理能力进行验证，以便为容量评估提供数据支持
	PaaS 平台技术支持		在持续发布平台开发、集成、测试过程中提供 OpenShift 技术支持，包括参与方案评审、性能测试并提出改进建议、API 调用、集成过程中 OpenShift 问题分析及解决、平台的上线支持

3. 统计指标分析

项目内共设计了 3 个统计维度、7 个角色展示目录，共实现 42 个仪表板，合计 220 张展示图表。这里我们仅选取几个统计指标为例进行展示。

统计指标展示实例 1 是重点项目情况表，它是从项目视角分析需求数量，如图 3-8 所示。

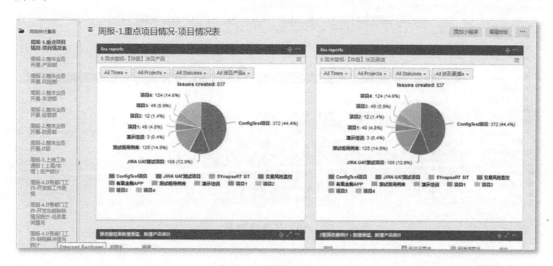

图 3-8　重点项目情况表

统计指标展示实例 2 展示了项目负责人仪表板，从仪表板中我们可以看到项目组中每个人的工作时长，如图 3-9 所示。

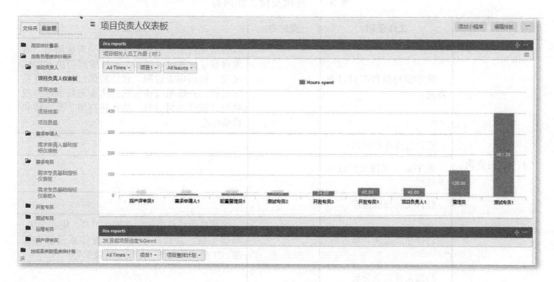

图 3-9　项目负责人仪表板

统计指标展示实例 3 是任务晴雨表，从表中我们可以看到某个项目的某个产品发布过程中每个环节的耗时，如图 3-10 所示。

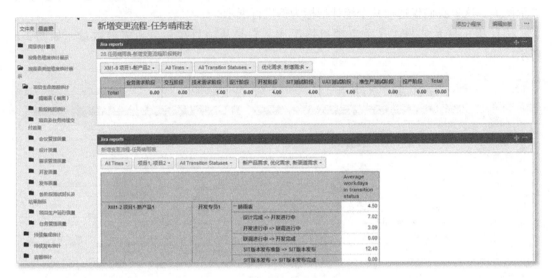

图 3-10 任务晴雨表

4. 持续交付

持续交付包含两部分工作：持续交付咨询和 CI/CD 的技术落地。具体工作内容如表 3-7 所示。

表 3-7 持续交付工作内容

	工作子项	交付物	描述
持续交付咨询	数字银行软件交付过程咨询		包括交付组织架构和交付模型现状调研、需求过程、软件设计过程、软件编码与单元测试过程、代码审查过程、软件测试过程、软件发布过程，并依据以往实施方法论和数字银行现状制订软件交付过程、流程转换细节及流转和检验标准
	交付过程现状调研		
	数字银行软件交付过程及流程		
	软件交付检验标准		
	持续集成系统功能咨询		包括持续集成系统的功能、工具、集成方法、部署架构，持续集成 SLA 服务体系及留存标准、主要用户视图、过程基础数据等
	持续集成功能分析		

（续）

	工作子项	交付物	描述
持续交付咨询	工具链选型及集成方法		
	部署架构建议		
	SLA 服务体系及标准		
	用户视图及数据		
	持续发布系统功能咨询		包括持续发布系统的功能、工具、集成方法、部署架构，持续发布 SLA 服务体系及留存标准、主要用户视图、过程基础数据等
	持续发布功能分析		
	工具链选型及集成方法		
	部署架构建议		
	SLA 服务体系及标准		
	用户视图及数据		
	容器化咨询		包括容器选型、容器化落地的应用转换方案、容器管理及后续运营方案等
	容器选型及准入规范		
	应用容器化迁移方案		
	应用容器化部署及管理规范		
	容器化应用日志及监控方案		
	统计分析咨询		包括与 IT 领导和关键岗位负责人确认软件交付度量指标、各指标需要在交付过程如何收集（保存）、针对不同软件提供的统计视图等
	软件交付度量指标体系		
	统计分析用户视图设计		
	培训咨询		包括人员技能调研、人员技能与持续交付要求差距分析、针对性的培训课程内容及培训计划
	人员技能调研		
	课程内容及培训计划		
CI/CD	流水线设计		结合开发团队 Git Flow 设计流水线
	工具链部署	DevOps 工具链部署集成手册	标准工具链部署，包括 JIRA、GitLab、Nexus、SonarQube、Jenkins

(续)

	工作子项	交付物	描述
CI/CD	CI/CD 工具集成及验证		CI/CD 工具链进行集成，定义标准化流程，降低持续集成和持续部署复杂度
	流水线流程落地演示及改进		以 Demo 应用制作并演示完整流水线过程
	流水线流程及工具链培训		向开发团队宣讲流水线及工具使用规范

持续交付实施后，通过持续交付咨询生成持续交付全流程，并将 CI/CD 工具链在 OpenShift 上落地，如图 3-11 所示。

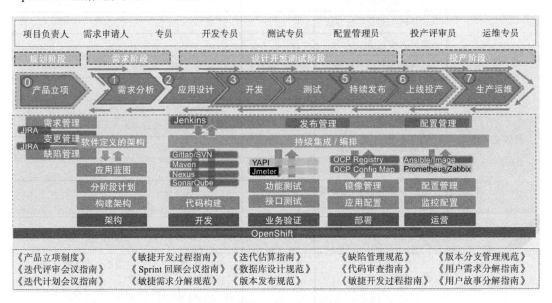

图 3-11　CI/CD 工具链在 OpenShift 上落地

通过容器云项目，S 公司实现了整套 DevOps 工具链的容器化，大幅提升了应用发布的速度，有力地支撑了 B 客户的业务扩展。项目前后具体效果对比如表 3-8 所示。

表 3-8　S 公司容器云项目前后效果

大项	细项	项目实施前	项目实施后
项目管理（JIRA）	项目进行统一管理	N/A	34+ 个
	JIRA 问题追踪	N/A	690+ 个
	统计图表	10 个	220+ 个
	工作日日活用户	N/A	131+ 个

(续)

大项	细项	项目实施前	项目实施后
持续集成（CI）	原系统 Jenkins 上的任务数	0	5+ 个
	平均构建时间	30+ 分钟	6+ 分钟
	平均成功率	70%	98%
持续发布（CD）	容器化试点系统	0	4 个
	到目前执行部署次数	0	33+ 次
	平均部署时间	1 小时	4+ 分钟
	部署成功率	0.7	97%
其他工具（Junit、SonarQube、Jmeter、SynapseRT 等）	单元测试覆盖率	0.1	0.8
	代码扫描后发布成功率	0	1
	自动化测试用例	0	30+ 个

至此，S 公司的容器化实施案例就介绍完了。读者可以根据上述内容，对自身的项目进行评估。

3.3　本章小结

在本章中，我们通过两个金融行业部的容器云案例，详细介绍了容器云项目的相关内容。技术的发展，使得越来越多的客户使用容器云，也使得越来越多的应用迁移到容器云。在下一章，我们将介绍容器云上的最佳实践。

第 4 章

容器云上的最佳实践

在第 3 章中,我们介绍了两个金融行业客户的容器云建设案例。在本章中,我们将介绍企业上容器云后的最佳实践。本章内容包含容器云的安全加固、容器云备份与双活、容器原生存储的选择、容器云上数据库定制化方案。

4.1 容器云的安全加固

2021 年很多客户都展开了"护网行动"。大多数在生产上使用 OpenShift 的客户,也针对 OpenShift 做了安全加固。在本节中,我们将分析容器云安全加固的思路以及如何采用企业方案进行安全加固。

4.1.1 手工安全加固手段

首先,我们看一下常见的网络攻击方式及其说明,如表 4-1 所示。

表 4-1 常见的网络攻击方式及其说明

攻击方式	说　　明
字典攻击 / 暴力破解攻击	通过预先定义的单词或短语进行攻击,逐一尝试所有可能的密码组合,或者通过暴力破解的方式,非法获得密码或秘钥的攻击形式
DDoS(分布式拒绝服务)攻击	使用很多台计算机在同一时间发起攻击,使得攻击目标无法正常对外提供服务
XSS(跨站脚本)攻击	利用网页开发漏洞注入恶意指令代码,在用户加载时执行攻击者的恶意代码
CSRF 攻击	攻击者盗用用户身份,以用户名义发出恶意请求或执行非法操作(如转账)

（续）

攻击方式	说　明
SQL 注入攻击	应用程序没有检查用户输入合法性或检查不严，使得攻击者在管理员不知情的情况下，通过在程序执行时额外添加 SQL 语句，实现非法操作
漏洞攻击	利用系统或平台的漏洞进行溢出或者逃逸，使攻击者可以访问和执行未经授权的操作
木马病毒攻击	通过植入木马、病毒、蠕虫等允许攻击者远程控制计算机或进行其他破坏活动

结合上表，我们看一下容器云平台常被攻击的点，如表 4-2 所示。

表 4-2　容器云平台常被攻击的点

弱密码问题	使用默认密码，或者密码强度不高，没有定期更新密码，没有重试限制等，会使非法用户容易猜出密码，从而获得平台的管理和控制权限
明文保存密码	在脚本或程序中通过明文方式保存和传递密码（或 Token），使得攻击者可以方便获得用户名及密码进行未授权操作
容器制作不规范	容器未按照安全规范制作（如 root 用户），在平台运行需要额外授权才能运行
权限分配过度	给项目默认 Service Account 分配权限，而不是给特定容器定义权限，在运行时同项目下的各容器均具有特权，增加了安全暴露风险
网络安全问题	在平台内部未进行网络隔离，使得不同项目间可以互相访问，未做限制
宿主机安全问题	如未按照要求启用 SELinux、漏洞修复等
审计和监控	未开启审计日志，缺少必要的监控手段来及时发现可能出现的安全问题

接下来，我们针对上述六种攻击方式，看如何对容器云进行安全加固。

1. 认证方案优化

OpenShift 使用 htpasswd 认证方式。OpenShift 平台与集中认证中心方案集成（如 RHSSO），对平台用户认证进行加固和优化。设置密码的时候，应设置如下策略：

❑ 采用严格密码策略；
❑ 设置复杂密码规则，如数字位数、大小字母位数、特殊字符等；
❑ 禁止与用户名一致；
❑ 设置密码过期时间，如 30 天，过期后需要修改密码；
❑ 禁止使用已用过的密码，即修改密码时不能使用以前设置过的密码；
❑ 设置最大登录失败次数（Max Login Failure）；
❑ 采用双因子认证（Two-Factor Authentication）。

2. DDoS 防御

DDoS 防御，应采取多层防御的方式，如图 4-1 所示。

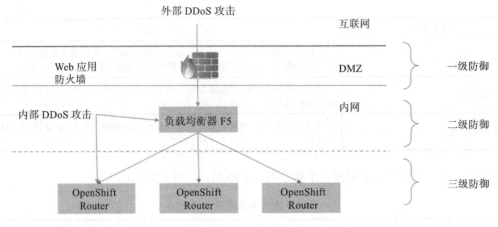

图 4-1　DDoS 多层防御

DDoS 防御具体有两种方式，分析如下。

1）在 F5 上开启 DDoS 防御。

2）在 OpenShift Router 上增加相应配置实现 DDoS 防御：

- 设置 http-request 超时时间；
- 设置 TCP 并发连接数；
- 设置单个客户端 TCP 请求速率；
- 设置单个客户端 HTTP 请求速率。

需要注意的是，我们在 OpenShift Router 上设置 DDoS 防御的参数时，需要设置合理的数值，防止请求被误杀。

3. 镜像安全检查

在容器云中，镜像安全检查非常重要。我们有以下几条建议：

- 建议使用集成镜像扫描方案（如 Clair）对平台及应用进行安全扫描；
- 避免使用非官方镜像（如社区镜像）；
- 标记镜像健康状况；
- 禁止使用低安全级别的镜像；
- 及时更新应用基础镜像。

红帽官方提供了 300 多种容器镜像，并划分了明确的健康等级。我们通常选取健康等级为 A 的镜像，如图 4-2 所示。

4. 权限检查

OpenShift 权限检查应该包含以下几个方面：

- OpenShift 平台用户及角色梳理；
- Service Account 使用情况梳理；

❑ 容器 SCC 策略授权情况梳理；
❑ 网络隔离情况分析。

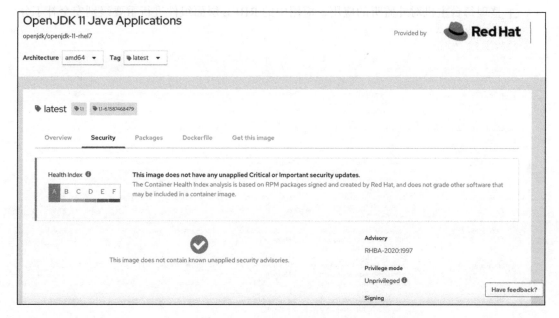

图 4-2　红帽容器镜像健康等级

5. 漏洞修复

漏洞修复包含两个层面：

❑ OpenShift 平台漏洞修复（OCP 升级、OCP 迁移）；
❑ 宿主机（Linux 操作系统）漏洞修复。

OpenShift 和 Linux 操作系统都会定期发布漏洞列表，如图 4-3 所示。我们应该多关注该列表并及时进行漏洞修复。

针对容器云的宿主机 RHEL 操作系统（OpenShift 4 使用 CoreOS，不用单独加固宿主机操作系统），应进行如下加固：

❑ 安全基线加固项审查，对安全基线不合规项目制定分类、分批次整改计划；
❑ 梳理防火墙规则，禁用不必要的 ACL 控制规则；
❑ 禁止 root 用户通过 SSH 登录；
❑ 对登录用户进行弱密码扫描，弱密码库由客户提供；
❑ 各系统管理员根据业务需要判断是否把某些非登录用途的账号设置为 nologin；
❑ 各系统管理员检查 /etc/sudoer 文件中是否有过多提权命令供非 root 用户执行；
❑ 禁止各系统管理员使用 chpasswd 命令修改账户密码的行为；
❑ 护网行动结束后根据采取的安全整改措施，更新安全基线、Linux 模板及规范配置文档；

- 获得最新 CVE 漏洞报告，根据 CVE 列表进行漏洞评估并修复（第三方报告或者巡检）；
- 整理每台主机对外监听的应用，应用中的 RHEL 层面组件进行重要级别安全补丁分析和修复。

Advisory	Synopsis	Type / Severity	Products	Publish Date
RHSA-2019:3813	Low: OpenShift Container Platform 3.9 mediawiki123 security update	Security Advisory / Low	Red Hat OpenShift Container Platform	08 Nov 2019
RHSA-2019:3812	Moderate: OpenShift Container Platform 3.9 cri-o security update	Security Advisory / Moderate	Red Hat OpenShift Container Platform	08 Nov 2019
RHSA-2019:3811	Important: OpenShift Container Platform 3.9 atomic-openshift security update	Security Advisory / Important	Red Hat OpenShift Container Platform	08 Nov 2019
RHSA-2019:2769	Important: OpenShift Container Platform 3.9 security update	Security Advisory / Important	Red Hat OpenShift Container Platform	24 Oct 2019
RHSA-2019:2551	Moderate: OpenShift Container Platform 3.9 atomic-openshift-web-console security update	Security Advisory / Moderate	Red Hat OpenShift Container Platform	05 Sep 2019
RHSA-2019:1852	Moderate: OpenShift Container Platform 3.9 atomic-openshift security update	Security Advisory / Moderate	Red Hat OpenShift Container Platform	25 Jul 2019
RHSA-2019:0547	Moderate: OpenShift Container Platform 3.9 haproxy security update	Security Advisory / Moderate	Red Hat OpenShift Container Platform	14 Mar 2019
RHSA-2018:2908	Critical: OpenShift Container Platform 3.9 security update	Security Advisory / Critical	Red Hat OpenShift Container Platform	20 Nov 2018
RHSA-2018:2013	Important: OpenShift Container Platform 3.9 security, bug fix, and enhancement update	Security Advisory / Important	Red Hat OpenShift Container Platform	28 Jun 2018

图 4-3　OpenShift 云与 Linux 的漏洞列表

6. 应用安全检查和防护

应用安全检查和防护包括平台方面防护和应用方面防护，具体分析如下。

平台方面防护要做到如下几点：

- 启用 HTTPS/SSL 安全网络传输（在 Router 上开启 HTTPS 设置）；
- DDoS 防御（通过在 Router 开启 DDoS 防御对应用进行保护）。

应用方面防护需做到以下几点：

- 密码、证书等敏感信息管理，避免明文配置（如 Hashicorp Vault）；
- 不要在日志中输出用户名、密码、Token 等敏感信息；
- 应用 SQL 注入检查（如防止 SQL 拼接，增加 Filter 检查）；
- XSS 防御（如通过 Filter 对 HTML 标签进行转义）。

在介绍了容器云手工安全加固手段后，接下来我们介绍如何使用工具对容器云进行安全加固。

4.1.2 传统的 DevSecOps

DevSecOps，顾名思义，是针对 DevOps 的安全治理。DevSecOps 是一种旨在将安全性嵌入 DevOps 链条中每个部分的新方法，它有助于在开发过程早期而不是产品发布后识别安全问题，目标是让每个人对信息安全负责，而不仅仅是让安全部门负责。

DevSevOps 的 Web 类安全工具大体分为静态安全工具和动态应用安全工具两类。

- 静态安全工具主要通过分析或者检查 Web 应用程序源代码的语法、结构、过程、接口等来保证程序的正确性。静态安全工具使我们能在开发阶段（而非应用开发完成后）探测出源码中的安全漏洞，从而大大降低修复安全问题的成本。
- 相比静态安全分析工具在开发阶段发现问题，动态应用安全工具是在 Web 应用运行时模拟黑客攻击，从而无须源代码即可识别安全漏洞，并确定组织的实际风险。

在开源界，静态应用安全工具如 SonaQube，动态应用安全工具如 OWASP（Open Web Application Security Project，开放式 Web 应用程序安全项目）都被广泛使用。

我们通过一个基于 OpenShift 的 DevSecOps 模型展示 DevSecOps 实现的方式。OpenShift 通过将安全嵌入应用开发中来实现 DevSecOps，主要包含以下三部分内容。

- CI/CD 的实现：通过 OpenShift Pipeline（OpenShift 3 通过 Jenkins 实现，OpenShift 4 通过 Teckton 实现）、S2I 实现 CI/CD。
- 内置的安全检查：将安全检查工具部署在 OpenShift 中，并通过 OpenShift Pipeline 串接。安全检查工具包括 SonarQube、OWASP、OpenSCAP 等。
- 自动化操作：利用 OpenShift 的监控功能，监控并响应不断变化的需求、负载、威胁等。例如当有应用代码提交时，自动触发构建；当应用性能不足时，自动扩展 Pod 的实例；当发现安全相关的问题时，自动发送告警等。

接下来，我们查看基于 OpenShift 实现 DevSecOps 的模型架构图，如图 4-4 所示。

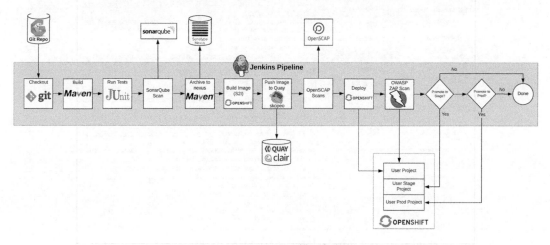

图 4-4　DevSecOps 模型架构图

由于篇幅有限，Pipeline 的 yaml 文件会放在 repo 上，地址为 https://github.com/davidsajare/FSI-IT-construction/blob/main/Chapter4/Jenkinsfile。

在 Jenkins 界面中启动 Pipeline，如图 4-5 所示。

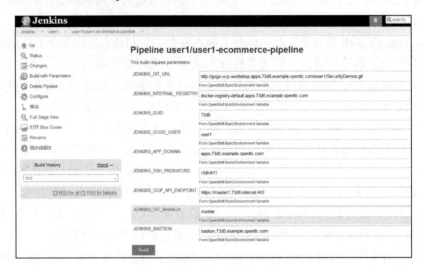

图 4-5　在 Jenkins 中启动 Pipeline

启动 Pipeline 后，通过 Jenkins Blue Ocean 界面进行观测，如图 4-6 所示。

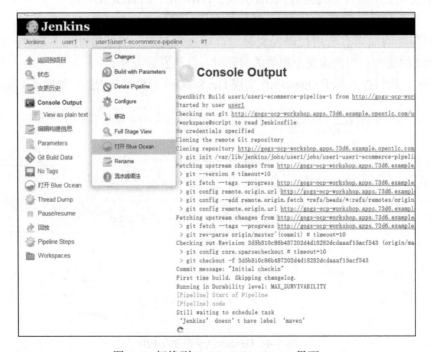

图 4-6　切换到 Jenkins Blue Ocean 界面

在 Jenkins Blue Ocean 界面观测 Pipeline 的执行情况。在执行到 Promote to Stage 时，引入人工审批，如图 4-7 所示。

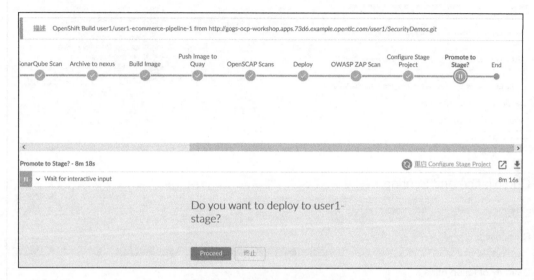

图 4-7　Pipeline 引入人工审批

此时，可以根据动态扫描和静态扫描的报告来做决策。在 Jenkins Blue Ocean 界面点击制品，如图 4-8 所示，可以看到生成的三个检查报告和 pipeline.log。三个检查结果分别是 OpenSCAP 扫描结果和 OWASP ZAP 动态扫描结果。

图 4-8　查看 Pipeline 执行过程中生成的制品

为了判断是否批准 Pipeline 继续执行，可以查看 openscap-compliance-report.html，分析应用容器镜像的漏洞扫描结果。从图 4-9 中可以看出，检查通过了 34 项，失败了 35 项。

查看 openscap-cve-report.html 报告中对应用容器镜像的 CVE 扫描结果，如图 4-10 所示。

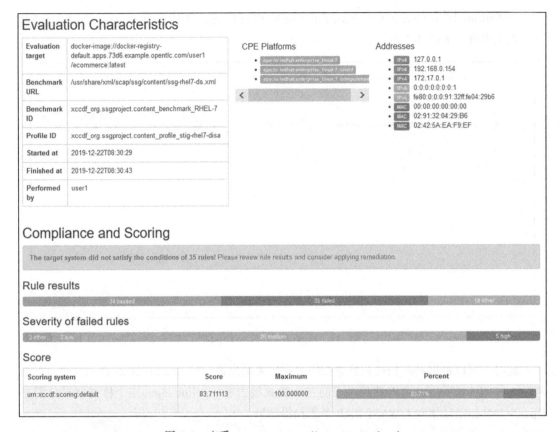

图 4-9　查看 openscap-compliance-report.html

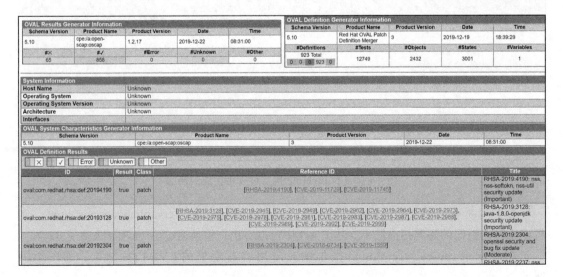

图 4-10　查看 openscap-cev-report.html

查看 owasp-zap-baseline.html 报告中应用动态安全扫描的结果，可以看到不同风险级别对应的数量，中等级别的漏洞有两个，低级别的告警有两个，如图 4-11 所示。

ZAP Scanning Report

Summary of Alerts

Risk Level	Number of Alerts
High	0
Medium	2
Low	3
Informational	2

Alert Detail

Medium (Medium)	X-Frame-Options Header Not Set
Description	X-Frame-Options header is not included in the HTTP response to protect against 'ClickJacking' attacks.
URL	http://ecommerce.user1.svc:8080/
Method	GET
Parameter	X-Frame-Options
URL	http://ecommerce.user1.svc:8080
Method	GET
Parameter	X-Frame-Options
Instances	2
Solution	Most modern Web browsers support the X-Frame-Options HTTP header. Ensure it's set on all web pages returned by your site (if you expect the page to be framed only by pages on your server (e.g. it's part of a FRAMESET) then you'll want to use SAMEORIGIN, otherwise if you never expect the page to be framed, you should use DENY. ALLOW-FROM allows specific websites to frame the web page in supported web browsers).

图 4-11　查看 owasp-zap-baseline.html 报告

查看 owasp 报告中一个中等级别漏洞的问题，如图 4-12 所示，发现均属于较为常见的 Web 安全问题。

Medium (Medium)	X-Frame-Options Header Not Set
Description	X-Frame-Options header is not included in the HTTP response to protect against 'ClickJacking' attacks.
URL	http://ecommerce.user1.svc:8080/
Method	GET
Parameter	X-Frame-Options
URL	http://ecommerce.user1.svc:8080
Method	GET
Parameter	X-Frame-Options
Instances	2
Solution	Most modern Web browsers support the X-Frame-Options HTTP header. Ensure it's set on all web pages returned by your site (if you expect the page to be framed only by pages on your server (e.g. it's part of a FRAMESET) then you'll want to use SAMEORIGIN, otherwise if you never expect the page to be framed, you should use DENY. ALLOW-FROM allows specific websites to frame the web page in supported web browsers).
Reference	http://blogs.msdn.com/b/ieinternals/archive/2010/03/30/combating-clickjacking-with-x-frame-options.aspx
CWE Id	16
WASC Id	15
Source ID	3

图 4-12　查看一个中等级别的漏洞

在分析了动态扫描结果和 OpenSCAP 扫描结果后，接下来我们查看静态代码扫描结果。登录 SonarQube，可以看到应用扫描发现 3 个漏洞、11 个代码异味（Code Smell）、单元测试代码的覆盖率为 56.9% 等信息，如图 4-13 所示。

我们查看 3 个漏洞的具体描述，如图 4-14 所示。

图 4-13　查看静态代码扫描结果

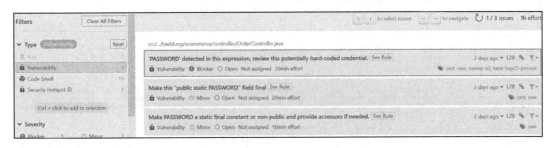

图 4-14　查看 3 个漏洞的描述

查看扫描结果中 11 个代码异味的具体内容，如图 4-15 所示。

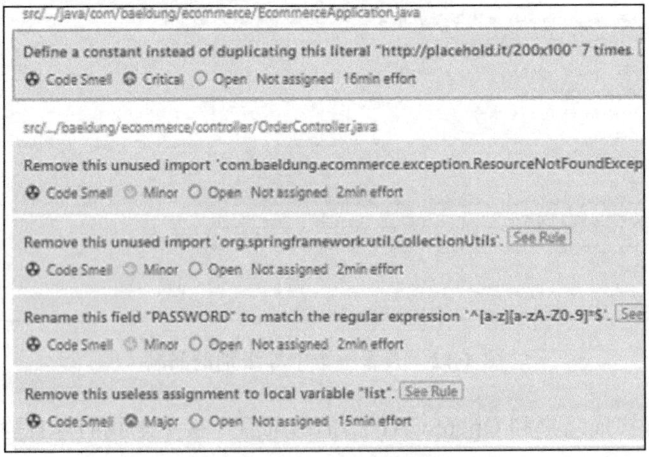

图 4-15　查看代码异味的具体内容

在查看了动态扫描、OpenSCAP 扫描和静态代码扫描的结果后，如果均符合我们的要求，可以分别批准将应用部署到 Stage 和 Prod 环境。

我们批准应用在 Stage 和 Prod 环境部署，然后可以看到 user1-stage 和 user1-prod 项目中会部署应用。

```
[root@bastion 0 ~]# oc get pods -n user1-stage
NAME                    READY     STATUS    RESTARTS   AGE
ecommerce-1-1-l47rq     1/1       Running   0          3m
ecommerce-1-bllkf       1/1       Running   0          3m

[root@bastion 0 ~]# oc get pods -n user1-prod
NAME                    READY     STATUS    RESTARTS   AGE
ecommerce-1-1-b9h9x     1/1       Running   0          3m
ecommerce-1-9w5lf       1/1       Running   0          3m
```

通过浏览器可以分别访问两个项目中的应用路由，如图 4-16 所示。

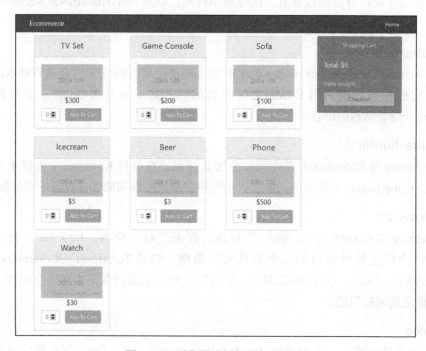

图 4-16　浏览器访问部署好的应用

4.1.3　借助 StackRox 实现 DevSecOps

上一节介绍的 DevSecOps 模型存在一个问题，即无法从 Kubernetes 层做安全加固，例如：已运行的容器应用漏洞分析、Kubernetes 层面的应用配置分析、Kubernetes 层面的合规评估、Kubernetes 层面的风险分析、Kubernetes 层面的运行时行为分析、Kubernetes 层面的自动建议网络策略、Kubernetes 层面的威胁检测及事件响应。

目前在开源社区，常用的 Kubernetes 相关的安全工具主要有 8 个，具体分析如下。

1. OPA

OPA（Open Policy Agent，开放策略代理）是一个非常强大的工具，可以执行上下文感知的安全策略。随着 Kubernetes 1.21 版本启动的 Pod 安全策略（Pod Security Policy）的废弃（以及在 1.25 版本中已完全删除），许多组织可能会转向 OPA 来填补这一空白。

2. KubeLinter

KubeLinter 是一个静态分析工具，可以扫描、分析 YAML 文件和 Helm 图表，并根据各种最佳实践对其进行检查。

KubeLinter 带有默认检查，旨在提供有关 Kubernetes YAML 文件和 Helm 图表的有用信息。这有助于团队及早检查并发现安全错误配置和 DevOps 最佳实践。其中一些常见的例子包括以非 root 用户身份运行容器，执行最小权限，以及只在 Kubernetes Secret 中存储敏感信息。

3. Kube-bench

Kube-bench 可以根据 Kubernetes 的 CIS 安全基准中推荐的安全检查来审计 Kubernetes 的设置。它的扫描功能是用 YAML 文件配置的，工具本身是用 Go 语言编写的，这是 Kubernetes 开发者熟悉的语言。

4. Kube-hunter

Kube-hunter 与 Kube-bench 是由同一个团队开发，它寻找 Kubernetes 集群中可利用的安全弱点。Kube-hunter 更有用的功能之一是利用它发现的漏洞能够寻找进一步的漏洞。

5. Terrascan

Terracan 建立在 OPA 之上，是一个开源的静态代码分析器，用于 IaC。Terrascan 拥有超过 500 个跨越各种应用的安全最佳实践策略，包括 Terraform、Kubernetes（JSON/YAML）、AWS、Azure、GCP 和 GitHub，它可以检测安全漏洞和是否违反合规性，并在配置基础设施之前减轻风险。

6. Falco

Falco 是本节中唯一一个为运行时安全而构建的开源工具。Falco 还提供安全策略，使用来自 Kubernetes 和内核事件的上下文数据来检测异常应用行为。

7. Clair

Clair 是一个开源的安全工具，用于扫描容器镜像的已知漏洞。它是一个静态分析工具，所以不能在运行时检测漏洞。

8. Checkov

Checkov 是一款针对 IaC 的静态代码分析工具。最新版本的 Chekov 引入了基于上下文的分析。它通过对云基础设施进行基于图形的扫描来检测错误配置，这些基础设施是用 Terraform、Cloudformation、Kubernetes、Dockerfile、Serverless 或 ARM 模板等应用配置的。

对于以上开源社区的 Kubernetes 安全工具，企业在使用时，往往需要使用多个，复杂度较高。我们可以借助企业级开源安全工具，如 StackRox 来实现容器云的安全。

StackRox 成立于 2014 年，它的业务重心是保障企业级 Kubernetes 平台安全性。StackRox 通过在 Kubernetes 集群基础设施中直接部署可实施深度数据收集的组件，提供对所有 Kubernetes 集群的可见性，减少提高安全性所需的时间和精力，简化安全分析、调查和补救过程。StackRox 策略引擎包含数百个内置控件，用于强制执行最佳安全实践、行业标准（如 CIS 安全基准和 NIST）、容器和 Kubernetes 的配置管理以及运行时安全性。

2020 年红帽收购 StackRox，把 StackRox 强大的 Kubernetes 本地安全功能引入 OpenShift，进一步实现其愿景：提供一个整体平台，使用户可以在混合云环境中，部署并且安全运行几乎所有的应用程序云。

借助 StackRox，红帽将专注于改变云原生工作负载的保护方式，通过扩展和完善 Kubernetes 原生控件，并将安全性工作转移到容器构建和 CI/CD 阶段，打造 DevSecOps。StackRox 将继续支持多个 Kubernetes 平台，包括 Amazon Elastic Kubernetes Service、Microsoft Azure Kubernetes Service、Google Kubernetes Engine。

StackRox 的架构如图 4-17 所示，我们看到 StackRox 是被部署到一个 Kubernetes 集群，然后由被管集群上运行的 Pod 管理。

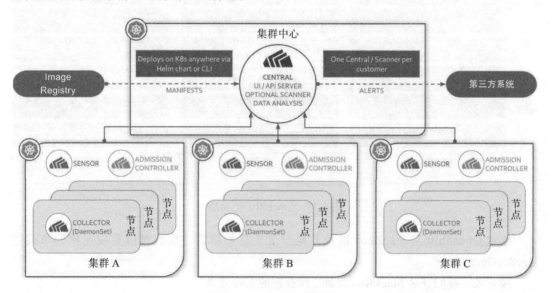

图 4-17　StackRox 的架构

我们登录到被管容器云平台，查看 StackRox 对应的组件，这些组件和图 4-17 是对应的，如图 4-18 所示。

那么，StackRox 能够实现什么安全功能呢？StackRox 能够帮助客户实现 DevSecOps，即安全左移。具体而言，StackRox 在 DevSecOps 中能做的事情包括以下几类，如图 4-19 下半部分方格所示。

```
[root@repo ~]# oc get all
NAME                                           READY   STATUS    RESTARTS   AGE
pod/admission-control-8659cbccf9-4vk58         1/1     Running   0          6h10m
pod/admission-control-8659cbccf9-k2gbk         1/1     Running   0          6h10m
pod/admission-control-8659cbccf9-whlcr         1/1     Running   0          6h10m
pod/central-c8f5f99f4-mbmjz                    1/1     Running   0          6h11m
pod/collector-dnwz7                            2/2     Running   0          6h10m
pod/collector-jwntb                            2/2     Running   0          6h10m
pod/collector-kgthj                            2/2     Running   0          6h10m
pod/collector-rrfvh                            2/2     Running   0          6h10m
pod/collector-t2g7n                            2/2     Running   0          6h10m
pod/scanner-5f9f45887f-gq7sr                   1/1     Running   0          6h11m
pod/scanner-5f9f45887f-pd9pl                   1/1     Running   0          6h11m
pod/scanner-db-558bb4bf5b-vhx4c                1/1     Running   0          6h11m
pod/sensor-5c84f6f759-5hgzd                    1/1     Running   0          6h10m
```

图 4-18　StackRox 对应的组件

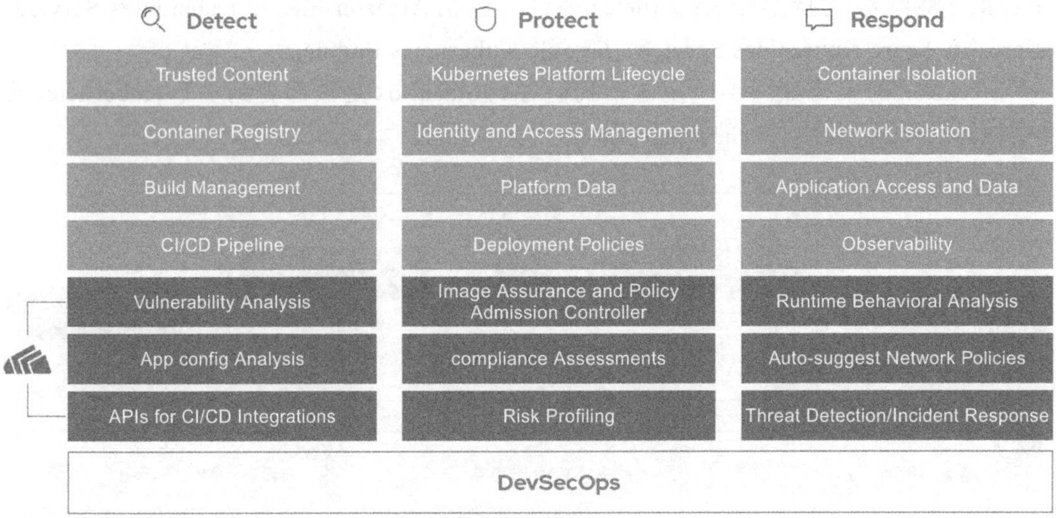

Detect	Protect	Respond
Trusted Content	Kubernetes Platform Lifecycle	Container Isolation
Container Registry	Identity and Access Management	Network Isolation
Build Management	Platform Data	Application Access and Data
CI/CD Pipeline	Deployment Policies	Observability
Vulnerability Analysis	Image Assurance and Policy Admission Controller	Runtime Behavioral Analysis
App config Analysis	compliance Assessments	Auto-suggest Network Policies
APIs for CI/CD Integrations	Risk Profiling	Threat Detection/Incident Response

DevSecOps

图 4-19　StackRox 的功能

通过 OpenShift 与 StackRox 以及其他安全工具相结合，我们可以实现完整的堆栈的 DevSecOps。

接下来，我们登录 StackRox 界面，看看它的实际效果。

首先查看 Dashboard，如图 4-20 所示。可以看到本例纳管了 1 个集群、5 个节点。我们也可以看到安全合规的情况。

通过 Dashboard 可以看到有风险的 Deployment，排在第一位的是名为 visa-processor 的 Deployment，如图 4-21 所示。

这个 Deployment 违反的安全策略如图 4-22 所示。

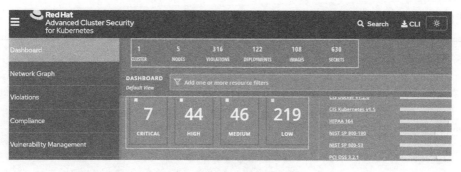

图 4-20　查看 Dashboard

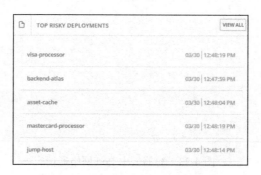

图 4-21　查看有风险的 deployment

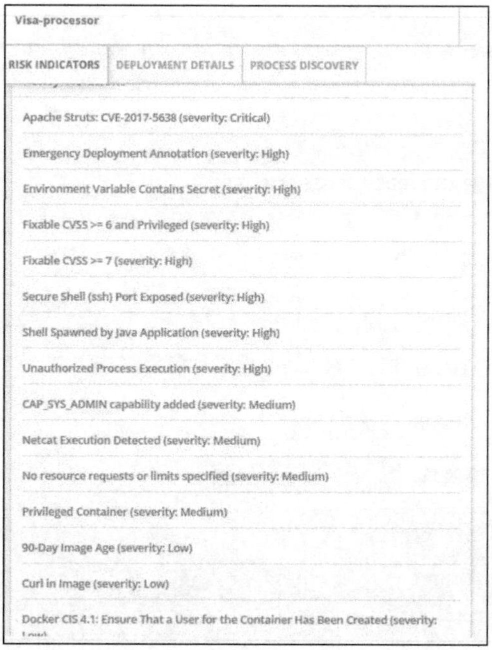

图 4-22　Deployment 违反的安全策略

我们可以查看容器云中 Pod 网络通信情况，如图 4-23 所示。

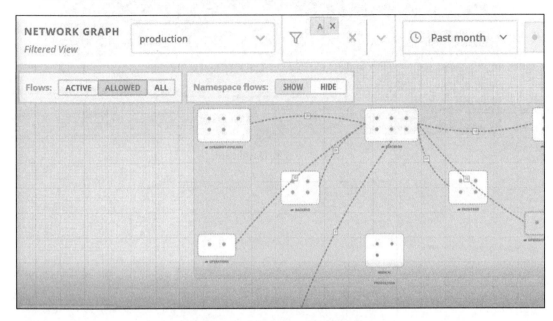

图 4-23　容器云中 Pod 网络通信

StackRox 默认用几个国际规范来扫描容器云，扫描结果如图 4-24 所示。

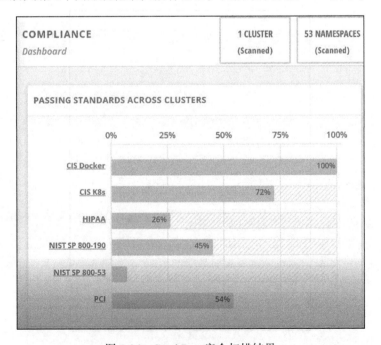

图 4-24　StackRox 安全扫描结果

可以看出，CIS Docker 通过率最高，NIST SP 800-53 标准通过率最低。

查看风险管理情况，如图 4-25 所示。

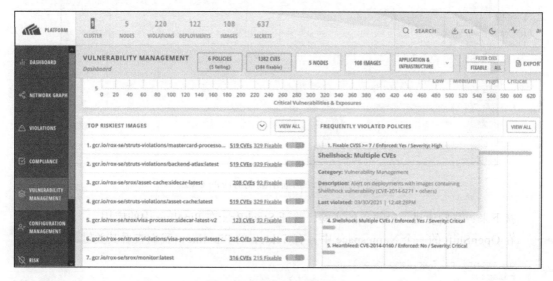

图 4-25　查看风险管理情况

我们看到容器镜像也被扫描了，其中有一个不合规的镜像，镜像不合规的组件如图 4-26 所示。

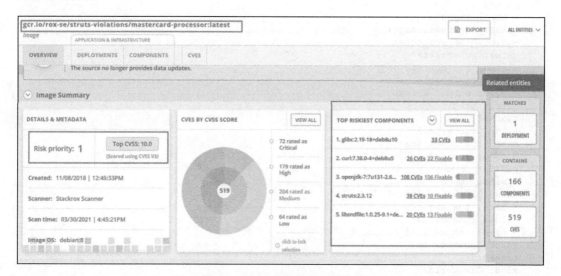

图 4-26　扫描出的镜像不合规的组件

针对不合规的组件，StackRox 会自动扫描出对应的 CVE，如图 4-27 所示。

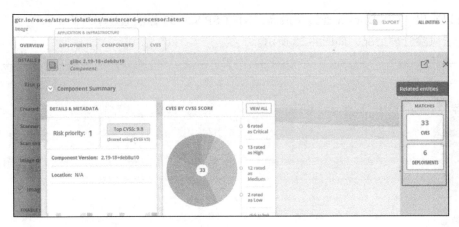

图 4-27 自动扫描出漏洞对应的 CVE

接下来,我们通过一个简单的实验,验证 StackRox 在 Pipeline 中的应用。

在 OpenShift 的一个 Namespace 中,有 Tekton 的 Pipeline,我们查看其关键部分:

```
description: Rox demo pipeline
params:
- description: 'Full name of image to scan (example -- gcr.io/rox/sample:5.0-rc1)'
  name: image
  type: string
tasks:
- name: image-scan
  params:
  - name: image
    value: $(params.image)
  - name: rox_api_token
    value: roxsecrets
  - name: rox_central_endpoint
    value: roxsecrets
  - name: output_format
    value: pretty
  taskRef:
    kind: ClusterTask
    name: rox-image-scan
- name: image-check
  params:
  - name: image
    value: $(params.image)
  - name: rox_api_token
    value: roxsecrets
  - name: rox_central_endpoint
    value: roxsecrets
  taskRef:
    kind: ClusterTask
    name: rox-image-check
```

这个 Pipeline 包含如下两个任务:

❑ rox-image-scan (image-scan):用于镜像扫描。

❑ rox-image-check (image-check):用于镜像检查。

实际上，这两个任务可以被嵌入更为复杂的 Pipeline 中的镜像扫描部分。

下面查看这两个任务的 yaml 文件中的关键部分。

1）rox-image-scan 任务：

```
image: centos
name: rox-image-scan
resources: {}
script: >-
        #!/usr/bin/env bash
        set +x
curl -k -L -H "Authorization: Bearer $ROX_API_TOKEN"
https://$ROX_CENTRAL_ENDPOINT/api/cli/download/roxctl-linux --output
./roxctl  > /dev/null; echo "Getting roxctl"

chmod +x ./roxctl > /dev/null

./roxctl image scan --insecure-skip-tls-verify -e $ROX_CENTRAL_ENDPOINT
--image $(params.image) --format $(params.output_format)
```

2）rox-image-check 任务：

```
image: centos
name: rox-image-check
resources: {}
script: >-
        #!/usr/bin/env bash
        set +x
curl -k -L -H "Authorization: Bearer $ROX_API_TOKEN"
https://$ROX_CENTRAL_ENDPOINT/api/cli/download/roxctl-linux --output
        ./roxctl   > /dev/null; echo "Getting roxctl"
        chmod +x ./roxctl  > /dev/null
./roxctl image check --insecure-skip-tls-verify -e $ROX_CENTRAL_ENDPOINT
--image $(params.image)
```

我们看到，上面两个任务中用到了 roxctl。roxctl 是 StackRox Kubernetes 安全平台的命令行客户端，就像 Kubernetes 的 kubectl 一样。

运行 Pipeline，发现任务运行失败，因为镜像违反了测试，即镜像中不能有 curl 命令，如图 4-28 所示。

我们到 StackRox 中查看 Curl in Image 策略，如图 4-29 所示。

接下来，修改这个策略，当检查到镜像中有 curl 命令时，不阻止构建和部署，如图 4-30 所示。

保存策略后，再次执行 Pipeline，虽然也能检测到镜像中含有 curl 命令，但并未阻止 Pipeline 的运行，如图 4-31 所示。

本案例只是简单展现了 StackRox 与 Tekton 相结合的例子。在实际的场景中，我们可以将本案例的 rox-image-scan 和 rox-image-check 任务嵌入复杂的 Pipeline 中。例如，在做应用容器化前（如 S2I）进行类似 rox-image-scan 和 rox-image-check 的操作，如果不能通过这两项检查，则自动拒绝应用容器化。除了参与到 DevSecOps Pipeline 中，StackRox 更为强大的功能体现在对容器云运行状态的安全扫描。

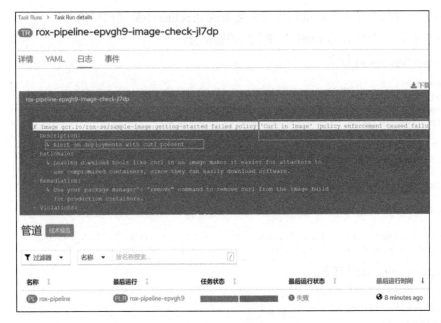

图 4-28　任务运行失败

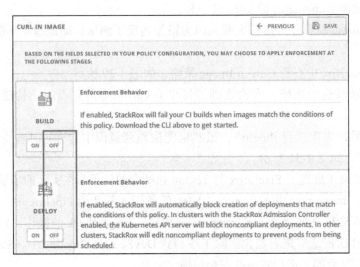

图 4-29　查看 Curl in Image 策略

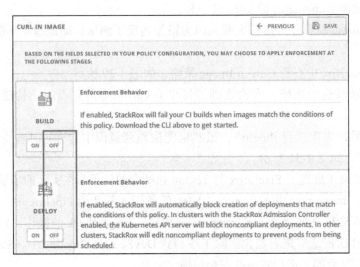

图 4-30　修改策略

第 4 章 容器云上的最佳实践 ❖ 97

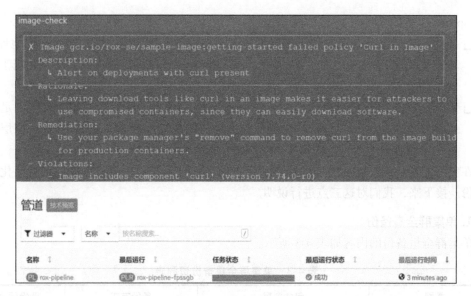

图 4-31 任务成功运行

4.2 容器云的备份与双活

在实际项目生产环境中，容器云的备份、多集群管理、双活与灾备是很受大家关注的话题。在本节中，我们会依次进行介绍。

4.2.1 容器云的备份

在 Kubernetes、OpenShift 单集群部署时，我们会采用高可用的部署方式，如图 4-32 所示。因此，在单一容器云集群中，我们不用担心单点故障。

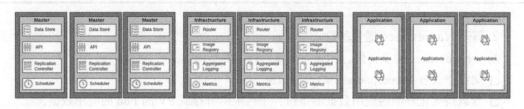

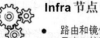

图 4-32 OpenShift 的高可用架构

那么，针对容器云集群，我们如何做备份？备份方式主要分为单集群全量备份和基于

Namespaces 增量备份两种。
- 单集群全量备份：在集群级别备份所有重要文件和配置等，可以满足相同地址（服务器主机名和 IP 与之前集群相同）集群的恢复及回滚到历史时间点。它相当于重新部署一套完全一样的集群，必须在整个集群离线的条件下执行恢复操作。
- 基于 Namespace 增量备份：在 Namespaces 级别备份所有资源对象，可以满足任意时间点在任意一个集群的恢复操作。这种备份恢复不涉及 OpenShift 平台底层基础架构，仅涉及平台上的应用和资源对象。

在实际的项目中，除了要考虑容器云自身的备份外，我们还需要考虑应用持久化数据的备份。接下来，我们对这三点进行说明。

1. 单集群全量备份

单集群全量备份的内容如表 4-3 所示。

表 4-3 单集群全量备份资源表

类别	包含内容	备份方式	备份策略
	所有节点的 /etc/hosts 文件		
	Master 配置文件和证书		
	Node 配置文件和证书		
	LB 配置文件备份		
	安装软件包列表		
	集群中其他重要文件		
集群 etcd 数据库的备份	etcd 数据库	使用 etcd 备份命令将数据备份到备份存储上	每天备份一次
挂载持久化存储的应用数据的备份	• 内部 Docker Registry 数据备份 • 容器化的应用数据备份	直接使用存储备份或主机级拷贝实现	每天备份一次

2. 基于 Namespace 增量备份

基于 Namespace 增量备份，同样需要备份以下两类内容。
- 集群中所有 Namespaces 中的资源对象。
- 挂载持久化存储的应用数据的备份：平台中所有挂载 PV 的 Pod 的应用数据。

根据上述分类，需要使用不同的备份方式，如表 4-4 所示。

表 4-4 基于 Namespace 备份资源表

类别	包含内容	备份方式	备份策略
集群中所有 Namespaces 中的资源对象	所有 Namespaces 中的所有资源对象	使用 Kubernetes 集群的 export 命令将资源对象导出到备份存储	每天备份一次

（续）

类别	包含内容	备份方式	备份策略
挂载持久化存储的应用数据的备份	• 内部 Docker Registry 数据备份 • 日志数据备份 • 容器化的应用数据备份	直接使用存储备份或主机级拷贝实现	每天备份一次

对于基于 Namespace 增量备份，常见需要备份的资源对象列举如下（包含但不限于）：
- namespace
- deploymentconfig
- deployment
- buildconfig
- imagestream
- service
- route
- configmap
- rolebindings
- serviceaccounts
- secrets
- pvcs
- templates
- jobs
- cronjobs
- statefulsets
- hpas

3. 应用数据备份

在上述两种备份方式中，我们都提到应用数据备份，这也是灾备中最难实现的地方。传统数据中心可以利用磁带库和管理软件实现数据备份，也可以依靠数据复制工具实现数据备份。根据作用层次的不同，我们可将数据备份主要分为以下三类。

- 基于存储层面的数据备份：在存储层面实现数据备份，商业存储大部分都提供这项功能，主流产品有 EMC Symmtrix、EMC Clarrion、IBM PPRC、HDS TrueCopy、HP CA 等。
- 基于主机层面的数据备份：在操作系统层面实现数据复制，主流产品有 VVR（Veritas Volume Replicator，卷远程复制）、VSF（Veritas Storage Foundation，卷远程镜像）等。
- 基于应用层面的数据备份：在应用层面实现数据备份，通常是依赖应用数据多副本或提供导出导入工具等实现。

当然，我们在具体选择数据备份的方式时，主要根据应用的性质决定。对于无状态的应用，直接在存储层面或主机层面实现数据复制和恢复，比如 Jenkins、镜像仓库。对于有状态的应用，通常使用应用提供的工具，允许客户在 Pod 中的应用层面将文件或数据导出到备份存储上保存，如 GitLab、etcd。

关于更多容器云备份的技术细节，请参考《OpenShift 在企业中的实践：PaaS DevOps 微服务（第 2 版）》的相关内容。由于篇幅有限，这里不再赘述。

4.2.2　容器云的多集群管理

随着容器云的普及，客户将越来越多的应用迁移到容器云上。如果容器云的集群数量不多，对集群进行单独管理是没问题的。但如果容器云的集群数量超过 10 个，那么多集群管理就势在必行了。

在容器云的项目实施过程中，很多国内厂商基于 DIY 的方式定制容器云的管理平台，实现对多个 Kubernetes 集群的纳管。这样做的好处是语言本地化支持做得好，并且由于针对不同的客户提供定制化 UI，因此界面相对友好。但问题在于这种 DIY 的方式脱离了开源社区，当 Kubernetes 的版本升级后，我们大概率需要对定制化 UI 进行一些调整。因此，笔者建议通过社区开源方案来实现容器云的多集群管理。

关于多集群管理的方案，此前开源社区的联邦集群方案一直不太成熟。目前在开源社区多集群管理方案中，做得比较好的方案是 RHACM（Red Hat Advanced Cluster Management for Kubernetes）方案。

针对 Kubernetes/OpenShift 集群，RHACM 主要实现三大功能，分析如下。

- 多 Kubernetes/OpenShift 集群的监控：RHACM 上的 multicluster-observability-operator 可以监视托管集群的运行状况，也可以进行高级配置，如设置告警模式。
- 安全合规：应用基于策略的监管方法，自动监控并确保安全防护与配置控制均符合行业合规要求或公司自定标准。目前 RHACM 已经和 StackRox 整合，可以通过 StackRox 的能力实现较好的合规。
- 应用发布：RHACM 原生支持 GitOps，支持在多个集群上发布应用，并且监控应用的状态。此外，RHACM 实现了与 ArgoCD 的兼容和整合。目前 OpenShift 已经支持 ArgoCD。

1. RHACM 多集群纳管

我们查看 RHACM 的界面，可以看到它纳管了 10 个分布在 4 个公有云上的 Kubernetes 集群，如图 4-33 所示。我们在 RHACM 上创建应用，界面如图 4-34 所示。

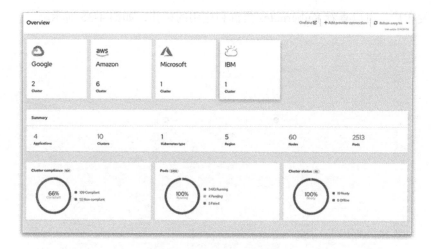

图 4-33　RHACM 的界面

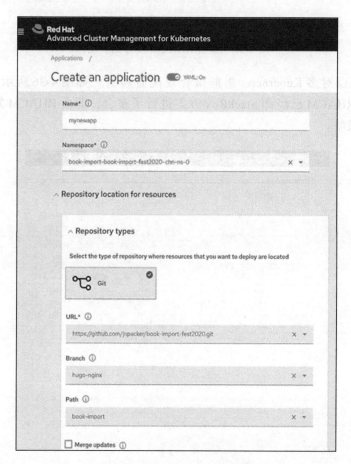

图 4-34　在 RHACM 上创建应用

应用发布后，可以查看 Kubernetes 集群和应用的拓扑，如图 4-35 所示。

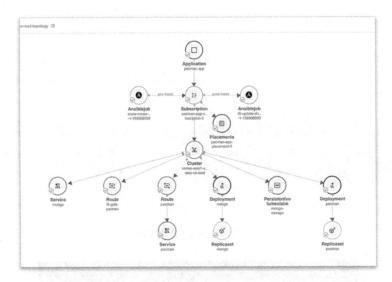

图 4-35　查看 RHACM 发布的应用

RHACM 可以对多 Kubernetes 集群做合规配置检查，如图 4-36 所示。需要指出的是，新版本的 RHACM 已经和 StackRox 方案进行了整合，即由 RHACM 发起合规策略，StackRox 执行策略。

图 4-36　对多 Kubernetes 集群做合规配置检查

2. 多集群监控

接下来，我们查看多集群监控功能。通过 RHACM 可以实现对多个 Kubernetes 集群的性能监控，如图 4-37 所示。

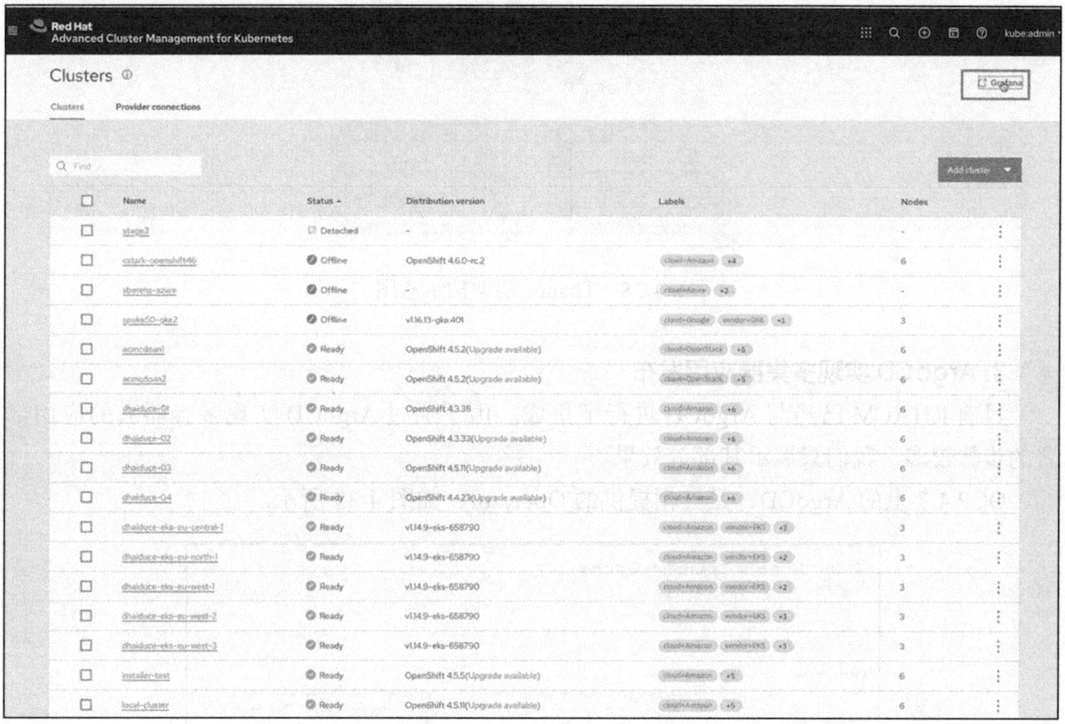

图 4-37 RHACM 多集群监控

Grafana 可以统一查看多个 Kubernetes 集群的资源利用率，如查看单独集群的资源利用情况。如果客户有多 Kubernetes 集群监控的需求，但又不想引入 RHACM 这样的开源工具的话，那可以考虑使用 Prometheus+ Thanos 实现 Prometheus 联邦，定制化 DashBoard 报表，对多集群资源情况进行统一纳管。

Thanos 的架构通过位于每个 Prometheus 服务器旁边的 Sidecar 组件以及响应 PromQL 查询的中央 Query 组件，在所有服务器之间引入了一个中央查询层，构成了 Thanos 部署。组件间通信是通过成员列表 Gossip 协议实现的。Query 可以水平扩展，因为它是无状态的，可以充当智能反向代理，将请求传递给 Sidecar，聚合它们的响应并评估针对它们的 PromQL 查询，如图 4-38 所示。

Thanos 通过使用对象存储作为后端来解决存储保留问题。只要 Prometheus 将数据写入磁盘，并将其加载到对象存储，Sidecar StoreAPI 组件就会检测到它。同一个 Store 组件还可以作为 Gossip 协议的检索代理，让 Query 组件与它通信以获取数据，然后将统一的 Grafana 展现部署在顶层 Prometheus 的所在 OpenShift 集群中。

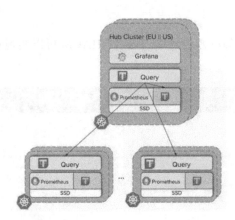

图 4-38　Thanos 的架构示意图

3. ArgoCD 实现多集群应用发布

目前 RHACM 已经与 ArgoCD 进行了集成。由于通过 ArgoCD 实现多容器云的应用部署的步骤较多，我们只展示其部分效果。

OCP 4.7 上的 ArgoCD，是红帽提供的 Operator，如图 4-39 所示。

图 4-39　ArgoCD

使用同样的方法，添加多个集群，成功添加的效果如图 4-40 所示。

图 4-40　ArgoCD 添加多个集群

添加测试 Demo 代码，并在第一个集群部署代码：

```
[root@bastion ~]# argocd repo add https://github.com/mvazquezc/gitops-demo.git
repository 'https://github.com/mvazquezc/gitops-demo.git' added
[root@bastion ~]# argocd app create --project default --name pre-reversewords
    --repo https://github.com/mvazquezc/gitops-demo.git --path reversewords_app/base
    --dest-server https://console-openshift-console.apps.ocp46.ats.com:6443
    --dest-namespace reverse-words --revision pre
application 'pre-reversewords' created
```

在第二个集群部署应用：

```
[root@bastion ~]# argocd app create --project default --name pro-reversewords
    --repo https://github.com/mvazquezc/gitops-demo.git --path reversewords_app/base
    --dest-server https://console-openshift-console.apps.ocp.ats.com:6443
    --dest-namespace reverse-words --revision pro
application 'pro-reversewords' created
```

登录 ArgoCD，可以看到部署成功的应用，如图 4-41 所示。

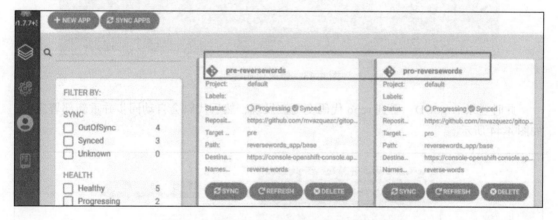

图 4-41　登录 ArgoCD 查看部署成功的应用

通过浏览器分别访问两个应用的路由，如图 4-42 所示。

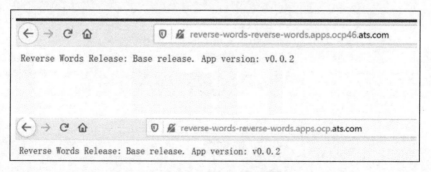

图 4-42　通过浏览器访问应用

在 ArgoCD 中修改应用源码后，可以触发代码自动构建。

修改 gitops-demo/reversewords_app/overlays/pro/deployment.yaml，将版本改为 v0.0.4，如图 4-43 所示。

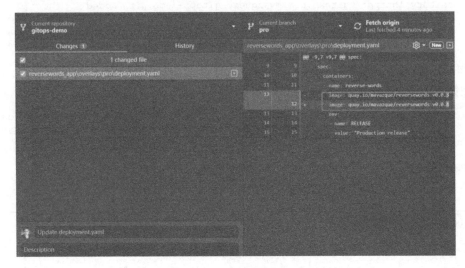

图 4-43　修改应用源码

此时登录 ArgoCD，看到 repo 代码变更被发现，然后代码会自动同步并重新部署应用，如图 4-44 所示。

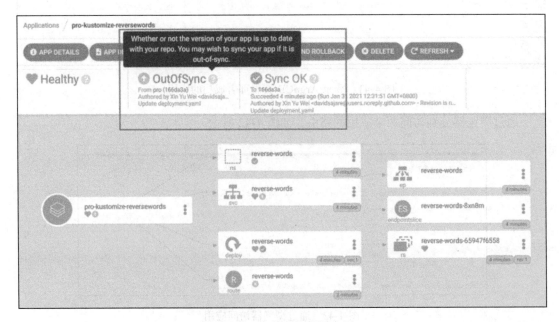

图 4-44　自动重新部署应用

通过浏览器访问应用，发现版本信息已经发生变化，如图 4-45 所示。

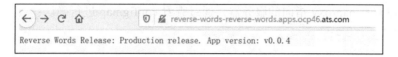

图 4-45　版本信息发生变化

利用 ArgoCD，我们可以在混合容器云中部署应用，如图 4-46 所示。

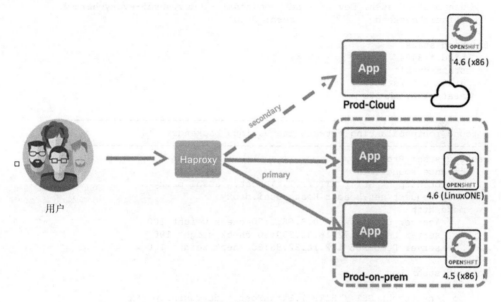

图 4-46　利用 ArgoCD 在混合容器云上部署应用

部署完毕后，查看 ArgoCD，如图 4-47 所示。图中方框内显示应用相关的资源，即在三个 OCP 集群分别部署应用，还部署了一个 haproxy。

图 4-47　查看 ArgoCD 在混合容器云上部署的应用

我们可以查看 haproxy 指向的服务器，通过查看 configmap 进行确认：

```
[root@bastion app]# oc describe cm haproxy

#---------------------------------------------------------------------
# main frontend which proxys to the backends
#---------------------------------------------------------------------
frontend  main
    bind *:8080
    use_backend sushi_Dev if { hdr_beg(host) -i dev.sushi-everywhere }
    default_backend              sushi_Prod

frontend stats
    bind *:8404
    stats enable
    stats uri /stats
    stats refresh 10s

#---------------------------------------------------------------------
# round robin balancing between the various backends
#---------------------------------------------------------------------
backend sushi_Prod
    balance roundrobin
    option httpchk GET / HTTP/1.1\r\nHost:\ sushi.proxy
    http-request set-header Host sushi.proxy
    mode http
        #server Demo-Power 10.3.66.1:80 check weight 100
        server Demo-Z 172.16.32.239:80 check weight 100
        server Demo-x86 172.16.32.88:80 check weight 100

backend sushi_Dev
    balance roundrobin
    option httpchk GET / HTTP/1.1\r\nHost:\ dev.sushi.proxy
    http-request set-header Host dev.sushi.proxy
    mode http
        server local-x86 172.16.32.223:80 check weight 1
Events:    <none>
```

访问开发环境的地址，显示环境为 x86_64，如图 4-48 所示。

图 4-48　访问开发环境的地址

访问生产环境的地址,可以看到是 s390x,也就是 Z 环境,如图 4-49 所示。

图 4-49　访问生产环境的地址

刷新生产环境页面,出现 x86_64。因为 haproxy 是轮询转发的,访问结果如图 4-50 所示。

图 4-50　刷新生产环境页面

ArgoCD 修改源码触发应用自动部署的完整步骤可查看"大魏分享"公众号中文章《混合云中的 OpenShift 应用发布》的相关内容。

4.2.3　容器云的双活与灾备

在多中心多云环境下,我们可以将容器云部署为多活/灾备模式,通过全局负载均衡器实现应用的多中心多活与灾备。

需要指出的是,真正意义上的容器应用跨数据中心的双活,是将一个应用的不同副本部署到不同的数据中心,如图 4-51 所示的 Database 应用。

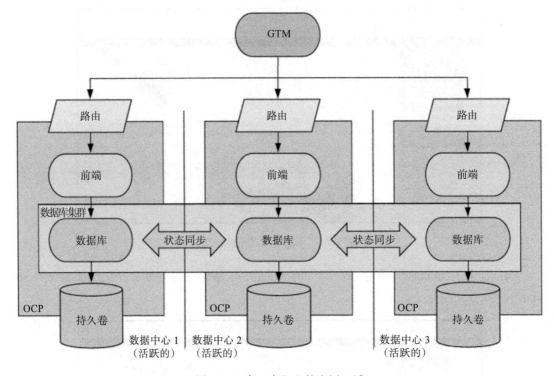

图 4-51　真正意义上的应用双活

图 4-51 中的方案设计有几个重要的技术点。

- 三个不同的区域将有三个 OpenShift 集群。每个集群都有一个有状态的工作负载实例,工作负载实例是一个数据库。这些实例将形成一个集群,并通过相互同步状态组成一个单一的概念实体。所有实例都将处于活动状态,并且使用 Leader 选举算法(例如 paxos 或 raft)选出 Leader。
- 实例可以通过在 OpenShift 的 SDN 之间建立的网络隧道相互通信,使用 Submariner 技术实现。

由于篇幅有限,本方案的具体实现我们不展开讨论,对实现感兴趣的读者,可以查看"大魏分享"公众号中的文章《有状态应用在 OpenShift 上实现多活》。

从笔者的角度来看,上述方案必须在应用自身跨数据中心保证能多活时才能实现。此外 Submariner 的隧道打通方式会存在一定的网络开销,方案也较为复杂。而在容器云上的应用多活,更多是采用一个应用在多数据中心部署多份的方案,下面我们会介绍。

跨中心多活需要从全局负载均衡、集群配置、存储、应用数据缓存、数据库这五个层面进行相应配置工作,如图 4-52 所示。

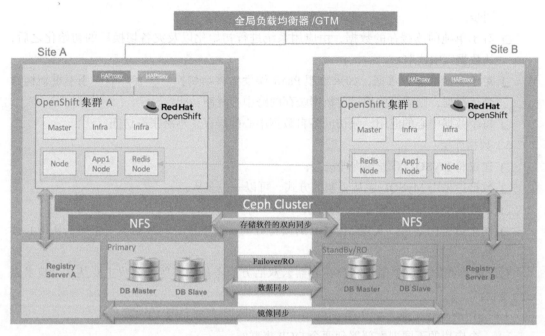

图 4-52 容器云的双活

1）全局负载均衡层：
- 使用 F5 等负载均衡器，为多个数据中心的容器云提供统一的入口流量；
- 每个集群的 Route 服务域名应保持相同；
- 全局负载均衡层需要配置每个应用所对应的集群分发地址，并根据集群中所给的资源配比配置权重。

2）集群配置层：
- 应用部署时，不同集群可以使用独立的镜像库，以提升镜像的获取速度；
- 应用部署时，各集群中的服务信息应保持一致，服务名称、外部地址应相同；
- 同一应用容器使用的 PV/PVC 应保持一致。

3）存储层：
- 基于 Ceph 的分布式存储同步能力，可以使用客户提供的符合要求的镜像库和存储同步方案；
- 原则上每个中心的 PaaS 平台使用本中心内的存储资源，只有当集群和异地存储的时间延迟和网络抖动满足应用的要求时，才会做跨中心的存储访问。

4）应用数据缓存层：
- 如果使用 Redis 集群，则使用 redis-migrate-tool 或 RedisShake 做跨集群的异步复制，我们将在 8.1.7 节介绍两种实现的区别。如果对缓存的数据一致性要求很高，可以使用 JBoss Data Grid（对应开源社区 Infinispan）自动实现跨中心的双向数据同步。
- 对于单纯的读缓存的数据，由应用系统进行初始化以及灾备切换后的初始化之后，从数据库中读取。
- 对于会话性缓存数据，如果希望 PaaS 端发生多活切换后，客户端应用不重新构建会话数据，则需要单独搭建数据缓存的跨中心复制功能。
- 每个数据中心的应用，只访问各自数据中心的缓存，不跨集群访问。

5）数据库层：
- 建议将 MySQL 部署到物理机上；
- 数据库采用 MySQL 主从复制的方式，可以一主多从；
- 从数据中心写数据库需访问主库；
- 两个数据中心可以实现 MySQL 的读写分离，即主中心的数据读写主库，从中心读从库、写主库。

接下来，我们看 3 个银行客户在容器云双活方面考量的实例。客户主要从 7 个技术点进行考量。

1）应用的双活实现（考虑 OpenShift 集群之间是否需要打通 VPN）。
a）一个应用的不同副本部署到两个 OCP 集群？
b）一个应用在两个 OCP 集群各部署一套。

2）GLB 的实现策略（考虑负载均衡器的能力）：
a）通过 F5（或其他负载均衡器）的负载均衡策略实现（主从、轮询、性能）；
b）通过 F5（或其他负载均衡器）的 header 过滤，不同地区请求转发到不同的 OCP。

3）两数据中心应用的工作模式（考虑容器应用是否实现了无状态）：双写、读写分离、主从复制。

4）缓存的设计（考虑数据中心之间的带宽以及是否可以接受服务降级）：Redis 集群的部署方式以及复制方式。

5）数据库的设计（考虑数据库是否本身支持双活）：数据中心的部署方式以及复制方式，如分布分表、分布式数据库、主从复制。

6）公有云（考虑公有云与私有云的业务分配与 CI/CD 打通）：公有云上的 OCP 与数据中心内部的双活设计、业务划分。

7）镜像仓库设计（考虑数据中心之间的网络带宽）：不同数据中心之间的镜像仓库复制设计。

根据以上 7 个技术问题，3 个客户在容器云双活方面的设计如表 4-5 所示。

多活容器云的异地灾备中的环境配置、应用部署过程与双活配置相同，但是会增加如下恢复环节：
- 确认切换目标集群的对应的应用配置库；
- 确认数据复制、恢复状态；

- 应用初始化；
- 应用状态确认；
- 接通全局负载均衡的流量。

表 4-5　3 个银行客户容器云双活设计

考量点	银行 1	银行 2	银行 3
应用的双活实现	一个应用部署多份。同城双活，深圳部署了两地机房	一个应用部署多份，异地双活	一个应用部署多份，同城双活
GLB 的实现策略	轮询	F5+DNS 不同地区请求转发到不同的 OCP	主从切换
两数据中心应用的工作模式	主中心读写、从中心只读	主中心读写、从中心只读	主中心读写、从中心只读
缓存的设计	缓存部署在传统环境，双数据中心只有一个 Redis 集群。一旦切换，应用无法读取缓存数据，造成服务降级，需要读取数据库	Redis 部署在传统环境，双数据中心各自部署一套，无复制	Redis 部署在传统环境，双数据中心各自部署一套，无复制
数据库的设计	主从复制。数据库部署在传统环境	数据库部署在传统环境。数据分片，准实时同步	主从复制。数据库部署在传统环境
公有云	公有云 AWS 的安装和 DevOps 技术能打通，但目前上面部署少量合作类项目，与数据中心内部不同步	无	无
镜像仓库设计	Artifactory 负责复制	Artifactory 负责复制	Artifactory 负责复制

4.3　容器原生存储的选择

在容器云中，Pod 会经常被创建和销毁，也会在不同的主机之间快速迁移。为了保证容器在重启或者迁移以后能够使用原来的数据，容器必须使用持久化存储。因此，持久化存储的管理对于 PaaS 平台来说非常重要。

Kubernetes/OpenShift 通过 PV（PVC）管理持久化存储。PV 分为动态 PV 和静态 PV。如果使用静态 PV，我们就需要手工创建 PV 或者预先创建大量的 PV。在生产中，这种方式会给运维带来极大的困扰，因此我们推荐使用动态 PV。接下来介绍如何基于 Ceph 实现容器原生存储，从而实现动态 PV。

为了实现容器存储接口标准化，开源界提出容器存储接口（Container Storage Interface，CSI）。CSI 旨在提供一种标准，让块存储和文件系统可以在符合这种标准的情况下，为 Kubernetes 上的容器提供持久化存储。随着 CSI 的应用，Kubernetes 存储层变得真正可扩展。CSI 使得第三方存储提供商可以编写和部署插件，发布支持 Kubernetes 的存储系统，而无须触及核心 Kubernetes 代码。CSI 为 Kubernetes 用户提供了更多存储选项，使容器中的应用系统更加安全、可靠。

Ceph 从 v14 开始支持 CSI。也就是说，从 Ceph v14 开始，OpenShift 访问 Ceph 时必须要通过 CSI Driver。但是，在部署 Ceph 集群时，CSI Driver 不会被自动部署到集群中，需要手工安装，步骤较为复杂，也不利于运维。出于方便 Kubernetes 纳管 Ceph 的目的，开源社区提出了 Rook 项目。

Rook（https://rook.io/）是一个开源项目，红帽是该项目的顶级代码贡献商之一。Rook 由 Operator 提供，它可以实现 Ceph 的部署、配置、供应、扩展、升级、迁移、灾难恢复、监视和资源管理自动化。红帽 OpenShift 容器存储架构就是通过 Rook 纳管 Ceph 实现的。

4.3.1　OpenShift 容器存储架构

基于 Ceph 和 Rook，红帽构建了 OpenShift 容器存储架构（OpenShift Container Storage，OCS）。需要指出的是，新版本的 OCS 已经改名为 Data Foundation。OCS 是 Rook 和 Ceph 的企业级解决方案，其架构如图 4-53 所示。

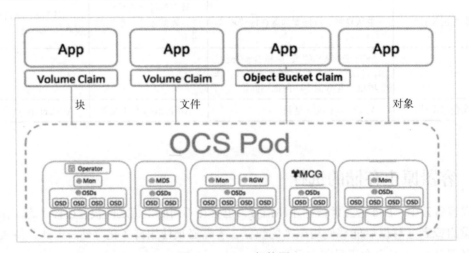

图 4-53　OCS 架构图

从图 4-53 可以看出，OCS 的组件都是以 Pod 形式运行在 OpenShift 中，Pod 的具体作用会在后文展开说明。

OCS 有两种工作模式，分析如下。

- 内置（Internal）模式：把 OCS 整体（OCS Operator 和 Ceph 集群）部署在 OpenShift 集群中，把 OpenShift 的本地存储空间作为 Ceph 存储空间。这种模式的部署、使用都非常方便，适合开发测试和 PoC 环境。
- 外置（External）模式：在 OpenShift 上部署 OCS Operator，对接在外部物理机上安装的 Ceph；然后 OpenShift 以 Rook 的方式，管理外部物理机上的 Ceph。外置模式的优势是实现了 OpenShift 和存储的解耦,而且存储性能较高,适合生产环境。

在介绍了 OCS 的架构后,接下来我们介绍 OCS 的部署步骤。

4.3.2 创建 OCS 存储

在 OpenShift 的 Operator Hub 中找到对应的 Operator(图中显示名称仍为更名之前的称呼),如图 4-54 所示。

图 4-54 选择 OCS Operator

OCS Operator 部署成功后会提供三个 API:Storage Cluster、Backing Store、Bucket Class,如图 4-55 所示。

图 4-55 OCS Operator 提供的 API

OCS Operator 安装成功后,会在 openshift-storage 项目中部署三个 Operator:

```
# oc get pods -n openshift-storage
NAME                                  READY   STATUS    RESTARTS   AGE
noobaa-operator-5c6dcb944b-8cds4      1/1     Running   0          42s
ocs-operator-56d4d7ddc7-4qfxq         1/1     Running   0          45s
rook-ceph-operator-7b46bff769-t9h8c   1/1     Running   0          45s
```

使用 OCS Operator 中的 Storage Cluster API 创建存储集群，如图 4-56 所示。

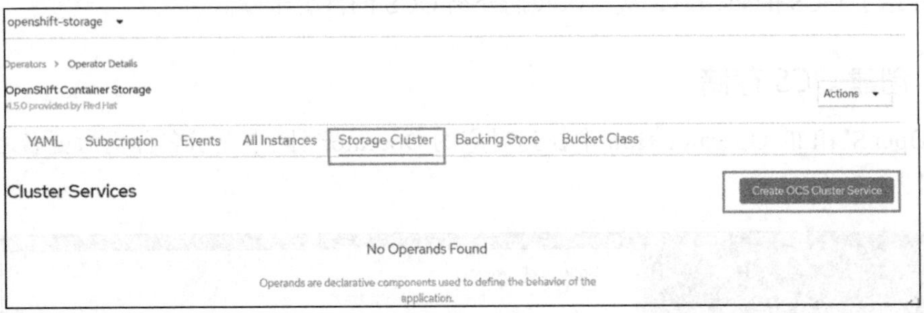

图 4-56　创建存储集群

如前文所述，OCS 有内置和外置两种模式。我们先选择内置模式，如图 4-57 所示。

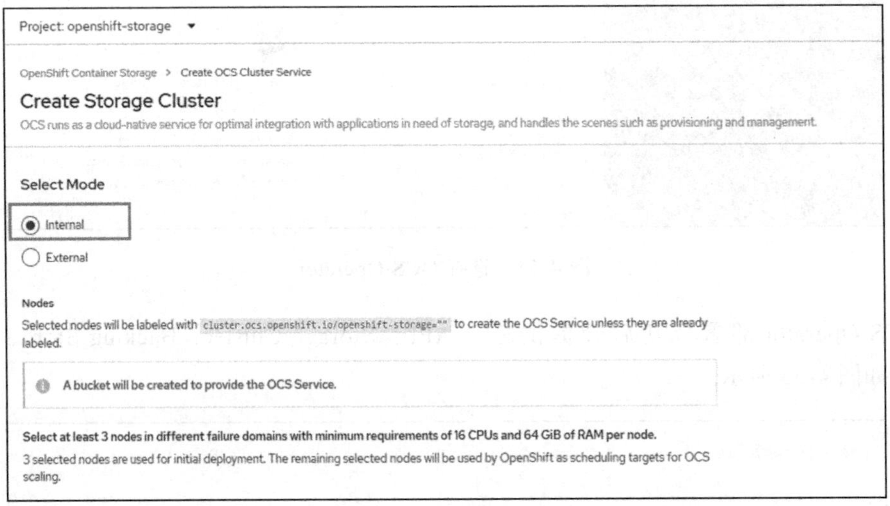

图 4-57　创建存储集群

选择内置模式后，OCS 会列出 OpenShift 集群中可创建存储集群的节点。需要注意的是，OCS 要求加入存储集群的 OpenShift 节点至少有 16 个 CPU 和 64 GB 内存，同时节点至少要选择三个，且不在一个故障域中。我们选择 3 个 OpenShift 节点，如图 4-58 所示。

存储空间选择 2TiB，这代表三个存储节点，每个节点的内存是 2TiB，做三副本，如图 4-59 所示。

存储集群创建后，会在 openshift-storage 项目中部署对应的 Pod，以 CSI 开头的 Pod 为与 CSI Driver 相关的 Pod，因此使用 OCS 时，我们不必单独安装 CSI Driver；以 rook 开头的 Pod 为被 Rook 纳管的容器化 Ceph 组件，如图 4-60 所示。

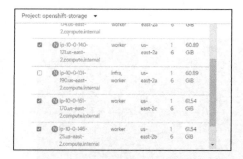

图 4-58　选择节点　　　　　　　　图 4-59　查看 OCS 相关 Pod

图 4-60　查看 OCS 相关 Pod

所有 Pod 部署完毕后，在 OpenShift 中查看存储集群，显示已经部署成功：

```
# oc get storagecluster -n openshift-storage
NAME                AGE    PHASE    EXTERNAL    CREATED AT              VERSION
ocs-storagecluster  39m    Ready                2020-10-11T14:20:27Z    4.5.0
```

查看 storagecluster 对象中的内容，看到集群有 2TiB 空间（每个存储节点大小为 2TiB，有三个副本)，如图 4-61 所示。

```
[~] $ oc get storagecluster -n openshift-storage -o yaml
apiVersion: v1
items:
- apiVersion: ocs.openshift.io/v1
  kind: StorageCluster
  metadata:
    creationTimestamp: "2020-09-15T03:33:42Z"
    finalizers:
    - storagecluster.ocs.openshift.io
    generation: 2
    name: ocs-storagecluster
    namespace: openshift-storage
    resourceVersion: "141727"
    selfLink: /apis/ocs.openshift.io/v1/namespaces/openshift-storage/storageclusters/ocs-storageclust
er
    uid: d6b5711d-a3b2-42bb-a04f-150417800658
  spec:
    storageDeviceSets:
    - config: {}
      count: 1
      dataPVCTemplate:
        metadata:
          creationTimestamp: null
        spec:
          accessModes:
          - ReadWriteOnce
          resources:
            requests:
              storage: 2Ti
          storageClassName: gp2
          volumeMode: Block
        status: {}
      name: ocs-deviceset
      placement: {}
      portable: true
      replica: 3
```

图 4-61 查看存储集群

查看 OCS 新创建的三个存储类，分别为 ceph-rbd、cephfs、ceph-rgw，如图 4-62 所示。

```
[root@lb.weixinyucluster /david]# oc get sc
NAME                          PROVISIONER                             RECLAIMPOLICY   VOLUMEBINDINGMODE   ALLOWVOLUMEEXPANSION
ocs-storagecluster-ceph-rbd   openshift-storage.rbd.csi.ceph.com      Delete          Immediate           true
ocs-storagecluster-ceph-rgw   openshift-storage.ceph.rook.io/bucket   Delete          Immediate           false
ocs-storagecluster-cephfs     openshift-storage.cephfs.csi.ceph.com   Delete          Immediate           true
```

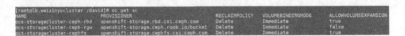

图 4-62 查看新创建的存储类

接下来，我们查看 ceph-rbd、cephfs 这两个存储类的相关内容。

查看 ceph-rbd，看到其相关的参数和该存储类对应的存储池，如图 4-63 所示。

```
[~] $ oc get  sc ocs-storagecluster-ceph-rbd -o yaml
allowVolumeExpansion: false
apiVersion: storage.k8s.io/v1
kind: StorageClass
metadata:
  creationTimestamp: "2020-09-15T03:33:42Z"
  name: ocs-storagecluster-ceph-rbd
  resourceVersion: "135475"
  selfLink: /apis/storage.k8s.io/v1/storageclasses/ocs-storagecluster-ceph-rbd
  uid: 5506c768-1cff-4cf4-9073-18239f19954c
parameters:
  clusterID: openshift-storage
  csi.storage.k8s.io/fstype: ext4
  csi.storage.k8s.io/node-stage-secret-name: rook-csi-rbd-node
  csi.storage.k8s.io/node-stage-secret-namespace: openshift-storage
  csi.storage.k8s.io/provisioner-secret-name: rook-csi-rbd-provisioner
  csi.storage.k8s.io/provisioner-secret-namespace: openshift-storage
  imageFeatures: layering
  imageFormat: "2"
  pool: ocs-storagecluster-cephblockpool
provisioner: openshift-storage.rbd.csi.ceph.com
reclaimPolicy: Delete
volumeBindingMode: Immediate
```

图 4-63 查看新创建的 ceph-rbd 的内容

查看 cephfs，发现该存储类不对应 pool，而是对应 fs，且可以看到 fsName，如图 4-64 所示。

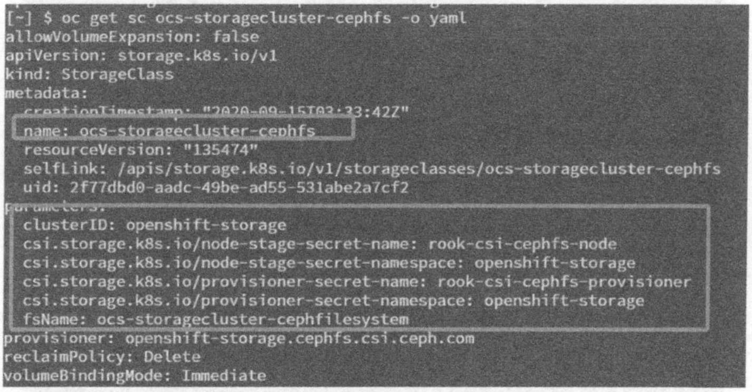

```
[~] $ oc get sc ocs-storagecluster-cephfs -o yaml
allowVolumeExpansion: false
apiVersion: storage.k8s.io/v1
kind: StorageClass
metadata:
  creationTimestamp: "2020-09-15T03:33:42Z"
  name: ocs-storagecluster-cephfs
  resourceVersion: "135474"
  selfLink: /apis/storage.k8s.io/v1/storageclasses/ocs-storagecluster-cephfs
  uid: 2f77dbd0-aadc-49be-ad55-531abe2a7cf2
parameters:
  clusterID: openshift-storage
  csi.storage.k8s.io/node-stage-secret-name: rook-csi-cephfs-node
  csi.storage.k8s.io/node-stage-secret-namespace: openshift-storage
  csi.storage.k8s.io/provisioner-secret-name: rook-csi-cephfs-provisioner
  csi.storage.k8s.io/provisioner-secret-namespace: openshift-storage
  fsName: ocs-storagecluster-cephfilesystem
provisioner: openshift-storage.cephfs.csi.ceph.com
reclaimPolicy: Delete
volumeBindingMode: Immediate
```

图 4-64　查看新创建的 cephfs 的内容

如果我们想要从 Ceph 集群角度查看集群的状态和资源，可以使用 Rook-Ceph 工具。Rook-Ceph 工具需要手工部署：

```
#oc patch ocsInitialization ocsinit -n openshift-storage --type json --patch
    '[{ "op": "replace", "path": "/spec/enableCephTools", "value": true }]'
```

在 rook-ceph-tools Pod 运行之后，采用如下方法访问工具。首先设置变量：

```
#TOOLS_POD=$(oc get pods -n openshift-storage -l app=rook-ceph-tools -o name)
```

登录工具 Pod：

```
#oc rsh -n openshift-storage $TOOLS_POD
```

登录后，就可以使用 Ceph 命令行来检查存储集群。我们可以看到集群的 health、mon、mgr、mds 的状态，如图 4-65 所示。

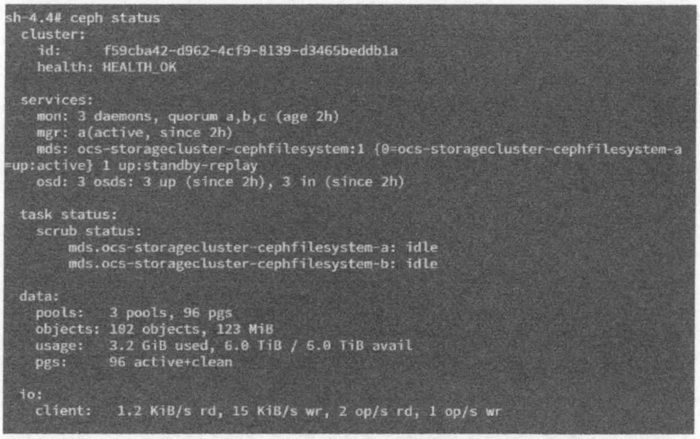

```
sh-4.4# ceph status
  cluster:
    id:     f59cba42-d962-4cf9-8139-d3465beddb1a
    health: HEALTH_OK

  services:
    mon: 3 daemons, quorum a,b,c (age 2h)
    mgr: a(active, since 2h)
    mds: ocs-storagecluster-cephfilesystem:1 {0=ocs-storagecluster-cephfilesystem-a
=up:active} 1 up:standby-replay
    osd: 3 osds: 3 up (since 2h), 3 in (since 2h)

  task status:
    scrub status:
        mds.ocs-storagecluster-cephfilesystem-a: idle
        mds.ocs-storagecluster-cephfilesystem-b: idle

  data:
    pools:   3 pools, 96 pgs
    objects: 102 objects, 123 MiB
    usage:   3.2 GiB used, 6.0 TiB / 6.0 TiB avail
    pgs:     96 active+clean

  io:
    client:   1.2 KiB/s rd, 15 KiB/s wr, 2 op/s rd, 1 op/s wr
```

图 4-65　查看新创建的集群状态

查看 Ceph 集群 OSD 状态，可以看到 Ceph 集群中一共有 3 个 OSD 节点，每个节点提供 2TiB 存储空间，如图 4-66 所示。

```
sh-4.4# ceph osd status
+----+------------------------------------------+-------+-------+--------+-------
--+---------+-----------+-------------+
| id |                   host                   |  used | avail | wr ops | wr dat
a | rd ops | rd data |    state    |
+----+------------------------------------------+-------+-------+--------+-------
--+---------+-----------+-------------+
| 0  | ip-10-0-146-25.us-east-2.compute.internal  | 1094M | 2046G |    0   |      0
  |    2   |   106   | exists,up |
| 1  | ip-10-0-140-121.us-east-2.compute.internal | 1094M | 2046G |    0   |      0
  |    0   |     0   | exists,up |
| 2  | ip-10-0-161-170.us-east-2.compute.internal | 1094M | 2046G |    0   |   4096
  |    0   |     0   | exists,up |
+----+------------------------------------------+-------+-------+--------+-------
--+---------+-----------+-------------+
sh-4.4# ceph osd tree
ID  CLASS WEIGHT  TYPE NAME                              STATUS REWEIGHT PRI-AFF
 -1       6.00000 root default
 -5       6.00000     region us-east-2
-14       2.00000         zone us-east-2a
-13       2.00000             host ocs-deviceset-1-0-8s84t
  1   ssd 2.00000                 osd.1                      up  1.00000 1.00000
-10       2.00000         zone us-east-2b
 -9       2.00000             host ocs-deviceset-0-0-dxh5z
  0   ssd 2.00000                 osd.0                      up  1.00000 1.00000
 -4       2.00000         zone us-east-2c
 -3       2.00000             host ocs-deviceset-2-0-zp7tt
  2   ssd 2.00000                 osd.2                      up  1.00000 1.00000
```

图 4-66 查看 Ceph 集群存储节点

查看存储空间的使用情况，可以看到 rbd 和 CephFS 的使用情况，如图 4-67 所示。

```
sh-4.4# ceph df
RAW STORAGE:
    CLASS     SIZE        AVAIL       USED        RAW USED     %RAW USED
    ssd       6.0 TiB     6.0 TiB     211 MiB      3.2 GiB          0.05
    TOTAL     6.0 TiB     6.0 TiB     211 MiB      3.2 GiB          0.05

POOLS:
    POOL                                           ID     STORED      OBJECTS     U
SED         %USED     MAX AVAIL
    ocs-storagecluster-cephblockpool                1      70 MiB          80     2
10 MiB          0       1.7 TiB
    ocs-storagecluster-cephfilesystem-metadata      2     2.2 KiB          22
96 KiB          0       1.7 TiB
    ocs-storagecluster-cephfilesystem-data0         3         0 B           0
  0 B           0       1.7 TiB
```

图 4-67 查看 Ceph 集群存储空间使用情况

查看 Ceph 版本，为 14.2.8，如图 4-68 所示。

```
sh-4.4# ceph versions
{
    "mon": {
        "ceph version 14.2.8-81.el8cp (0336e23b7404496341b988c8057538b8185ca5ec) na
utilus (stable)": 3
    },
    "mgr": {
        "ceph version 14.2.8-81.el8cp (0336e23b7404496341b988c8057538b8185ca5ec) na
utilus (stable)": 1
    },
    "osd": {
        "ceph version 14.2.8-81.el8cp (0336e23b7404496341b988c8057538b8185ca5ec) na
utilus (stable)": 3
    },
    "mds": {
        "ceph version 14.2.8-81.el8cp (0336e23b7404496341b988c8057538b8185ca5ec) na
utilus (stable)": 2
    },
    "overall": {
        "ceph version 14.2.8-81.el8cp (0336e23b7404496341b988c8057538b8185ca5ec) na
utilus (stable)": 9
    }
}
```

图 4-68 查看 Ceph 版本

在成功部署了 OCS 以后，我们接下来介绍如何基于 OCS 的存储空间创建应用。在以下两节中，我们主要介绍如何使用 OCS 的 rbd 和 CephFS 来为 OpenShift 容器应用提供持久化存储。

4.3.3 使用 rbd 为应用提供持久化存储

接下来，我们在 OpenShift 中使用 OCS-storagecluster-ceph-rbd 存储类来创建 RWO（ReadWriteOnce）持久性存储，供新建的应用使用。

我们使用 rails-pgsql-persistent 模板在 OpenShift 上部署应用（包含前端应用和一个数据库）。该模板包含一个参数 STORAGE_CLASS，在部署应用时，我们通过这个参数指定 pvc 使用的 STORAGE_CLASS。

首先创建项目：

```
oc new-project my-database-app
```

通过模板创建应用，指定使用名为 ocs-storagecluster-ceph-rbd 的存储类，所需空间大小为 5GiB。

```
#oc new-app -f /opt/app-root/src/support/ocslab_rails-app.yaml -p STORAGE_CLASS=
   ocs-storagecluster-ceph-rbd -p VOLUME_CAPACITY=5Gi
```

查看应用的部署情况：前端应用和后端 PostgreSQL 数据库都已经部署成功，如图 4-69 所示。

```
Every 2.0s: oc get pods -n my-database-app          Tue Sep 15 06:09:39

NAME                                      READY   STATUS      RESTARTS   AGE
postgresql-1-deploy                       0/1     Completed   0          3m41s
postgresql-1-gl2xs                        1/1     Running     0          3m37s
rails-pgsql-persistent-1-build            0/1     Completed   0          3m42s
rails-pgsql-persistent-1-deploy           0/1     Completed   0          99s
rails-pgsql-persistent-1-hook-pre         0/1     Completed   0          97s
rails-pgsql-persistent-1-jq2x9            1/1     Running     0          82s
```

图 4-69　查看成功部署的应用

查看 pvc，发现 PostgreSQL 已经和 pvc 自动绑定，如图 4-70 所示。这个 pvc 是 OCS 根据部署应用时指定的容量和读写模式最终在 Ceph 存储上自动创建的 rbd 卷，如图 4-70 所示。

```
[-] $ oc get pvc -n my-database-app
NAME         STATUS   VOLUME                                      CAPACITY   ACCESS
MODES        STORAGECLASS                              AGE
postgresql   Bound    pvc-174b09a7-827c-4410-a37e-899dbf285fe4    5Gi        RWO
             ocs-storagecluster-ceph-rbd               19s
[-] $
```

图 4-70　查看 pvc

接下来，我们从 Ceph 存储集群角度，确认 OCS 自动创建的 rbd 卷。再次登录 Ceph

工具。

```
#TOOLS_POD=$(oc get pods -n openshift-storage -l app=rook-ceph-tools -o name)
#oc rsh -n openshift-storage $TOOLS_POD
```

我们先获取 rbd 存储池的名称，如图 4-71 所示，为 ocs-storagecluster-cephblockpool。

```
sh-4.4# rados df
POOL_NAME                                        USED OBJECTS CLONES COPIES MISSING_ON
_PRIMARY UNFOUND DEGRADED RD_OPS      RD WR_OPS      WR USED COMPR UNDER COMPR
ocs-storagecluster-cephblockpool              374 MiB     115      0    345
       0       0        0    216 2.4 MiB  16166 208 MiB        0 B         0 B
ocs-storagecluster-cephfilesystem-data0         0 B       0      0      0
       0       0        0      0     0 B      0     0 B        0 B         0 B
ocs-storagecluster-cephfilesystem-metadata  96 KiB      22      0     66
       0       0        0  18548 9.1 MiB     45  13 KiB        0 B         0 B

total_objects    137
total_used       3.4 GiB
total_avail      6.0 TiB
total_space      6.0 TiB
```

图 4-71 查看 rbd 存储池

查看存储池中的卷，如图 4-72 所示。

```
sh-4.4# rbd -p ocs-storagecluster-cephblockpool ls | grep vol
csi-vol-85766b1b-f719-11ea-b9a2-0a580a830405
csi-vol-d4fd9653-f704-11ea-b9a2-0a580a830405
```

图 4-72 查看 rbd 卷

如果想确认我们刚部署的应用具体使用哪个卷，使用如下脚本：

```
#CSIVOL=$(oc get pv $(oc get pv | grep my-database-app | awk '{ print $1 }')
    -o jsonpath='{.spec.csi.volumeHandle}' | cut -d '-' -f 6- | awk '{print "csi-
    vol-"$1}')
#echo $CSIVOL
```

从图 4-73 所示的输出中，我们可以看到，PostgreSQL 数据库使用的 pv 对应的 rbd 卷为 csi-vol-85766b1b-f719-11ea-b9a2-0a580a830405，即图 4-72 中的第一个卷。

```
[~] $ CSIVOL=$(oc get pv $(oc get pv | grep my-database-app | awk '{ print $1 }') -o jsonpath='{.spec.csi.volumeHandle}' |
cut -d '-' -f 6- | awk '{print "csi-vol-"$1}')
[~] $ echo $CSIVOL
csi-vol-85766b1b-f719-11ea-b9a2-0a580a830405
```

图 4-73 查看数据库使用的 rbd 卷

使用如下脚本查看 rbd 卷的具体信息，可以看到卷的大小，如图 4-74 所示。

```
[~] $ oc rsh -n openshift-storage $TOOLS_POD rbd -p ocs-storagecluster-cephblockpool info $CSIVOL
rbd image 'csi-vol-85766b1b-f719-11ea-b9a2-0a580a830405':
        size 5 GiB in 1280 objects
        order 22 (4 MiB objects)
        snapshot_count: 0
        id: 2f8b5ad0968e
        block_name_prefix: rbd_data.2f8b5ad0968e
        format: 2
        features: layering
        op_features:
        flags:
        create_timestamp: Tue Sep 15 06:05:57 2020
        access_timestamp: Tue Sep 15 06:05:57 2020
        modify_timestamp: Tue Sep 15 06:05:57 2020
```

图 4-74 查看 rbd 卷的信息

```
TOOLS_POD=$(oc get pods -n openshift-storage -l app=rook-ceph-tools -o name)
    oc rsh -n openshift-storage $TOOLS_POD rbd -p ocs-storagecluster-cephblockpool info $CSIVOL
```

在介绍了如何通过 rbd 为容器应用提供持久化存储后,接下来我们介绍如何通过 CephFS 为容器应用提供持久化存储。

4.3.4 使用 CephFS 为应用提供持久化存储

使用 rbd 创建的 pv,只能被一个 Pod 读写。但有些时候,我们需要提供可被多个 Pod 共享的持久化存储,这就需要使用 RWX(ReadWriteMany)模式的 pvc。接下来我们通过使用 ocs-storagecluster-cephfs 存储类,创建可同时由多个 Pod 使用的存储空间。

首先部署 PHP 应用程序示例,名为 file-uploader:

```
#oc new-app openshift/php:7.2~https://github.com/christianh814/openshift-php-
    upload-demo --name=file-upload
```

应用部署成功后,如图 4-75 所示。此时的应用是没有持久化存储的。

图 4-75 查看部署成功的 Pod

为应用创建路由,并将应用的副本数增加到 3:

```
#oc expose svc/file-uploader -n my-shared-storage
#oc scale --replicas=3 dc/file-uploader
```

接下来,我们使用 OCS-storagecluster-cephfs 存储类创建一个 PersistentVolumeClaim,并使用 oc set volume 命令将其附加到应用程序中,指定 pvc 需要的存储空间大小、读写模式:

```
#oc set volume dc/file-uploader --add --name=my-shared-storage \
-t pvc --claim-mode=ReadWriteMany --claim-size=1Gi \
--claim-name=my-shared-storage --claim-class=ocs-storagecluster-cephfs \
--mount-path=/opt/app-root/src/uploaded \
```

获取应用的路由:

```
#oc get route file-uploader -n my-shared-storage -o jsonpath --template="{.spec.host}"
```

通过浏览器访问应用,如图 4-76 所示,可以上传文件,将应用 Pod 重启后,发现上传的文件仍在,证明文件已经被存入持久化存储中。由于篇幅有限,具体步骤不再展开说明。

至此,我们介绍了如何使用 OCS 的 rbd 和 CephFS 为容器提供持久化存储。在以上环境中,我们使用了 OCS 的内置模式,将 Ceph 安装在 OCP 内部。但在生产环境中,如果客户对 Ceph 的容量和性能要求较高,就需要使用 OCS 的外置模式。接下来,我们介绍通过 OCS 纳管外部 Ceph 存储。

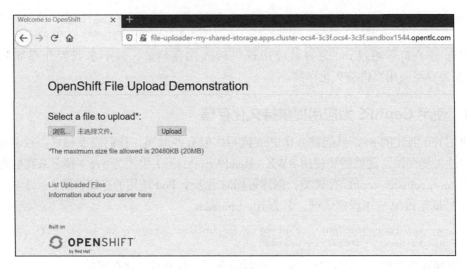

图 4-76　浏览器访问应用

4.3.5　OCS Operator 对接外部存储

在创建存储集群时，我们选择外部存储，会看到界面将提示下载一个 Python 脚本，如图 4-77 所示。

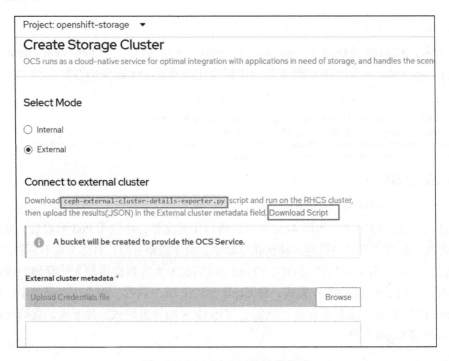

图 4-77　Operator 对接外部存储

我们在外置的 Ceph 的 mon 节点上执行这个脚本。首先查看脚本的使用帮助：

```
#python ceph-external-cluster-details-exporter.py --help
```

在下面的命令中，rbd-data-pool-name 指定要创建的存储池的名称；rgw-endpoint 指定 Ceph 集群对象网关地址：

```
#python ceph-external-cluster-details-exporter.py --rbd-data-pool-name abc --rgw-
    endpoint 192.168.18.203:8080
```

命令执行后，会以 JSON 格式返回一串输出结果，将结果粘贴到图 4-77 所示的空白处，即可完成添加。后续的操作步骤与内置模式类似，这里不再展开说明。

通过本节，相信你会对容器原生存储有一定的了解。通过 Rook Operator，Kubernetes/OpenShift 可以方便地使用持久化存储，解决了容器云在运维方面使用持久化存储的困扰。随着容器云的普及，相信 Ceph 的应用场景会越来越广。

4.4 容器云上的数据库定制化方案

在本节中，我们将介绍 MySQL 在容器云上的定制化。下面先简单了解一下分布式数据库的发展。

4.4.1 分布式数据库的发展

数据库大致经历了三个发展阶段：RDBMS（2008 年以前）→ NoSQL（2008—2013 年）→ NewSQL（2013 年以后）。

2008 年的数据库的数量级都是 GB 级别。RDBMS 解决了很多复杂的问题，如 join 操作、主外键等。随着互联网高速发展，数据量增长速度加快，RDBMS 无法线性扩展，NoSQL 应运而生。

NoSQL 的全称是 Not Only SQL。它的优势包括海量扩展能力、读写高性能，并且可以与关系型数据库相辅相成。

NoSQL 有以下几类产品。
- 键值（KV）存储型数据库：Memcached、Redis。
- 列存储型数据库：Cassandra、HBase。
- 图形数据库（Graph）：Neo4J、InfoGrid、Infinite Graph。
- 文档型数据库：MongoDB、CouchDB。

MongoDB 被大量应用在容器上，其典型应用场景如下。
- 基于位置的移动搜索应用（基于自身地理空间索引）。
- 日志分析平台（MongoDB 自带高性能的聚合框架）。
- 可以存储简历或投递关系等相对复杂的数据结果，如简历库。
- 存储用户数据、帖子信息。

NewSQL 同时满足 NoSQL 以及在线交易事务，是分布式数据库的发展方向。简单而言：NewSQL=RDBMS（ACID）+ SQL +NoSQL（扩展性）。

NewSQL 的主要目的是替换传统数据库的分库分表，解决如 MySQL+MongoDB 的大数据性能瓶颈、业务层逻辑复杂度的增加（多维度映射）、运维成本高（MySQL 5.5 不支持 Online DDL 操作）、故障切换时间长（30s 至 1min）、MHA/MMM 二次开发等问题。

NewSQL 目前有以下几种。

- Google 的 Spanner/F1，不开源。
- TiDB。
- CockroachDB：百度在用。
- OceanBase。
- 华为的 GaussDB。
- 腾讯的 TDSQL。

在以上几种 NewSQL 数据库中，TiDB 被广泛使用，尤其是在容器云上。TiDB 已经针对 OpenShift 发布了 TiDB Operator。需要注意的是，TiDB 无法直接参与到分布式事务中，它只是在写数据的时候可以强一致地写到多个节点中，即它是按照处理本地事务的方式实现分布式写数据。TiDB 不支持 MySQL 的存储过程、触发器等。TiDB 高度兼容 MySQL 协议，支持基于 Raft 算法的多副本复制。

4.4.2 MySQL 的复制与高可用

MySQL 是一个轻量级数据库，在容器云上部署时，有的客户会选择购买第三方服务商的 MySQL 容器化服务和产品，有的客户会自行构建基于容器云的 MySQL 集群。

要实现 MySQL 上容器云，需要关注 MySQL 两方面的技术。

- 复制技术：主从复制、半同步复制、组复制。
- 高可用技术：MHA、MGR、MySQL InnoDB Cluster。

需要指出的是，MySQL 的高可用技术依赖于 MySQL 的复制技术。下面介绍常用的 MySQL 的复制技术以及高可用技术。

MySQL 有多种复制技术，广为使用的复制技术主要有以下三种。

- 主从复制：在这种模式中，主从实例的复制是异步复制，主实例可读写，从实例可读。从库通过 I/O 线程连接主库，获取主库二进制日志写到本地中继日志，并更新 master-info 文件（存放主库相关信息），再利用 SQL 线程执行中继日志。
- 半同步复制是在第一种主从复制的基础上，利用插件完成半同步复制。对于传统的主从复制，不管从库是否正确获取到二进制日志，主库都会不断更新。而对于半同步复制，只有当确认了从库把二进制日志写入中继日志才会允许提交更新，如果从库迟迟不返回 ACK 确认信息，则主库会自动将半同步复制状态取消，进入最基本的主从复制模式。

❑ 组复制（MySQL Group Replication，MGR）。MGR 是 MySQL 官方在 5.7.17 版本引进的一个数据库高可用与高扩展的解决方案，并于 2016 年 12 月正式推出。MGR 在原生复制技术之上引入分布式强一致性协议——Paxos，以插件的方式提供。MySQL 官方还基于 MGR 推出了 MySQL InnoDB Cluster，为 MySQL 提供完整的高可用性解决方案。

常见的几种 MySQL 高可用技术介绍如下。

❑ MHA（Master High Availability），目前在 MySQL 高可用方面是一个相对成熟的解决方案，也是一套优秀的 MySQL 高可用性环境下故障切换和主从提升的高可用软件。MHA 依赖于 MySQL 的主从复制技术。

❑ 基于 MGR 实现的高可用。但这种方案的缺点是外部获得状态变更时需要读取数据库，且外部需要使用 LVS、VIP 配置。

❑ MySQL InnoDB Cluster。这是目前 MySQL 最完整的高可用解决方案，它依赖于 MGR 复制技术。需要注意的是，当前直接在 OpenShift 上实现 MySQL InnoDB Cluster 的难度还是比较大的。

接下来，我们介绍如何在 OpenShift 部署纯开源、原生的 MySQL，以及 MySQL 容器镜像的部署方式，以期对想了解在容器云上部署原生 MySQL 的读者有一些帮助。

4.4.3　OpenShift 提供的 MySQL 容器镜像

红帽 OpenShift 提供了 MySQL 的容器镜像，最新的版本是 MySQL 8.0（截至 2021 年 9 月）。如图 4-78 所示，第一个镜像是基于 RHEL7 实现，第二个镜像是基于 RHEL8 实现。

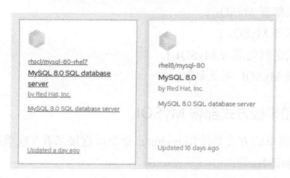

图 4-78　红帽 OpenShift 提供的 MySQL 容器镜像

我们查看第一个 rhel8/mysql-80 镜像的配置文件的部分内容，如下所示：

```
FROM ubi8/s2i-core:rhel8.2
ENV MYSQL_VERSION=8.0 \
    APP_DATA=/opt/app-root/src \
    HOME=/var/lib/mysql
RUN yum -y module enable mysql:$MYSQL_VERSION && \
    INSTALL_PKGS="policycoreutils rsync tar gettext hostname bind-utils groff-base
```

```
    mysql-server" && \
    yum install -y --setopt=tsflags=nodocs $INSTALL_PKGS && \
    rpm -V $INSTALL_PKGS && \
    yum -y clean all --enablerepo='*' && \
    mkdir -p /var/lib/mysql/data && chown -R mysql.0 /var/lib/mysql && \
test "$(id mysql)" = "uid=27(mysql) gid=27(mysql) groups=27(mysql)"
COPY 8.0/root-common /
COPY 8.0/s2i-common/bin/ $STI_SCRIPTS_PATH
COPY 8.0/root /
```

从上面内容我们可以看出，该镜像是基于红帽 RHEL8.2 的 UBI 实现，并且具备 S2I 的能力。

接着查看容器镜像的 Package List，如图 4-79 所示，可以看到 MySQL 的版本是 8.0.17。

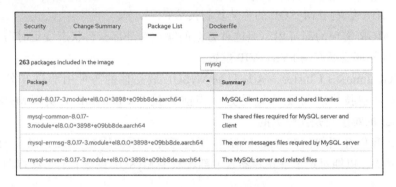

图 4-79　rhel8/mysql-80 的 Package List

在介绍了 OpenShift 提供的 MySQL 容器镜像后，接下来我们介绍在 OpenShift 上部署 MySQL 的 4 种方式：

- 以命令行方式部署 MySQL；
- 以模板方式部署 MySQL；
- 使用 S2I 方式定制化部署 MySQL；
- 使用模板部署 MySQL 主从复制。

4.4.4　以命令行和模板方式部署 MySQL

部署 MySQL 最简单的方式是使用 podman 命令行直接部署（这里我们使用基于 RHEL7 的 mysql8 镜像进行验证）：

```
#podman run -d --nam mysql_database -e MYSQL_USER=user -e MYSQL_PASSWORD=pass -e
    MYSQL_DATABASE=db -p 3306:3306 rhscl/mysql-80-rhel7
```

查看运行的 MySQL 的容器镜像，结果如图 4-80 所示。

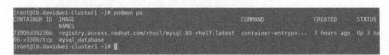

图 4-80　使用命令行直接部署 MySQL

但是，在实际生产中直接使用 podman 命令行运行 MySQL 容器镜像显然是不合适的。此时，我们可以通过模板方式在 OpenShift 上部署 MySQL。在 OpenShift 中查看 MySQL 模板，如图 4-81 所示。

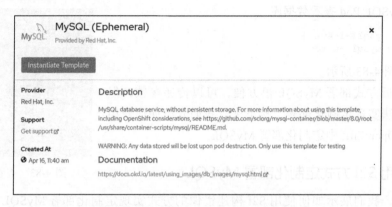

图 4-81　使用模板方式部署 MySQL

该模板的 yaml 文件的地址为 https://github.com/openshift/origin/blob/master/examples/db-templates/mysql-persistent-template.json，感兴趣的读者可以自行查阅更多内容。

使用模板传递参数，如图 4-82 所示。

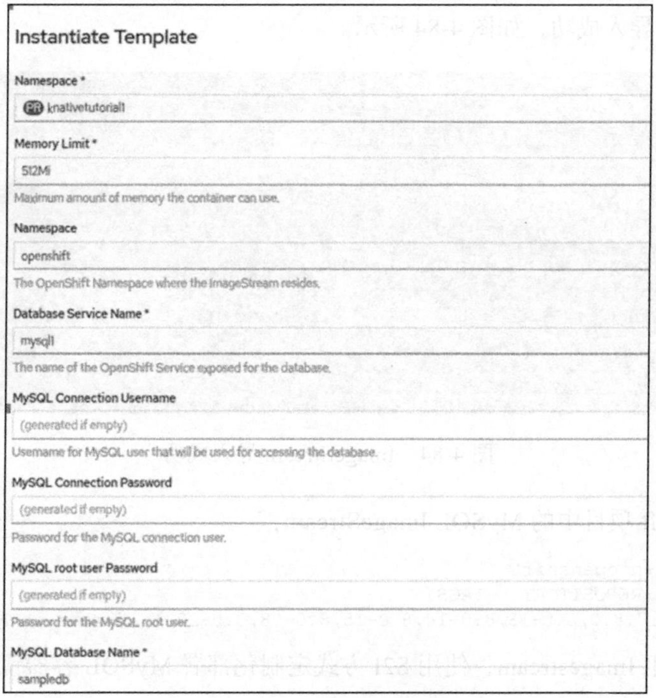

图 4-82　通过模板传递参数

通过模板创建成功后，可以查看 Pod 的相关信息：

```
# oc get pods |grep -i mysql1
mysql1-1-4mkc4                               1/1       Running        0          37m
```

登录 MySQL Pod 查看数据库：

```
#oc rsh mysql1-1-4mkc4
sh-4.2$ mysql -u root
```

结果如图 4-83 所示。

通过模板方式部署 MySQL 很方便，可以传递参数，但这种方式无法实现定制化部署。接下来，我们介绍如何使用 S2I 方式在 OpenShift 中定制化部署 MySQL。

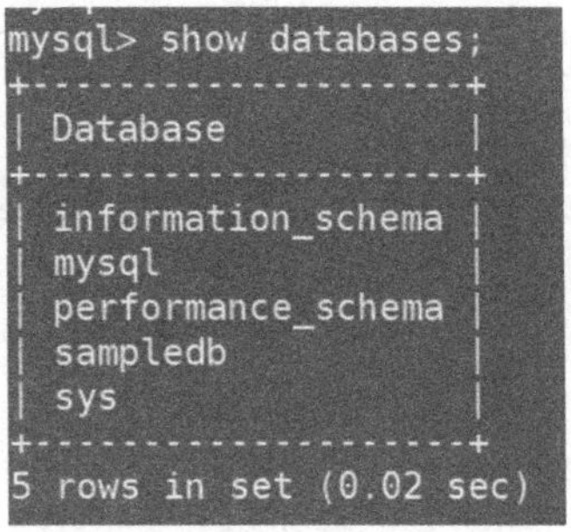

图 4-83　查看数据库

4.4.5　使用 S2I 方式定制化部署 MySQL

接下来，我们展示如何使用 S2I 构建镜像的方式实现定制化部署 MySQL。该镜像就是本文开头展示的 mysql8.0 容器镜像。在部署时，我们指定源码地址为 https://github.com/sclorg/mysql-container.git。

首先导入红帽 MySQL 容器镜像的 ImageStream，以便后续使用。

```
#oc import-image rhscl/mysql-80-rhel7 --from=registry.access.redhat.com/rhscl/
    mysql-80-rhel7 --confirm -all -n openshift
```

ImageStream 导入成功，如图 4-84 所示。

图 4-84　ImageStream 导入成功

查看 openshift 项目中的 MySQL ImageStream：

```
# oc get is -n openshift
NAME          MAGE REPOSITORY     TAGS                                                UPDATED
mysql-80-rhel7    8.0,8.0-13,8.0-14,8.0-15,8.0-18,8.0-20 + 16 more... About a minute ago
```

接下来，利用 Imagestream，使用 S2I 方式定制化部署 MySQL 容器镜像：

```
 oc new-app mysql-80-rhel7:8.0-15~https://github.com/sclorg/mysql-container.git \
 --name my-mysql-rhel7 \
```

```
--context-dir=examples/extend-image \
--env MYSQL_OPERATIONS_USER=opuser \
--env MYSQL_OPERATIONS_PASSWORD=oppass \
--env MYSQL_DATABASE=opdb \
--env MYSQL_USER=user \
--env MYSQL_PASSWORD=pass
```

查看上面的输入参数 --context-dir，将 examples/extend-image 目录对应的内容注入。接下来，我们分析这个目录中包含的脚本。

查看 GitHub 上源码 examples/extend-image 中包含的四个子目录，如图 4-85 所示。

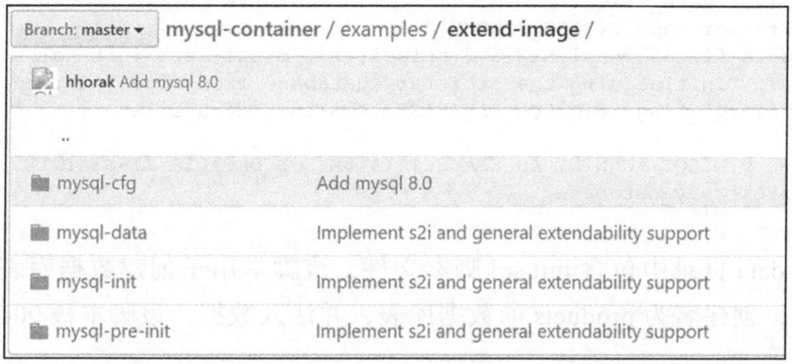

图 4-85　查看 examples/extend-image 子目录

接下来，我们分析四个子目录的内容。

1）mysql-cfg 目录下包含 myconfig.cnf 脚本文件，该脚本的内容如下：

```
[mysqld]    stored_program_cache = 524288
```

启动 MySQL 容器时，myconfig.cnf 将作为 mysqld 守护程序的配置注入。

2）mysql-pre-init 目录中包含两个 Shell 脚本，80-add-arbitrary-users.sh 和 90-init-db.sh，二者是在启动 mysqld 守护程序之前执行的。脚本中使用了如下变量。

- ${mysql_flags} 变量，在脚本连接到本地运行的守护程序时使用。
- $MYSQL_RUNNING_AS_MASTER 变量，在使用 run-mysqld-master 命令运行容器时定义。
- $MYSQL_RUNNING_AS_SLAVE 变量，在使用 run-mysqld-slave 命令运行容器时定义。

80-add-arbitrary-users.sh 的内容如下，该脚本用于创建 MySQL 用户：

```
create_arbitrary_users() {
    # Do not care what option is compulsory here, just create what is specified
    log_info "Creating user specified by MYSQL_OPERATIONS_USER (${MYSQL_OPERATIONS_USER}) ..."
    mysql $mysql_flags <<EOSQL
    CREATE USER '${MYSQL_OPERATIONS_USER}'@'%' IDENTIFIED BY '${MYSQL_OPERATIONS_PASSWORD}';
EOSQL
    log_info "Granting privileges to user ${MYSQL_OPERATIONS_USER} for ${MYSQL_DATABASE} ..."
    mysql $mysql_flags <<EOSQL
```

```
        GRANT ALL ON \`${MYSQL_DATABASE}\`.* TO '${MYSQL_OPERATIONS_USER}'@'%' ;
        FLUSH PRIVILEGES ;
        EOSQL
        }
        if ! [ -v MYSQL_RUNNING_AS_SLAVE ]; then
        create_arbitrary_users
    fi
```

90-init-db.sh 的内容如下所示,该脚本调用 mysql-data/init.sql 脚本创建数据库。

```
init_arbitrary_database() {
    local thisdir
    local init_data_file
    thisdir=$(dirname ${BASH_SOURCE[0]})
    init_data_file=$(readlink -f ${thisdir}/../mysql-data/init.sql)
    log_info "Initializing the arbitrary database from file ${init_data_file}..."
    mysql $mysql_flags ${MYSQL_DATABASE} < ${init_data_file}
}
if ! [ -v MYSQL_RUNNING_AS_SLAVE ] && $MYSQL_DATADIR_FIRST_INIT ; then
    init_arbitrary_database
fi
```

3)mysql-data 目录中包含 init.sql 脚本文件,该脚本用于创建数据库表的 SQL 语句。如下代码所示,创建名为 products 的数据库表,并注入数据,该脚本被 90-init-db.sh 脚本调用。

```
CREATE TABLE products (id INTEGER, name VARCHAR(256), price FLOAT, variant INTEGER);
CREATE TABLE products_variant (id INTEGER, name VARCHAR(256));
INSERT INTO products_variant (id, name) VALUES ('1', 'blue'), ('2', 'green');
```

4)mysql-pre-init 目录中包含 80-check-arbitrary-users.sh 脚本文件,该脚本用于判断部署 MySQL 时是否指定参数,如果不指定,则会提示报错。

```
check_arbitrary_users() {
  if ! [[ -v MYSQL_OPERATIONS_USER && -v MYSQL_OPERATIONS_PASSWORD && -v MYSQL_
    DATABASE ]]; then
      echo "You need to specify all these variables: MYSQL_OPERATIONS_USER, MYSQL_
        OPERATIONS_PASSWORD, and MYSQL_DATABASE"
      return 1
  fi
}

if ! [ -v MYSQL_RUNNING_AS_SLAVE ]; then
    check_arbitrary_users
```

我们查看部署结果,看到 MySQL Pod 部署成功:

```
# oc get pods
NAME                        READY   STATUS      RESTARTS   AGE
my-mysql-rhel7-1-4v9dk      1/1     Running     0          9m24s
my-mysql-rhel7-1-build      0/1     Completed   0          10m
my-mysql-rhel7-1-deploy     0/1     Completed   0          9m28s
```

查看 Pod 部署的部分日志,我们看到在 S2I 源码仓库定义的脚本被执行:

```
=> sourcing 20-validate-variables.sh ...
=> sourcing 25-validate-replication-variables.sh ...
=> sourcing 30-base-config.sh ...
```

```
---> 01:39:10 Processing basic MySQL configuration files ...
=> sourcing 60-replication-config.sh ...
=> sourcing 70-s2i-config.sh ...
---> 01:39:10 Processing additional arbitrary MySQL configuration provided by s2i ...
=> sourcing 40-paas.cnf ...
=> sourcing 50-my-tuning.cnf ...
=> sourcing myconfig.cnf ...
=> sourcing 80-check-arbitrary-users.sh ...
---> 01:39:10 Initializing database ...
---> 01:39:10 Running /opt/rh/rh-mysql80/root/usr/libexec/mysqld --initialize
               --datadir=/var/lib/mysql/data
---> 01:39:17 Starting MySQL server with disabled networking ...
---> 01:39:17 Waiting for MySQL to start ...
2020-05-15T01:39:17.779572Z 0 [Warning] [MY-011070] [Server] 'Disabling symbolic
    links using --skip-symbolic-links (or equivalent) is the default. Consider not
    using this option as it' is deprecated and will be removed in a future release.
2020-05-15T01:39:17.782325Z 0 [System] [MY-010116] [Server] /opt/rh/rh-mysql80/
    root/usr/libexec/mysqld (mysqld 8.0.13) starting as process 86


=> sourcing 40-datadir-action.sh ...
---> 01:39:40     Running datadir action: upgrade-warn
---> 01:39:40     MySQL server version check passed, both server and data
    directory are version 8.0.
=> sourcing 50-passwd-change.sh ...
---> 01:39:40     Setting passwords ...


=> sourcing 80-add-arbitrary-users.sh ...
---> 01:39:41     Creating user specified by MYSQL_OPERATIONS_USER (opuser) ...
---> 01:39:41     Granting privileges to user opuser for opdb ...


=> sourcing 90-init-db.sh ...
---> 01:39:41     Initializing the arbitrary database from file /opt/app-root/src/
    mysql-data/init.sql...
---> 01:39:41     Shutting down MySQL ...
```

部署成功后,连接部署的数据库,验证 S2I 注入的数据库脚本是否执行成功:

```
mysql> show databases;
+--------------------+
| Database           |
+--------------------+
| information_schema |
| mysql              |
| opdb               |
| performance_schema |
| sys                |
+--------------------+

mysql> use opdb;
Database changed
```

我们看到数据库表 products 被自动创建:

```
mysql> show tables;
+-----------------+
| Tables_in_opdb  |
+-----------------+
```

```
| products         |
| products_variant |
+------------------+
2 rows in set (0.02 sec)


mysql> select * from products_variant;
+------+-------+
| id   | name  |
+------+-------+
|    1 | blue  |
|    2 | green |
+------+-------+
2 rows in set (0.00 sec)
```

从上述执行结果可以看出，在部署 MySQL 时，S2I 注入的脚本被执行了。

通过使用 S2I 方式，我们可以实现 MySQL 的定制化部署，甚至可以把 MySQL 的复制配置、数据库数据导入的脚本放进去。

4.4.6　使用模板部署 MySQL 主从复制

MySQL 主从复制可以使用模板进行部署。GitHub 上有一主一从复制的模板（https://github.com/davidsajare/FSI-IT-construction/blob/main/Chapter4/mysql_replica.json），我们可以基于这个模板进行定制化。需要注意的是，目前这个模板只能在一个 OpenShift 集群内部署 MySQL 主从复制，而不能跨 OpenShift 集群部署主从复制。

在 OpenShift 中借鉴该模板部署 MySQL 主从复制，首先创建 MySQL 模板：

```
#oc apply -f mysql_replica.json -n openshift
template.template.openshift.io/mysql-replication-example created

# oc get template
NAME                         DESCRIPTION                 PARAMETERS       OBJECTS
mysql-replication-example    MySQL Replication Example   8 (3 generated)  6
```

在 OpenShift UI 界面，选择创建好的模板，如图 4-86 所示。

传递部署 MySQL 的参数，如图 4-87 所示。

Pod 部署成功的效果如下所示：

```
# oc get pods
NAME                        READY   STATUS      RESTARTS   AGE
mysql-master-1-deploy       0/1     Completed   0          8m16s
mysql-master-1-fdb9l        1/1     Running     5          8m13s
mysql-slave-1-deploy        0/1     Completed   0          8m16s
mysql-slave-1-zqjc5         1/1     Running     5          8m12s
```

图 4-86　选择创建好的模板

分别查看 Primary 和 Replica pod 的日志，可以看出主从复制关系已经建立。

```
Primary pod:
# oc logs -f mysql-master-1-fdb9l
2020-05-15T06:01:28.281730Z 0 [Note] /opt/rh/rh-mysql57/root/usr/libexec/mysqld:
    ready for connections.
```

```
Version: '5.7.24-log'  socket: '/var/lib/mysql/mysql.sock'  port: 3306
    MySQL Community Server (GPL)
2020-05-15T06:01:35.879641Z 3 [Note] Start binlog_dump to master_thread_id(3)
    slave_server(3672989091), pos(, 4)

Replica pod:
# oc logs -f mysql-slave-1-zqjc5mysql-slave-1-zqjc5
2020-05-15T06:01:35.875170Z 2 [Note] Slave I/O thread for channel '': connected to
    master 'master@mysql-master:3306',replication started in log 'FIRST' at position 4
```

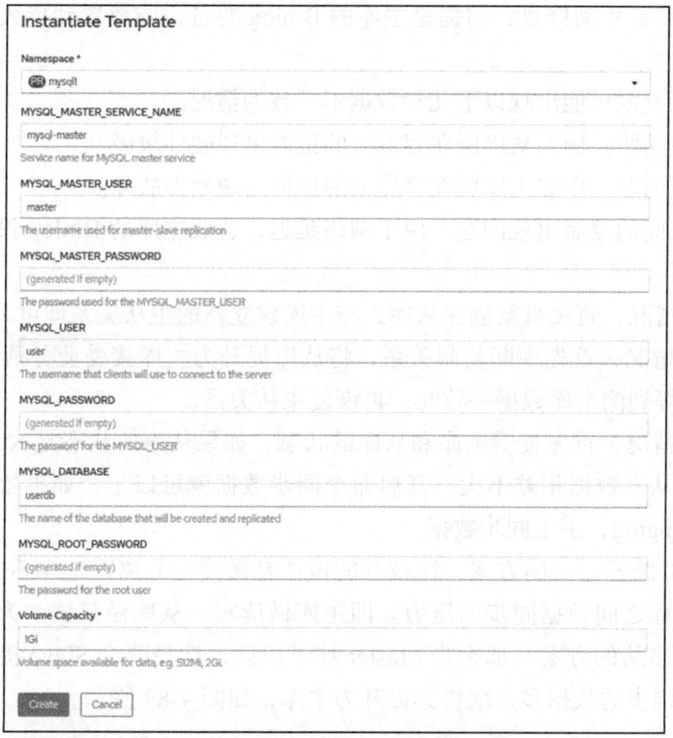

图 4-87　使用 MySQL 模板传递参数

查看 MySQL 的 Binlog 状态, 显示正常, 如图 4-88 所示。

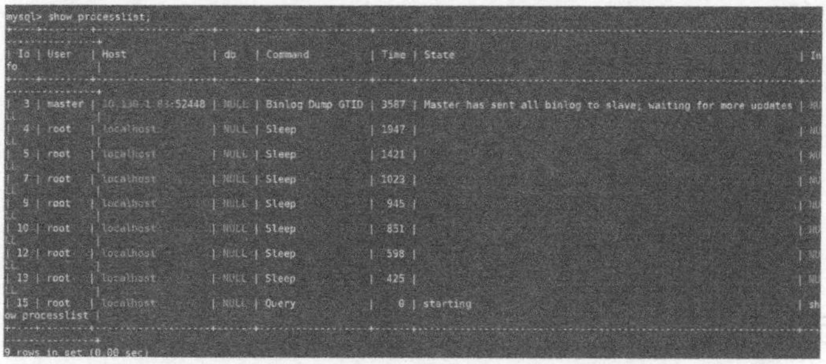

图 4-88　查看 MySQL Binlog 状态

至此，我们完成了 MySQL 主从复制在 OpenShift 上的部署。如果想实现更为复杂的部署方式，可以基于本节的模板进行修改。

4.4.7 MySQL 主从复制的限制与不足

如前文所述，由于 MySQL 主从复制比较容易实现，因此被广泛应用于企业中。但需要注意的是，主从复制是异步复制，存在丢数据的可能，而数据滞后取决于网络速度。如果数据不一致，就需要手动修复，前提是主库的 Binlog 要备份或放置到持久化存储里，以避免数据丢失。

MySQL 主从复制可能出现以下几种数据不一致的情况。

1）从库出现问题：例如从库所在容器云的集群出现硬件故障。

2）主库出现问题：例如主库所在容器云的集群出现硬件故障。

3）主从库之间的复制出现问题：由于网络延迟，造成主库的 Binlog 没有及时复制到从库中。

针对第一种情况，直接重新创建从库，与主库建立新的主从关系即可。

针对第二种情况，首先中断复制关系，将从库提升为主库接受业务请求，将 Binlog 复制到新的主库，等到两个库数据一致时，再恢复主从关系。

针对第三种情况，首先查看主库和从库的状态，如果从库的状态是 No，说明当前从库未同步，要是主从库数据相差不大，开启命令同步数据就可以了。如果数据相差较大，就需要手工复制 Binglog，手工同步数据。

针对 MySQL 跨容器云的方案，比较好的做法是做读写分离，这样不仅可以提升性能，还可以降低主从库之间数据同步的压力。即主库做读写、从库做只读。为了提升性能，我们可以采用一主多从的方案。那么当 Master 挂了以后，选择哪个 Slave 提升为主库？可以根据哪个从库上同步的数据多，就将其提升为主库，如图 4-89 所示。

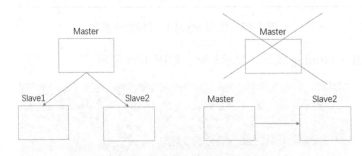

图 4-89　MySQL 的主从切换

4.4.8 CDC 方案的选择

在容器云中的 MySQL 主从复制通常不能跨容器云实现。所以在更为复杂的跨数据中心场景中，我们可以考虑使用CDC（Change Data Capture，变化数据捕获）方案。即获取MySQL的变化，然后将这些信息导入消息中间件中，从而使另外一个数据中心的业务消费端可以消费这些数据。

目前开源社区提供了以下几种CDC方案，各方案对比如表4-6所示。

表4-6 开源社区几种CDC的方案对比

组件	Canal	Maxwell	Debezium	Flinx
开源方	阿里	zendesk	Red Hat	袋鼠云
开发语言	Java	Java	Java	Java
支持数据库	MySQL	MySQL	MongoDB、MySQL、PostgreSQL、SQL Server、Oracle（孵化）、DB2（孵化）、Cassandra（孵化）	MongoDB、MySQL、PostgreSQL
是否支持解析DDL同步	是	是	是	
是否支持HA	是	需定制	基于KafkaConnector	是
MQ集成	RocketMQ、Kafka	Kafka、RabbitMQ	Kafka	Emqx、Kafka

综合对比下，我们推荐使用Debezium方案。Debezium是一个由红帽赞助的开源项目，它为CDC提供了一个低延迟的流式处理平台。我们可以安装并且配置Debezium去监控数据库，从而使应用可以消费对数据库的每一个行级别（row-level）的更改。在这种工作模式下，只有已提交的更改才是可见的，所以我们不用担心事务（transaction）或者更改被回滚（roll back）。

Debezium为所有的数据库更改事件提供了一个统一的模型，所以应用不用担心每一种数据库管理系统的错综复杂性。另外，由于Debezium用持久化的、有副本备份的日志来记录数据库数据变化历史，因此，应用可以随时停止再重启，而不会错过它停止运行时发生的事件，保证了所有事件都能被正确、完全地处理掉。

监控数据库，并在数据变化的时候获得通知一直是很复杂的事情。虽然关系型数据库的触发器可以做到，但是它只对特定的数据库有效，而且通常只能更新数据库内的状态（无法和外部的进程通信）。一些数据库虽然提供了监控数据变化的API或者框架，但是暂没有形成一个统一的标准，每种数据库的实现方式都是不同的，我们需要掌握大量特定的知识和理解特定的代码才能很好地运用。所以，确保以相同的顺序查看和处理所有更改，同时最小化影响数据库仍然非常具有挑战性。

Debezium利用Kafka和Kafka Connector实现了自己的持久性、可靠性和容错性。每一个部署在Kafka Connector的分布式、可扩展、容错性服务中的Connector负责监控一个上游数据库服务器，捕获所有的数据库更改，然后记录到一个或者多个Kafka Topic（通常一个数据库表对应一个Kafka Topic）中。Kafka可以确保所有这些数据更改事件都能够多副本并且总体上有序（Kafka 只能保证一个 Topic 的单个分区内有序），这样，更多的客户端就可以独立消费同样的数据更改事件，并将对上游数据库系统造成的影响降到很低（如果 N 个应用都直接去监控数据库更改，则对数据库的压力为 N，而用 Debezium 汇报数据库更改事件到 Kafka，所有的应用都去消费 Kafka 中的消息，可以将对数据库的压力降到 1）。另外，客户端可以随时停止消费，然后重启，从上次停止消费的地方继续消费。每个客户端可以自行决定它们是否需要 exactly-once（严格一次）或者 at-least-once（最少一次）消息交付语义保证，并且所有的数据库或者表的更改事件是按照上游数据库发生的顺序被交付的。

如果不需要这种容错级别、性能、可扩展性、可靠性的应用，也可以使用内嵌的 Debezium Connector 引擎直接在应用内部运行 Connector。虽然这种应用仍需要消费数据库更改事件，但我们更希望将 Connector 直接传递给它，而不是持久化到 Kafka 里。

Debezium 支持的数据库有 MySQL、PostgreSQL、MongoDB、Microsoft SQL Server、Oracle、Apache Cassandra。

Debezium 依赖于 Kafaka。通过 Debezium 可以捕获容器化 MySQL 的变化数据，其架构图如图 4-90 所示。

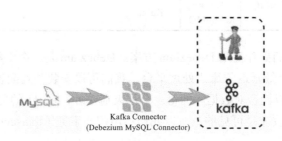

图 4-90　Debezium 捕获 MySQL 变化数据的架构图

目前 Debezium 支持的插件如图 4-91 所示。

如果想了解更多 Debezium 的具体实现效果，请关注"大魏分享"公众号中的文章《CDC（变化数据捕获）在 Kubernetes 上的实现》。

4.5　本章小结

本章是本书第二部分的最后一章。在本章中，我们介绍了容器云的安全加固、容器云的备份、容器原生存储的选择以及容器云上数据库定制化方案。从第 5 章开始，我们进入全书的第三部分。

图 4-91　Debezium 支持的插件

第三部分 Part 3

金融企业的分布式架构与分布式事务

从20世纪90年代末到21世纪初,金融行业系统大多采用集中式架构构建。集中式架构促进了银行业务的创新和发展,例如在21世纪初,各大型银行围绕主机技术实现了银行信息系统从省域集中到全国的大集中,解决了当时跨省客户汇款、跨省取现等业务效率低的问题。在21世纪的头十年,这种集中式架构得到充分发展,并逐步形成稳态服务核心。对稳态服务核心业务进行分层,核心银行系统位于最底层,之上是中间层业务系统,如支付、对账、信贷等,最上层是渠道业务接入,如网银、柜面等系统。

近年来随着IT技术爆发式的发展,尤其是移动互联网、大数据、人工智能、区块链和云计算等技术的逐步成熟,银行业务在渠道、产品、营销、运营和风控等方面都发生了巨变,产品迭代的速度也越来越快。集中式架构面临的挑战日益增加，限制了业务的创新与发展。事实上，在过去十年，金融行业一直在进行集中式架构到分布式架构的转型。例如，各大型银行都在进行主机下移，逐渐将业务从核心主机系统中迁出。从技术发展的角度来看，分布式技术在过去十年有长足的进步，其处理海量业务的能力已经得到了充分的验证。随着时间的发展，分布式技术基于开放的生态体系以及蓬勃的开源社区，沉淀了大量优秀的基础框架、平台、工具、管理办法与流程。当然，金融行业的分布式架构转型除了要考虑业务创新的需求，还要考虑适应现代应用快速交付、整体架构成本控制、资源弹性利用、运行风险可控等多个方面。随着分布式架构转型的深入，以分布式技术为核心的敏态服务核心逐渐形成。由于分布式架构的开放性，各金融数据中心趋于统一，也就是说，基于同一技术架构和标准。

第三部分探讨金融企业分布式架构与分布式事务，包括第 5 ~ 9 章。应用架构变迁决定了整体 IT 架构的变迁，第 5 章从应用架构分布式变化趋势出发，分析总结金融行业 IT 架构整体分布式趋势。第 6 章分析金融行业数据中心中微服务在容器及非容器架构下的注册中心与服务发现过程，以及金融行业开放 API 平台建设思路。第 7 章和第 8 章将分别介绍分布式事务的架构与实现，以及分布式事务的最佳实践。相信你在阅读之后，会对分布式事务有一定理解。

第 5 章　Chapter 5

金融行业的 IT 分布式趋势

应用是金融业务的载体，应用架构的变迁与支持应用运行的基础设施紧密相连。本章将以应用架构分布式演进趋势，探讨金融行业 IT 分布式发展趋势。

5.1　应用架构分布式演进

如图 5-1 所示，以时间为轴，金融行业应用经过了从早期大型应用，到互联网 HTTP 普及后的三层架构应用，再到今天的微服务架构应用的演进。应用运行依赖于中间件平台及底层基础设施，三层架构应用通常以 .war、.tar、.ear 的形式打包并部署在 Java 应用服务器（例如 JBoss）之上，而微服务架构应用大多以容器镜像的方式打包，部署运行在容器调度平台（例如 Kubernetes）之上。笔者亲历了应用从三层单体应用转变为微服务应用，以及应用运行平台从 Java 应用服务器转变为基于 Kubernetes 的 PaaS 容器云平台的过程。本节将分析该转变过程中的金融行业应用架构分布式演进。

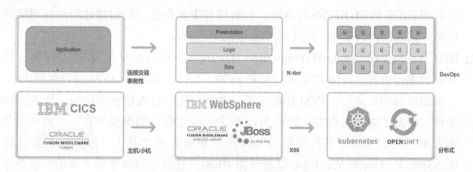

图 5-1　金融行业应用架构变迁

5.1.1 应用服务器技术演进

应用服务器是指介于应用和操作系统之间为应用提供通用服务和功能的软件，功能通常包括数据管理、应用服务、消息传递、身份验证和 API 管理等。应用服务器为应用开发者提供便利，对程序代码运行所依赖的底层基础设施网络、存储以及操作系统底层包的复杂调用进行封装，制定了企业级应用开发规范，开发者只需遵循开发规范，基于预封装的接口即可快速开发应用程序，让开发者真正只专注于业务逻辑的实现，从而更有效地构建应用。

流行的应用服务器有很多，例如 Nginx 作为 Web 服务器很受欢迎，今天你任意打开三个网站，其中一个后端的 Web 服务器就是 Nginx。本节不是根据流行程度选择应用服务器进行技术演进分析，而是根据其在金融行业 IT 架构中的重要程度，必须是综合性金融级应用服务器或应用运行平台，满足金融级事务要求，可适配外部数据库，具备异步消息队列功能，并且至今仍然在金融行业 IT 架构中可以经常看到。图 5-2 所示为选出的 7 种应用服务器，下面将基于这 7 种应用服务器进行技术演进探讨。

图 5-2　应用服务器技术演进

我们将选出的 7 种应用服务器分为三类，分别代表技术演进的三个阶段。

- ❑ IBM CICS/Oracle TUXEDO。IBM CICS 和 Oracle TUXEDO 都有悠久的历史，IBM CICS 第一个版本发布于 1968 年，BEA TUXEDO 第一版本发布于 1980。Oracle 在 2008 年收购 BEA 后，BEA 的中间件产品线 TUXEDO 和后面提到的 Weblogic 变成了 Oracle 的产品。20 世纪 80 年代是 C/S 架构下的 ATM 和 POS 机时代，CICS 和 TUXEDO 就是银行应用系统的运行平台，在今天大多数金融行业稳态业务中仍然可以看到 CICS 和 TUXEDO 的身影，并扮演着重要角色，我们将这两种应用服务器称作第一代应用运行平台，属于技术演进的第一阶段。

- ❑ IBM WebSphere/Oracle Weblogic/Red Hat JBoss。Java 最早出现在 1995 年，是面向对象的编程语言，Java 程序运行依赖 JVM（Java 虚拟机），JVM 可以保证 Java 程序一次编译后到处运行，JVM 还解决了一些程序编写过程中资源申请、回收、管理的工作，降低了编程的难度，使得 Java 成为一个工程性的编程语言，受到众多开发者和大型机构的青睐。各种类型的 Java 应用服务器随之诞生，但比较主流的是 IBM WebSphere、Oracle Weblogic 以及开源 JBoss，这些应用服务器今天仍然被金融行业大量使用，一些新的应用系统还是基于这类应用服务器进行开发，我们将这三种应用服务器称作第二代应用运行平台,属于技术演进的第二个阶段。

- Kubernetes/OpenShift。Kubernetes 已成为新一代的应用运行平台,它是一个开发运维一体化的平台,是微服务应用最佳运行平台。Kubernetes 是开源的产品,被很多厂商包装为自己的产品,而在这一系列厂商的产品中最有特点的当属基于金融级标准打造的、真正做到了开发运维一体化的 OpenShift。我们将 OpenShift 和 Kubernetes 称为第三代应用运行平台,属于技术演进的第三个阶段。

CICS 早期运行在大型机上,为 COBOL、C 等 C/S 架构应用程序提供运行平台,但今天 CICS 可以运行在开放平台上,为 Java、Spring Boot、Java EE、Node.js 等应用程序提供运行平台。早期 CICS 的主要作用是保证联机交易中的事务性,具有商业级事务管理器要求的数据完整性、可恢复性、安全性和可用性,具有跨平台的广泛拓展性,提供多平台的 API,从而形成可移植的应用和开发技术。CICS 也以分层结构构建应用,业务逻辑层主要服务业务逻辑处理,数据逻辑层对应的是数据持久化操作。TUXEDO 和 CICS 类似,为 COBOL、C、C++ 等应用程序提供运行环境,TUXEDO 最早完整提出 C/S 三层架构,即服务接入层、业务逻辑层和数据逻辑层。服务接入层负责接收渠道业务请求,例如,C/S 架构的请求报文通常是对 ISO8583 格式的扩展,最多由 128 个字段域组成,第一个字段代表报文的长度,金融行业核心银行系统完成业务处理后同样会经过服务接入层,返回报文的格式也是 ISO8583;业务逻辑层包括核心业务处理的事务管理器、可靠消息队列等,常见银行业务如开销户管理、存款取款、结算、外汇等的主要处理逻辑都是在业务逻辑层完成;数据逻辑层是后台数据的存储层,它存放所有的核心系统后台数据,并提供标准和非标准的组件对这些数据进行访问,这些组件被业务逻辑层的交易所调用。

这一阶段的主要问题是技术封闭,用的架构是重量级的,没有丰富的生态,也没有面向开发者的规范,使得开发者很难快速上手开发部署应用程序到 CICS 或 TUXEDO 中进行试验。随着互联网及移动互联网的发展普及,C/S 架构的应用程序逐步退出历史舞台,B/S 架构的应用程序成为主流。互联网业务应用系统大都是 B/S 架构,这是下一阶段的应用服务器出现的原因。

Java 最成功的一个地方就是非常注重生态建设,从第一个版本开始就定义了三类 API,包括移动开发版 J2ME、标准开发版 J2SE、企业开发版 J2EE(J2EE 在发布到第 5 个版本时改名为 Java EE,目前名字为 Jakarta EE),这些 API 对开发者免费,代码对开发者开放,而且鼓励不同层级的开发者参与到生态的建设中,早期 J2SE 和 J2EE 规范的制定者都是来自各个组织或企业的高水平开发者。正是由于这种开放性和对生态建设的重视,Java 诞生后不到 5 年时间,市场上就出现了大量的 Java 基础开发框架及 Java 应用服务器,WebSphere、Weblogic、JBoss 是 Java 应用服务器的典型代表,JBoss 的第一个版本发布于 1999 年。从商业形式上来说,WebSphere 和 Weblogic 都是商业闭源软件,而 JBoss 是开源的,通过生态建设及不断提升产品的质量实现了普及。从技术上来讲,WebSphere 是基于 Java OSGI 架构的,Weblogic 和 JBoss 都是基于 Java MBean 架构的。javax.management 包下定义了一系列 JVM 运行状态管理的 API，通过 JVM 管理控制台可以看到注册在 MBeanServer 中所有运行的 JavaBean 的属性值，早期的 Weblogic 和 JBoss 就是通过一系列 MBean 实现的，如下为 JBoss 第一个版本的 MBean 配置。

```
<mbean code="org.jboss.naming.NamingService" name="jboss:service=Naming">
    <attribute name="Port">1099</attribute>
</mbean>
<mbean code="org.jboss.naming.JNDIView" name="jboss:service=JNDIView"/>
```

虽然 Weblogic、JBoss 和 WebSphere 在技术实现上有差异，但它们都是基于同样的 J2EE 标准，功能类似。接下来以 JBoss 为例来说明应用服务器技术演进的第二个阶段。

图 5-3 所示为 JBoss 版本发布历史。JBoss 最初的名字叫 EJBoss，是对 J2EE 标准中 EJB 规范的实现，由于与 Sun 公司的品牌冲突，后来改名为 JBoss。2002 年推出的 JBoss 3.0.0 是重大版本，很成功，被大量用户接受。笔者最早使用的 JBoss 版本是 4.2.3，图 5-3 中深色背景的时间轴是笔者在 JBoss 社区工作的时间，从开始的产品使用者，在社区提问，到后来可以进行文档的校正翻译，再到后来提供功能修复 Patch，成为子项目的核心开发者，十年时间收获颇丰。笔者参与过的、到目前仍然活跃且被大量使用的项目包括 teiid.io、debezium.io、jbpm.org、drools.org 等。为了区分商业版和社区版，2013 年 JBoss 社区投票决定将社区版的项目名称改为 WildFly。2015 年 JBoss 开始在开发测试中采用 DevOps，笔者印象最深刻的是部门重组，对原先做产品化的部门进行了拆解，相应的同事被分配到不同的产品组中。WildFly 10.0.0 版本是自动化流水线发布的第一个版本，从这个版本以后，所有产品发布、自动化测试都是流水线上的脚本周期性自动化执行，每周都有一个小版本发布，每三个月有一个大版本发布。

2002-05-29	2003-06-02	2004-09-20	2007-07-11	2008-07-18	2008-12-05	2009-05-23	2010-12-28	2011-08-16	2011-07-12	2012-02-16
3.0.0	3.2.1	4.0.0	4.2.0	4.2.3	JBoss AS 5.0.0	JBoss AS 5.1.0	JBoss AS 6.0.0	JBoss AS 6.1.0	JBoss AS 7.0.0	JBoss AS 7.1.0
2014-02-11	2014-05-30	2014-11-20	2015-07-02	2016-01-29	2016-08-19	2017-10-23	2018-02-28	2018-05-30	2018-08-30	2018-11-30
WildFly 8.1.0	WildFly 8.1.0	WildFly 8.2.0	WildFly 9.0.0	WildFly 10.0.0	WildFly 10.1.0	WildFly 11.0.0	WildFly 12.0.0	WildFly 13.0.0	WildFly 14.0.0	WildFly 15.0.0
2019-02-27	2019-06-10	2019-10-03	2020-03-18	2020-06-08	2020-10-13	2021-01-13	2021-04-13	2021-07-13		
WildFly 16.0.0	WildFly 17.0.0	WildFly 18.0.0	WildFly 19.0.0	WildFly 20.0.0	WildFly 21.0.0	WildFly 22.0.0	WildFly 23.0.0	WildFly 24.0.0		

图 5-3　JBoss 版本发布历史

分析 2002 年 JBoss 发布的第一个版本的功能，可以了解 Java 应用服务器的初衷。图 5-4 所示为 JBoss 3.0 版本所具备的功能，其中最主要的功能是 EJB 和 Transaction。EJB 提供了基于 TCP 的 C/S 模式下的基本分布式能力，EJB 上定义的方法可以受事务保护，在方法实现相关的业务逻辑处理后，EJB 需要注册到 JNDI 树上。JNDI 树相当于注册中心，客户端要调用 EJB 上的方法，首先需要到注册中心查询注册的 EJB 服务，而且 EJB 上相应方法的执行需满足事务性要求。早期 JBoss 的目录结构主要是两个文件夹，server 和 client，server 目录中包括实现图 5-4 中所有功能的包和配置文件，而 client 目录中主要是客户端调用服务器端所需要的相关包。Resource Manager 用于集成外部数据库或外部的消息系统，并维护一个连接池。Resource Manager 的一些工程类也是注册到注册中心 JNDI 树上，EJB

进行逻辑处理时需要通过注册中心的工程类获取连接池中的数据库连接。JMS 是 J2EE 对 Java 语言如何与消息 MQ 系统交互而定义的规范接口。JMS 的实现是消息 MQ，它支持点对点 Queue 模式和发布订阅 Topic 模式。Security 提供基于用户角色的认证授权能力，是对 J2EE 的 JAAS 规范的实现。这些功能和早期 IBM CICS 提供的主要功能非常类似，也强调长连接下交易的事务性，EJB 提供了 C/S 通信的模式，Transaction 提供了事务性保障。

图 5-4　JBoss 3.0 版本功能项

　　Web Service 提供了一种客户端和服务器端基于短连接通信的模式。相比联机长连接交易，短连接意味着一次服务调用基于一个连接，调用结束后连接关闭，非常灵活。Web Service 定义了客户端和服务器端通信的报文为 SOAP 格式，服务的描述通过 WSDL，服务也可以注册到注册中心 UUID。基于 SOAP 协议及 TCP 短连接通信是 TUXEDO 所提供的最主要功能，目前仍被大量应用在金融企业 IT 传统核心中。

　　2002 年第一个正式对外的 JBoss 版本就将 Tomcat 整合到产品中提供 HTTP 服务，虽然当时互联网处于风口上，互联网公司估值过高，并在 2000 年 3 月 10 日将 NASDAQ 指数推高到 5048.62 的最高点，出现了互联网泡沫，但通过 HTTP 提供金融级服务还处于早期阶段，同时代出现的 Java 应用服务器包括 WebSphere 和 Weblogic 的重点都还在基于 EJB 的 C/S 通信上。不过后来很快证明 HTTP 才是重要的赛道，这些 Java 应用服务器都调整了方向。现在看来，对 HTTP 通信封装的 JSP、Servlet 规范（如 doGet() 从服务器上获取信息，doPost() 将报文信息传递到服务器）才是 Java 应用服务器留下的最深的印迹。基于 HTTP 的客户端和服务器端通信，客户端用的软件是浏览器（Broswer），这种架构也叫 B/S。从 C/S 到 B/S 的转变在一定程度上降低了 EJB+ 事务模式的威力，如果抛开这种 HTTP 的转变，单纯从 C/S 角度对比第二代应用服务器和第一代应用服务器，EJB+ 事务通过开放的技术实现类似的功能，且规范化程度更高，进步是非常明显的。

　　Clustering 是 JBoss 3.0 的重要模块，它使 Java 应用服务器可以灵活地进行多节点集群部署。虽然 EJB 设计大多都是无状态 SLSB（StateLess Session Bean），这种原理和今天容器化微服务无状态性设计的原理是一致的，但是 EJB 中也会有 SFSB（StateFul Session Bean）。JBoss 集群多节点部署时需要复制 SFSB、MQ 持久化消息、HTTP 会话，Clustering 提供底层复制实现。除了最基本的功能支持外，Clustering 对业界最大的价值点在首次有开源产品对分布式计算的四种模式做实现与展示，以及对 TreeCache 的理念以 Java 编程语言做开源产品化实现。

分布式计算的四种模式是本地模式、Distribution 模式、Replication 模式、Invalidation 模式，这里主要讲解后三种，如图 5-5 所示。Distribution 模式即数据根据副本的数量要求被缓存在部分节点，例如集群有 10 个节点，每个节点可供缓存使用的内存是 10GB，数据副本数要求为 2，即任意数据都会根据算法选择两个节点缓存，则这个集群的容量为 50GB。Replication 模式是指数据被复制到所有节点，当前流行的 Redis 便是基于 Replication 模式，和本地模式一样，该模式主要提供数据缓存。Invalidation 模式提供数据过期处理，例如在有状态的 EJB 集群中，当一个节点上的数据发生变化后，可能会触发一个 Invalidation 事件，集群中其他节点上的数据会被删除。TreeCache 则是在早期 Java 版本对 Map 接口底层实现不太理想的情况下提出的一种对企业级数据缓存处理的能力，它主要提供了一种对缓存细粒度操作的思想，确保缓存读写，以及缓存在集群中复制的灵捷性。

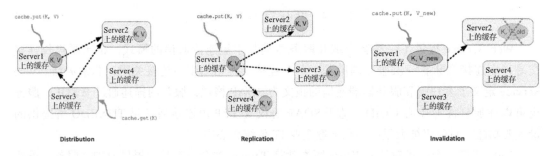

图 5-5　分布式计算的模式

Naming 在 JBoss 3.0 中提供了注册中心、客户端与服务器端通信的模型，是 EJB、MQ 等实现分布式、异步的底层基础。不管技术架构如何演进，今天分布式框架模型与 Naming 提供的这种注册中心、分布式客户端与服务器端通信的模型是相通的。Netty 是基于 JBoss Naming 产品演进而来的多个 Java 客户端与服务器端通信框架的底层模型，例如 Dubbo 的 20880 端口就是 Netty 服务器端监听的端口。

Java 应用服务器是应用服务器技术演进的第二个阶段，虽然目前在各大金融 IT 架构中仍然可以看到 Weblogic、JBoss 等，但这类应用服务器在面对今天微服务、随需而变的应用时有一系列不足。Java 编程语言本身让 CPU 多线程的能力充分发挥出来，无法高效地使用所有线程的算力；集中式大型的应用服务器无法在容器云等平台下高效适配 DevOps；Java 应用服务器所依赖的 Java EE 标准变得异常庞大也是 Java 应用服务器不受开发者追逐的主要原因。比如，Java EE 6 中定义的规范有 30 多个，其中 EJB 3.0 的规范文档接近 500 页，而当时的大数据三个规范（BigTable、GFS、MapReduce）的文档加在一起是 50 多页。

2015 年笔者参与了 JBoss 应用服务器的微服务拆分，将一个集中架构的应用服务器拆分为 30 多个微服务开发框架，以基础服务的方式运行在 Kubernetes 上。接下来我们分析这一拆分过程，进一步探讨应用架构分布式演进。

5.1.2 微服务拆分案例

微服务拆分案例指的是将大的应用服务器拆分为 30 多个小微服务开发框架组件，并将这些组件运行于 Kubernetes 上，以服务菜单的形式提供给开发者。这一过程不是一蹴而就的，它首先进行了对应用服务器的改造，尝试将应用服务器运行在分布式、容器架构上，然后才进行了彻底的拆分，前后经历了近十年，分五个阶段，如表 5-1 所示。

表 5-1 从 JBoss 应用服务器到微服务应用开发框架组件的五个阶段

阶段	时间	说 明
JBoss 7	2010—2012 年	大架构调整，代码重构率超过 70%，以模块化的设计为最主要目标，尝试解决分布式多节点部署下应用调度管理等问题
WildFly Service Pack	2013—2015 年	JBoss 社区版改名为 WildFly，通过 Service Pack 发行，WildFly 内核发行版仅有 20MB
WildFly Swarm	2016—2017 年	微服务化拆分的第一个版本，WildFly 应用服务器被拆分为 30 多个微服务开发模型框架，后期引入了大量第三方微服务框架，代码重构率超过 50%
Thorntail	2018—2019 年	从 WildFly Swarm 演进而来，集成了大量 Apache 开源的微服务框架组件，红帽的中间件产品线都完成了微服务化改造，基于 Thorntail 的微服务开发框架包分多类型交付到用户
Quarkus	2019 年—现在	从 Thorntail 演进而来，基于 GraalVM 为容器环境下运行 Java 提供更少消耗 CPU、内存的解决方案，自服务与 DevOps 工具紧密结合集成

接下来对这五个阶段依次进行分析。

为了更好地在云、分布式架构下运行 JBoss，以应对移动互联网高速发展为银行或组织带来的敏捷业务挑战，JBoss 于 2012 年左右对架构做了大调整：采用模块化子系统的架构，启动时间从分钟级别提升到秒级；降低网络端口号的使用，传统应用服务器会监听大量端口号，特别是分布式集群架构下节点直接通信，会有大量的 UDP 及 TCP 端口被使用，而架构调整减少了端口号使用；提供更好的平台级别管理调度能力。

```
$ ./bin/jboss-cli.sh
[disconnected /] connect
[standalone@localhost:9990 /] ls /subsystem=
batch-jberet                    io                              naming
bean-validation                 jaxrs                           pojo
core-management                 jca                             remoting
datasources                     jdr                             request-controller
deployment-scanner              jmx                             resource-adapters
discovery                       jpa                             sar
distributable-web               jsf                             security
ee                              logging                         security-manager
ee-security                     mail                            transactions
ejb3                            metrics                         undertow
elytron                         microprofile-config-smallrye    webservices
health                          microprofile-jwt-smallrye       weld
infinispan                      microprofile-opentracing-smallrye
```

上面 jboss-cli.sh 的输出显示了基于模块化子系统架构下 JBoss 应用服务器的 38 个子系统，这些子系统集合在一起形成了完整版的应用服务器，大小为 200 多兆字节。但随着应用轻量化的趋势，由于 38 个子系统在一定程度上相互独立，将 38 个子系统的子集打包发布，可分成多个 Service Pack，且不同 Service Pack 针对性不同，可以在 WildFly 官网上（https://www.wildfly.org/downloads/）根据需要下载符合自己业务需要的 Service Pack。表 5-2 为所有 Service Pack 的列表。

表 5-2　WildFly Service Pack 列表

Service Pack 名称	大小	子系统数量	功能描述
Wildfly-Core	20 MB	10	• JBoss 底层框架集合，包括模块化类加载 JBoss Modules、模块化服务控制器 JBoss MSC、安全、管理等 • 该 Service Pack 可用于二次开发的基础平台，基于 WildFly-Core，可快速实现一个满足特定业务要求的子系统
Wildfly-Servlet	50 MB	12	• 提供 Servlet 和 JSP Java EE 协议的实现，类似于 Tomcat • 该 Service Pack 的优势在于异步非阻塞架构处理 Web 请求，以及提供分布式部署架构下的集中控制器
Wildfly-EE-Web	150 MB	30	• 提供 Java EE Web Profile 定义的协议的实现 • 包含 Servlet Service Pack 及 Core Service Pack
Wildfly-EE-Full	200 MB	38	• 提供 Java EE Full Profile 定义的协议的实现 • 完整应用服务器，包含所有子系统

通常一个金融业数据中心内会有数千个应用运行在数百台应用服务器上，针对如何集中高效地管理这些应用和应用服务器，JBoss 提出了 Domain 控制器的管理方式，如图 5-6 所示。

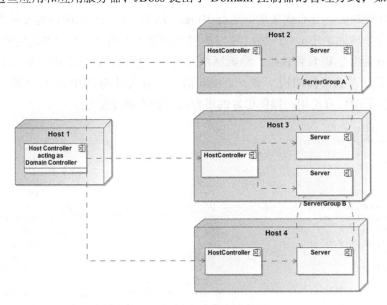

图 5-6　JBoss Domain 控制器

可以看出，Domain 控制器独立运行在一个主机上，可以对其他主机上运行的 JBoss 应用服务器进行集中控制和简单编排；一个主机上可以运行一个或多个应用服务器，应用服务器也有群组的概念，通过 Domain 控制器可以向一个服务器组部署应用；主机上运行的应用服务器及应用被 Domain 控制器编排调度管理，主要依赖对应主机上的主机控制器。JBoss 这种分布式架构的集中管理及编排的能力在应用规模较小时可以工作，但在应用规模较大，如主机数量超过数十个时，则会遇到挑战，主要是编排调度健壮性的挑战。

1）**对应用生命周期管理的能力差**：主机控制器在对应的主机上只能管理应用服务器，而无法直接管理应用，某个主机上运行的应用发生故障，无法及时发现，会造成业务损失，且应用发生故障后只能通过手动重新部署来恢复，平台级控制器无法提供自愈恢复能力，应用的升级更新无法做到业务零中断，应用高可用只能支持一个应用部署到多个服务器，没有原生负载均衡、入口控制等设计。

2）**对应用编排能力弱**：Domain 控制器无法将应用随机部署到多个应用服务器，只能将应用部署到预先定义的应用服务器组中，无法为应用设定副本；增加应用的副本数量需要先初始化一个应用服务器，再进行应用部署，应用亲和性和反亲和性编配能力弱。

3）**与现代 DevOps 工具对接的能力弱**：Domain 控制器管理下的应用服务器提供的是应用部署运行的能力，没有如何开发构建应用的设计，平台级别没有集成任何现代 DevOps 工具。

4）**平台级别管理的稳定性差**：Domain 控制器和主机控制器都是 Java 线程，运行在 JVM 之上，对操作系统层面的进程管理天然较差；Domain 控制器和主机控制器之间通过 TCP 互联发送服务器运行的状态，基于长连接的管理复杂度较高；管理平面没有 Domain 内应用服务器及应用运行状态持久化机制，一旦控制器发生故障重启则需要大量重新加载初始化的工作。

平台如何更好地实现对应用的编排管理？应用容器化能力很重要，大的应用服务器容器化能力差，而微服务容器化能力强，所以 JBoss 考虑将应用服务器拆分成微服务，该项目在 2015 年底启动，如图 5-7 所示。

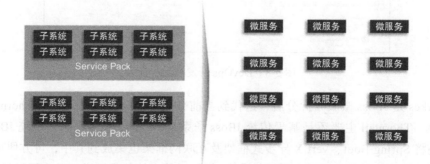

图 5-7　JBoss 应用服务器微服务拆分

JBoss 应用服务器微服务拆分的思路就是对按照 Service Pack 组装的不同发行版进行拆分，将每一个子系统拆分成一个微服务并独立发行。由于社区版本的 JBoss 的名称为 Wildfly，所以微服务拆分后的产品叫 Wildfly Swarm。Wildfly Swarm 思想和 Spring Boot 完全类似，通过一个 starter 依赖，可同时加载相关的依赖，最终运行也采用 Fat jar 或 Runnable jar 的方式，以便更容易地构建容器镜像，以及更好地与现代 DevOps 工具对接，满足应用随需而变的业务的需求。Wildfly Swarm 产品迭代了几个版本后改名为 Thorntail，Thorntail 在社区迭代的过程中又整合了一系列其他互联网技术，例如微服务负载、熔断、安全，将它们作为组件添加到 JBoss 微服务产品中。整个拆分过程中的开发测试等工作完全基于现代 DevOps 的方式，代码在 GitHub 上托管，问题追踪及项目管理基于 JIRA 进行，项目文档采用 GitBook，CI/CD 流水线基于 Jenkins。

图 5-8 为 DevOps 开发流程示意图。SWARM-1311 为 JIRA ID 号，代表一个具体的任务，任务有标题、级别、类型负责人以及任务的具体描述。SWARM-1311 中任务的类型为产品 Bug，负责人 kylinsoong 为笔者的账号名，任务详细描述中有 Bug 的重现步骤、造成的影响等。Bug 修复后会提交 PR 到上游 GitHub 代码仓库，GitHub 收到 PR 后会触发测试的 CI/CD 流程，通过单元测试验证代码的质量，再通过集成测试验证 PR 对整体代码仓库没有影响。当测试完成后 CI/CD 流程会进入到审核人批准步骤，审核人批准后 PR 被合并到上游的代码仓库。除了测试自动化外，构建发布也是自动完成的，每个月的第一个周末 JBoss 微服务后的数十个微服务框架会有一个新的版本出现。

图 5-8　DevOps 开发流程示意

Quarkus 是 JBoss 微服务拆分后、迭代到当前微服务框架的产品，是对 Thorntail 的进一步重构。Thorntail 主要还是基于传统 JBoss 子系统，Quarkus 则除保留传统 JBoss 子系统外，还将 Spring Boot、Vert.X 异步式框架及互联网框架也集成到其中，可方便现代云原生应用开发者构建微服务多云应用。Quarkus 框架目前支持的应用类型及应用场景如表 5-3 所示。

表 5-3　Quarkus 微服务应用开发框架类型及应用场景

类型	可构建的应用场景
Web	REST JSON 服务、响应式 REST 服务、REST CURD 服务、Hibernate 验证、REST 客户端、JWT 应用、WebSocket、OpenAPI 及 Swagger、Web 微服务容错、响应式微服务、GraphQL 服务
数据	数据库连接池 DataSource、Hibernate JPA、Hibernate ORM 映射、Java ElasticSearch 整合、事务管理器、本地缓存、分布式缓存数据网格、ElasticSearch 查询微服务、响应式 SQL 微服务、基于内存缓存数据库事务、MongoDB 查询微服务、Redis 查询微服务、Neo4j 查询微服务、Cassandra 查询微服务、AWS DynamoDB 查询微服务、AWS S3 查询微服务
消息	JMS API 微服务、Kafka 消息发送和消费、响应式消息、Kafka 流式应用、消息总线应用
安全	基于文件配置用户和权限、JPA Hibernate ORM 安全、微服务基础 LDAP 作为认证授权提供方、OpenID 协议应用保护、OpenID 多租户应用安全、OpenID 及 OAuth 20 安全应用
业务自动化	业务规则 Drools、业务流程 jBPM、业务智能化 OptaPlanner、业务整合 Camel
云	容器云 Kubernetes 整合、OpenShift 整合、公有云 Azure、AWS、Google 服务整合
可观测	微服务健康检查、微服务调用链 OpenTracing、微服务容错
序列化	JSON、gRPC 服务
Spring	Spring DI、Spring Web、Spring Data、Spring Data JPA、Spring 安全、Spring 缓存

从 Thorntail 转到 Quarkus 的另一个重要原因是如何让 Java 应用更好地运行在 Kubernetes 之上。Spring Boot 受到开发者的欢迎，但 Spring Boot 基于传统 Java，运行需要 100 ~ 200 MB 的内存，相比 Go、Node.js 等应用，传统 Java 会消耗大量内存，这个缺陷使 Java 应用在 Kubernetes 上运行时处于劣势。Quarkus 是一个为 Java 虚拟机和原生编译而设计的全栈 Kubernetes 原生 Java 框架，用于专门针对容器优化 Java，并使其成为无服务器、云和 Kubernetes 环境的高效平台。

Quarkus 底层依赖是控制反转（IOC）及依赖注入的思想，保留了 JBoss 在 Java 企业应用中积累下的基于 CDI（上下文和依赖注入）的依赖注入解决方案，包含一个扩展框架来扩展功能并将其配置、引导并集成到应用中。此外，它还向 GraalVM（一种通用虚拟机，用于运行 Java 和 JavaScript 等多种语言编写的应用）提供正确信息，以便对应用进行原生编译。Quarkus 开发遵循容器优先的原则，除了提供对 GraalVM 的支持外，还提供构建时原数据处理、编程中减少反射的使用、本机影像预启动等功能。Quarkus 构建的应用的内存消耗只有传统 Java 的 1/10（10 ~ 20MB 内存），而且启动时间更快（快了 300 倍），大大降低了云资源的成本。Quarkus.io 上展示 Quarkus REST JSON Java 程序运行使用的内存为 12 MB，启动的时间为 16ms。本节最后示例是基于 Quarkus 的 Java 云原生，开发的一个提供 REST 服务并具备 OpenAPI 文档的微服务。首先需要添加依赖包到 Maven pom.xml：

```
<dependency>
    <groupId>io.quarkus</groupId>
    <artifactId>quarkus-smallrye-openapi</artifactId>
</dependency>
```

```
<dependency>
    <groupId>io.quarkus</groupId>
    <artifactId>quarkus-resteasy</artifactId>
</dependency>
```

第二步是业务代码开发,例如添加一个 GreetingResource,返回一个简单 JSON:

```
@Path("/greeting")
public class GreetingResource {

    @GET
    public String hello() {
        return "{\"response\": \"Hello Quarkus\"}";
    }
}
```

第三步是构建,可以构建为本地可执行的 jar 包,也可以直接构建为 Docker 镜像:

```
mvn clean package -Dquarkus.package.type=uber-jar
```

第四步为启动运行并测试:

```
java -jar target/code-with-quarkus-1.0.0-runner.jar
```

启动完成后,可以通过 http://localhost:8080/greeting 访问测试 REST 服务,OpenAPI 的描述文件位于 http://localhost:8080/q/openapi,Swagger UI 显示 REST 服务的 API 文档如图 5-9 所示。

图 5-9 基于 Quarkus 的 REST JSON 服务

5.2 分布式应用开发框架选型

为了让应用开发人员只关注业务逻辑的实现,需要用到中间层基础开发框架。之所以称为中间层开发框架,是因为这些模型或框架位于分布式或微服务应用之下,主要解决业务应用开发所依赖的底层计算网络或系统调用之间的复杂度,同时这些模型或框架又位于虚拟化、Kubernetes 等应用运行的基础架构之上。本节将介绍流行的分布式、微服务应用开发框架以及一个银行选型案例。

5.2.1 Spring 为什么一直很受欢迎

Spring 在过去十多年一直作为最流行的 Java 开发框架为开发者所追捧,直到今天在各大 Java 类的招聘简历中仍然可以看到 Spring 的身影。"授人以鱼,不如授人以渔",Spring

一直在尝试"授人以渔",这是 Spring 一直受欢迎的原因。从早期的 Spring Core、Spring MVC,到今天的 Spring Boot、Spring Cloud,它们的核心原理和上一节讨论的 Java 应用服务器 JBoss、Weblogic 等没有本质的区别。这里先了解两个概念:控制反转(IOC)和依赖注入(DI)。应用服务器提供了一个有严格 Schema 限制的依赖注入配置文件,Java 启动时会读取该配置文件,加载相关的 Java 资源,提供相应的业务支撑,这里的核心是提供业务支撑的 Java 资源是 Java IOC 容器控制,而不是通过程序员人工编程控制,这也是控制反转的由来。由于依赖注入配置受 Schema 限制,所以应用服务器启动时通常会加载很多 Java 资源,特别是这个依赖注入配置文件是基于 Java EE 标准协议,而 Java EE 协议定义了 30 多种协议,以兼容 Java EE Web Profile 的应用服务器为例,它启动完成至少需要加载 30 多个 Java 资源子系统。Spring 的实现与此不同,Spring 对依赖注入的配置文件没有限制,不会遵循 Java EE 协议,根据业务的需求,程序员可以自己配置依赖注入配置文件,例如业务需要数据库读写,且要有事务性保障,则 Spring 的依赖注入 beans.xml 配置文件如下所示:

```
<bean id="testEMF" class="org.springframework.orm.jpa.LocalContainerEntityManager
    FactoryBean">
        <property name="dataSource" ref="testDataSource" />
        <property name="persistenceUnitName" value="org.test.persistence.spring.jta"/>
        <property name="persistenceXmlLocation" value="classpath:META-INF/persistence.xml"/>
</bean>

<bean id="btmConfig" factory-method="getConfiguration" class="bitronix.
    tm.TransactionManagerServices">
</bean>

<bean id="BitronixTransactionManager" factory-method="getTransactionManager"
    class="bitronix.tm.TransactionManagerServices" depends-on="btmConfig" destroy-
        method="shutdown" />

<bean id="testTxManager" class="org.springframework.transaction.jta.Jta
    TransactionManager">
        <property name="transactionManager" ref="BitronixTransactionManager" />
        <property name="userTransaction" ref="BitronixTransactionManager" />
</bean>
```

数据库的操作可以选择 Spring 对 JPA 的实现,TransactionManager 的实现可由程序员自己选择,例如上面选择的是 BitronixTransactionManager,而加载 beans.xml 真正启动 IOC 容器也很简单,可通过 Spring Core API 加载,示例如下。

```
import org.springframework.context.ApplicationContext;
import org.springframework.context.support.ClassPathXmlApplicationContext;

ApplicationContext context = new ClassPathXmlApplicationContext("beans.xml");
TransactionManager tm = context.getBean("testTxManager ");
tm.begin();
…
tm.commit();
```

Spring 和 JBoss 都是 Java 在企业级应用市场上成功之后出现的优秀开源产品,Spring 晚于 JBoss 两年时间诞生,它们的目的都是为 Java 在企业级应用中的开发和运行提供开源解决方案。JBoss 是借鉴商业 Java 应用服务，基于 Java EE 协议规范，提供一个 Java 在企业级应用运行的平台，而基于这个平台，按照 JavaEE 协议规范开发的应用可以部署到 JBoss 上。Spring 一直都在尝试打破 Java EE 协议规范，它也是大体基于 Java EE 协议的思想，但重点在如何简化 Java EE 协议接口，以更简单的方式，降低开发者的学习成本。

由于 Spring 灵活，不受规范协议的约束，对开发者友好，Spring 社区活跃，所以 Spring 总能与时俱进。随着互联网不断发展，基于浏览器和服务器端通信的 B/S 架构兴起，MVC 这种软件设计的思想得到广泛流行，Spring MVC 便是其典型代表。M 即模型，代表的是业务处理的 Java 类；V 即视图，代表的是数据展现的操作界面（Servlet、JSP）；C 即控制器，用于协调模型和视图。Spring MVC 预定义了控制器及视图层编程类库，能使开发者更专注于模型层业务逻辑处理，而对视图层和控制器只需要少量的编程及适配，这种简化 Web 应用程序开发的框架是 Spring 与时俱进、抓住热点技术的一个典型实例。

容器技术的出现改变了开发者的开发方式，在容器技术出现之前，开发者开发的最终结果是一个二进制的文件，而在容器技术出现之后，开发者开发的最终结果是一个容器镜像，镜像通过容器引擎启动后直接可对外提供服务。为了更容易地构建容器镜像，Java 开发领域 Fat Jar 或 Runnable Jar 技术趋势兴起，Spring 再一次与时俱进，Spring Boot 项目是 Java 在这一领域最成功的技术。Spring Boot 是尽可能地简化代码开发到可执行 Jar 产生，例如零代码开发一个 Web 应用，第一步只需要添加一个 spring-boot-starter-web 的依赖，该依赖会将 Web 应用开发相关的间接依赖都加载到开发编译路径。

```
<dependency>
    <groupId>org.springframework.boot</groupId>
    <artifactId>spring-boot-starter-web</artifactId>
</dependency>
```

接下来开发者需要进行业务逻辑的实现，业务逻辑实现完成后，执行构建命令：

```
mvn clean package
```

构建完成后会生成 Runnable Jar，运行 Jar 即可通过浏览器访问 Web 应用。

```
java -jar target/demo-0.0.1.jar
```

这种 Runnable Jar 技术趋势的实质是应用服务轻量化，架构设计微服务化，不同的微服务有各自嵌入式的应用服务器。事实上，默认情况下，Spring Boot 采用的是嵌入式的 Tomcat，通过 API 启动的 TomcatServer。与 Spring Boot 相同，JBoss 也进行了微服务化改造，将一个大的应用服务器改成了 30 多个小微服务框架，每个模块可以结合业务实现代码通过 Runnable Jar 的方式启动。2016 年笔者写过一篇博客，分别用 WildFly Swarm 和 Spring Boot 同样实现一个 Rest Web 服务，比较两者的不同，图 5-10 为 WildFly Swarm 与 Spring Boot 的对比明细图。

从图 5-10 中不难看出 Spring Boot 的实现比 WildFly Swarm 简单多了。JBoss 是一个应

用服务平台，有一些历史包袱，WildFly Swarm 能让高级程序员了解底层的类加载隔离等技术，但从受欢迎的程度看 Spring Boot 更优。WildFly Swarm 后来也进行了两次重构，名字改了两次，现在的名字叫夸克（Quarkus）。

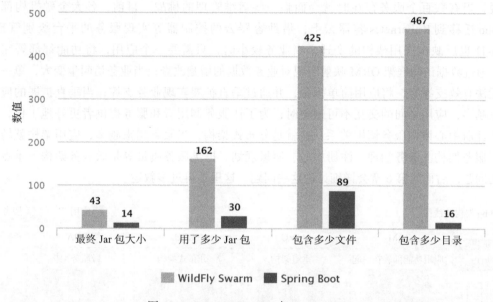

图 5-10　WildFly Swarm 与 Spring Boot

Spring Cloud 是 Spring 项目在云微服务时代的开发框架，当前微服务架构下开发者需要面临一些新的挑战，例如微服务如何集成公有云服务，实现一个业务的微服务之间的健壮性，如微服务注册中心、配置中心、网关等。Spring Cloud 为开发者提供了分布式架构下微服务构建的范式，具体包括微服务分布式架构下的配置管理、服务发现、断路器、智能路由、微服务网关、注册中心等，开发者可使用这些通用的范式，快速构建分布式系统，并在一定程度上保证分布式系统运行的健壮性。Spring Cloud 的具体运行单元是 Spring Boot，即 Spring Cloud 通过 Spring Boot 将互联网公司的微服务开发技术整合到一起，形成 Spring 在云微服务架构下的整体架构。

5.2.2　Dubbo 分布式开发框架

作为一个典型的分布式服务调用者和服务提供者架构，Dubbo 在国内金融行业得到广泛使用。通过注册中心，服务调用者可发现服务，并通过调用端代理与服务提供者建立连接，完成服务调用通信。分布式架构下服务治理是要重点解决的问题，当服务提供者和服务调用者数量较少时，服务治理的复杂度比较可控，但当服务提供者和服务调用者数量多到一定程度，单个服务需要服务提供者提供高可用保障，同时服务调用方有灰度等需求时，服务治理就变得异常复杂，必须通过服务化、平台级别的自动化、高可用能力实现。

图 5-11 是 Dubbo 社区网站上介绍的架构变迁及未来架构计划，当服务总数超过 10 000 的时候就需要服务化，面向服务及云化进行管理。事实上，对于一家银行 IT 支撑团队来说，当有数百个服务存在时就会面临一些运维管理的挑战。目前，各大金融机构都将 Dubbo 迁移到 Kubernetes 容器云上，借助容器云的控制器等实现服务的平台级别管理。图 5-11 也反映出应用架构的变迁，当业务较小时，只需要一个应用，将功能都部署在一起，通过数据访问框架 ORM 映射实现对业务数据的增删改查；当业务访问量变大，单一应用无法有效支撑时，将应用简单拆分，并通过垂直扩展实现业务支撑；当垂直扩展的应用越来越多，应用之间的交互不可避免时，为了让服务调用者和服务提供者更好地工作，需要由注册中心协调服务调用关系，这就是分布式架构；当服务越来越多，应用架构就转变为微服务架构。服务治理、注册中心、容量规划、提供服务质量等是微服务架构下重点解决的问题，后面的第 6 章会详细讨论这些问题，这里不再过多叙述。

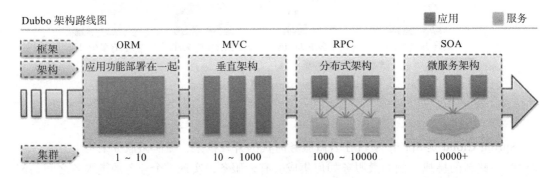

图 5-11　Dubbo 架构路线图

分布式架构是指服务提供者和服务调用者运行在不同的服务器上。分布式架构至少需要三大核心模块：服务提供者、服务调用者和注册中心。具体服务提供者（Provider）即暴露服务的服务提供方，服务提供者在启动时，向注册中心注册自己提供的服务；服务消费者（Consumer）即调用远程服务的服务消费方，服务消费者在启动时，向注册中心订阅自己所需的服务，随后服务消费者从提供者地址列表中，基于算法选一台提供者进行调用，如果调用失败，再选另一台；注册中心（Registry）将服务提供者地址列表返回给消费者，如果服务提供者有变更，注册中心将基于长连接推送变更数据给消费者。

图 5-12 为两种分布式架构对比，图 5-12a 是 5.1 节中讨论的 EJB 客户端和服务器端分布式调用逻辑示意图，图 5-12b 则是 Dubbo 客户端和服务器端分布式调用逻辑示意图。

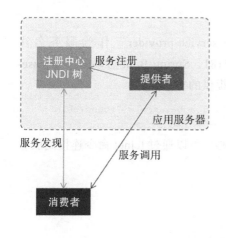
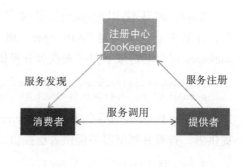

a) EJB 客户端服务器端调用逻辑　　　　b) Dubbo 客户端服务器端调用逻辑

图 5-12　EJB 与 Dubbo 的调用逻辑示意图对比

表 5-4 从分布式架构核心组件的角度对比两种分布式架构。

表 5-4　EJB 对比 Dubbo

	EJB	Dubbo
背景简介	2003 年随 JBoss 3.0 发布，正式以开源软件的方式对外提供，目的是替换主机 C/S 架构下联机事务性交易。后来 EJB3.0 + Hibernate ORM 架构被大量开发者接受。最热的时间点是 2007 年 ~ 2008 年	2010 年左右在阿里内部开发使用，后来停止了一段时间，2017 年成为 Apache 开源项目。伴随着阿里云等面向企业客户的战略，Dubbo 再次被中国开发者熟知。最热的时间点是 2017 年 ~ 2018 年
注册中心	JDNI 树，位于 JBoss 服务器内，由 JBoss Naming 项目提供，以树形方式描述服务	ZooKeeper 等，采用外部注册服务器，架构也多为分布式架构，以树形方式描述服务
服务提供者	位于应用服务器内，可通过配置文件或 Annotation 将服务注册到 JNDI 树，通常应用服务器内有多个服务提供者，服务提供者高可用需要依赖应用服务器的高可用部署	独立部署，通过配置文件或 Annotation 指定注册服务器地址，服务提供者加载启动后会将自己注册到注册中心，多个服务提供者使用同一个服务名注册即可实现服务提供者高可用
服务消费者	服务消费者通过 JBoss Naming 客户端 API 和 JBoss 服务器建立连接，通过注册中心 JDNI 树获取服务提供者，然后会基于同一连接与服务提供者进行通信	服务器消费者首先与注册中心建立连接，查找服务提供者信息，客户端根据注册中心的返回结果与服务提供者建立连接，基于新连接进行远程服务调用

Dubbo 可以通过 Spring Boot 集成使用，以 Spring Boot Dubbo 为例，服务提供者服务注册可以通过 Spring Boot 系统变量指定：

```
spring.application.name=dubbo-user-service-provider
dubbo.scan.base-packages=io.cloudadc.dubbo.userservice.provider.service
dubbo.protocol.name=dubbo
dubbo.protocol.port=-1
dubbo.registry.address=zookeeper://127.0.0.1:2181
```

```
demo.service.version=1.0.0
```

Dubbo 默认使用 Spring 应用的名字"dubbo-user-service-provider"作为服务名注册，注册中心选择的是 ZooKeeper，地址为 127.0.0.1:2181，Spring Boot 启动时会从 base-packages 定义的目录下扫描查找服务提供者，具体服务提供的实现如下：

```
@DubboService(version = "${demo.service.version}", loadbalance = "roundrobin")
public class UserServiceImpl implements UserService {
```

Spring Boot 启动后会将 UserService 注册到注册中心，可以通过 telnet 命令连接到服务提供者，查看并测试服务提供者所提供的服务：

```
$ telnet 192.168.100.1 20881

dubbo>ls
PROVIDER:
io.cloudadc.dubbo.userservice.api.UserService:1.0.0

dubbo>invoke io.cloudadc.dubbo.userservice.api.UserService.getUserAddress(100)
Use default service io.cloudadc.dubbo.userservice.api.UserService.
result: [{"id":100,"phone":"18611908049","userAddress":"Beijing, Chaoyang, Building #17"},{"id":100,"phone":"18611908049","userAddress":"Beijing, Xicheng, Building #09"}]
elapsed: 1 ms.
```

上述代码显示 Dubbo 服务提供者运行在 192.168.100.1:20881，调用服务提供者 UserService 的 getUserAddress 服务，返回用户地址。服务消费者 Spring Boot 同样通过变量指定注册中心的地址，通过 DubboReference API 从注册中心获取服务提供者：

```
@DubboReference(version = "${demo.service.version}", loadbalance = "roundrobin")
private UserService userService;
```

获取到注册中心的服务提供者后，服务消费者通过代理与服务提供者建立连接完成服务消费。

当 Dubbo 服务总数达到一定规模后，通过 Dubbo 将服务部署到容器是一种常见的方式，由于容器或 Kubernetes 的限制，容器内服务提供者 Pod 地址不能被外部直接访问，这就需要通过代理，不过要确保代理可以访问容器云内的服务提供者 Pod，服务注册时将代理的地址注册到注册中心，Dubbo 提供了两个变量 DUBBO_IP_TO_REGISTRY 和 DUBBO_PORT_TO_REGISTRY 来实现服务注册时使用代理地址，示例如下。

```
spec:
  containers:
  - image: cloudadc/dubbo-user-service-provider:0.0.1
    name: dubbo-user-service-provider
    ports:
    - containerPort: 20880
    env:
    - name: DUBBO_IP_TO_REGISTRY
      value: "192.168.7.56"
    - name: DUBBO_PORT_TO_REGISTRY
      value: "20880"
    - name: dubbo.registry.address
```

```
value: "zookeeper://10.1.10.6:2181,10.1.10.7:2181,10.1.10.8:2181"
```

如上注册中心位于容器之外，是三节点的 ZooKeeper，注册中心中注册的服务提供者的地址 192.168.7.56 为代理服务器的地址。

5.2.3 某银行微服务开发框架选型规范

前面讨论的 Spring Boot、Dubbo 都是流行的分布式、微服务开发框架，但对金融行业微服务开发整体来说，还需要其他模型和框架。图 5-13 为某银行对微服务开发框架模型的分类。这些模型和框架的选型隶属于各大银行的科技部、软开架构部、云管理中心架构部，通过选型规范化微服务从开发到运维的全过程。

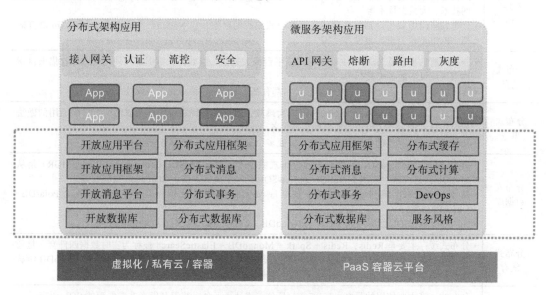

图 5-13 微服务开发模型和框架

受互联网开放开源技术的影响，金融行业微服务开发框架选型趋于统一。某银行的选型以同业的选择为主要参照对象，相应的微服务开发模型框架的选型规范如表 5-5 所示。

表 5-5 某银行微服务开发模型框架的选型规范

模型框架	规 范
开放应用平台	• 相比传统核心中的 IBM CICS 和 Oracle TUXEDO，开放应用平台指的是 IBM WebSphere、Oracle Weblogic、开源 JBoss、开源 Tomcat
开放应用框架	• 过去近 20 年 Spring 框架是使用最广泛的应用开发框架，Spring 集合了一些 J2EE 框架（如 Hibernet），及数据库操作框架（如 ibatis），这样架构的应用今天在某银行依然大量存在。与微服务相比，这种应用属于单体架构，没有将 Spring 转为 Spring Boot，可将这类应用连同应用平台直接容器化，迁移上容器云 • 同业各大银行都有使用 Spring、Hibernet、ibatis 等

(续)

模型框架	规范
开放消息平台	• 传统消息 MQ，在核心银行系统对外通信时使用，核心银行系统的通信接口主要是 MQ，开放消息平台指运行在 x86 平台上的消息中间件 • 开源的 ActiveMQ，国内互联网公司的 RabbitMQ、JBossMQ、Weblogic MQ 都可上线使用
开放数据库	• 交易型数据库主要使用 Oracle、IBM DB2，而开放数据库主要指的是以开源数据库 MySQL、PostgreSQL 为核心构建的开源数据库 • 使用 MySQL、PostgreSQL，或基于这些开源数据定制的数据库，例如，高斯数据库、oceanbase 数据库等
分布式应用框架	• 分布式应用框架是由开放应用框架延伸而来，例如 Spring Boot。Spring Boot 目前是被应用最广泛的构建微服务的开发框架，技术层面沿用 Spring 的控制反转、依赖注入技术，也整合了一些互联网技术、大数据技术等 • 分布式应用框架还包括一些现代应用响应式编程的框架，如 Node.js、Vert.X 等，同时 Go 语言框架、Python 语言框架也推荐使用
分布式消息	• 分布式消息主要是 Kafka，Kafka 对接流平台或大数据，例如，大数据部门使用 Kafka 收集来自不同系统或设备的各类数据 • 传统消息中间件厂商和国内技术科技公司都有基于 Kafka 做商业化产品或技术服务支持
分布式事务	• 分布式事务是微服务开发面临的一个重大挑战，暂时没有特别好的框架或模型，目前通用的做法通过消息系统集合代码控制实现微服务事务 • 开源 Camel 产品里的 Camel SAGA 可保证多个服务调用在一个事务中
分布式数据库	• 由 MySQL、PostgreSQL 延伸而来的分布式数据库，例如 MySQL Group Replication（MGR）是从 MySQL 演进而来，采用了 NoSQL 或 NewSQL 的一主多从，基于 Statement 复制的模式 • 基于 PostgreSQL 演进而来的 MPP 数据库被大量应用于分析型场景，例如高斯、PolarDB、OceanBase 等 • No-SQL/NewSQL 数据库如 TiDB、MongoDB、Cassendra 等被用在互联网业务中
分布式缓存	• 分布式缓存主要是 Redis，Redis + Spark + MongoDB + ElasticSearch 被称为实时数据四件套，是通用型开发数据聚合模型，Redis 负载热数据缓存，Spark 负载大规模数据聚合计算，MongoDB 负载大规模数据存储，ElasticSearch 负责实时搜索
分布式计算	• 分布式计算主要使用的是 Spark，Spark 是分布式计算平台，基于开发者非常熟悉的 SQL 语言 • Spark 是大数据整体组件，基于 Spark，微服务开发者可以和大数据平台互动，将聚合结果存储于大数据平台等 • Spark 还整合了一些机器学习算法，通过 SQL 接口可以将数据和机器学习算法整合在一起
DevOps 框架	• DevOps 框架采用容器的方式部署，DevOps 框架中包括 Jenkins 流水线构建框架、容器镜像仓库、GitLab、Maven 仓库、JIRA、SonarQube 等 • DevOps 工具链框架落地结合行内开发运维管理系统，是落实敏捷开发、运维管理规范化的关键
服务网格	• 服务网格主要提供微服务框架 + 服务治理框架，Istio 目前发展趋势是平台级别服务治理框架，主要提供微服务应用开发中的服务熔断、路由、灰度、服务追踪、可观测、安全等 • Spring Cloud 提供服务治理及微服务框架能力，与 Istio 相比，Spring Cloud 用于 Java 微服务治理，Spring Cloud 中的服务注册框架如 Consul、Eureka 等也用于全局的注册中心 • Nginx Service Mesh 提供了一种更轻量的服务治理方式，重点关注点在可观测、安全、路由等方面

表 5-5 中的这些微服务应用框架模型均运行在 PaaS 容器云平台之上，以应用商店等方式组织管理，开发者只需选择相关的模板即可在容器环境下快速开发。

5.3 金融行业案例分析

"双模核心+云"可以概括为当前金融行业 IT 架构的现状，如图 5-14 所示。双模核心即稳态核心（稳态服务中心）和敏态核心（敏态服务中心）。稳态核心基于核心银行业务系统构建，业务抽象清晰，对稳定性要求高，过去十多年一直保持不变；敏态核心服务敏态业务，受惠于互联网及开源技术的快速发展，敏态核心在各大银行、金融机构的技术架构趋于统一，基于同样标准。云指的是在过去十年金融行业建设了私有云，当前一些金融企业也将非金业务部署在公有云之上。

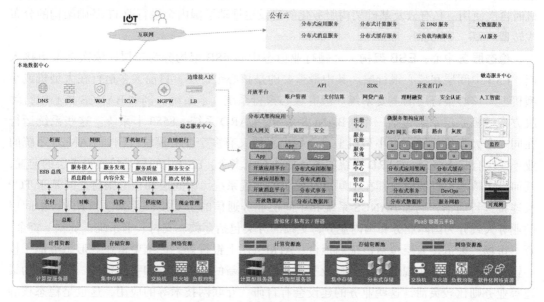

图 5-14 金融行业 IT 架构现状

"双模核心"在未来一段时间依然保持不变是业界的共识，多年来形成的由传统 IT 架构支撑的核心系统，一时半刻不可能完全抛弃或者完成改造，但随着金融行业在云原生能力、金融科技能力等方面的不断投入与建设，以及敏态业务需求的推动，金融行业 IT 整体趋势是从稳态核心逐步向敏态核心过渡。敏态核心主要基于分布式的基础架构资源、分布式的应用运行平台以及分布式的应用架构构成，接下来结合图 5-14 对金融行业 IT 分布式趋势展开介绍。

基础架构分布式趋势。金融行业数据中心基础架构正在从大型计算型服务器、大容量集中式存储、高性能网络安全设备，转变为以均衡型计算服务器构成的计算资源池、以通用或分布式存储构成的存储资源池以及以通用型网络安全设备或软件化网络安全组件构成的网络资源池。例如，在国外，公有云给基础架构带来了巨大的变化，位于美国的金融机构可能会完全将业务托管到公有云的基础架构上，为实现应用多活或就近访问，会将客户的信息存放到另一个国家如英国的公有云基础架构上，同时为了备份容灾，备份的数据可能会存储到本地私有云基础架构上。公有云的大量使用带来的是基础架构分布式、软件化转型。而在国内，尽管金融行业的一些非金业务也在公有云上运行，但它在过去几年的重点工作仍是私有云的建设。金融行业通过私有云、行业云、生态云等的建设，基本上完成了基础架构池化建设。通过池化建设，金融行业大幅提升了企业对主机、网络、存储的利用效率，例如通过云管理平台，点击几次鼠标，几分钟内就可以获得一个可用的虚拟机。运行一段时间后如果不再需要虚拟机，也只需要在云管理平台上点击几次鼠标，即可删除虚拟机，且删除后相关的计算、网络、存储等基础设施资源会被回收，以便在新创建虚拟机时再次使用。私有云及基础架构服务化的建设也推动了国内金融行业IT基础架构的分布式转型。

稳态服务中心：ESB架构。 金融行业稳态中心ESB架构分为三层，依次是渠道接入层、ESB中间层和核心银行层。其中最重要的是核心银行层，目前大多运行在大型机或小型机上。核心银行层的主要系统一般有核心银行系统、卡系统。例如BANCS核心银行解决方案的核心层系统包括三个，BANCS系统、CARD系统、8583卡系统。这些系统运行在同一个大型机或同一组小型机上，而每个系统又有多个业务模块，例如BANCS系统的业务模块有二十多个，CARD系统的业务模块有十多个。ESB中间层是核心银行层的前置，任何一个核心银行的模块都在中间层有对应的前置系统。中间层和核心银行之间基于TCP长连接进行通信，例如BANCS系统和中间层业务通信的主要接口是MQ和FTP。中间层的业务大致分为国际业务和国内业务，更细的分类包括存款、支付、卡系统、贷款、资金、资本市场。渠道接入层包括传统的柜台、ATM、网上银行等，传统渠道业务形态类似于核心银行业务，业务实现基于严格行业实现规范，而新的渠道业务如手机银行、第三方的渠道等业务则比较灵活，这些业务的建设会有自研、互联网技术等的应用，这也是稳态核心和敏态核心相互交汇的地方之一。渠道接入层和中间层主要是通过调用ESB总线上的不同接口和服务进行通信，以SOAP和HTTP协议为主。

敏态服务中心：PaaS、分布式、微服务架构。 如果微服务架构没有实现基于平台级别的管理，无法通过流水线方式持续部署或持续集成，没有实现业务可观测，那么从技术上讲，这种架构还是属于分布式架构。分布式架构复杂到一定程度，必然需要平台级别的注册管理、部署集成。敏态服务核心的未来是微服务架构，以Kubernetes为技术基础的PaaS容器云平台能够很好地满足微服务架构的诉求，PaaS容器云平台是敏态服务核心的重要技术支柱。目前国内金融行业PaaS容器云建设已经有5年左右时间，已具备一定规模。例如，某大型国有银行2017年开始容器云建设，目前建成的Kubernetes集群的总数超过50个，服务于不同的业务及分支机构；某股份制商业银行采取以Kubernetes技术为主自研+以商业OpenShift为主的双规建设思路，在容器云建设领域领先于同业银行，手机银行周边应用、AI数字化应用都运行在PaaS容器云之上；一些中小型金融企业容器云建设也有3年多时间，目前建成的Kubernetes集群总数超过10个，一些重要的互联网应用正在基于容器云部署。

开放平台和 API 网关。IT 投入的目的是服务业务，敏态服务核心最具有业务属性的是开放银行和 API 网关平台，二者是敏态服务核心的主要抓手。例如某国有大型银行的开放 API 技术平台通过自研构建，对内建立敏态服务开发运维规范，对外通过 API、SDK、自服务门户将敏态服务核心的数据资产服务化暴露出去；某股份制商业银行也进行了类似的建设，通过服务网关的建设推动行内各应用项目规范化开发、注册、维护。

面向未来边缘接入区与公有云服务。当前金融行业数据中心接入区位于互联网入口，互联网入口区是数据中心中最重要的区域，其中部署了大量的安全设备，如入侵检测设备、SSL 卸载设备、WAF 设备等，这些设备都是基于网络协议进行相关的安全防护，都是以数据中心为单元去建设，保护的对象都是同数据中心的应用。在面向未来的多中心跨云应用场景下，对安全的诉求是面向业务的，需要针对不同业务制定个性化的安全策略。未来业务入口边缘接入区建设首先需统一边界，面向多中心和多云；当前已有厂商提供统一边界的产品，这类产品的主要特点是一种设备提供多种功能，物理统一但逻辑分离，在一个设备中可实现防火墙规则设置、SSL 卸载、应用安全防护等功能。其次是功能前移，将通用型部分安全功能交给公有云服务，边缘接入区建设使用公有云服务，特别是在跨云应用部署场景下。功能后移也是未来边缘接入区的特点，将个性化功能交给应用，例如类似构建基于应用的安全防护，基于业务场景建设 SSL 卸载软负载资源池。最后是集中调度能力的建设，软件化、资源池化建设的核心都是数据平面和控制平面分离，实现集中调度，这种趋势与基础架构转型趋势一致。

5.3.1 M 银行 SDN 网络资源池建设

M 银行面临着带宽受限、网络利用率低等问题，特别是随着云计算、大数据、人工智能等金融科技的落地，非交易或类金融业务的数据占据网络流量中的大多数，如何在有限的带宽和链路上实现交易数据和非交易数据的合理分配资源和灵活调度，成为 M 银行网络部门面临的新挑战。SDN 技术被用来解决这一挑战。

M 银行采用同城双活+异地灾备三中心架构。单数据中心中网络基于思科网络设备，采用三层 752 架构，三层架构由互联网接入，由上到下分别是核心层、汇聚层、接入层，这种传统三层网络结构相对成熟、稳定。但随着技术的发展，类似基础计算资源虚拟化、池化的架构瓶颈不断涌现。数据中心网络传输模式发生了变化，传统三层架构适合南北向传输模式，在互联网、手机互联网发展的初期，数据中心主要承载的业务是客户通过互联网访问数据中心提供的业务，但目前东西向流量在数据中心中占主导地位，计算资源虚拟化、云计算、大数据带来的都是大规模的东西向流量，这种流量需要经过层层上行口，在传输性能上会有明显的衰减。目前业界数据中心网络日趋扁平化，以 SDN 厂商提供的 SDN 网络设备，采用双层 Spine Leaf 拓扑架构的 SDN Fabric 网络逐渐成为主流。

图 5-15 所示为 M 银行所采用的现代双数据中心下双层 Spine Leaf 网络架构示意。该架

构可很好地满足现代数据中心云化与东西向大流量的需求，每个 Spine 和 Leaf 节点之间应用 VxLAN 技术安全互联，大扁平网络设计，可以方便地通过扩展 Spine 节点来实现网络规模的弹性扩展，Leaf 节点可基于设备虚拟化堆叠或 M-LAG（即跨设备链路聚合）实现二层弹性扩展能力。

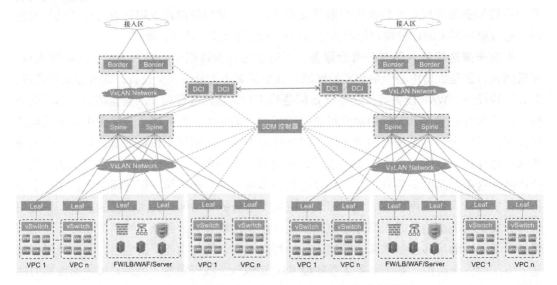

图 5-15　双层 Spine Leaf SDN Fabric 网络架构

　　SDN 控制器负责管理 SDN Fabric 网络内的设备，完成网络建模和网络实例化，北向支持开放 API 接口，对接云平台，实现业务快速定制和自动发放，南向支持 OpenFlow 等协议接口，统一管理控制物理和虚拟网络。Spine 节点通常使用高端框架式交换设备，如 M 银行 Spine 节点采用的某 SDN 厂商交换设备，提供多种接口密度的 100GE、40GE、10GE、GE 线卡，单机最大支持 576 个 100GE、576 个 40GE、2304 个 25GE、2304 个 10GE 或者 768 个 GE 线速接口，可支持大容量的高密服务器接入和 TOR 上行汇聚，确保数据中心网络对高性能、超大容量的要求。而 Leaf 节点采用通用型盒式千兆/万兆交换设备，如 M 银行 Leaf 节点采用某 SDN 厂商通用型交换设备，提供高密度的 10GE 和 25GE 端口接入，支持 40GE 和 100GE 上行端口，单机下行最大提供 48 个万兆以太光口，支持丰富的数据中心特性和高性能堆叠，确保二层扩展性。

　　服务器层 vSwitch 实现虚拟机本地接入的网络配置和策略管理，服务器层东西向流量通过 Leaf 节点、Spine 节点数据中心间网络（DCI）到达对端中心，再通过 Spine 节点和 Leaf 节点到达对端服务器。与传统三层结构网络相比，Spine 和 Leaf 二层结构的网络传输性能更好，数据中心东西向传输效率显著提升。

　　M 银行数据中心 SDN 建设的一个好处是资源的共享与弹性，vSwitch 网络虚拟化提升了资源的共享与弹性，使网络不受物理位置限制，支持大规模的计算资源池，以保证计算资源均衡调度,提升资源利用率。SDN可编程能力为IaaS云管理平台提供灵活的对接接口,云管理平台通过网络控制器对Spine节点和Leaf节点进行统一管理,真正实现网络资源池化,业务管理员和云平台管理员通过云平台管理门户协作互助,按需自助、自服务、自动化部署,降低了沟通成本,业务上线时间缩短,手工操作变少,可靠性变高。另外,由于SDN网络物理、控制和应用逻辑分层,M银行网络管理员可实现动态多层次运维,物理网络、逻辑网络、应用网络可随着应用快速地弹性伸缩和部署。

5.3.2　H银行微服务架构下软负载资源池的应用

H银行采用微服务架构实现敏态业务,这种架构能够将复杂的业务需求转化为模块化的微服务应用,并通过CI/CD、DevOps等方式自动化管理与维护,支持快速上线、快速迭代、快速创新,但也为应用交付负载均衡带来了新的挑战。

首先是负载均衡需具备按需自助与自动化部署能力。敏态业务需要快速上线、快速迭代、快速创新,业务专员需要通过一个集中管理控制器,支持按需自助、负载均衡实例自动化快速部署,自动化配置,保证分钟级别的业务上线时间。

其次是跨多中心或多云的东西向调度控制。微服务应用架构下,一个南向业务请求需经过服务之间的数次东西向调用,由于现代应用随需而变、满足个性化客户需求的特点,调用环节中的某个服务可能需要多个版本同时存在,并根据请求中个性化的标签将请求转发到对应版本上,而微服务架构应用通常分布在多个中心或跨云部署,跨中心调度、云边界的负载、复杂的东西向交付控制是微服务架构应用为负载均衡提出的新需求。

如图5-16所示,为解决以上新挑战,H银行选择了基于Nginx构建软件定义负载均衡资源池的方式。

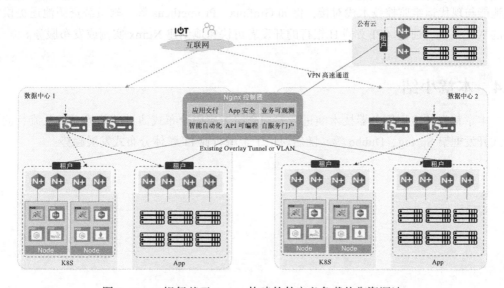

图5-16　H银行基于Nginx构建软件定义负载均衡资源池

H 银行软件定义负载均衡的核心是数控分离，控制平面集中，数据平面分布式。Nginx 控制器是控制平面的具体展现，集中部署，是控制平面的唯一入口。数据平面是运行在通用虚拟机或容器上的 Nginx，被 Nginx 控制器统一管理，运行 Nginx 的虚拟机或容器运行在不同的数据中心、公有云，形成一个资源池。资源池中的 Nginx 分为不同租户，不同租户和 Nginx 控制器之间通过 VLAN、VxLAN 隧道、VPN 高速通道互联。Nginx 控制器能够简单地通过一个 API 调用或点击几次按钮实现对池中的 Nginx 实例进行增加、修改、或删除，将池中的 Nginx 关联到对应的应用，对池中所有的 Nginx 实例运行状态进行监控，一旦某个实例发生故障或异常，会有相应的处理任务启动，对故障进行修复。

Nginx 控制器是资源池中最主要的组件，它提供多种途径（API、CLI、GUI）以实现自服务应用交付，而 API、CLI 这些方式能很方便地与现代 DevOps 流水线、集中的云管理平台对接。H 银行通过软负载资源池的 API 和云管理平台对接，通过云管理平台操作资源池中的 Nginx 实例。例如在云管理平台上将运行的某业务发布出去，可以通过以下几个步骤完成：

- 首先，在云管理平台上点击鼠标创建 Nginx 实例，这一过程的实质是进行一次基于 Nginx 控制器的 API 调用；
- 其次，在上面步骤创建的 Nginx 实例上配置虚拟服务后点击鼠标提交，这一过程也是一次基于 Nginx 控制器的 API 调用完成的；
- 最后是服务发布验证，确保服务被发布出去。

H 银行的应用开发者、架构师、业务决策者都可以基于软负载资源池所提供的自服务平台完成各自相关的工作。软负载资源池具备租户管理的能力，单一租户下的用户只能对当前租户下的资源进行操作。用户也有不同角色权限之分，例如只读、读写等。软负载资源池能与现代运维监控技术栈对接，例如 Grafana、Prometheus 等。软负载资源池还提供完善的 API 文档，通过 API 文档 H 银行的开发者可快速地创建 Nginx 实例或发布服务。

5.4 本章小结

本章首先从应用服务器技术演进开始，介绍了应用分布式演进的趋势，以及流行的分布式开发框架 Spring、Dubbo 等，随后讨论了金融行业 IT 整体分布式发展趋势。

第 6 章

微服务注册发现与开放 API 平台

服务注册与服务发现是微服务、分布式架构应用最核心的机制,金融行业建设开放平台就是为了实现服务注册与发现,将金融数据及服务注册到自建的开放 API 技术平台,供客户和第三方伙伴使用。本章将围绕服务注册与发现讨论微服务注册发现与开放 API 技术平台。

6.1 微服务应用在 Kubernetes 内的注册与发现机制

金融行业敏态业务都是基于微服务架构应用构建的,以 Kubernetes 为基础的 PaaS 容器平台是微服务应用的主要运行平台。本节内容包括 Kubernetes 自身分布式的架构设计分析,以及 Kubernetes 上微服务应用的注册与发现。

6.1.1 Kubernetes 自身分布式架构分析

一个 Kubernetes 平台可以管理数十到数百台容器主机,以及运行在这些主机上的容器应用。如果容器主机采用裸金属服务器,则一台容器主机上运行的容器应用可以超过 200 个。也就是说,一个 Kubernetes 平台编配的容器应用数量是数千到数万个,要想确保这么多容器应用正常运行,且各自运行在对应的容器主机上,并对这些容器应用的生命周期进行合理管理,就需要 Kubernetes 自身的架构具有一定的可靠性及比较好的容错能力。Kubernetes 架构自身是一个经典的分布式架构。

图 6-1 所示为 Kubernetes 分布式架构设计示意图。分布式架构软件的运行需要多个服务器或虚拟机,一个有效的 Kubernetes 部署称为一个集群,集群中有多个节点,每个节点可以是物理服务器,也可以是虚拟机,每个节点上运行的操作系统是 Linux,且每个节点上

都运行着数十到数百个容器。这些节点可以分为两类：控制节点和计算节点，而 Kubernetes 架构的分布式体现在它的控制节点。

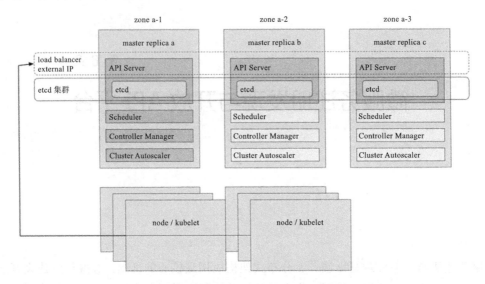

图 6-1　Kubernetes 分布式架构设计

　　控制节点是 Kubernetes 集群的神经中枢。控制平面包括用于控制集群的 Kubernetes 组件以及一些有关集群状态和配置的数据。这些核心 Kubernetes 组件负责处理重要的工作，以确保容器以足够的数量和资源运行。控制平面会一直与计算节点的容器主机保持联系。集群一旦被配置为以特定的方式运行，控制平面就能做到确保运行万无一失。生产环境中控制平面的高可用部署包括三个节点，每个节点上运行的组件相同。

　　etcd 是一个开源分布式统一键值存储组件，用于分布式系统或计算机集群共享配置、服务发现和调度协调。etcd 是 Kubernetes 控制平面最重要的组件，存储着集群的配置数据及有关集群状态的数据。图 6-1 中 etcd 为三节点集群部署，每条键值对的数据会存储到三个节点上，这种容错的设计可以保证每条数据有三个副本，任何一个节点的故障宕机都不会影响控制平面编排调度的正常进行。etcd 提供持久化集群状态数据，使得 Kubernetes 集群在面对升级、大范围重启及其他复杂场景时都能运行自如。

　　API Server 是控制平面的入口，任何对 Kubernetes 集群控制平面的交互都是通过 API 进行的。API Server 位于 etcd 之上，提供 REST 接口将集群的配置数据和集群应用状态保存到 etcd 中。例如在 Kubernetes 上创建一个 Pod，Pod 的运行状态等都保存在 etcd 中。

```
# kubectl get pods -n kube-system | grep coredns
coredns-5644d7b6d9-p7j6g           1/1     Running   4          100d
coredns-5644d7b6d9-w9rff           1/1     Running   4          100d
```

　　如上述代码所示，查看 kube-system 下的 coredns Pod，返回两个 coredns Pod，且运行状态为 Running，这些数据输出是通过 API Server 提供的 API 从 etcd 中获取的。API Server

会处理内部和外部的请求,当接收到请求后,API Server 会验证请求是否有效,如果有效,则对其进行处理。API Server 自身会无状态升级,采用三节点部署,三节点之前通常会有负载均衡设备提供一个虚拟入口,由负载均衡设备将请求加载到三个 API Server 节点上。除了上面的 kubectl 命令行工具,常见的调用 API Server 的管理组件还有 kubeadm。API Server 提供的 API 也可以直接被调用,例如国内容器云厂商提供的 Kubernetes 管理界面都依赖于 API Server 提供的 API,任何管理界面上的管理操作都会转化成一次或多次 API Server 上 API 的调用。

etcd 和 API Server 三节点都是 Active 多主设计,而 Scheduler、Controller Manager 和 Cluster Autoscaler 则采用主备设计,任意时间点都只有一个节点处于 Active 状态,当 Active 状态的节点发生异常时,后备节点会立即接管,继续负载控制平面的工作。

Kubernetes 集群运行状态是否良好?如果需要部署新的容器应用,要将它们放在哪个容器主机中?这是 Scheduler 调度程序所要关注的问题。调度程序会考虑容器应用的资源需求(例如 CPU、内存)以及集群的运行状况。随后,Scheduler 会将容器应用安排到适当的计算节点。

Controller Manager 即控制器管理器,负责实际运行集群,而 Kubernetes 控制器管理器则是将多个控制器功能合而为一。控制器用于查询调度程序,并确保有正确数量的 Pod 在运行。如果有 Pod 停止运行,另一个控制器会发现并做出响应。控制器会将服务连接至 Pod,以便让请求前往正确的端点。还有一些控制器用于创建账户和 API 访问令牌。

Cluster Autoscaler 主要用于在公有云环境下自动调节 Kubernetes 集群中计算节点的数量。每个公有云厂商都有自己的实现,Cluster Autoscaler 提供了 Kubernetes 集群对基础计算资源弹性调整及管理的能力,以满足公有云弹性计算的需要。

kubelet 是一个微型应用,每个计算节点中都包含一个 kubelet,负责与控制平面通信。kublet 可确保容器在 Pod 内运行,当控制平面需要在节点中执行某个操作时,kubelet 就会执行该操作。

6.1.2　Kubernetes 上微服务应用的注册与发现

Kubernetes 是微服务应用运行平台,微服务架构应用最核心的是服务注册与发现,那么 Kubernetes 上微服务应用是如何实现注册与发现的呢?本节结合一个示例进行说明。

在 yaml 文件中定义 Deployment 和 Service 对象部署微服务,Deployment 指定微服务的副本数量为 3,微服务使用的镜像为 cloudadc/backend:0.0.7,Service 指定服务名为 app-svc,端口为 80,类型为 NodePort,执行部署:

```
kubectl apply -f backend.yaml
```

部署成功后,查看运行的 Pod 和服务:

```
# kubectl get pods -o wide -n cloudadc
NAME                    READY    STATUS    RESTARTS    AGE    IP    NODE
```

```
app-cc776bd66-bs49k     1/1     Running     0       17m     10.244.2.61     node2
app-cc776bd66-kcctp     1/1     Running     0       17m     10.244.1.71     node1
app-cc776bd66-mrwrw     1/1     Running     0       17m     10.244.2.62     node2
# kubectl get svc -n cloudadc
NAME        TYPE        CLUSTER-IP      EXTERNAL-IP     PORT(S)         AGE
app-svc     NodePort    10.102.59.87    <none>          80:32009/TCP    19m
```

通过任意计算节点 IP 和端口号 32009 访问服务：

```
# curl 192.168.200.205:32009
F5 Demo App

    Request URI: /

    Server IP: 10.244.2.62
    Server Port: 8080
    Server Hostname: app-cc776bd66-mrwrw

    Client IP: 192.168.200.205
    Client Port: 54362
    Client Hostname: 192.168.200.205

    Session: 9EE71CEB6AC0FFFDA8A2BF8C809DCF05
```

分析上面步骤的结果，微服务 Pod 有三个副本，被调度器分配到两个计算节点上。NodePort 形式发布的服务生成了一个大端口，可以通过任意计算节点的 IP 地址和该端口访问服务。服务之所以能被访问是因为在服务创建时 Kubernetes 集群上进行了微服务应用的注册，而在服务访问时又有服务发现的过程。服务注册与服务发现是分布式、微服务架构的基本特征。与分布式架构或非容器环境下微服务架构的服务注册和服务发现不同，基于 Kubernetes 运行微服务，Kubernetes 提供平台级别的服务注册与服务发现。图 6-2 所示为 Kubernetes 上的服务注册。

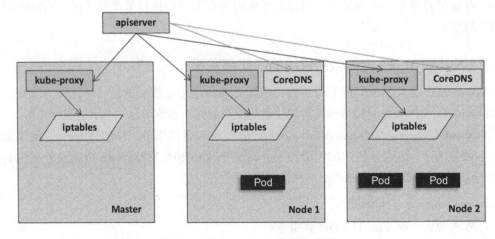

图 6-2　Kubernetes 上的服务注册

当创建一个 Service 对象时，Kubernetes 上的服务注册流程会启动。服务注册分两个层面，一个是 DNS 记录的注册，另一个是通过 kube-proxy 向 iptables nat 表中注册转发规则。创建 Service 时 CoreDNS 会获取 Service 及 Endpoint 等信息，并根据 Service 名称及虚拟 IP 地址，Pod 的名称及 IP 地址初始化 A、PTR 等记录。

```
/ # nslookup app-svc.cloudadc
Name:      app-svc.cloudadc
Address 1: 10.102.59.87 app-svc.cloudadc.svc.cluster.local

/ # nslookup 10.244.2.61
Name:      10.244.2.61
Address 1: 10.244.2.61 10-244-2-61.app-svc.cloudadc.svc.cluster.local
```

如上所示，在 busybox 容器中执行 nslookup 命令后可以查看服务注册在 CoreDNS 中的 A 和 PTR 记录。默认 CoreDNS 将 Pod 和 Service 注册在 cluster.local 子域下，Service 域名为 app-svc.cloudadc.svc.cluster.local，其中 app-svc 为服务名称，cloudadc 为 Namespace 名称。针对 Service 对应的 Pod，将 Pod 的 IP 句点替换为短横线，添加到 Service 域名的前面。

Kubernetes 内部 Pod 通过服务域名 app-svc.cloudadc.svc.cluster.local 访问服务时会通过 DNS 查询进行服务发现。Pod 中执行 DNS 查询首先会从 /etc/resolv.conf 文件中获取 nameserver 信息，Kubernetes 平台上所有 Pod 创建时设定的 /etc/resolv.conf 的内容类似如下配置：

```
/ # cat /etc/resolv.conf
nameserver 10.96.0.10
search f5-test.svc.cluster.local svc.cluster.local cluster.local
options ndots:5
```

10.96.0.10 这个地址有什么含义呢？10.96.0.10 是 CoreDNS 服务的地址，可以使用如下命令查看 CoreDNS 服务 IP 地址：

```
# kubectl get svc -n kube-system
NAME       TYPE        CLUSTER-IP    EXTERNAL-IP   PORT(S)                  AGE
kube-dns   ClusterIP   10.96.0.10    <none>        53/UDP,53/TCP,9153/TCP   100d
```

通过 DNS 请求服务发现最终会获得 app-svc.cloudadc 对应的 IP 地址 10.102.59.87，该地址的范围可通过 apiserver 的 --service-cluster-ip-range 参数指定，如果不指定，默认的服务地址范围是 10.96.0.0/12。这里 CIDR 定义的地址范围是 10.96.0.0 到 10.111.255.255，有超过一百万个可用地址。Kubernetes 集群内部可能会有数千到数万个服务，每个服务都有一个地址，该地址相当于一个虚拟地址，虚拟地址对应后端的三个微服务 Pod。Kubernetes 默认采用 iptables 代理模式，服务对应的虚拟地址 10.102.59.87 其实没有网络 IP 的含义，Kubernetes 内部网络中没有指定从 10.96.0.0/12 到 10.244.0.0/16 规则的路由协议，该地址实际只是一个服务标识，内部 Pod 具体是如何通过虚拟地址 10.102.59.87 访问到服务后端的业务 Pod 的，由服务注册的另一部分决定。

Kubernetes 平台的每个节点中都包含一个 kube-proxy，这是一个用于优化 Kubernetes 网络服务的网络代理。kube-proxy 负责处理集群内部或外部的网络通信，在创建 Service

时kube-proxy会获取到Service及Endpoint等信息,并根据获取到的信息更新iptables nat表。在创建Service时服务注册更新的iptables nat表的规则转发链主要有5类,分别是PREROUTING、KUBE-SERVICES、KUBE-NODEPORTS、KUBE-SVC-*、KUBE-SEP-*,它们的依赖关系如图6-3所示。

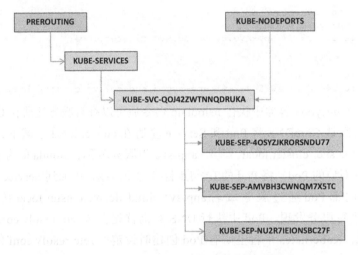

图6-3 iptables代理模式下的规则转发链

iptables代理模式下任何一个Service都会在KUBE-SERVICES下创建KUBE-SVC-*转发规则,可以通过Service虚拟IP地址查看KUBE-SVC-*规则转发链:

```
# iptables -t nat -vnL KUBE-SERVICES | grep 10.102.59.87
    0     0 KUBE-MARK-MASQ  tcp  --  *      *      !10.244.0.0/16        10.102.59.87
/* cloudadc/app-svc:http cluster IP */ tcp dpt:80
    0     0 KUBE-SVC-QOJ42ZWTNNQDRUKA  tcp  --  *      *      0.0.0.0/0            10.102.59.87
/* cloudadc/app-svc:http cluster IP */ tcp dpt:80
```

NodePort类型的服务会多加一条KUBE-NODEPORTS规则转发链:

```
# iptables -t nat -vnL KUBE-NODEPORTS
Chain KUBE-NODEPORTS (1 references)
 pkts bytes target     prot opt in     out     source               destination
    5   300 KUBE-MARK-MASQ  tcp  --  *      *      0.0.0.0/0            0.0.0.0/0
/* cloudadc/app-svc:http */ tcp dpt:32009
    5   300 KUBE-SVC-QOJ42ZWTNNQDRUKA  tcp  --  *      *      0.0.0.0/0            0.0.0.0/0
/* cloudadc/app-svc:http */ tcp dpt:32009
```

可以看到KUBE-NODEPORTS规则转发链上的统计数据,字节数为300,包的个数为5。在Kubernetes上创建NodePort类型的服务,服务注册kube-proxy更新iptables nat表时创建的规则转发链包括ClusterIP类型服务的服务链,创建一个三节点的服务。如果服务类型是ClusterIP,注册的iptables规则有13条;如果服务类型是NodePort,注册的规则有15条。Service在Kubernetes中涉及应用网络层面封装的概念,除了提供网络转发规则外,还提供内部负载均衡的功能。一个Service包括一组运行的容器,是位于一组容器之上的一个抽象，负载均衡功能也是在 KUBE-SVC-* 规则转发链下实现的。

```
# iptables -t nat -vnL KUBE-SVC-QOJ42ZWTNNQDRUKA
Chain KUBE-SVC-QOJ42ZWTNNQDRUKA (2 references)
 pkts bytes target     prot opt in     out     source         destination
    0     0 KUBE-SEP-4OSYZJKRORSNDU77  all  --  *       *       0.0.0.0/0            0.0.0.0/0            statistic mode random probability 0.33332999982
    0     0 KUBE-SEP-AMVBH3CWNQM7X5TC  all  --  *       *       0.0.0.0/0            0.0.0.0/0            statistic mode random probability 0.50000000000
    0     0 KUBE-SEP-NU2R7IEIONSBC27F  all  --  *       *       0.0.0.0/0            0.0.0.0/0
```

默认采用轮询的负载算法，后端容器轮询接收 iptables 转发的请求，当然也可以在创建 Service 时设定其他负载算法，例如通过会话亲和性实现会话保持。

本节开始部分中微服务的访问请求是通过控制平面节点 IP 发送，而请求是从计算节点上运行的容器返回，在数据包转发到容器，以及容器返回数据包时有 DNAT 和 SNAT 的转换。

```
# iptables -t nat -vnL KUBE-SEP-4OSYZJKRORSNDU77
Chain KUBE-SEP-4OSYZJKRORSNDU77 (1 references)
 pkts bytes target     prot opt in     out     source         destination
    0     0 KUBE-MARK-MASQ  all  --  *       *       10.244.1.71          0.0.0.0/0
    0     0 DNAT       tcp  --  *       *       0.0.0.0/0            0.0.0.0/0            tcp to:10.244.1.71:8080
```

KUBE-SEP-* 规则转发链下有 DNAT 规则，DNAT 主要用于修改数据包的目的地址，以确保数据包到达对应的网络地址。如上述代码所示，将目的地址从 192.168.200.205:32009 修改为 10.244.1.71.8080，跨节点的转发需要用到 SNAT，SNAT 将数据包中的源地址设定为指定的 IP。

```
# iptables -t nat -vnL KUBE-POSTROUTING
Chain KUBE-POSTROUTING (1 references)
 pkts bytes target     prot opt in     out     source         destination
    0     0 MASQUERADE  all  --  *       *       0.0.0.0/0            0.0.0.0/0            /* kubernetes service traffic requiring SNAT */ mark match 0x4000/0x4000
```

至此我们分析了 Kubernetes 上的服务注册与服务发现，具体过程总结如下。

1）通过 apiserver 创建 Service 及其对应的 Pod。

2）CoreDNS 通过 apiserver 获取到 Service 及 Endpoint 事件，启动服务注册，初始化 Service 及其对应的 Pod 对应的 A、PTR 等 DNS 记录。

3）kube-proxy 通过 apiserver 获取到 Service 及 Endpoint 事件，启动服务注册，更新 iptables nat 表中的规则转发链。

4）Kubernetes 集群内容器应用通过服务名访问服务。

5）容器应用会使用 /etc/resolv.conf 定义的 nameserver 发起 DNS 请求，启动服务发现，服务发现的结果是容器应用获取到的服务名对应的 IP 地址。

6）当请求到达某个特定节点时，iptables 转发规则会进一步进行服务发现，将请求转发给对应的后端容器服务提供者。

本节最后讨论一个问题，通过发布 NodePort 类型服务的方式将服务对外暴露是推荐的做法吗？答案是否定的，默认 Kubernetes 分配给 NodePort 的数据是 2000 多个，一个服务发布 iptables 规则转发链中注册的条目是十多条，当服务多到一定程度会带来大量的维护及性能问题。Kubernetes iptables 规则的注册主要是为服务内部四层应用之间转发的需求而设计的。这也从另一个方面解释了为什么 ClusterIP 类型的服务不能被访问。根据上面对 iptables 规则转发链的分析，只需要添加一条转发规则，ClusterIP 类型服务就可以和 NodePort 类型服务完全一样。但事实上，通过内部 CoreDNS 和 kube-proxy iptables nat 表的服务注册与发现主要是针对 Kubernetes 平台内部运行的容器应用之间的相互调用，属于东西向之间的服务调用。容器应用真正要被客户使用，这种南北向的服务访问需要通过容器入口控制和外部 DNS 服务结合实现，后文会详细讨论。

6.2 容器应用发布

如图 6-4 所示，金融行业敏态业务是通过多个微服务相互协作实现的，图中虚线所示的东西向请求依赖于 Kubernetes 内部的服务注册与发现机制，而实线所示的南北向请求依赖于容器网络打通及 Ingress 控制。Kubernetes 网络相对外界是隔离的，外部请求无法直接访问容器服务。所以，如果想让外部请求访问容器应用，需要用到容器应用发布。容器应用发布指的是让 Kubernetes 外部的请求者可以访问 Kubernetes 内的容器服务。

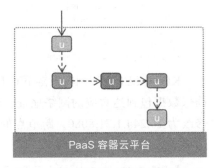

图 6-4　PaaS 容器云平台上微服务东西向和南北向请求

当前金融行业容器应用都是双数据中心双活部署，容器应用发布需要考虑双活架构下双中心跨 Kubernetes 集群的流量调度控制。接下来首先从 Kubernetes 原生的业务发布能力开始讨论，归纳容器应用发布的三大方案。

6.2.1 容器应用发布三大方案

通常来说，Kubernetes 的 Ingress 资源控制着外部请求访问 Kubernetes 内容器应用的方式，这是 Kubernetes 提供的容器应用发布的标准方式，也是大多数 Kubernetes 容器使用者所采用的发布方式。与容器应用发布相关的组件及流程如图 6-5 所示。

标准容器应用发布所涉及的组件和对象包括 Ingress 资源、Ingress 控制器、负载均衡器，这些组件和对象之间相互作用完成容器应用发布，具体的发布过程如下。

1）Ingress 资源是 Kubernetes 的标准对象资源，一个 Ingress 资源中可定义多条规则，每一条规则通常关联一个域名，外部请求通过该域名可访问该规则下所有的容器应用。一条规则内也可以定义多个路径，每一个路径对应一个容器服务，从而实现一个 Ingress 关联多个容器服务。

2）Ingress 控制器即入口控制器，主要工作是管理 Ingress，将 Ingress 中定义的访问规则翻译成入口控制器可识别的配置项，对不同规则中服务关联的容器访问关系进行初始化配置，以及基于 Kubernetes API 对容器的变化实时感知并完成配置项更新。

3）负载均衡器负责在数据平面将外部请求转发给入口控制器。入口控制器和普通的容器类似，要想让外部可以访问，必须通过 Kubernetes 的 Service 对象将其关联在负载均衡器上。通常一个 Kubernetes 内有多个入口控制器运行，负载均衡器还会对一个 Kubernetes 内的多个入口控制器进行负载均衡。另外，鉴于金融行业容器应用都是双活部署，负载均衡器还提供了跨数据中心容器应用统一入口及跨数据中心流量能力。

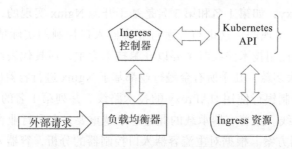

图 6-5　容器入口控制器发布容器应用流程

通过上面的步骤可以看出，容器入口控制器在容器应用发布中扮演着重要角色，是容器应用交付的实际控制者，但 Kubernetes 没有提供原生的入口控制器，只提供了标准的 Ingress 资源，将入口控制器的实现交给开源社区和第三方厂商。Kubernetes 官方的文档中给出了超过 20 种容器入口控制器的实现，详细可查看相关文档。在这种方式下，容器入口控制器的技术选择就极为关键，那么最受欢迎的容器入口控制器是什么呢？

如图 6-6 所示，根据 Docker Hub（https://hub.docker.com）上 Ingress 控制器镜像下载量统计，目前所有容器入口控制器中最受欢迎的实现是 Nginx 和 F5，两者都有超过 1000 万的下载量，且下载量排名都是其他入口控制器下载量的数倍。

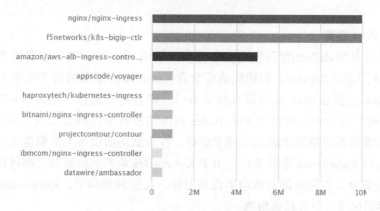

图 6-6　Ingress 控制器下载量对比

其中 nginx/nginx-ingress 的实现以开源软件 Nginx 为主，增加了一些控制平面逻辑实现，包括 Ingress 配置转换、容器应用状态监控等。值得一提的是，F5 公司在 2019 年收购 Nginx 后推出了基于 Nginx 加强版（Nginx Plus）的容器入口控制器。相比开源版，加强版的 Nginx Plus 容器入口控制器增加了图形化监控界面、基于容器应用的安全保护模块以及商业支持，有力地补充了开源版的不足。而 F5 的 f5networks/k8s-bigip-ctlr 主要依附于 F5 在应用交付控制领域的积累，通过部署 bigip-ctlr 容器将 F5 在控制平面的能力范围扩展到容器，这种实现最显著的特点是功能全面、高性能、基于行业规范。

分析图 6-6 中排名前 10 的容器入口控制器，会发现大多数入口控制器的实现是基于开源 Nginx 或 HAProxy，如第 1 名和第 3 名是基于开源 Nginx 实现的，而第 4 名和第 5 名是基于开源 HAProxy 实现的。这也与金融行业容器入口控制的实际情况一致。目前金融行业在选择容器入口控制技术路线时主要以开源技术为主，最具代表性的是开源 Nginx 和 HAProxy。Nginx 占大多数，几乎所有金融行业都基于 Nginx 进行容器应用交付控制，也有一些国有大行或股份制银行使用 HAProxy 的技术路线。并列第 1 名的 F5 入口控制器是基于商业软件的技术路线。随着容器承载的业务越来越重要，金融行业也开始大面积地使用 F5 的容器入口控制器方案。根据对主流容器入口控制器的分析，容器入口控制器发布容器应用有两种方式，一种是基于开源软件的方式，另一种是基于商业软件的方式。

Kubernetes 在创建 NodePort 类型的 Service 时会在 Kubernetes 集群的所有节点的 iptables nat 表中发布一条 KUBE-NODEPORTS 规则，还会在所有节点的 kube-proxy 上创建一条服务地址和宿主机地址的映射关系，KUBE-NODEPORTS 规则会允许外部请求通过宿主机地址和端口访问容器服务。基于 NodePort 类型的 Service 发布容器应用是容器应用发布的第三种方式。

结合容器应用发布的三种方式，考虑到金融行业应用双中心部署、业务双活的特点，我们制定了容器应用发布的生产部署方案，分别是 NodePort 方案、开源容器入口控制器方案及 F5 容器入口控制器方案。接下来会依次介绍这三种方案，并对每种方案的优缺点展开讨论。

1. NodePort 方案

图 6-7 所示为 NodePort 容器应用发布方案。使用 NodePort 发布容器应用，首先需要创建 NodePort 类型的 Service，创建完成后会在 Kubernetes 集群的每个节点上监听一个额外的端口，如果在创建 Service 时没有指定端口，则会随机选择，例如图 6-7 中端口号为 30010，表示两个数据中心的两个 Kubernetes 集群的所有节点都会监听大端口 30100。外部负载均衡设备将客户端请求转发给两个集群，在负载均衡设备上会创建虚拟服务，关联两个数据中心的 Kubernetes 集群节点。由于 Kubernetes 集群的所有节点都可作为服务的入口，通常设置部分节点和外部负载均衡设备对接。在这种架构下，Kubernetes 集群中的部分节点扮演容器应用入口负载的角色。

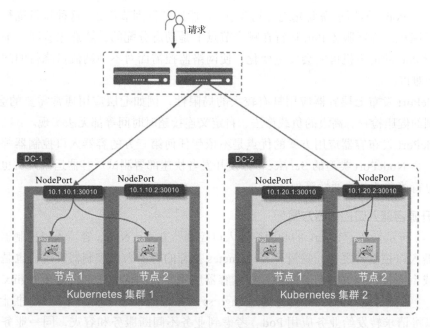

图 6-7　NodePort 容器应用发布方案

不建议在生产中使用 NodePort 容器应用发布方案，主要原因是 NodePort 维护成本高、性能平庸、流量监控难、七层应用控制能力差。

维护成本高主要是指大端口管理成本高，当基于 NodePort 发布的服务较多时，会面临大量大端口管理维护的问题。金融行业一线运维人员曾长期使用 Excel 统计发布服务的 IP 地址及端口信息，当新发布服务或已发布的服务地址更新后会更新 Excel 表格，信息同步不及时造成的时间浪费、管理成本高一直是困扰一线运维人员的问题。容器应用有个显著的特点是服务的变化很快，每次服务的更新都可能导致服务端口的变化，由于容器架构是弹性按需的，所以服务发布的 IP 也可能会发生变化，如果有数千个容器应用基于 NodePort 方式发布，且这些服务 IP 和端口经常变化，那管理维护问题将十分严峻。

NodePort 容器应用发布会有性能瓶颈，当一个 Kubernetes 通过 NodePort 发布的服务较多时，kube-proxy 对外部请求转发的性能将明显下降。kube-proxy 底层依赖 iptables nat 表转发请求，当创建的服务较多时，会造成 iptables nat 条目过多，每一个请求的分发会经过数次 iptables nat 表遍历，这也是转发性能下降的原因。

Kubernetes 的 Scheduler 负责将实现应用的 Pod 分布在不同的节点上，由于只有部分节点扮演着容器应用入口负载的角色，那么必然存在一个节点的 NodePort 将请求转发给另一个节点上的 Pod，通过 iptables DNAT 实现跨节点转发的情况。网络运维监控最核心的内容是明确业务请求的源地址、目的地址，并根据源地址和目的地址分析流量的路径，然后在流量路径上执行流量监控等操作。如图 6-7 所示，在 NodePort 模式下，请求的目的地址是节点 2 上的 Pod，但请求需要先绕行到节点 1，然后转发到节点 2，这种流量绕行给网络监控带来了困扰。容器服务 Pod 运行在哪个节点上是动态分配的，这意味着同一个服务更新前后运行 Pod 的宿主机可能会发生变化，使网络监控需面对不规则流量绕行的问题，增大网络监控难度。

NodePort 发布七层容器应用具有较大的局限性，例如七层应用通常需要的会话保持、业务级别的健康检查、高级的负载算法、自定义连接超时时间等都无法实现。

NodePort 发布容器应用方案的优点是不依赖任何第三方的容器入口控制器等组件，只需创建一个 NodePort 类型的 Service，方便开发者快速部署测试。容器运维人员也可基于这种方式进行简单业务连通性等测试。

2. 开源容器入口控制器方案

图 6-8 所示是基于 Nginx 的开源容器入口控制器方案。Nginx 容器入口控制器是最受欢迎的容器入口控制器之一，是最初 Kubernetes 推荐的容器入口控制器实现，也是大多数金融组织或个人技术爱好者初步试验与探索容器应用发布的优先选择。基于 Nginx 容器入口控制器，每一个容器应用发布都是通过 Ingress 对象中的描述完成，容器入口控制器 Nginx Pod 可以将请求转发给业务应用 Pod。考虑到业务不间断服务和容灾，同一业务通常在多个独立的 Kubernetes 集群中发布，外部负载均衡会关联多个独立的 Kubernetes 集群中的 Nginx 容器入口控制器 Pod，实现多数据中心调度及容器应用双活。

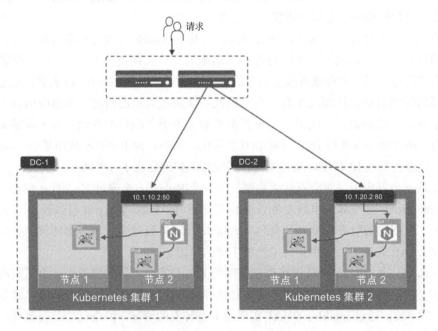

图 6-8　Nginx 容器入口控制器方案

Nginx 容器入口控制器也是一个普通的容器，要让外部请求可达，就必须先解决网络连通性问题。有两种常见的解决方式，第一种是使用 NodePort 的方式，第二种是通过 HostNetwork 等 Kubernetes 原生的网络能力将 Nginx 容器绑定到容器运行的宿主机上。采用 NodePort 的方式会遇到和前文 NodePort 发布容器应用类似的问题，包括性能平庸、管理维护复杂、网络监控难等。图 6-8 中使用的是第二种方式，Kubernetes 集群 1 的 Nginx Pod 运行在节点 2 上，节点 2 的 IP 为 10.1.10.2，所以 Nginx Pod 通过 HostNetwork 绑定的地址是 10.1.10.2:80。

Nginx 容器入口控制器通常需要部署多个，例如，为保证入口控制的性能，推荐基于每个 Kubernetes 的 Namespace 部署一个入口控制器，这样一个 Kubernetes 集群可能会有数十个入口控制器。基于 Hostnetwork 方式发布就相当于以小虚拟机的方式去管理一个容器，需要网络规划，通过端口偏移来保证每个节点上运行一个入口控制器容器，以及需要容器镜像定制等开发工作。如果无法高效地使用 DevOps 等流水线工具，而是通过人工方式去完成这些运维管理工作，那带来的管理维护成本是比较高的。

使用开源容器入口控制器的另一个挑战是四层容器应用的发布。Kubernetes 原生 Ingress 对象不支持四层业务发布，大多数容器网络环境中不允许四层 TCP 连接互访。Nginx 容器入口控制器发布四层业务时，需要用到专有的 Nginx 入口控制器，首先要进行容器镜像的定义，确保 Nginx Pod 能够监听四层业务的端口，其次通过全局的 ConfigMap 配置四层业务描述，而且数据平面四层流量到 Nginx Pod 后无法直达业务 Pod，需要经过 kube-proxy iptables nat 表转发才能到达。前面已经分析过 iptables 转发的性能问题，使用开源容器入口控制器发布四层业务无法满足实际生产的性能需求。

PaaS DNS 的建设是开源容器入口控制器发布容器应用的另一个挑战。Kubernetes 原生的 Ingress 对象发布容器应用必须绑定域名，PaaS DNS 对于容器云建设，特别是对于 Nginx 等容器入口控制器发布容器应用是刚需。PaaS DNS 的显著特点是域名数量多、域名变更快、DNS 访问次数多。例如，在某银行容器云建设 1 年多的时间内，PaaS DNS 域名的条目增加了 18 万条，相关的子域增加了 30 多个，DNS 的查询量从每秒 2000 次增加到每秒 6000 次。PaaS DNS 需要分布式架构建设，相关的权威 DNS 和 LocalDNS 需要分离，由于容器应用都是双数据中心双活部署，PaaS DNS 还需要具备动态 GSLB 的能力。大多数金融机构的 PaaS DNS 基础设施不能满足大量应用上容器的需求，所以基于原生 Ingress 对象，通过开源容器入口控制器发布容器应用，PaaS DNS 的配套建设是另一个挑战。

七层应用交付高级功能缺失也是开源容器入口控制器的一个缺陷，利用 Nginx 容器入口控制器无法基于高级应用交付功能发布七层业务，例如 Cookie 加密，基于请求路径和返回内容判断的健康检查，高级的负载算法，灰度发布无法支持跨 Namespace 或跨 Kubernetes 集群。

Nginx 容器入口控制器的优点是对开发者友好，Nginx 具有很强的数据平面和开发平面的可编程能力，而且更加轻量级。开发人员喜欢轻量、软件化、开源的技术，可以通过定制开发实现任何业务需求。Nginx 容器入口控制器默认提供了 Go 模板，通过定制可实现特定业务需求的标记。不过定制开发会带来后期维护的成本，如果定制开发不具备普遍性，则投资回报率低。

3. F5 容器入口控制器方案

图 6-9 所示是 F5 容器入口控制器方案。F5 容器入口控制器由两部分组成，F5 容器入口服务（F5 Container Ingress Service，F5 CIS）及 F5 VE（F5 虚拟版，云原生应用交付软件，以虚拟机镜像的方式提供，可部署到常见的虚拟化平台上）。F5 CIS 以容器的形式运行在 Kubernetes 内，F5 VE 通常以 Kubernetes 基础设施节点的方式与 Kubernetes 集群绑定。一个 F5 VE 可对接多个 CIS，CIS 负责将容器应用发布的描述文件转化为 F5 VE 的配置，并推送到 F5 VE。F5 VE 采用高可用主从部署，以确保单个 Kubernetes 集群容器应用发布的高可用。外部负载均衡确保容器应用入访统一接口，实现跨数据中心业务流量调度，保证了容器应用双活、高可用，并具备容灾能力。

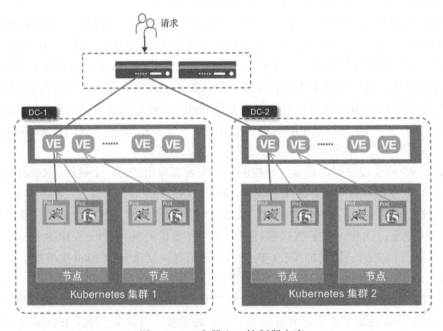

图 6-9 F5 容器入口控制器方案

与开源容器入口控制器相比，F5 容器入口控制器最显著的特点是网络能力强。F5 容器入口控制器自身具备搭建二层和三层网络的能力，可以和常见的 Kubernetes 网络对接。针对 underlay 路由容器网络，直接在 F5 VE 中添加三层路由，即可实现容器网络打通，流量经 F5 VE 直达容器应用 Pod；针对 overlay 容器网络模型，在 F5 VE 上创建 VxLAN 隧道，即可实现容器网络打通，流量直达 Pod；而针对 BGP 协议容器网络模型，在 F5 VE 上开启 BGP 路由域，将 F5 VE 加入容器网络，即可实现业务流量直达业务 Pod。F5 容器入口控制器也可以和云厂商 VPC 网络集成，实现云上 Kubernetes 业务发布控制。由于容器网络实现了对外打通，容器服务可通过 IP+ 端口的方式对外提供服务，并在此基础上实现 Pod 级别的高级负载均衡、复杂健康检查以及四到七层的会话保持。另外，结合自动化实施，可实现配置自动化下发，降低实施者技术门槛，提高变更准确率和效率。

F5 容器入口控制器的另一个技术特点是数控分离，这种设计与业界软件定义网络的思想一致。图 6-10 所示为数据平面和控制平面分离的架构，F5 CIS 只做控制平面的工作，以容器化的方式部署在 Kubernetes 集群内，监控容器内 Ingress 等资源，将 Ingress 等定义的访问规则转换成 F5 VE 的配置，然后调用 F5 管理 API 将服务配置推送至 F5 VE。在数据平面中，容器入口流量经 F5 直达容器应用 Pod。这种数控分离的设计解决了开源容器入口控制器如何发布容器的问题，也让 F5 VE 网络能力得到了应用，是确保容器网络对外打通，流量经 F5 VE 直达业务 Pod 的关键。

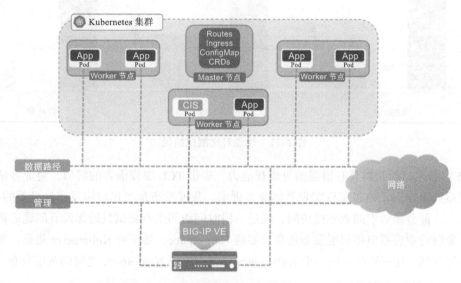

图 6-10　F5 容器入口控制器控制平面与数据平面

F5 容器入口控制器可通过多种方式发布容器应用，除了可监控 Kubernetes 标准的 Ingress 资源外，还可监控具有特定标签的 ConfigMap 资源，也可以通过 CRD 的方式主动创建虚拟服务到 F5，而通过 Routes 可对 OpenShift 的 Route 对象进行替换，最终实现 F5 VE 替换 OpenShift 原生的软件化入口控制器 HAProxy。在 Ingress 模式下，F5 CIS 与其他容器入口控制器没有任何区别，它们的工作原理完全一致，监控标准 Ingress 资源，将对应的规则转换成 F5 虚拟服务的规则。因为监控的特定标签是 ConfigMap 对象，所以 F5 CIS 功能全面，几乎 F5 所有应用交付控制的功能都可以在容器应用交付中使用，例如 Cookie 加密、服务级别的健康检查、高级负载算法等，而且支持服务动态发现；CRD 是扩展定义了 Kubernetes 的对象，通过创建一个 VirtualServer 可实现七层业务的发布，创建一个 TransportServer 可实现四层业务发布。

F5 容器入口控制器具有较好的性能，图 6-11 是 Nginx 容器入口控制器和 F5 容器入口控制器的性能对比结果。性能对比基于同一个测试应用，分别通过两种不同的入口控制器发布出去，测试基于同一请求，请求返回结果约 0.25 KB，性能测试对比的维度包括 RTS（每秒钟完成的请求总数）、TPS（每秒钟完成的事务总数）以及吞吐量。可以看出，F5 容器入口控制器的性能明显高于 Nginx 容器入口控制器，在 RPS 指标方面，F5 容器入口控制器是 Nginx 容器入口控制器的 6 倍；在吞吐量方面，F5 容器入口控制器是 Nginx 容器入口控制器的近 4 倍；在 TPS 方面，F5 容器入口控制器是 Nginx 容器入口控制器的 2 倍多。

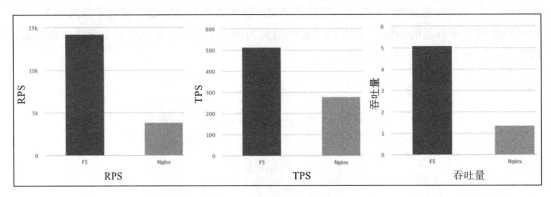

图 6-11　性能对比测试结果

F5 容器入口控制器具有很强的可编程能力，提供 TCL 编程语言的接口，对业务请求做流量拦截或重定向，通过编程实现具体业务诉求。灰度发布是现代应用发布最显著的特点，它会先允许部分新版本的业务被访问，经过一段时间访问生产测试且确保没有问题后再全部上线。金融行业容器应用灰度发布通常需要跨 Namespace，甚至跨 Kubernetes 集群，如下为可编程实现基于比率算法在同一个 Kubernetes 集群内不同 Namespace 之间的灰度发布。

```
when CLIENT_ACCEPTED {
  if {[expr {[expr {0xffffffff & [crc32 [IP::client_addr]]}] % 100}] < 25} {
    pool /test001/test001_app-v2-svc_svc/test001_app-v2-svc_80_pool
  } else {
    pool /test001/test001_app-v1-svc_svc/test001_app-v1-svc_80_pool
  }
}
```

F5 容器入口控制器需要一定的学习成本，尽管 F5 CIS 以开源软件的形式提供，但 F5 VE 是商业软件，要用好 F5 容器入口控制器还需要对 F5 的技术有基本的了解。商业软件和开源软件不同，开源软件学习成本低，在互联网上可以找到大量的学习资料。而商业软件学习材料来自厂商，互联网上资料陈旧，且准确性不高，学习成本高。

6.2.2　容器应用发布建设方案选型建议

在选择容器应用发布方案时，需要对每种方案的优缺点有正确的认识，并围绕一些重点考量的问题进行。表 6-1 是对容器应用发布三大方案优缺点的总结。

表 6-1 容器应用发布三大方案优缺点对比

	优点	缺点
NodePort	不依赖第三方控制器，容器应用发布步骤简单	管理维护成本高、性能平庸、流量监控难、七层业务发布能力差
开源容器入口控制器	云原生能力强，二次开发能力强	开源容器入口控制器不具备与外部网络打通的能力，需具备自动化运维能力，四层业务能力差，必须依赖 PaaS DNS，七层业务发布高级功能缺失
F5 容器入口控制器	可与常见容器网络对接、软件定义网络数控分离设计、四 / 七层业务发布高级功能、高性能、可编程流量控制能力	学习成本高、商业软件对开发者友好程度低、云原生能力弱

根据容器应用发布三大方案中反复讨论的问题，容器应用发布需要重点考量的问题有六个，如表 6-2 所示。结合表 6-1 中各方案的优缺点对比，相信以下内容可帮助容器架构师设计容器应用发布架构。

表 6-2 容器应用发布六大问题

1. 以 NodePort 方式直接发布应用可行吗	在生产业务中不建议使用，因为 NodePort 发布容器应用会有 iptables 转发的性能差、大端口管理维护难度大、流量监控难等问题
2. 如何将入口控制器容器发布出去	如果选择基于 Nginx 等开源软件的容器入口控制器，这个问题需要重点讨论。如果容器环境对性能没有要求，可以通过 NodePort 将入口控制器容器发布出去。通常建议将入口控制器容器以容器原生的 HostNetwork 等方式发布出去，将入口控制器容器当作一个小虚拟机通过 DevOps CI/CD 流水线进行维护管理
3. 如何发布四层容器应用	如果容器环境中四层业务多，则建议使用 F5 容器入口控制器方案。如果不使用 F5 容器入口控制器，则建议四层应用以容器原生的 HostNetwork 等方式发布，将四层应用容器当作一个小虚拟机通过 DevOps CI/CD 流水线进行维护管理
4. 是否需要七层应用交付的高级功能及高性能	如果七层高级功能或业务需要保证高性能，则建议使用 F5 容器入口控制器方案。高级功能包括高级会话保持、业务级别探测、高级负载算法、精细化流量管理等
5. PaaS DNS 建设是否满足容器应用需求	如果选用 Nginx 容器入口控制器发布容器应用，则 PaaS DNS 的建设是刚需。如果 PaaS DNS 没有完成，则建议使用 F5 容器入口控制器方案基于 IP 发布容器应用。容器应用发布会带来大量的域名，PaaS DNS 需要多级分布式的方式去建设
6. 容器应用如何跨数据中心流量调度	基于 F5 硬件应用交付以及 F5 全局流量调度 DNS 实现。如果使用 F5 容器入口控制器发布容器应用，那么 F5 的硬件 + 软件资源池是标准方案，在金融行业有大量应用

结合表 6-1 和表 6-2，可以进行容器应用发布的方案选型。如果是简小规模的容器环境，主要用途为容器技术的学习、业务上容器的测试，则可选择 NodePort 和 Nginx 入口控制器搭配的容器应用发布方案；如果是云原生开发团队，有很强的开发能力，DevOps 持续部署和持续集成的能力比较强，并且容器环境只被云原生开发团队一个团队使用，那么推

荐 Nginx 入口控制器，且 Nginx 入口控制器通过容器原生的 HostNetwork 等方式发布出去，四层应用不建议使用 Nginx 入口控制器发布，应同样通过容器原生的 HostNetwork 等方式发布出去；如果是金融生产业务，容器平台多部门参与建设，业务稳定性要求高、性能要求高、业务复杂性高，那么推荐 F5 入口控制器方案。

6.2.3　M 银行容器应用发布案例

容器云平台已经成为 M 银行新应用生产上线的最主要承接平台。考虑到业务的不间断服务和双数据中心容灾，同一业务通过标准 Ingress 方式在多个独立容器集群发布，然后负载均衡挂载不同集群的入口控制器，入口控制器通过 NodePort 方式发布。这种方式存在很多不便的地方，限制了容器的优势和推广使用。这些不便主要体现在如下几个方面。

- 功能受限：高级功能缺失。Ingress 实现 cookie 会话保持或者源地址透传等七层功能，需要完成应用 DNS 改造及 PaaS DNS 建设；缺少一些专业负载均衡的功能，如高级负载均衡算法、自定义会话超时时间等。
- 性能平庸：大流量业务支持面临挑战。受限于 NodePort 和 Ingress 的底层实现机制，流量绕行无法直达业务 Pod；业务吞吐、TPS、RPS 的性能远低于传统非容器应用发布方式，访问量大的业务面临转发性能问题。
- 变更管理难度大：跨部门沟通成本高。容器应用发布往往需要跨越网络、云平台、应用三个部门协同处理，沟通成本较高，配置管理难度较大。
- 运维监控难度高：问题分析难度高。因 NodePort 和 Ingress 的实现机制，业务流量无法直达业务 Pod，会在节点之间绕行，造成带宽浪费和性能下降的问题，不利于网络流量分析。

图 6-12 所示为 M 银行容器应用发布架构。M 银行选择 F5 容器入口控制器方案，第二层 F5 VE 设备通过 CIS 容器管理，动态挂载实际业务 Pod 实现容器应用对外直接发布，第一层 F5 物理设备通过挂载两个集群对应的 F5 VE 设备实现跨容器集群业务的统一对外发布；自动化平台下发 YAML 配置到 Kubernetes 集群，自动化下发一层 F5 配置，自动化对需求进行翻译和处理，转化为第一层 F5 和第二层 CIS 所需的相关配置；Kubernetes 集群内部 CIS 通过监听与 F5 相关的 ConfigMap 资源变化，向其关联的 VE 下发配置。

基于 F5 容器入口控制器及 F5 硬件的双层架构，M 银行解决了 NodePort 及 Ingress 发布容器应用所带来的挑战。二层 CIS 下发开启会话保持，一层 F5 开启会话保持，基于 IP 实现业务双活及跨数据中心的会话保持；一层 F5 通过 Ratio、Ratio Least Connection 算法结合二层 CIS 下发的可编程 TCL 脚本灵活实现灰度发布。F5 容器入口控制器及 F5 硬件的新架构发布容器应用为 M 银行带来的具体收益如下。

- 功能全面：新架构中的负载均衡功能通过专业设备实现，功能全面，七层功能不再依赖 Ingress 和域名，业务无须改造，助力推广应用容器化。
- 性能强大：因采用专业负载均衡设备，流量直达业务 Pod，业务吞吐、TPS、RPS

的能力大大提升，支持高吞吐业务系统上线容器平台。
- 变更管理简便：容器应用发布流程标准化，与传统业务发布方式形成了统一，降低配置复杂度的同时大大降低了变更管理难度。
- 运维监控简便：流量直达业务 Pod，流量只经过 F5 和业务 Pod，提升网络性能的同时大幅减少故障点，复用现有流量监控及网络运维方案。
- 架构高可用，可扩展：CIS 容器使用 Kubernetes 中的 Deployment 方式部署保证其高可用，VE 集群部署保持高可用，F5 物理设备使用 N+M 架构实现高可用。

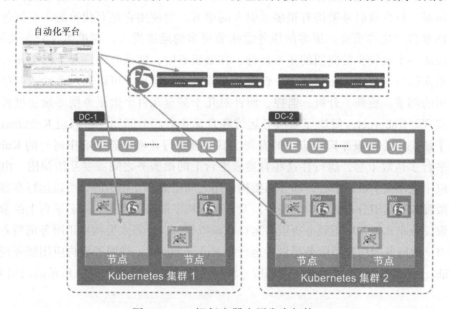

图 6-12　M 银行容器应用发布架构

6.3　全局注册中心与服务发现

　　注册中心是分布式架构下最重要的部分，服务要被调用之前首先需要注册到注册中心。前面部分讨论过，Kubernetes 内部的 CoreDNS 容器应用及 Kubernetes 各节点的 iptables nat 表扮演着一个 Kubernetes 集群内的注册中心，该注册中心中注册的服务只能被同一个 Kubernetes 集群内的服务调用者调用。而本节讨论的注册中心是指敏态服务中心全局的注册中心。

　　当前金融行业敏态中心存在两种架构的应用，即分布式架构应用和微服务架构应用。这两类应用从网络协议的角度又分为七层 HTTP 应用和四层 TCP 应用，七层和四层应用的注册中心实现不同，本节会围绕以下场景讨论敏态中心的注册中心：
- 多 Kubernetes 集群之间的服务调用支持；

- 分布式架构应用和容器化微服务应用互相访问；
- 四层 TCP 应用的注册与发现；
- 容器化部署注册中心。

6.3.1 七层应用注册中心建设

微服务架构在本质上也是分布式架构，只是应用的模块化程度更高，一个微服务只关注一个特定的业务功能，业务清晰、代码量少、开发和维护相对简单、启动较快、局部修改容易部署。虽然微服务架构有很多吸引人的地方，但使用它是有代价的，主要包括运维复杂度高及自动化要求高。更多的服务意味着更多的运维投入，在单体及分布式架构中，只需要保证一个或较少的应用的正常运行，在微服务中，则需要保证几十甚至几百个应用服务的正常运行与写作。在单体中，针对一个或较少的应用，可以通过手动或简单的工作进行应用的部署、更新、升级、监控，而针对几十甚至几百个微服务则必须通过自动化的方式去实现。Kubernetes 解决了微服务运维和自动化方面的问题，可以说 Kubernetes 的出现加速了敏态中心微服务架构应用的发展。目前金融行业在敏态中心中运行的 Kubernetes 容器云平台多达数十套，运行在这些容器云平台上的微服务之间需要互访调用，由于分布式架构应用也存在于敏态中心，而分布架构应用之间也需要互相访问，所以运行在容器云平台上的微服务有调用分布架构中的服务，及分布架构中的服务调用容器云平台上的微服务等场景。假设分布式架构应用服务提供者运行在虚拟机 A、分布式架构应用服务消费者运行在虚拟机 B、微服务架构应用服务提供者运行在 Kubernetes A、微服务架构应用服务提供者运行在 Kubernetes B，那么服务调用者和服务消费者之间存在着如图 6-13 所示的调用关系。

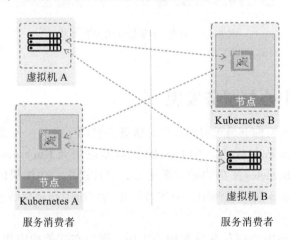

图 6-13　敏态中心服务调用者和服务提供者之间的调用关系

敏态核心的注册中心具体负责敏态核心中服务之间的通信。除此之外，注册中心还具备配置中心、管理中心及消息中心的功能，各个服务与注册中心之间有一定的通信机制，例如服务版本更新、接口变化、服务删除对应的注册中心也会随之更新服务状态或删除服务。

全局的 DNS 注册中心结合 Kubernetes 上的微服务发布 Ingress 控制器，可实现多 Kubernetes 之间，以及虚拟机上运行微服务调用 Kubernetes 上的微服务。DNS 服务作为注册中心，为任意一个服务提供一个 A 或 AAAA 记录，对应 Ingress 控制器上的虚拟 IP 入口。图 6-14 为 DNS 作为注册中心的示意图。

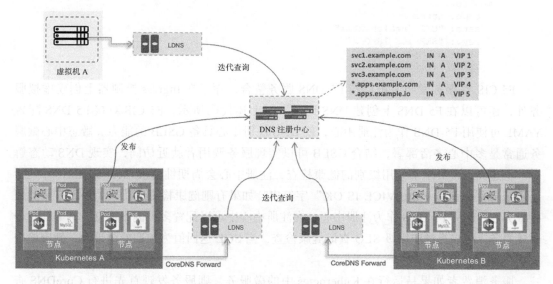

图 6-14　DNS 服务作为注册中心

服务发布时，通过 Ingress 控制器或相关自动化设施为每个服务定义一个域名，并将 Ingress 控制器上虚拟 IP 作为对应地址注册到 DNS 注册中心中，也可以通过通配符域名，实现多个域名对应一个地址。例如 OpenShift 安装时通过 openshift_master_default_subdomain 变量指定通配符域名，基于该配置，OpenShift 上所有服务域名可以是 *.apps.example.com，而这些所有服务域名对应的 IP 地址都是一个。

```
openshift_master_default_subdomain=apps.example.com
```

大量域名对应一个地址可能会带来入口流量过于集中，结合生产实践，在服务部署较多的容器云平台上有多流量入口的需求。F5 CIS 可以提供多入口流量转发，可以为每个服务提供一个虚拟 IP，并提供自动化集成的能力，在服务发布时创建一个对应的 DNS 记录，同时在服务移除时删除对应的记录。

```
apiVersion: "cis.f5.com/v1"
kind: ExternalDNS
metadata:
  name: exdns
  labels:
    f5cr: "true"
spec:
```

```
    domainName: example.com
    dnsRecordType: A
    loadBalanceMethod: round-robin
    pools:
    - name: test1.example.com
      dnsRecordType: A
      loadBalanceMethod: round-robin
      dataServerName: /Common/GSLBServer
      monitor:
        type: https
        send: "GET /health.html"
        recv: "SERVICE IS OK"
        interval: 10
        timeout: 10
```

F5 CIS 在服务发布时可以与 F5 DNS 服务整合，除了在 Ingress 控制器上创建虚拟服务外，还可以在 F5 DNS 上创建 DNS 记录。如上述代码所示，F5 CIS 对接 F5 DNS 配置 YAML 可使用 F5 DNS 作为注册中心，使 DNS 注册中心具备 GSLB 的能力。敏态中心微服务通常是多中心多活部署，结合 GSLB 可以实现服务调用者就近访问，实现 DNS 动态解析。上述代码也展示了应用级别的健康检查，注册中心会周期性请求 /health.html，并判断返回结果中是否有"SERVICE IS OK"字符串，如果有则健康检查成功，如果没有则健康检查失败。使用 F5 DNS 作为注册中心，在注册中心中可以配置多种健康检查，例如针对分布式服务，可以提供应用级 SLQ 查询健康检查，当 SQL 返回值为预期的结果时，健康检查成功。

服务消费者如果是运行在 Kubernetes 中的微服务，则服务发现首先进行 CoreDNS 查询，如果发现对应的 DNS 域名记录不在 CoreDNS 内，则 CoreDNS 会将相应的请求转发到外部的 Local DNS。Local DNS 会开启迭代查询，最终到 DNS 注册中心找到对应的域名地址，该地址为 Ingress 控制器上虚拟服务的虚拟 IP 地址，Kubernetes 上的微服务会通过该虚拟地址调用服务提供者提供的服务。如果服务消费者是运行在虚拟机上的分布式应用，则应用会根据对应虚拟机上 /etc/resolv.conf 中定义的 Local DNS 开启服务查询，最终同样会获得 Ingress 控制器上虚拟服务的虚拟 IP 地址，然后根据此地址完成服务调用。

DNS 服务作为注册中心的优势是可以降低开发者服务注册和服务发现的复杂度，服务注册 DNS 记录的更新依赖于 Ingress 控制器或自动化的设施，而服务发现是基于传统 DNS 查询，开发者不需要在代码层面去实现注册和发现的逻辑。DNS 作为注册中心的缺点是无法兼顾非 Kubernetes 运行的微服务或分布式架构应用服务。在这些场景下可以使用微服务框架如 Spring Cloud 提供的注册中心组件，例如 Eureka、Consul。Eureka 主要支持七层 HTTP 服务的注册与发现，支持高可用部署，并允许在注册服务的时候自定义服务健康检查等。Eureka 的缺点是与 Kubernetes 集成差，对四层应用支持差，只支持 HTTP 访问协议，不支持 DNS 查询访问。

相比 Eureka，Consul 可以更好地提供全局注册中心角色，是用于服务发现和配置的工具，具有分布式、高可用及极高的可伸缩性，开发使用简单，还提供了一个功能齐全的控制面板，可与 Kubernetes 集成，支持 HTTP 和 DNS 访问协议，提供多种类型应用的健康检查，支持跨注册中心同步、多数据中心部署等。

国内比较受欢迎的微服务注册中心是 Nacos（https://github.com/alibaba/nacos）。Nacos 由阿里巴巴主要开发，能提供比 Eureka 和 Consul 更多的功能，提供动态配置服务，以中心化、外部化和动态化的方式全局管理所有环境配置，支持 HTTP 和 DNS 访问方式，同时，注册中心也支持一些复杂应用级别的健康检查，可以很好地与 Kubernetes 集成，也支持跨注册中心同步、多数据中心部署等。Nacos 的另一个优势是支持 Dubbo 应用，前文已经讨论过，Dubbo 在国内金融行业有广泛应用，从早期分布式框架，到现在的微服务框架，Nacos 作为注册中心可简化 Dubbo 应用的注册发现，同时兼顾虚拟机分布式架构和 Kubernetes 微服务架构的应用。

6.3.2 四层应用注册中心建设

金融行业在敏态注册中心建设过程中都会涉及四层应用的注册与发现，典型的四层应用包括 Dubbo 和分布式数据库，ZooKeeper 通常为注册中心的首选。考虑到四层应用的容器化部署，通常选择基于 Kubernetes 的 HostPort 及 HostNetwork 等特性，将 Pod 服务通过端口映射或直接使用宿主机网络的方式。如下为 Kubernetes 中部署三节点高可用的 Dubbo 服务的配置：

```
apiVersion: v1
kind: Pod
metadata:
  name: dubbo-userservice-1
spec:
  hostNetwork: true
  containers:
  - image: cloudadc/dubbo-user-service-provider:0.0.1
    ports:
      - containerPort: 20880
---
apiVersion: v1
kind: Pod
metadata:
  name: dubbo-userservice-2
spec:
  hostNetwork: true
  containers:
  - image: cloudadc/dubbo-user-service-provider:0.0.1
    ports:
      - containerPort: 20881
---
apiVersion: v1
kind: Pod
metadata:
  name: dubbo-userservice-3
spec:
  hostNetwork: true
  containers:
```

```
- image: cloudadc/dubbo-user-service-provider:0.0.1
  ports:
    - containerPort: 20882
```

使用 HostNetwork 部署，容器启动后会将对应的端口绑定到主机网络上，服务注册时注册的服务提供者地址为容器运行对应主机的 IP 地址，端口为对应容器的端口。服务发现时服务消费者从注册中心获取到对应 Kubernetes 计算节点的 IP 地址及对应容器的端口，通过计算节点地址与服务提供者进行交互。这种方式虽然实现了应用的容器化运行，但它丧失了 Kubernetes 平台的大多数能力，如上述代码所示，部署三节点高可用的 Dubbo 服务需要三个 Pod 描述 YAML，由于使用 HostNetwork，需要确保同一个计算节点上运行的服务的端口不同，如果名为 dubbo-userservice-1 的 Pod 发生故障被删除，则无法自动创建一个新的 Pod。针对这些不足，需要在选择 Ingress 控制器设计时确保 Ingress 控制器可直达服务 Pod，服务提供者注册时指定 Ingress 控制器上虚拟 IP 为服务提供者的 IP 地址，服务消费者消费服务时从注册中心获取到 Ingress 控制器上虚拟 IP，并和虚拟 IP 建立连接和服务提供者进行服务调用。图 6-15 所示为 ZooKeeper 作为敏态中心注册中心服务注册、服务发现、服务访问的示意图。

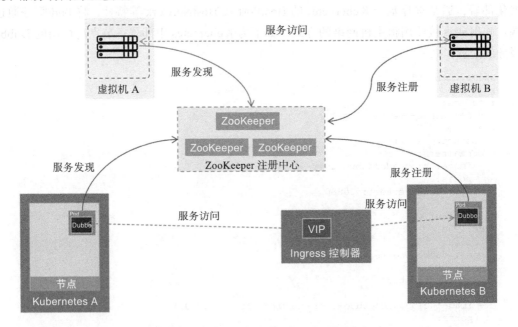

图 6-15　ZooKeeper 作为四层应用注册中心

Ingress 控制器在一定程度上是注册中心对四层应用注册和发现的补充。Ingress 控制器网络上可直达服务提供者 Pod，保证四层应用，例如 Dubbo 在容器化改造时使用容器化平台的能力。使用上述注册中心，同样部署三节点高可用的 Dubbo 服务配置 YAML 如下：

```
apiVersion: apps/v1
```

```
kind: Deployment
metadata:
  name: user-service
spec:
  replicas: 3
  template:
    spec:
      containers:
      - image: cloudadc/dubbo-user-service-provider:0.0.1
        ports:
        - containerPort: 20880
```

使用 Kubernetes 的 Deployment 对象部署，设定 replicas 为 3，则会部署三节点高可用的 Dubbo 服务，对应服务 Pod 在注册时注册服务提供的地址为 Ingress 控制器上的虚拟 IP，服务消费者通过 Ingress 控制器消费服务提供者。同样，Ingress 控制器可以为服务提供者提供健康检查、高可用服务的负载均衡、会话保持等能力。

非容器化虚拟机环境分布式架构服务也可以通过 ZooKeeper 进行服务注册与发现。虚拟机环境的服务消费者可以消费容器化环境服务提供者提供的服务，它通过注册中心获取容器环境下服务提供者注册的虚拟服务 IP，然后通过虚拟服务 IP 和 Ingress 控制器进行服务调用通信，容器平台的 Ingress 控制器负责和具体容器服务提供者之间的服务调用。在这种架构下，如果 ZooKeeper 位于容器平台之外，需要确保容器化的服务提供者 Pod、服务消费者 Pod 与 ZooKeeper 节点之间的网络互通。为了更加简化该架构下的注册中心网络，可以容器化部署 ZooKeeper，并通过 Ingress 控制器访问 ZooKeeper 集群，这样服务提供者 Pod 与服务消费者 Pod 只需要和 Ingress 控制器网络互通即可。

如图 6-15 所示，在 ZooKeeper 作为四层应用注册中心架构中，容器平台的 Ingress 控制器扮演了主要的角色。Ingress 控制器上的虚拟服务实质上也是服务注册，虚拟服务提供的虚拟 IP 也可以注册到 DNS 注册中心。针对 Dubbo 类型的四层应用，为沿用服务调用者从注册中心查询的设计，将虚拟服务 IP 注册到 ZooKeeper 是必需的，但对于分布式数据库、分布式存储等服务，Ingress 控制器完全可以扮演服务注册的角色，服务消费者在服务调用时直接通过虚拟服务 IP，或通过 DNS 查询请求获取服务提供者地址信息。

6.4 开放 API 技术平台

开放平台是金融行业敏态核心最重要的业务模块，承载着开放银行、金融科技成果的具体展示。当前同业各大银行都以开放平台项目为主要抓手，对外管理的是开放生态中的合作伙伴、客户，对内实现数字化组织中 IT 开发运维的规范管理。开放平台是银行践行开放、共享、合作的互联网理念，依托金融科技，通过标准化数字接口与各行各业互通互联，而建立的一套新的业务与技术融合体系。图 6-16 展示的是开放平台将银行核心资源与业务进行模块化整合，并以标准化 API、SDK 的形式对外提供服务，开放平台未来的发展是敏态核心的业务入口。

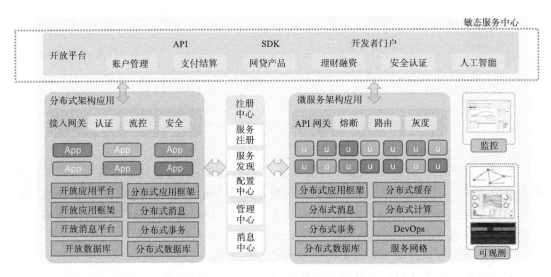

图 6-16 金融行业开放平台

金融行业开放平台建设有三大愿景。

1）打造数字化开放生态圈。领先的金融和科技公司已经在传统产业中布局生态圈，大量的机会存在于"衣食住行"这四大与生活息息相关的领域中。例如国内某头部银行通过开放银行平台构建面向个人的零售业务，和不同行业如电子商务、教育等零售业务对接，解决零售业务过程中一些收缴费的问题；通过开放银行平台，构建和政府职能部门合作的数字化渠道，为政府的特定政策如重大项目拆迁补偿、定点扶贫等提供灵活的数字化服务。

2）开展金融科技联合创新。在全球范围内越来越多的金融科技企业开始调整战术，国内以互联网金融科技公司为代表，从过去单纯作为银行的挑战者，变成谋求与银行合作，在开放银行模式下，通过与金融科技公司开展联合创新，在客户体验、数字化流程改造、大数据高级分析与应用及新价值主张等层面取得新的成果。例如国内某商业银行基于开放银行平台通过数字化渠道，针对不同的需求，为同业保险、证券，甚至互联网金融提供定向贷款、资金托管等服务，如为互联网金融面向消费贷款提供不同的贷款限额。

3）打造金融开放平台。通过打造金融开放平台实现服务和数据的开放，提升内部协同效率，同时支持对外合作。例如某银行基于开放银行平台打造面向企业的对公业务，和医疗、运输等行业业务对接，通过数字化的渠道优化对公合作伙伴资金托管等业务，实现对银行资源的最优化；监管合规和银保监会、人民银行、工商税务等对接，进行金融合规数据的开放。

支撑开放银行平台三大愿景的技术体系与方法包括数据聚合与服务化、数字化技术与开放的 API 技术平台。数据聚合与服务化指对传统金融数据和非金融生态圈数据聚合，服务化建模，提供实时数据服务；数字化技术包括云原生技术、现代化工具与方法、DevOps 应用；开放的 API 技术平台是开放银行的核心，是金融行业数据和服务开放的中介，开放生态圈的第三方伙伴与客户、联合创新的伙伴都是通过 API 技术平台对接金融行业数据和服务，金融行业内部业务专员和技术精英也是通过 API 技术平台将数据服务发布出去的。开放 API 技术平台的核心模块如图 6-17 所示。

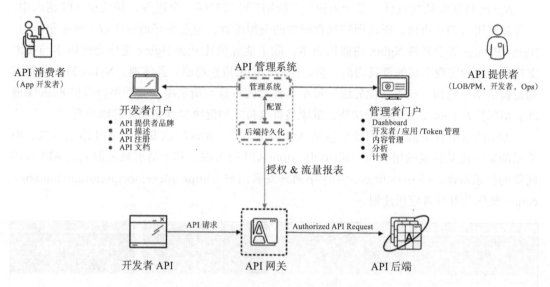

图 6-17　开放 API 技术平台的核心模块

如图 6-17 所示，具体构建的开放 API 技术平台的最核心模块分析所下。

- API 网关。开放平台除了有面向互联网第三方及上游生态的网关外，还有大量的东西向（内部）网关。内部服务调用过程中必须通过东西向网关。网关通常由资源池化的软件负载均衡组成，提供反向代理、负载均衡、SSL 卸载等功能。
- API 安全。除了对通过网关访问 API 的请求进行认证授权外，API 安全还包括具体基于微服务应用的安全防护，针对不同上游生态提供个性化安全策略。
- API 管理系统。负责开放平台对内对外的 API 注册与定义，如自服务开发者门户、管理员门户、上游生态合作伙伴的管理，以及可视化分析与统计等。

6.4.1　API 网关与 API 安全

根据 Gartner 魔力象限的统计，目前在开放 API 技术平台领域位于头部领导者的有公有云厂商、传统企业业务集成厂商及新型挑战者，它们在 API 网关这方面都使用 Nginx。Nginx 具备很强的可编程能力，适合二层开发，具有丰富的开发者社区。Nginx 轻量化、易启动、稳定性高，安装包仅 19 MB，毫秒级别启动，可以实现不间断服务情况下的软件版本升级等。Nginx 基于 C 语言编写，同时使用 epoll 模式的多路复用 I/O，可以在同等条件下提供更优秀的性能。Nginx 具备的技术特点简单总结如下：

- 轻量级，同样启动服务，可占用更少的内存及资源；

- 抗并发，Nginx 处理请求的方式是异步非阻塞，能在高并发下保持低消耗、高性能；
- 模块化，高度模块化设计，编写模块相对简单，可编程二次开发能力强；
- 迭代快，社区较为活跃，各种高性能模块更新较快。

Nginx 是异步架构设计，多个连接（万级别）可以对应一个进程，并且在 API 请求中，大部分使用 HTTP 协议，所以即使只有较少的资源配置，也能很好地抗住较大的流量压力。Nginx Plus 是基于开源 Nginx 的商用版本，除了能提供比开源 Nginx 更稳定的版本与技术支持外，还能实现丰富的负载均衡、会话保持、健康检查功能。具体地，Nginx Plus 的负载均衡提供基于轮询、权重、优先级、最小连接数的负载均衡策略；会话保持提供 hash 源地址会话保持及 cookie 会话保持功能；健康检查支持主动健康检查和被动健康检查。

API 技术平台中最常见的场景包括 API 请求限流、A/B 测试发布与 API 请求鉴权。限流指的是限定某特定的用户在一定时间内访问 API 的次数，基于请求数的限流是 API 经济底层的技术基础。图 6-18 所示为牛津字典开发者门户（https://developer.oxforddictionaries.com/）提供的开发者应用计划。

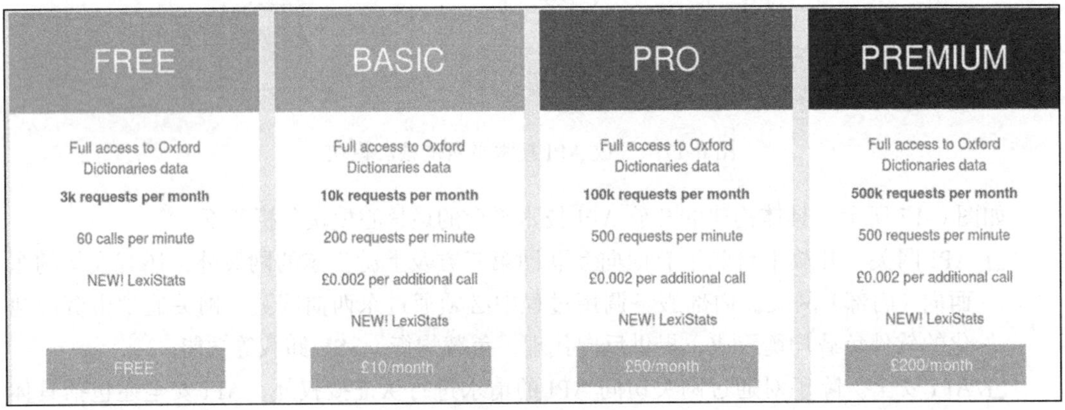

图 6-18 基于请求数的限流

开发者应用计划包括四个级别，分别是免费档（FREE）、基础档（BASIC）、专业档（PRO）和金牌档（PREMIUM）。不同级别允许对牛津字典 API 调用的次数不一样，免费档允许每月调用的次数是 3000 次，每分钟调用的次数是 60 次，而最高级别金牌档则允许每月调用的次数是 50 万次，每分钟调用的次数是 500 次。这是一个典型的基于请求限流的示例，开发 API 技术平台中基于请求的限流都是在 API 网关上实现的。API 管理平台如何知道客户端发起 API 调用的请求属于哪个级别？这就与 API 请求鉴权有关，开发者应用在调用牛津字典 API 之前，首先要注册获取一个 API KEY，注册获取 API KEY 时需要选择一个开发者应用计划级别，使得获取到的 KEY 具有应用计划级别的授权，当开发者应用调用牛津字典 API 时会携带这个 KEY，而 API 技术平台中的网关会对每次 API 请求进行鉴权。A/B 测试发布也叫作蓝绿发布，API 技术平台中要发布的同一个服务通常有多个版本，一般一个版本正在对外提供服务，被标记为"绿色"，另一个版本处于测试准备发布阶段，是准备要发布的版本，被标记为"蓝色"。"蓝色"版本发布时需要一键切换成"绿色"，这种发布也是在 API 技术平台的 API 网关上实施的。

借助 Nginx 自身的可编程能力，可轻松实现这些场景。接下来通过演示 Nginx 的可编程性说明 API 平台中最常见的这三个场景的实现逻辑，示例的逻辑拓扑如图 6-19 所示。

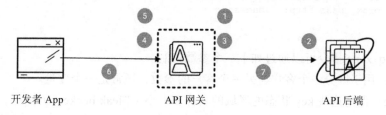

图 6-19　API 技术平台场景示例

具体实现步骤分析如下。

1）API 管理系统设计制定 API 规范。

2）API 提供者根据 API 规范实现 API 后端。

3）API 提供者通过 API 管理系统的管理员门户，将完成的 API 后端注册到 API 管理系统。

4）开发者通过 API 管理系统提供的开发者门户注册开发者 App，选择相应的开发者应用计划，每分钟可以访问 API 后端 10 次。

5）API 管理系统根据业务需求设定 A/B 测试发布规则。

6）开发者 App 根据第 4 步中获取到的 API KEY 访问网关。

7）API 网经过 API 请求鉴权后将开发者 App 的请求转发到 API 后端。

上面步骤中 API 管理系统扮演着重要的角色，具体会在下一节详细介绍，本示例中 API 后端已经开发完成，可直接启动：

```
docker run -it --rm --name springboot-1 -d cloudadc/backend:0.0.8
docker run -it --rm --name springboot-2 -d cloudadc/backend:0.0.9
```

上面命令启动两个版本的 API 后端，分别是 0.0.8 和 0.0.9 版本，即生产上线的版本和在设计测试的版本。API 后端启动后可以通过 http://springboot-1:8080/v3/api-docs 访问 Open API 规范文档，然后根据这个 API 规范将 API 后端能提供的 API 注册到 API 管理系统。通过访问 http://springboot-1:8080/info 返回 API 后端的版本信息如下：

{group=io.cloudadc, app=backend, version=0.0.8}

而通过访问 http://springboot-2:8080/info 返回 API 后端的版本信息如下：

{group=io.cloudadc, app=backend, version=0.0.9}

开发者通过开发者门户注册 App 的过程需要选定开发者应用计划允许每分钟访问 API

后端 10 次，并获取 API KEY。Nginx 的 ngx_http_limit_req_module 模块提供的 limit_req_zone 指令可以实现请求限流：

```
limit_req_zone $jwt_claim_sub zone=10req_per_client:1m rate=10r/m;

server {
    location / {
        limit_req zone=10req_per_client;
        proxy_pass http://$backend;
    }
}
```

limit_req_zone 指令可以通过如下三个参数控制。

1）key：用于区分一个客户与另一个客户的参数，通常是一个变量。

2）zone：保持这些 key 状态的区域的名称和大小（"leak bucket"）。

3）rate：以每秒请求数（r/s）或每分钟请求数（r/m）指定的请求速率限制。每分钟请求数用于指定小于每秒一个请求的速率。

API KEY 的实现要用到 Nginx 的 JWT 认证特性。JWT（JSON WEB Token）是 OpenID Connect 标准中关于用户信息的数据格式，该标准是 OAuth 2.0 协议之上的标准标识层。API 和微服务的部署者也因为其简单性和灵活性而转向 JWT 标准。通过 JWT 身份验证，客户端发送 JSON Web 令牌到 Nginx，由 Nginx 根据本地密钥文件或远程服务来验证令牌。

```
API_KEY=eyJ0eXAiOiJKV1QiLCJhbGciOiJIUzI1NiIsImtpZCI6IjAwMDEifQ.eyJuYW1lIjoiQ2xvdWR
hZGMgU3lzdGVtIiwic3ViIjoiY2xvdWRhZGMiLCJpc3MiOiJNeSBBUEkgR2F0ZXdheSJ9.mrxpQNe12N5a
pjLjjkwHVh7fsnnGYBThGhgRr61o_wE
```

JWT 包含三部分：报文头、报文体、签名。签名所用的加密 key 存放在 Nginx 或者外部认证服务器中。Nginx 使用签名加密 key 验证 token 的合法性，并根据 token 报文体中的字段判断如何处理该请求。Token 明文部分包含本 Token 使用的签名算法、签发 Token 机构、使用本 Token 的机构、超时时间等相关信息。Nginx 的 auth_jwt、auth_jwt_key_file、auth_jwt_key_request 指令可以完成 API 请求鉴权配置：auth_jwt 指定 realm 以及获取 token 的变量头，auth_jwt_key_file 指定本地存放 key 的位置，auth_jwt_key_request 指定外部认知服务器的请求地址。本示例选用本地存放密钥文件的方式，如下配置中本地存放密钥文件的路径为 conf/api_secret.jwk。

```
server {
    location / {
        auth_jwt "Backend API";
        auth_jwt_key_file conf/api_secret.jwk;
        limit_req zone=10req_per_client;
        proxy_pass http://$backend;
    }
}
```

Nginx 的 ngx_http_keyval_module 模块提供通过 API 操作一个 key/value 共享内存数据库，该库存储在一个共享内存 zone 中，通过 API 操作根据 key 的值更新 value 的值。结合 if 指令可在每一次客户端开发者 App 的请求中根据不同的 value 的值，而设定不同的转发行为。keyval_zone 指令用于设置 key/value 数据库，具体语法如下：

```
keyval_zone zone=name:size [state=file] [timeout=time] [type=string|ip|prefix] [sync];
```

- state：可用于持久化，key/value 存在内存数据库中，配置此参数可将 key/value 持久化到文件中。
- timeout：控制 key/value 多久从库中自动被删除。
- type：定义索引，如果有大量 key/value 设定，则定义索引是必需的，可能的值为 string、ip、prefix。string 默认不使用索引，采取精确匹配；ip 为 ipv4/ipv6/CIDR 地址索引，检索的 ip 精确匹配或属于某个子网；prefix 为前缀匹配，key/value 中的 key 必须是待检索 key/value 的前缀。
- sync：用于控制是否在集群内同步，此参数只有在 API 网关集群部署的情况下使用。

keyval 指令查找 key/value 中的记录，获得对应的 value 值并存到指定的变量里，由于需要通过 API 动态更新 value 值，因此需要 Nginx 的 API 模块，并打开相应的配置。以上获取 API KEY、设定限流及 A/B 测试规则在 API 技术平台中都是通过 API 管理系统进行的，将这三个场景结合在一起，Nginx 的完整配置如下：

```
user   nginx;
worker_processes  2;
error_log  /var/log/nginx/error.log notice;
pid        /var/run/nginx.pid;
events {
    worker_connections  1024;
}
http {
    include       /etc/nginx/mime.types;
    default_type  application/octet-stream;
    log_format  main  '$remote_addr - $remote_user [$time_local] "$request" '
                      '$status $body_bytes_sent "$http_referer" '
                      '"$http_user_agent" "$http_x_forwarded_for"'
                      '$jwt_header_alg $jwt_claim_sub';
    access_log  /var/log/nginx/access.log  main;
    sendfile        on;
    keepalive_timeout  65;
    server {
        listen 8001;
        location /api {
            api write=on;
            access_log off;
        }
        location = /dashboard.html {
            root   /usr/share/nginx/html;
            access_log off;
        }
        location /swagger-ui {
            root   /usr/share/nginx/html;
        }
    }
    upstream backendProduction {
        zone upstream_backend 64k;
        server springboot-2:8080 ;
```

```
    }
    upstream backendTest {
        zone upstream_backend 64k;
        server springboot-1:8080 ;
    }
    keyval_zone zone=canary:64k state=canary.keyval;
    keyval abswitch $abswitchvalue zone=canary;
    limit_req_zone $jwt_claim_sub zone=10req_per_client:1m rate=10r/m;
    server {
        listen 8002;
        if ($abswitchvalue = 0){                    // A/B测试发布配置
            set $backend "backendTest";
        }
        if ($abswitchvalue = 1){
            set $backend "backendProduction";
        }
        location / {
            auth_jwt "Backend API";                 // API鉴权配置
            auth_jwt_key_file conf/api_secret.jwk;  // API鉴权配置
            limit_req zone=10req_per_client;        // 限流配置
            proxy_pass http://$backend;
            proxy_set_header API-Client $jwt_claim_sub;
        }
    }
}
```

如上配置中，注释标注的分别为 API 请求限流配置（限制为每分钟允许访问 10 次）、API 鉴权配置、A/B 测试发布配置。在一个 API 技术平台中 API 网关是由多个 Nginx 实例池化管理，开发者应用在注册时通常会选择一个或多个 Nginx 实例进行规则下发配置，本示例中根据上面的配置文件启动一个 Nginx 实例：

```
docker run -it --rm --name nginx --link springboot-1 --link springboot-2 -p 8001-
8002:8001-8002 -v apigw.conf:/etc/nginx/nginx.conf:ro -v api_secret.jwk:/etc/
nginx/conf/api_secret.jwk:ro nginx:23-r1
```

启动完成后可通过 8001 端口（http://localhost:8001/api）调用 API 设定 abswitchvalue 的值，通过 Swagger UI（http://localhost:8001/swagger-ui）查看 Nginx API 网关的 API 文档，例如设定 abswitchvalue 值的 API，如下 API 调用模拟 API 管理系统设定 API 后端对外提供服务的版本为 0.0.8：

```
curl -X POST "http://localhost:8001/api/6/http/keyvals/canary" -H "accept:
application/json" -H "Content-Type: application/json" -d "{ \"abswitch\": \"0\"}"
```

如上命令执行了 POST API 调用，设定 abswitch 的值为 0。通过 8002 端口调用 API 查看 API 后端的信息：

```
$ curl http://localhost:8002/info
<html>
<head><title>401 Authorization Required</title></head>
<body>
<center><h1>401 Authorization Required</h1></center>
<hr><center>nginx/1.19.5</center>
</body>
</html>
```

API 后端信息没有正常返回,"401 Authorization Required"错误提示 API 请求为未授权的访问。API 请求中指定 API KEY 后再次访问:

```
$ curl -H "Authorization: Bearer $API_KEY" http://localhost:8002/info
{group=io.cloudadc, app=backend, version=0.0.8}
```

从返回结果可以看到 API 提供者的组织为 cloudadc.io,对应提供 API 的 App 名称为 backend,版本为 0.0.8。模拟 API 管理系统设定 API 后端对外提供服务的版本为 0.0.9:

```
curl -X PATCH "http://localhost:8001/api/6/http/keyvals/canary" -H "accept: application/json" -H "Content-Type: application/json" -d "{ \"abswitch\": \"1\"}"
```

如上命令执行了 PATCH API 调用,设定 abswitch 的值为 1。通过 8002 端口调用 API 查看 API 后端信息:

```
$ curl -H "Authorization: Bearer $API_KEY" http://localhost:8002/info
{group=io.cloudadc, app=backend, version=0.0.9}
```

从返回结果可以看到后端 API 的版本为 0.0.9。接下来模拟客户端应用以每分钟超过 10 次的速率访问 API:

```
$ for i in {1..20} ; do curl -H "Authorization: Bearer $API_KEY" http://localhost:8002/info ; done
...
<html>
<head><title>503 Service Temporarily Unavailable</title></head>
<body>
<center><h1>503 Service Temporarily Unavailable</h1></center>
<hr><center>nginx/1.19.5</center>
</body>
</html>
```

可以看到超出请求限流后 API 调用返回失败,错误提示为"503 Service Temporarily Unavailable"。上面通过 API 技术平台中三个常见的场景说明 Nginx 可编程性在 API 网关和 API 安全中灵活运用的能力,Nginx 的强大生态也是常见 API 技术平台中选择 Nginx 作为 API 网关的主要原因。Nginx 生态圈比较庞大,基于 Nginx 开发衍生出来的 API 技术平台框架比较多,如图 6-20 所示,如 OpenResty、Kong、Orange、Apisix、Tengine 等,它们都是基于 Nginx 来实现负载均衡、反向代理等,这些衍生出来的框架同样很受欢迎。

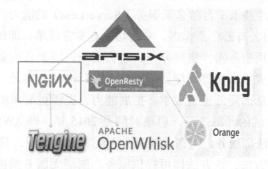

图 6-20　Nginx 生态

OpenResty 是一个基于 Nginx 与 Lua 的高性能 Web 平台，其内部集成了大量精良的 Lua 库、第三方模块以及大多数的依赖项，用于方便地搭建能够处理超高并发、扩展性极高的动态 Web 应用、Web 服务和动态网关。Kong 基于 OpenResty 构建，它将通过 Kong 网关调用的后端微服务 API 封装出了四个对象。

1）服务：对 API 消费者来说，一个服务代表上游微服务提供的 API，相当于 Nginx 负载均衡中的 upstream，对 API 提供者来说，服务代表 Kong 平台管理的微服务。

2）路由：一个服务要能被访问，需要添加一条路由，Kong 平台中路由主要做的事情是在请求到达 Kong 后将请求发送到后端的服务，一个服务可以创建多个路由。

3）插件：Kong 提供了一系列模块化的插件，是它对 API 控制能力的具体体现，例如前面 Nginx 示例中展示的请求限流、API 安全 Token 等在 Kong 中都是通过插件配置实现的。

4）消费者：代表终端用户 API 消费者。

除了抽象出四个对象外，Kong 还提供完善的 REST API，任何操作，包括创建服务、添加路由、创建插件等都可以通过 REST API 进行，而不需要直接编辑界面。Kong 还提供持久化数据库将 API 网关上的配置策略持久化保存，使得 Kong 可方便地在多数据中心、跨云的场景下部署。使用 Kong 运行前面 Nginx API 网关示例会相对简单一些，具体步骤如下：

```
// 1. 添加服务
http post localhost:8001/services name=backend url=http://springboot-1:8080/info
// 2. 添加路由
http post localhost:8001/services/backend/routes hosts:='["example.com"]'
// 3. 创建API KEY 插件
http post localhost:8001/services/backend/plugins name=key-auth
// 4. API 请求
http get localhost:8000/info host:example.com apikey:jasonkey
```

通过三次 Kong 管理 API 的调用即可完成 backend 服务创建、为 backend 服务分配路由及 API 安全的配置。与 Kong 架构类似，APISix（https://github.com/apache/apisix）提供动态、实时、高效的 API 网关，它直接基于 Nginx 构建，通过 etcd 来持久化保存 API 网关上的配置策略，与现代微服务应用性能管理、可视化、监控等框架有效结合，可以对国内金融行业使用较多的 Dubbo 服务做接入，进行 HTTP 到 Dubbo 协议的转化等。

OpenWhisk（https://github.com/apache/openwhisk）是使用 Nginx 作为接入网关构建的无服务框架，可为 API 技术平台带来无服务（ServerLess）的能力。无服务仅有很短的历史（5 到 6 年），最早是由公有云厂商提出，它的切入点非常简单，即传统应用开发绕不开将应用部署到什么样的应用服务器，集群分布式怎么实现，需要采购多少台应用服务器，这些应用服务器带来运维成本升高等话题，所以公有云厂商的方案是，去除应用服务器，将应用运行在公有云上，从而降低运营成本、扩展能力、提供更简单的管理等。OpenWhisk 属于早期无服务构建尝试的开源产品，启动时间是 2015 年，即 AWS Lambda 出现一年后启动。无服务架构的方法即服务，与在 API 网关上配置服务类似，只需在 OpenWhisk 上创建一个任意编程语言的方法，该方法即可提供服务。围绕无服务架构理念，OpenWhisk 也抽象出了一系列对象，被称作 OpenWhisk 中的概念。

1）触发器（Trigger）：可能触发一个活动的事件，例如，当一个新的人加入聊天室（newPersonJoin）。

2）活动（Action）：事件的处理器，一段短生命周期的代码处理一个事件，例如，一个 JavaScript 输出 hello! welcome $event。

3）规则（Rule）：触发器和活动关联在一起，例如，当 newPersonJoin 这个事件发生，执行 hello.js。

4）顺序（Sequence）：一组方法的编排，例如，方法 A 调用方法 B 并将结果发送给方法 C。

5）原料（Feed）：一组事件流可以通过点击或 Web 代理触发一个触发器，例如，一个数据网格连续查询可触发多个方法，是 Web 应用的一个点击流。

6）包（Package）：将一组活动、触发器、原料打包，例如 Slack、GitHub。

下面以部署一个 Node.js 方法为例来说明基于 Nginx 构建的 OpenWhisk 为 API 技术平台提供方法即服务的能力，首先创建 greeter.js，内容如下：

```
function main(params) {
    var name = params.name || 'Guest';
    return {payload: 'Welcome to API Gateway Functions, ' + name};
}
```

公有云或成熟的 API 技术平台上的无服务可直接在界面上点击编辑创建方法，本部分示例操作时通过 OpenWhisk 的命令行实现，需要先创建 Node.js 方法文件，接下来使用 OpenWhisk 的管理命令行创建方法：

```
$ wsk -i action create greeter greeter.js
ok: created action greeter
```

创建成功后即可访问服务：

```
$ curl -k https://openwhisk-faas/api/v1/web/whisk.system/default/greeter?name=Kylin
Welcome to API Gateway Functions, Kylin
```

前面讨论的 Kong、OpenWhisk 等都是以 Nginx 为核心构建了较强的 API 网关能力，除了前面列举到的这些 API 网关外，还有大量其他的 API 网关的产品也是基于 Nginx 构建。一个开放 API 技术平台中除了 API 网关还有一个重要组件——API 管理系统，API 管理系统除了和 API 网关配合，为特定 API 调用者配备特定的策略外，还负责对外对上游客户生态、技术创新合作伙伴的管理，以及对内对 API 生命周期的管理，接下来讨论 API 管理系统。

6.4.2 API 管理系统

API 管理系统是整个开放 API 技术平台的控制大脑，金融行业通过开放平台将自己的服务和数据开放出去，这些数据和服务如何被金融行业的客户、第三方合作生态以及创新合作伙伴消费并带来新的业务机会？这是 API 管理系统主要解决的问题，业界 API 管理系统都会遵循一个标准流程：依托开发者门户，开发者完成以下 4 个步骤即可完成与金融行业 API 开放平台的对接。

- 注册；
- 创建开发者 App；
- 开发者 App 计划及 API KEY 设定；
- API 文档。

图 6-21 所示为某银行 API 开放平台开发者门户上 App 的注册步骤，完成遵循 API 管理系统的流程和步骤。事实上金融行业对 API 管理技术的应用源自互联网行业的实践总结，API 管理平台在互联网公有云行业已有成熟的应用，并催生出 API 经济。例如拍卖网站 eBay 在 2000 年开放 API，目前已累积数万个应用服务，透过 API 而来的交易约占总交易的七成；Amazon 于 2002 年开放 API，让小型零售商在其电子商务平台开店，Amazon 也因此增加了商品种类，提高了交易金额，之后在 AWS 公有云服务上也开放了服务接口，协助新创企业以较低成本构建所需资讯应用环境，造就了 Amazon 在公有云服务市场的领先地位；阿里巴巴也是 API 经济的实践者，它旗下的天猫、淘宝、物流、支付等都有开放 API 供合作伙伴和客户生态使用。API 管理平台提供上面四个步骤遵循的原则是让开发者尽可能简单地消费自己提供的 API，每一个注册的客户或合作伙伴，以及每一个客户或合作伙伴创建的 App 都是 API 管理平台主要的管理对象。

图 6-21 某银行 API 开放平台开发者门户上 App 的注册步骤

首先是注册，类似于在社交网站上注册一个账号发送或转发图片文字信息，在 API 管理平台上注册成为合作伙伴或客户后即可调用金融行业的核心业务，例如通过 API 调用进行对公账户服务、查询账户交易明细、交易金额、收付款人信息等。与在社交网站上注册账户不同，在 API 管理平台上注册成为客户或合作方通常需要提供如资历证明、营业执照等附件。

创建 App 需要指定 App 的名称、App 的描述。App 名称通常要求包括注册方组织的名称与业务的组合。创建 App 时还需要选择认证的方式等，App 创建完成后会生成 App ID，用于唯一标识 App。创建完成后还会生成认证 KEY 等，在客户端应用调用 API 时，App ID、认证 KEY 都需要传递到 API 管理系统，用来进行请求的认证与鉴权。图 6-22 所示为在某银行 API 开放平台上创建开发者 App。

图 6-22　某银行 API 开放平台上创建 App

开发者 App 除了关联认证鉴权的 ID 和 KEY 之外，还会关联多个 API，通常 API 开放平台上会有多种类型的 API，开发者注册完 App 后并不能访问这些 API，只有将 API 关联到 App 后开发者才能访问。API 开放平台不同类型的 API 通常代表某特定业务，开发者如何能快速调用这些 API 和金融开放服务进行对接呢？这就需要 API 规范文档。OpenAPI 规范（OAS）定义了一个标准的、与语言无关的 RESTful API 接口规范，它允许开发者和计算机在阅读源代码的情况下查看并理解某个服务的功能。OpenAPI 规范最主要的根对象包括 info 和 paths，info 包括 API 元数据信息，paths 是对所有提供 API 的路径、操作、参数的描述。

```
info:
  description: This is a Open SPDB Bank API sample server by 直销银行2.0
  title: 直销银行 2.0
  version: 1.0.0
  contact:
    email: api-admin@spdb.com.cn
  license:
    name: 浦发银行API开放平台
    url: 'https://open.spdb.com.cn'
host: api.spdb.com.cn
basePath: /
produces:
  - application/json
  - application/xml
schemes:
  - https
securityDefinitions:
  JWT:
    type: apiKey
    in: header
    name: Authorization
```

如上为某直销银行 API 规范文档的根对象示意，根对象中定义了 API 版本、名称、访问 API 的主机名及根路径等。

```
/accounts/cashTransferStatus:
    get:
```

```yaml
      parameters:
        - name: X-SPDB-Client-ID
          description: 应用标识
          in: header
          required: true
          type: string
          format: none
        - name: X-SPDB-SIGNATURE
          description: 报文签名
          in: header
          required: true
          type: string
          format: none
        - name: raw
          description: 请求报文体
          in: body
          required: true
          schema:
            type: object
            properties:
              transNo:
                type: string
                description: 原交易流水号
                format: none
              rqsSeqNo:
                type: string
                description: 前台流水号
                format: none
      consumes:
        - application/json
      produces:
        - application/json
      summary: '电子账户提现状态查询 (OPC103100201000100000900) '
      description: 针对提现业务场景，需要在完成提现处理后，对提现结果进行查询，以确定是否提现成功。
      tags:
        - 账户公共服务
      responses:
        '200':
          description: 通信成功
          schema:
            type: object
            properties:
              statusMsg:
                type: string
                description: 返回信息
                format: none
              statusCode:
                type: string
                description: 返回状态码
                format: none
              transNo:
                type: string
                description: 交易流水号
                format: none
              transferType:
                type: string
                description: 提现状态
                format: none
```

```
              headers: {}
         '401':
              description: 无访问权限
         '404':
              description: 找不到请求路径
         '405':
              description: 非法的请求方式
         '429':
              description: 请求次数超过限制
         '500':
              description: 请求参数有误
         '501':
              description: 数据错误
         '503':
              description: 限流错误
         '577':
              description: 重复请求
```

如上是一个 path 对象的描述，定义了一个 GET 请求 API，路径为 /accounts/cashTransferStatus，描述部分详细说明了该 API 的功能描述，即针对提现业务场景，需要在完成提现处理后，对提现结果进行查询，以确定是否提现成功。GET 请求中需要三个参数，X-SPDB-Client-ID、X-SPDB-SIGNATURE、raw，其中 X-SPDB-Client-ID 为应用标识，X-SPDB-SIGNATURE 为报文签名，在创建开发者 App 时创建，raw 为请求报文体，开发者可根据这个描述开发应用程序调用此 API。

```
curl -X 'GET' \
  'https://api.spdb.com.cn/accounts/cashTransferStatus' \
  -H 'accept: application/json' \
  -H 'X-SPDB-Client-ID: d7c421da-c35f-4168-ad27-8ac58ad769b1' \
  -H 'X-SPDB-SIGNATURE: 8ac58ad769b1' \
  -H 'Content-Type: application/json' \
  -d '{
  "transNo": "20190379245",
  "rqsSeqNo": "afgd2t78asdfvgh6qw5"
}'
```

API 是开放平台的核心，API 管理系统管理着金融行业内部对外提供服务和数据 API 的全生命周期，并通过对 API 全生命周期的管理实现对内的规范管理及标准制定。

首先是 API 的设计，结合业务战略需求，进行以 API 为中心的设计，生成接口契约 Open API 规范文档。接口契约可预先提供给外部第三方合作伙伴、创新合作伙伴等，以便他们尽早开始测试。大多数 API 管理系统会有 Mock API 功能，即在没有 API 接口实现的情况下，外部的 API 消费者也可通过 API 网关调用该 API，只不过返回的数据是测试数据。同时接口契约会对内分发给具体的应用开发部门，应用开发部门会进行开发实现接口契约。

API 接口契约的实现采用微服务的方式，Spring Boot、Node.js、Python 等流程的编程语言及微服务开发框架通常会被采用。CI/CD 流水线保证持续整合、持续部署、持续反馈，持续整合可实现 API 接口契约的相关开发、测试、运维及支持人员之间的轻松切换；持续部署可按天周期性地实现自动化发布，让测试人员及时测试开发者的开发结果；持续反馈可在 API 接口契约开发的过程中，以及微服务应用生命周期的各个阶段寻求来自利益相关方的反馈，根据反馈快速实施改进迭代。接口契约的实现可以尽可能地复用及扩展现有的 API，而不是从零开始建设。图 6-23 为在 API 管理系统中修改 API 后端访问路径。

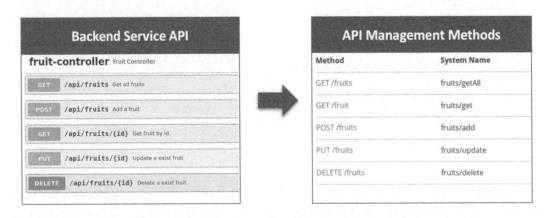

图 6-23　API 管理系统中修改 API 后端访问路径

接下来是部署 API，将其发布到 API 管理系统，提供文档并向上游合作伙伴、客户的开发者宣传。通常 API 管理系统支持通过 OpenAPI 规范批量导入发布的方式，在 API 发布的过程中可对具体访问路径进行调整编辑，针对不同的 API 方法调用制定不同的请求限流策略，针对不同 API 方法设定不同的监控可视化策略，以及 API 访问认证授权方式等。

最后是 API 上线后运营。API 上线后也可根据需求进行维护并修补 API，API 提供者项目团队提供技术支持。在运营过程中实时监控 API 安全、用法、用量、商业价值等，通过检视这些指标，从而决定下一步运营的方向，并在新版本的 API 迭代中及时调整业务战略方向。

6.5　本章小结

本章首先围绕服务注册与发现，介绍了 Kubernetes 内微服务应用注册与发现机制，Kubernetes 内容器应用的发布，以及全局服务注册与发现，随后讨论了如何建设敏态 API 开放平台。

第 7 章

分布式事务的架构与实现

我们知道,容器云主要适合无状态的、较为轻量级的应用。因此,如果一个大的单体应用想在容器云上运行,就需要进行拆分。从事务角度来说,就是将一个本地事务拆成分布式事务。本章将介绍分布式事务的架构与实现。

7.1 分布式事务概述

本节将介绍事务的概念、分布式事务产生的原因及分布式事务的实现。

7.1.1 什么是事务

事务(Transaction)在这里是指"事务处理",维基百科对于事务处理的定义如下:"在计算机科学中,事务是无法被分割的操作,而事务处理就是被分割为个体的信息处理。事务必须作为一个完整的单元或成功或失败,不可能存在部分完成的事务。"

下面我们从数据库视角介绍事务处理。

在数据库操作中,事务是由一条或者多条 SQL 语句组成的一个工作单元。只有当事务中的所有操作都正常完成,整个事务才会被提交到数据库,如果有任意一项操作没有完成,则整个事务被撤销。

例如张三给李四转 200 元钱,对应的 SQL 语句如下:

```
UPDATE ACCOUNT set MONEY=MONEY-200 WHERE NAME='zhangsan';
UPDATE ACCOUNT set MONEY=MONEY+200 WHERE NAME='lisi';
```

转钱这件事,就是一个事务。所以,事务是以数据为核心的,而数据保存在数据库或缓存中。因此,应用如何操作数据就成为事务中的关键。

分布式事务的概念，是针对本地事务而言的。那么，什么是本地事务？本地事务和分布式事务如何实现？我们将在下文进行介绍。

7.1.2　分布式事务产生的原因

事务的核心是操作数据，本地事务中一次业务请求只操作一个数据源（数据库/缓存）。也就说，如果一次请求只涉及一个数据库的表，那么就不存在分布式的问题，这属于本地事务（Local Transaction，LT）。如果一次请求涉及两个数据库的表，这时候就要用到分布式事务（Distributed Transaction，DT）。主流数据库都支持事务管理。

本地事务的典型代表是 Java EE 应用 + 关系型数据库，其还需要符合 ACID 标准。本地事务由于一次请求只涉及一个数据库的表或一个缓存，因此比较容易达到 ACID 标准。

- 原子性（A）：整个事务中的所有操作，要么全部完成，要么全部不完成，不可能停滞在中间某个环节。例如，笔者向张三转账 1000 元，要么转账成功，1000 元到账；要么转账失败，不存在转账成功一半，转了 500 元的情况。
- 一致性（C）：事务必须始终保持系统处于一致的状态，不管在任何给定的时间并发事务有多少。还以转账为例，假设张三、李四、王五三个人每人账户上都有 100 元，共有 300 元。张三给李四转账 10 元，李四给王五转账 50 元，王五给张三转账 100 元。最后三个人账户的总额必须仍是 300 元。
- 隔离性（I）：如果有多个事务同时运行，且执行相同的功能，那么事务的隔离性将确保每一个事务在系统中认为只有该事务在使用系统。即使交易并发执行，看起来也是串行的。
- 持久性（D）：在事务完成以后，该事务对数据库所做的更改便持久保存在数据库之中，不能被回滚。也就是说，一旦交易提交了就不可回滚。这一点很容易理解。比如笔者给张三转账，如果转成功了，就不能再撤销转账了。

事务隔离性的四个级别如表 7-1 所示，级别的数字越高，代表隔离的级别就越高，牺牲的性能也就越多，最高级别是将多个并发事务串行执行，这显然将大幅度牺牲性能。

表 7-1　事务隔离性的四个级别

事务隔离级别	事务隔离描述	能解决的问题	不能解决的问题
1（最低）	Read Uncommitted	无	脏读
2	Read Committed	脏读	不可重复读
3	Repeated Read	脏读、不可重复读	幻读
4（最高）	Serialization	脏读、不可重复读、幻读	无

那么，分布式事务产生的原因是什么呢？本质原因是数据量增加和业务功能需求量增加。当业务产生的数据量不是很大时，可以存在单库单表中。随着数据量的增加，很多时

候分库分表是不可避免的。也就是说，将单数据库单表变成多数据库多表，而不同库不同表之间的数据又有一定关联性。例如一个业务前 1000 万行数据在第一个库中，后 1000 万行数据存在第二个库中，这就产生了一个请求跨数据库访问的可能性。

在单体应用模式下，不存在请求跨多个服务的问题。所有业务都由单体应用负责。但随着业务功能需求种类的增加，我们很难将所有功能模块都放到一个单体应用中，因此必然会出现一个请求跨多个服务的情况，比较典型的领域就是电商。

总结起来，导致分布式事务产生的原因有三种：
- 一个请求需要跨多个服务；
- 一个请求需要跨多个数据（数据库/缓存）；
- 一个请求需要同时跨多个服务和多个数据（数据库/缓存）。

在介绍了分布式事务产生的原因后，我们介绍分布式事务的实现。

7.1.3 分布式事务的整体实现方式

前面提到，本地事务需要遵守 ACID 标准。但在分布式事务中，ACID 标准不再适用，因此业内提出了 CAP 理论。CAP 这三个字母分别代表了分布式系统中三个相互矛盾的属性。
- C（Consistency，一致性）：副本一致性，特指强一致性。
- A（Availability，可用性）：指系统在出现异常时依然可以提供服务的特性。
- P（Partition Tolerance，分区容忍）：当节点与节点之间的通信出现问题时，就称当前的分布式系统出现了分区。分布式系统能够容忍分区的程度，称为分区容忍。

在实践中，我们发现 CAP 三者同时实现是不现实的。针对分布式事务，现实中主要是高吞吐量的 AP 业务和高数据一致性的 CP 业务。AP 是在保证高可用的前提下，尽量实现数据一致性（如异步一致）。CP 是在保证数据强一致性的前提下，尽量实现高可用（如过半写入）。在实际的分布式事务中，CP 业务占到 20% 左右，AP 业务占到 80% 左右。

目前各类分布式框架及其实现方式涉及的概念众多且错综复杂，为了帮助读者理解，我们通过思维导图对这些概念进行展现，尽量做到弱概念、重实现，如图 7-1 所示。

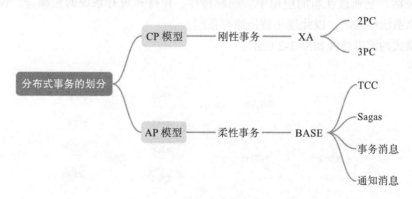

图 7-1 分布式事务的划分

分布式事务中的 CP 模型事务属于刚性事务，其最终往往通过 2PC 和 3PC 实现。在真实的项目中，由于 3PC 较为复杂，所以刚性分布式事务大多使用 2PC 实现。

分布式事务中的 AP 模型事务属于柔性事务。在真实项目中，柔性事务的同步方式大多使用 Sagas 事务补偿实现；异步方式大多使用事务消息实现。将事务消息和 Sagas 相结合，也是分布式事务柔性事务的终极模式。

刚性事务和柔性事务的对比如表 7-2 所示。

表 7-2　刚性事务与柔性事务的对比

	刚性事务	柔性事务
业务改造	无	有
回滚	支持	实现补偿接口
一致性	强一致	最终一致
隔离性	原生支持	实现资源锁定接口
并发性能	严重衰退	略微衰退
适合场景	短事务，并发较低	长事务，高并发

在介绍了分布式事务产生的原因和实现方式后，接下来我们介绍单体应用的拆分。

7.2 单体应用的拆分

本节将介绍单体应用的拆分思路和方式。将单体应用演变成微服务有两种方式：绞杀和修缮。下面展开介绍。

7.2.1 单体应用到微服务的演进

绞杀模式在既有系统资产的基础上实现数字 IT 创新，这种模式在创新的数字 IT 业务方面更加灵活。它通过在新的应用中实现新特性，保持和现有系统的松耦合，仅在必要时将功能从原系统中剥离，以此逐步替换原有系统。

绞杀模式的演进路线如图 7-2 所示。

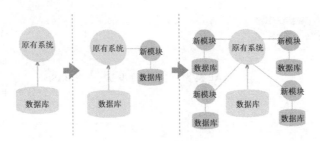

图 7-2　绞杀模式的演进路线

绞杀模式的工作流程如表 7-3 所示。

表 7-3 绞杀模式工作流程

步骤	条目	内容
评估	帮助客户进行标准化评估	• 现有架构的现状 • 开发实践的现状 • 团队能力的现状
工作目标	定义微服务目标架构	• 未来架构由哪些服务组成 • 服务之间的交互模式是什么 • 服务发现和服务注册机制如何建立 • 监控和运维体系如何建立
选服务	选服务遵循相关原则	• 由客户的团队基于客户自身需求和优先级选择 • 由资深顾问给出建议选择的系统
重构	用绞杀者进行微服务化重构	• 持续集成、持续交付 • 基于微服务的自动化体系建立（测试自动化、基础设施自动化、运维监控自动化） • 在重构过程中对架构进行量化分析，帮助团队把握架构演进的方向和质量

修缮模式像从电池组中抽出老旧的、存在性能瓶颈的电池，然后将其在外部进行修缮。这种模式可保证整体和外部电池协同工作且维护方便，其演进路线如图 7-3 所示。

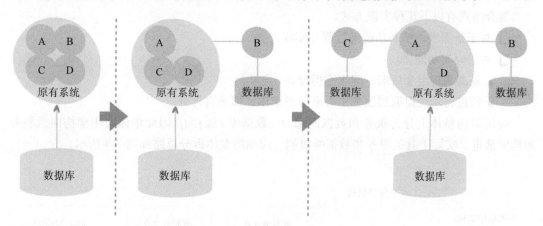

图 7-3 修缮模式的演进路线

修缮模式的工作流程如表 7-4 所示。

表 7-4 修缮模式工作流程

步骤	条目	内容
评估	帮助客户进行标准化评估	• 现有架构的现状 • 开发实践的现状 • 团队能力的现状

(续)

步骤	条目	内容
目标	定义微服务目标架构	• 未来架构由哪些服务组成 • 服务之间的交互模式是什么 • 服务发现和服务注册机制如何建立 • 监控和运维体系如何建立
持续集成建设	搭建或重构脚手架	• 自动化体系建设 • 持续集成流水线建设 • 分支策略梳理 • 架构分析、监控平台建设
重构	用修缮者进行微服务化重构	• API重构 • 依赖情况梳理 • 微服务模块化重构

从上面可以看出，绞杀模式强调新功能、新模块通过微服务模式进行设计并与原有系统对接；而修缮模式强调将原有系统的模块逐渐拆出来。在真实项目中，两者是一起使用的，但绞杀模式使用更多一些，也就是说客户大多数都是基于新的功能模块或者新的业务系统进行微服务构建，并与原系统对接；在条件允许的情况下，才会拆分原有系统的功能模块。我们可以将两者结合使用的模式称为混合模式。混合模式下，原有系统可能需要数月甚至数年才能实现微服务拆分。

混合模式有以下几种实现方式。

❏ 对于新需求，将新功能通过服务实现。
❏ 对于原有功能模块：
  • 隔离表现层和后端，即水平拆分；
  • 通过将功能提取到服务中心来分解单体，即垂直拆分。

应用架构整体上分为服务和数据两部分（数据库/缓存），因此单体应用架构向微服务架构的演进，实际上就是服务和数据的解耦。应用的整体拆分思路如图7-4所示。

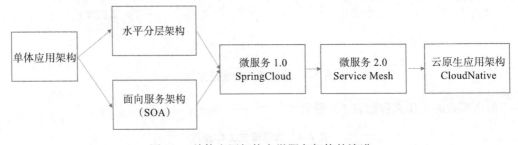

图7-4 单体应用架构向微服务架构的演进

单体应用的拆分方式分为面向服务架构的纵向拆分和面向水平分层架构的横向拆分。在进行纵向拆分时，我们根据业务领域，将一个大的单体应用拆分成多个小的单体应用。

在水平分层架构中,我们对一个小的单体应用按照其 MVC 组件进行进一步拆分,最终将初始的大的单体应用拆分成微服务。微服务 1.0 主要采用 Spring Cloud 治理框架。需要指出的是,随着一些模块不更新或闭源,Spring Cloud Netflix 已经不是开源社区 Spring Cloud 的主流。目前开源社区中的 Spring Cloud Alibaba 更受关注。

在 Spring Cloud 中,微服务网关既负责业务逻辑,又负责微服务治理。而在微服务 2.0 即 Service Mesh Istio 中,微服务治理部分的功能通过 Kubernetes 平台实现,这大大降低了业务开发的复杂度。而在微服务 2.0 后,我们的终极目标是云原生应用架构。关于云原生应用架构的具体实现,请参照《云原生应用构建:基于 OpenShift》一书,本节不再展开讨论。

7.2.2 按照业务领域进行垂直拆分

接下来,我们来看单体应用。单体应用遵循 MVC 结构,典型的单体应用组网拓扑如图 7-5 所示。

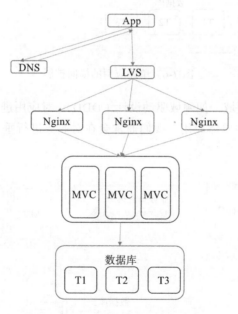

图 7-5 典型的单体应用组网拓扑

在单体应用中有 3 个模块,每个模块都有各自的 MVC 层。同样,在数据库中,针对 3 个模块,也会有 3 个表。如果单体应用能做到无状态化,就能做到横向扩展,如图 7-6 所示。横向扩展在虚拟化时代是比较常用的。

单体应用是一个"巨无霸",我们无法对其中一个功能组件单独升级。而且,如果想给单体应用增加新的功能模块,就要重新开发,整体替换。因此我们需要对这个单体应用进行解耦。

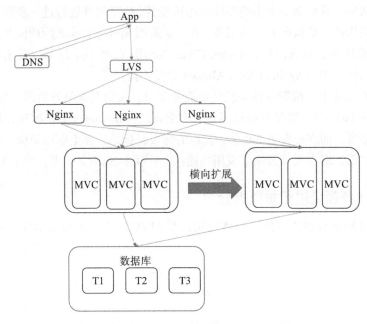

图 7-6　单体应用的横向扩展

接下来，根据业务领域，如领域驱动设计（DDD），对应用进行垂直拆分，即把一个大的单体应用拆成 3 个小的单体应用。我们通常会在对业务进行垂直拆分时，进行单独的分库分表。如图 7-7 所示。

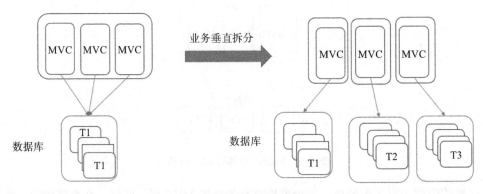

图 7-7　单体应用的垂直拆分

DDD 中较好的落地实践是事件建模（Event Storming）。事件建模是亚当·迪米特鲁克（Adam Dymitruk）创造的一个术语，其也代表一种技术，该技术本身是在其他人工作的基础上建立的，例如埃里克·埃文斯（DD）、马丁·福勒（Event Sourcing）、格雷格·扬（CQRS）和阿尔贝托·勃兰多利诺（事件风暴）。

事件建模技术主要用于识别业务流程中发生的有意义的业务事件。一旦识别出这些事件,它们便构成了设计过程的基础,该设计过程促使 DDD、CQRS 和 ES 中描述的一组处理模式得以实现。

要完成事件建模过程,需要进行以下 7 个步骤。

1)识别事件:确定在执行现有业务流程期间发生的对业务有意义的事件。

2)创建时间线:按时间顺序组织已识别的事件,以使它们共同构成一个连贯的故事。

3)故事板:在按照正确的顺序定义了事件后,考虑参与该过程的不同人员的体验。

4)识别用户输入和命令:每种输入或按钮触发都应引发一个或多个命令,这些命令将被发送到系统进行处理。

5)识别用户所需的信息:用户需要在其屏幕上提供信息,以便做出明智的决定并调用正确的命令。

6)将事件分组为自治组件:一旦了解了流程中不同人员之间的数据流向,就必须决定数据在系统内部的流向。

7)识别消息处理模式:确定消息流中存在的消息处理模式。

由于篇幅有限,我们不对 DDD 的步骤展开说明,感兴趣的读者可以阅读"大魏分享"公众号中的文章《介绍一种能落地的 DDD》。

7.2.3 关系型数据库的分库分表

接下来,我们查看关系型数据库分库分表的实践。需要指出的是,我们并不建议对基于容器云的 MySQL 做分库分表。如果有此类需求,建议优先选择 NewSQL 的方案,如 TiDB。

数据库是根据对业务的拆分而进行分库的,例如分成用户库、商品库、交易库,如图 7-8 所示。每个库都会有自己的从库。

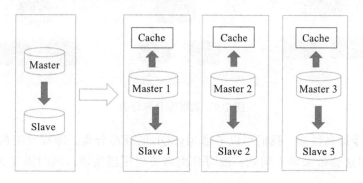

图 7-8 数据库的分库

分库分表的作用:

- 按照业务域,从简单的主从架构,变成多个库的主从架构。
- 从没有缓存变成有缓存。
- 磁盘从 SAS 升级成 SSD。

数据库分表的时候，通过主键（如 UID）进行取模。数据库分表的数量通常取 2 的指数幂。例如主从复制，取 16 张表做主表。在扩容数据库时，把所有的从库提升为主库，然后按照 32 取模（取模是以前的 2 倍），这样就不需要对数据进行复制了。提升之后，需要重新构建从库。分表时的主键是 partition key。

分表是通过主键列取模，如通过 UID 取模，然后将初始的数据库表拆分成多个表。当然，多个表可以在一个库里。

接下来我们看分库+分表两者一起实现的效果，如图 7-9 所示。

- 垂直拆分：分库。
- 水平拆分：分表。
- 分库分表组件：Sharding-JDBC。
- 存在的问题：业务主键选择；业务多维度查询；机器资源使用率低。

在图 7-9 中，我们将一个表分为 3 个部分，然后存到 3 个库中。每个库中又做一主双从设计。

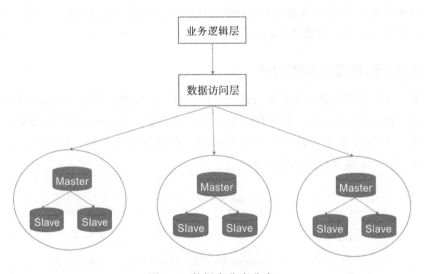

图 7-9　数据库分库分表

为了进一步提高性能，我们可以考虑 MySQL 的读写分离。即写发生在 Master，读发生在 Slave。但这会带来如下问题：读写分离需要应用层实现，同时需要关注非 partition key 读写问题。

此外，数据库做了分库分表之后，应用访问数据库时就需要借助数据库中间件。几种常用的数据库中间件如下所示。

- 对象关系映射：MyBatis3。
- 分库分表：Sharding-Sphere。
- 合并：结果合并。

❑ 数据库连接池：DBCP、Druid、c3p0。

7.2.4 再拆分

前文提到可使用 DDD 方式对应用进行垂直拆分。例如一个电商模型，我们按照业务领域可将其拆分成用户、商品、营销等服务。针对用户、商品这个颗粒度，是否需要继续拆分，具体要看拆分后得到的服务能够承载的业务量是否满足需求。

当业务量增加后，有大量用户要进行注册、登录、查询等操作，就可能造成用户服务无法满足实际需求。这时候，可以对用户服务进行横向扩展。但是，如果登录的用户多，注册的用户却很少，进行横向扩展就会显得颗粒度有些大。此时我们可以基于 API 的方式，对用户服务做进一步拆分，那进行读写分离。例如我们将用户服务按照 API 的方式，继续拆分成注册和登录/查询服务，如图 7-10 所示。

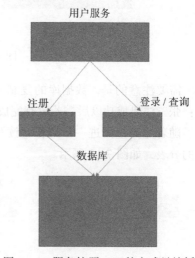

图 7-10　服务按照 API 的方式继续拆分

按 7-10 所示进行拆分后，如果业务请求量比较大，那么可对用户注册和登录/查询服务分别独立进行横向扩展。需要注意的是，业务系统中通常读请求要比写请求多（想象一下双 12 注册京东账户的请求会比登录京东账户进行购物的请求少很多），所以业务系统压力过大，对应用进行横向扩展后，会出现注册服务的实例少于登录/查询的实例数的情况，如图 7-11 所示。

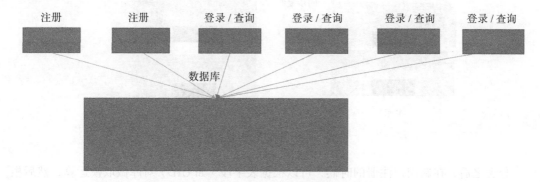

图 7-11　大流量情况下对服务进行横向扩展

随着我们对应用的进一步拆分，业务逻辑的处理能力得到扩展，但数据库的压力增加了。这时候，我们可以考虑做读写分离，如图 7-12 所示。读写分离包括 3 个部分：做数据库复制，写请求访问主库，读请求访问从库。

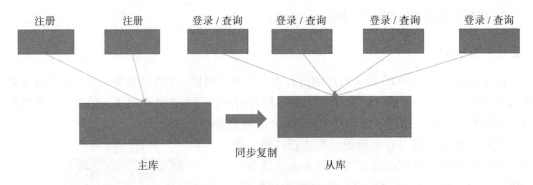

图 7-12　数据库的读写分离

需要注意的是,数据库的复制一定要同步进行,异步复制会带来业务逻辑的问题。例如,张三注册成功以后,若没有完成主从库同步,则其尝试登录时会被提示登录失败。

随着业务量的进一步增长,读写分离也不能解决数据库的性能问题,怎么办?做数据库的分表,如图 7-13 所示。

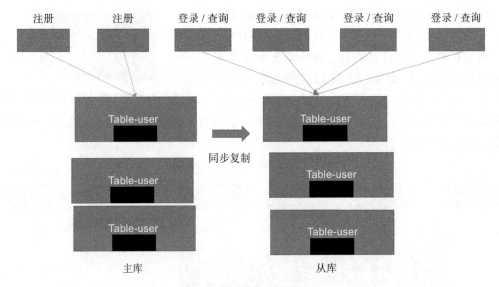

图 7-13　数据库的分表

分表之后,在新用户注册的时候,可以根据表字段(如 UID)对库做取模运算,然后根据得到的结果把信息注册到相应的库里。例如用户的 UID 是 5,5 对 3 取模,得到 2。所以行记录就需要写在最后一个主库上(库的标号是 0、1、2)。这样,当登录/查询服务查询 UID5 时,就查询第三个从库。

上述内容就是服务按照 DDD 拆分后,按照 API 进一步进行拆分的考量。当然,还可以根据业务量考虑进一步拆表。

那么，应用 DDD 拆分，是否一定要以 API 的方式进一步做纵向拆分呢？这和业务量有关。如果没有遇到业务性能问题，不用强制拆分。

实际上，红帽发布的针对电商的微服务 CoolStore demo，就是应用 DDD 拆分后按照 API 进行了进一步拆分，如图 7-14 所示。举例来说：评星（Rating）和评论（Review）服务是两个独立的微服务。如果按照 DDD 粗颗粒度进行划分，我们完全可以把它们放在一个评级服务中。所以说，这个 Demo 的拆分颗粒度很细。

图 7-14　部署好的微服务

在介绍了单体应用的垂直拆分后，接下来我们介绍单体应用的水平拆分。

7.2.5　按照功能进行水平拆分

水平拆分是针对单体应用按照功能（如 MVC）进行的拆分。MVC 中的 V 由网关层替代、C 由业务逻辑层替代、M 由数据访问层替代，如图 7-15 所示。

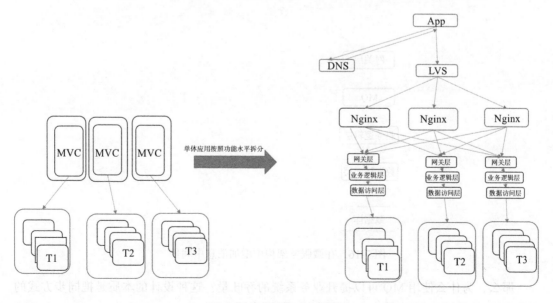

图 7-15　应用的水平拆分

当单体应用经历了垂直拆分和水平拆分后,实际上就演变成了微服务。如前文所述,微服务 1.0 通常采用 Spring Cloud 微服务治理模型。在 Spring Cloud 中,网关包含业务逻辑和通信部分(限流、熔断等)。也就是说,微服务的治理是代码侵入式的。例如,如果我们想用 Hystrix 熔断服务,就需要在应用代码中引入对应的 Jar 包。微服务 2.0 的 Service Mesh,相当于对微服务网关的功能做了进一步拆分,将业务逻辑和通信部分拆开。

7.2.6 微服务架构的异步实现

在微服务架构中,如果我们想提升业务系统的吞吐量,可以在 API 网关和业务逻辑层之间增加消息中间件(MQ),如图 7-16 所示。这样,虽然网关到 MQ 是同步调用、MQ 到业务逻辑层也是同步调用,但网关到业务逻辑层是异步调用。虽然增加 MQ 会增加业务请求的延时,但也会大幅提升业务系统的吞吐量。

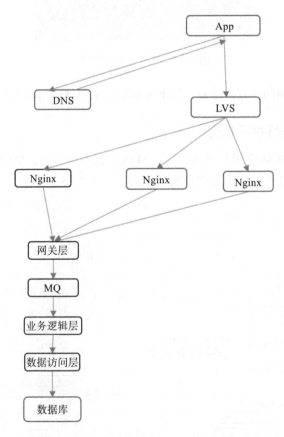

图 7-16　在微服务架构中增加消息中间件

那么,为什么使用 MQ 可以提升业务系统的吞吐量?这种设计的本质是把同步方式的对数据库的随机写,变成异步方式的对 MQ 的顺序写。

我们以 RocketMQ 为例，其架构如图 7-17 所示。

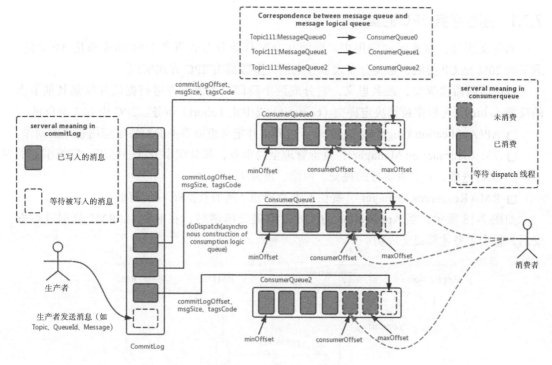

图 7-17　RocketMQ 的架构

在 RockerMQ 中，消息生产者写消息是以顺序追加的方式存在 CommitLog 文件中的，CommitLog 是消息主体。然后 dispatch 线程把消息的偏移量和大小从 CommitLog 中读出来，按主题、队列的形式消费队列。也就是说，队列放的不是消息主体，而是消息的索引信息。

CommitLog 以物理文件的方式存放，每个 Broker 上的 CommitLog 被本机器所有 ConsumeQueue 共享。为了提升消息读取的性能，RocketMQ 默认会把 CommitLog 以 1GB 大小进行拆分。此外，对于 MQ 系统，尽量使用 SDD 或 NVRAM。

如果我们不使用 MQ，那么客户端的大量请求都需要写到数据库后才返回请求成功。在使用了 MQ 后，请求将数据写入消息队列后，即可返回写成功，然后消息队列中的数据再同步到数据库中。由于 MQ 中的 CommitLog 是顺序写，所以可以大幅提升业务的吞吐量。

在介绍了从单体到微服务的拆分以及微服务架构的异步实现后，接下来我们结合微服务，介绍分布式事务的具体实现。

7.3　分布式事务在微服务中的实现

本节将结合微服务的架构，介绍分布式事务如何落地。我们会更关注微服务在主流基础平台，如 Kubernetes 和 OpenShift 上的实现。

7.3.1 刚性事务 2PC 的实现

如前文所述，在实际的应用中，即使在金融行业分布式事务中的 80% 都是 AP 类的。剩下的 20% 是 CP 类的，这类分布式事务则绝大多数都由 2PC 方式实现。

2PC 即两阶段提交，顾名思义，它分成两个阶段，先由一方进行提议并收集其他节点的反馈（vote），再根据反馈决定提交（commit）或中止（abort）事务。2PC 中有 3 个角色：

- AP(Application Program)：定义事务边界，并定义组成事务的对特定应用程序的动作。
- TM（Transaction Manager）：负责管理全局事务，如分配事务唯一标识、监控事务的执行进度，并负责事务的提交、回滚、恢复等。
- RM（Resources Manager）：提供对共享资源（例如数据库）的访问。

如图 7-18 所示，当 Application 向 TM 发出提交申请后，在 RM1 和 RM2 分别进行提交后，整个事务才算提交成功。

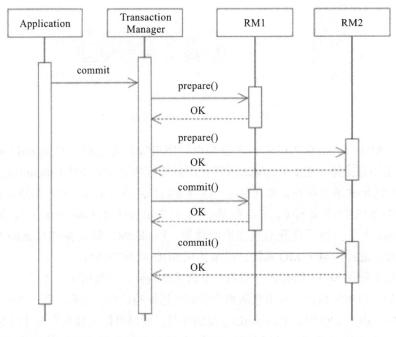

图 7-18　2PC 的实现

2PC 的缺点：它是同步阻塞模型，数据库锁定时间过长，全局锁（隔离级别为串行化）并发低，不适合用于长事务场景（即当 RM 比较多的情况）。

2PC 主要通过 Java 代码实现。刚性分布式事务在容器云中极为少见，因此我们不再展开说明。

7.3.2 柔性事务中事务消息的实现

在柔性分布式事务中，事务消息解决的是什么问题？我们先看一个常见的场景。

一个分布式事务由两个本地事务组成。两个事务之间有个 MQ。A 事务执行成功后（1），向 MQ 发送消息（2），然后 B 事务消费消息（3）并执行本地事务（4），如图 7-19 所示。

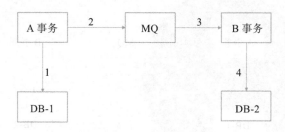

图 7-19　分布式事务的实现

那么，事务消息解决的是什么问题呢？它解决的步骤 1 和步骤 2 的原子性问题。也就是说，把事务 A 写入数据库和往 MQ 发消息这两件事，做成一个原子事务。两件事要么一起成功，要么一起失败，如图 7-20 所示的圆圈标识。

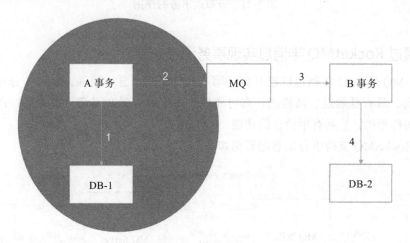

图 7-20　事务消息

而分布式事务保证的是什么？是步骤 1、2、3、4 对应的这四件事的原子性。也就是说，这四件事要么一起成功，要么一起失败，如图 7-21 椭圆部分所示。

所以，事务消息不完全等同于分布式事务，但它大大简化了事务分布式模型。它将两次 RPC 调用（一次分布式事务至少两次 RPC 调用）简化成一次 RPC+ 发送消息。因此事务消息对业务非常友好。

事务消息的最终实现有两种方式。

❏ 通过 RocketMQ 半消息实现：借助具有半消息功能的消息中间件实现。

❑ 通过本地事务表实现：通过本地数据库消息表实现，对消息中间件的类型无要求。

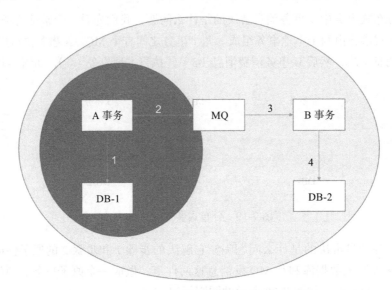

图 7-21　分布式事务的作用

7.3.3　通过 RocketMQ 半消息实现事务消息

RocketMQ 是 2012 年阿里巴巴开源的第三代分布式消息中间件，是一个分布式消息和流数据平台，具有低延迟、高性能、高可靠性、万亿级容量和灵活可扩展等特性。与普通的消息中间件相比，它具有半消息的功能。

通过 RocketMQ 支持事务消息的架构如图 7-22 所示。

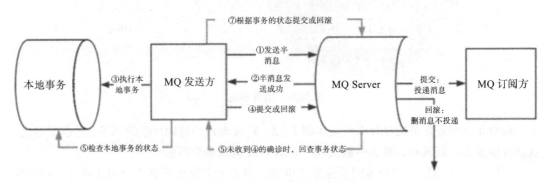

图 7-22　RocketMQ 事务消息的实现

接下来，我们对图 7-22 中所示的步骤进行分析。

1）MQ 发送方（即业务逻辑）发送半消息给 MQ Server。半消息的特点是消息不会被消费者消费，先存在 MQ 中。

2）MQ Server 告诉 MQ 发送方，半消息发送成功（这个通知是同步交付的）。

3）MQ 发送方（即业务逻辑）访问数据库、执行本地事务。然后 MQ Server 把消息投递给 MQ 订阅方。

4）MQ 发送方告诉 MQ Server，是否投递消息。如何告诉 MQ Server 投递消息，那么 MQ Server 会把半消息变成确认消息，进行消息投递。

5）MQ Server 没有收到步骤 4 的确认消息，就回查 MQ 发送方，看消息是否需要投递。

6）MQ 发送方查数据库，看此前本地事务是否提交、是否成功。

7）MQ 发送方根据查询数据库的结果，告诉 MQ Server 是提交还是回滚。然后 MQ Server 决定是否投递消息。如果步骤 1 中，MQ 发送方发送半消息后，MQ 发送方宕机或者因为一些原因本地事务执行失败，那么按照步骤 5 和步骤 6 回查，当发现事务未成功时，就会把半消息从 MQ Server 中删除。

在上面的方案中，所有事务一致性都由 RocketMQ 保证。因此业务代码中业务需要提供回查接口，这将增加开发的工作量。

接下来，我们介绍事务消息的另外一种实现方式：使用本地事务表。

7.3.4 通过本地事务表实现事务消息

本地事务表是 ebay 提出的分布式事务解决方案，该方案的核心思想是分布式系统在处理任务时通过消息日志的方式来异步执行。消息日志可以存储在本地文本、数据库或消息队列中，然后通过业务规则定时任务或人工重试。

我们借助本地事务表实现柔性事务的异步模式，即在本地数据库中放一个消息表，通过本地事务管理器维护事务消息表（扫描发送、清理），如图 7-23 所示。

我们用一个实际案例来说明。在京东搜索图书《OpenShift 在企业中的实践》，将其放在购物车里，然后到支付界面。由于觉得书价有点高，因此没再继续支付操作。

在此过程中，业务系统做的事情是：订单数据服务在两个数据库表里写入信息，一个是 orders 表，另一个是 mqMsgs 表，也就是消息表。表中存放的就是支付消息。这两个表的写操作在同一个数据库连接里完成。因此这两个表的写操作就是一个本地事务。

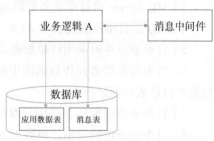

图 7-23　通过本地事务表实现事务消息

在进行柔性分布式事务设计时，我们需要同时考虑同步和异步场景，同步方式采取 Sagas，异步方式采取事务消息。接下来，延展上面介绍的京东购物案例，展示完整的事务消息工作模型，如图 7-24 所示。

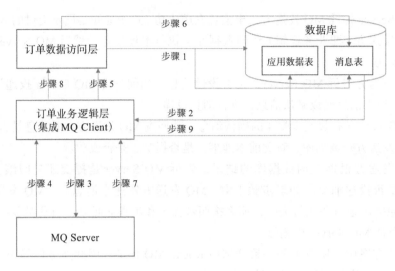

图 7-24　事务消息工作模型

针对图 7-24，我们进行详细说明。

1）在京东搜索图书《OpenShift 在企业中的实践》，将其放在购物车里，然后停留在支付界面。这时订单数据服务在两个数据库表里写入信息，一个是 orders 表，同一个是 mqMsgs 表。

2）订单业务逻辑从数据库消息表中读取消息，写入 MQ 中，这是通过定时任务实现的（它是个子线程），业务逻辑层有 MQ Client。这个定时任务就是从数据库表读信息，然后将信息投递到 MQ 上。

3）MQ Server 给订单业务逻辑返回 ACK。

4）MQ 给订单业务逻辑发 ACK。

5）订单业务逻辑调用订单数据访问服务，发起删除消息记录。

6）订单数据服务操作数据库中的消息表，删除表中的数据。若消息投递成功，则删除数据库消息表中的记录。

7）订单业务逻辑从 MQ 中读取订单到期未支付消息（京东是 24 小时）。

8）订单业务逻辑调用订单数据服务，删除订单记录。

9）订单数据服务操作数据库表，删除数据库的 orders 表中的订单记录。

总结来说，本地事务表的操作是将事务消息方式中向 MQ 发送消息的操作，通过 AOP 篡改为写数据库，再通过业务逻辑层的定时任务定期从数据库消息表中读消息并且放到 MQ。通过本地事务表的方式，我们实现了柔性事务中的异步事务。

接下来，分析柔性事务中的同步模型：补偿事务。我们仍然以京东购物为例。一次成功的网购，必然包含图 7-25 所示的 3 个环节，即 3 个本地事务。其中生成订单事务会涉及事务消息。

第 7 章 分布式事务的架构与实现 ❖ **227**

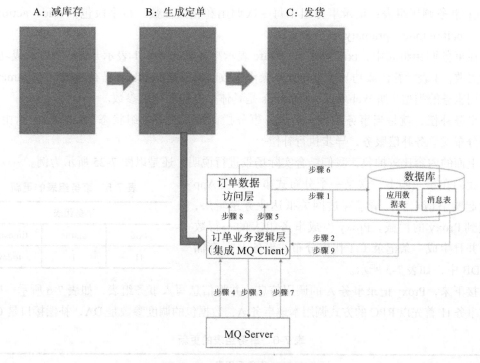

图 7-25 一次成功的网购事务

接下来,我们对图 7-25 所示的本地事务 A、B、C 的同步补偿模式进行阐述,该模式的架构如图 7-26 所示。

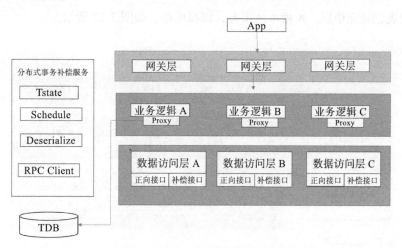

图 7-26 本地事务的同步补偿模式

在图 7-26 中,TDB 会有两个表。事务补偿能够成功实现,主要靠 TDB 中的这两张表。

- 事务状态表:记录事务组状态;行字段包括 txid、state、timestap。

□ 事务调用组表：记录事务组中每一次调用和相关参数，行字段包括 txid、actionid、callmethod、pramatype、params。

在事务调用组表中，txid 是主键，state 表示事务状态（如 1 表示开始，2 表示成功，3 表示失败，4 表示补偿成功），actionid 是操作次数的 id，callmethod 是补偿接口，pramatype 是调用服务的类型（如 Web/RPC），params 是具体数据包的调度参数。

事务补偿，就是当事务调用失败后，事务拦截器修改事务组状态（state），然后由 TM 发起分布式事务补偿服务，异步执行补偿。

上面的内容比较抽象，我们结合实际场景进行说明，还是以图 7-25 所示为例。

我们在京东购书，这是一个分布式事务。在 App 上发起购书请求后，请求穿过网关抵达业务逻辑层，但遭到 Proxy 的拦截。Proxy 生成事务组表的一行数据，并且生成一条记录（t1 代表分布式事务 1），存储在 TDB 中，如表 7-5 所示。

表 7-5 事务组表的更新

事务组表		
txid	status	timestap
t1	1	today

接下来，Proxy 记录事务 A 的调用信息，并将信息写入事务组表，如表 7-6 所示，即分布式事务 t1 首先以 RPC 的方式调用本地事务 A，数据包的调度参数是 DA，补偿接口是 CA。

表 7-6 事务组表的更新

事务调用表				
txid	actionid	callmethod	pramatype	params
t1	1	CA	RPC	DA

事务组表记录完毕后，A 做本地事务，即减库存，如图 7-27 所示。

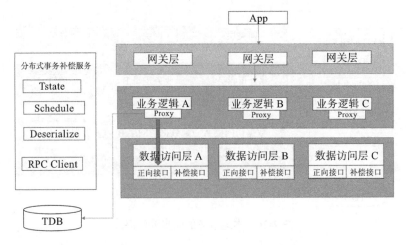

图 7-27 事务组表记录完毕后减库存

A 执行成功后，Proxy 用类似的方式管理本地事务 B、C。Proxy 首先在事务调用表中记录 B 的调用内容，即分布式事务 t1 以 RPC 的方式调用本地事务 B，数据包的调度参数是 DB，补偿接口是 CB，如表 7-7 所示。

表 7-7 事务组表的更新

事务调用表				
txid	actionid	callmethod	pramatype	params
t1	1	CA	RPC	DA
t1	2	CB	RPC	DB

接下来，本地事务 B 执行，如图 7-28 所示。

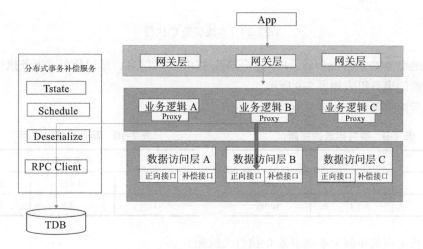

图 7-28 本地事务 B 执行

Proxy 在事务调用表中记录 C 的调用内容，即分布式事务 t1 以 RPC 的方式调用本地事务 C，数据包的调度参数是 DC，补偿接口是 CC，如表 7-8 所示。

表 7-8 事务组表的更新

事务调用表				
txid	actionid	callmethod	pramatype	params
t1	1	CA	RPC	DA
t1	2	CB	RPC	DB
t1	3	CC	RPC	DC

然后本地事务 C 执行，如图 7-29 所示。

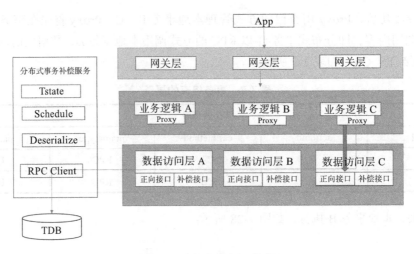

图 7-29　本地事务 C 执行

当本地事务 C 执行成功后，Proxy 会修改 TDB 中的信息，标记分布式事务执行成功。

修改前的事务组表如表 7-9 所示。

修改后的事务组表如表 7-10 所示。

表 7-9　事务组表的更新

事务组表		
txid	status	timestap
t1	1	today

表 7-10　事务组表的更新

事务组表		
txid	status	timestap
t1	2	today

如果在上面的步骤中本地事务 C 执行失败呢？

首先，Proxy 会对 TDB 中的事务组表进行如下修改，即将状态从 1 修改为 3（失败），如表 7-11 所示。

接下来，Schedule（即 TM）会扫描到（定期扫描）t1 失败（状态为 3）。然后 Schedule 发现 T1 在事务调用表中有 2 个关联的本地事务（C 失败已经自动回滚）。接下来，根据事务调用表中的 pramatype 字段，RPC Client 调用补偿接口，对事务进行补偿。

表 7-11　事务组表的更新

事务组表		
txid	status	timestap
t1	3	today

先补偿事务 B，如图 7-30 所示。

再补偿事务 A，如图 7-31 所示。

补偿完毕后，Proxy 修改 TBD 中的事务组表，将状态从 3 改成 4，代表补偿成功，如表 7-12 所示。

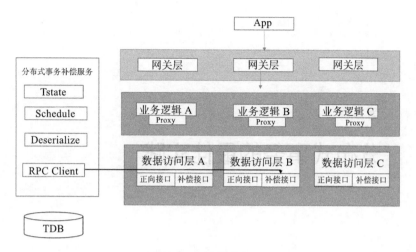

图 7-30 补偿事务 B

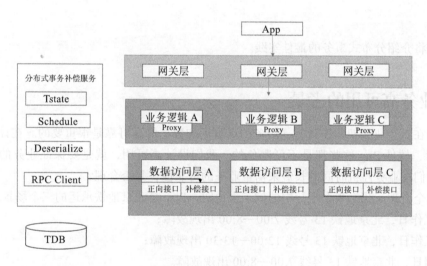

图 7-31 补偿事务 A

至此，分布式事务柔性事务的实现就介绍完了。将事务消息表和事务补偿相结合，就是柔性事务的终极模型。

表 7-12 事务组表的更新

事务组表		
txid	status	timestap
t1	4	today

7.4 本章小结

在本章中，我们分别介绍了分布式事务产生的原因、单体应用的拆分思路，以及分布式事务在微服务中的实现。在第 8 章中，我们将介绍分布式事务的最佳实践。

第 8 章

分布式事务的最佳实践

本章将介绍分布式事务的最佳实践。

8.1 业务高可用的考量

我们在做企业级架构设计时,服务的高可用和数据的高可靠是很重要的。在计算机中,硬件故障、软件 Bug 这些都是不可避免的。我们设计高可用,就是要保证业务的可用性。那么,我们按业务停机时间的长短来衡量业务的可靠性,是否合理?

不完全合理。我们举个生活中的例子来说明,以下是北京地铁承运的三个场景。

A. 工作日,北京地铁 13 号线 7:00—8:00 出现故障;

B. 工作日,北京地铁 13 号线 12:00—13:30 出现故障;

C. 周日,北京地铁 13 号线 7:00—8:00 出现故障。

以上三个场景中,A 场景中的故障时长少于 B 场景中的,对人们出行的影响就小吗?A 场景中的故障时长等于 C 场景中的,二者对人们出行的影响相同吗?显然不是的。因此,仅按照故障时间长短来衡量可用性并不合理。

更为合理的衡量方法是用请求失败率(即宕机请求数 / 总请求数量)来评估。例如,在一天中,推特的活跃度在 11:00—13:00 达到高峰。

- 在各个时间段中,中午 12:00 到下午 1:00(本地时间)是最受欢迎的发布推特的时间。
- 推特发布量最大的时间段是上午 11:00 到下午 1:00,高峰出现在 12:00 到下午 1:00。
- 推特发布量最少的时间段是早晨 3:00 到 4:00。

因此对于推特而言,保证业务高峰时间的业务可用性更重要。

在分布式事务的高可用考量中，采用请求失败率来评估包含以下几个层面的内容：
- 容器云平台的高可用保证；
- 应用部署的高可用保证；
- 应用的性能保证（延时）；
- 应用的幂等性。

关于容器云的高可用设计方案，这里我们不展开说明。对此感兴趣的朋友可以参考《OpenShift 在企业中的实践：PaaS DevOps 微服务》一书。

在容器云中，应用部署的高可用主要是利用一个应用的多个副本的反亲和策略，让副本部署到不同的容器云计算节点上。这样即使容器云出现节点故障，也不会影响应用对外提供服务。但是，应用多副本反亲和的前提是：应用是无状态的。关于如何设计应用的无状态，我们将在后面详细介绍。

应用的性能保证是指当客户端请求激增时，应用能够处理请求，而不是大量请求失败。这里主要是考验应用的处理能力，即吞吐量。这部分内容我们也会在后文展开介绍。

应用的幂等性是指其执行任意多次所产生的影响均与执行一次的影响相同。幂等性在分布式事务设计中十分重要，它保证了当部分事务失败时可以重试。

接下来，我们先介绍应用的无状态设计。

8.2 应用的无状态设计

我们都知道容器云有助于实现业务的弹性伸缩，前提是服务实现无状态化。下面先来了解无状态的本质。

1. 无状态的本质

谈到无状态，我们首先想到的场景是应用实例无本地数据，这是没问题的，但不够准确。想象一下，即使应用无本地数据，实例进程中的内存数据在实例重启后依然会丢失。

因此，实例是否无状态，不应简单以内存或者本地是否有数据为标准来衡量，而是应该以当实例副本增加时实例间能否真正完全对等来衡量，包括应用实例本地数据、内存数据、外部持久化数据。只有完全对等，才能真正利用好 Kubernetes 的弹性伸缩能力。

例如，在微服务中容器化的网关可以无限扩展，但网关进程内的数据怎么办？这时两个微服务网关的实例就不是完全对等的。

我用手机 App 访问应用，第一次通过第一个网关进入，第二次通过第二个网关进入，显然之前的会话信息会丢失。

在应用的无状态化设计中，静态数据是可以放在本地的（如业务逻辑层或数据访问层的本地数据）。以电商中数据的分类信息为例，《OpenShift 在企业中的实践：PaaS DevOps 微服务》一书在京东的分类目录是图书→大数据与云计算→OpenShift 在企业中的实践。这本书的第 1 版从 2019 年卖到 2021 年，它的分类没变。这本书的第 2 版开始销售后，其目录分类也不会改变。这种几年都不变的商品信息数据显然是静态数据。而变化的数据，如库存、评论，需要存储在数据库和缓存中。

2. 无状态设计需解决的问题

接下来分析微服务网关无状态的问题。微服务网关包含的数据主要是客户请求 Session，所以微服务网关的无状态设计最终转变成了 Session 存储的问题。下面先看看 Session 的概念和实现。

在 Web 开发中，服务器跟踪用户信息的技术称为会话技术，会话技术有两种实现。

- Cookie：将会话的过程数据保存到用户浏览器上。
- Session：将会话数据保存到服务器端。

Cookie 通过将会话过程的数据保存到用户的浏览器上，使浏览器和服务器可以更好地进行数据交互。我们可以形象地将 Cookie 理解成我们在商场办的会员卡。卡上记录了个人信息、消费额度和积分额度等。以后每次去商场，商场根据会员卡就能很快了解到顾客的信息。

在 Cookie 模式下，当用户通过浏览器访问 Web 服务器时，Web 服务器会向客户发送一些信息，这些信息都保存在 Cookie 中。这样，当浏览器再次访问服务器时，会在请求头中将 Cookie 发送给服务器，Web 服务器端可以分辨出当前请求是由哪个用户发出的，以便服务器对浏览器做出正确的响应。

Cookie 技术可以将用户的信息保存在各自的浏览器中，并且可以在多次请求下实现数据的共享。但如果传递的信息比较多，使用 Cookie 技术会增大服务器端的程序处理难度。这时，可以使用 Session。

形象点说，Session 就像医院发给病人的就医卡。就医卡上只有卡号，没有其他信息，病人去看病时，出示就医卡，医院就可以根据卡号查到病历档案。

当浏览器访问 Web 服务器时，Servlet 容器（还以就医卡举例）会创建一个 Session 对象和 ID 属性。Session 对象相当于病例档案，ID 相当于就医卡号。客户端后续访问服务器时，只要将标识号传递给服务器，服务器就能根据请求判断是哪个客户发的，从而选择与之对应的 Session 对象为其服务。需要注意的是，客户端要接受、记录和发送 Session 对象的 ID，而 Session 是借助 Cookie 技术来传递 ID 属性的。

具体而言，Session 是服务器端用于验证用户权限的一把钥匙，存于服务器端，在进行数据交互时使用。我们经常遇到的登录失效类问题，就是通过 Session 解决的。Session 是一串具有一定时效性的加密字符串（通常有效期为 7 天），由服务端生成和解析。Session 通常包含的字段有 deviceid、clientType、uid、ts、checksum 等，总之要和业务相关。加密方案通常采用 AES，加密和解析都在服务器端。

Cookie 是保存在本地的数据，可以这样理解：在页面中输入账号，自动弹出密码，这个密码之所以会弹出就是因为本地 Cookie 的原因，包括历史记录等，而之所以有记录，就是因为内容存储在本地的 Cookie 文件中。

Session 和登录用户数有关，有一个用户登录就有一个 Session。如果允许一个用户多端登录，那 Session 会更多。因此 Session 不能在网关上单机存储，需要设置 Session 的分布式。那么，我们可以把 Session 存在什么位置呢？如果存在 API 网关本地，但下次请求从另一个 App 网关进入，那显然需要重新认证。

我们有两种方法可以解决这个问题。

方法 1：将 Session 存在手机 App 本地（存在手机 App 的 SQLite 里）。客户端生成 Session，服务器端解析，做校验。这是 JWT 模式。这种方法的缺点是，客户端每次请求 API 网关时都需要校验 Session 字符串，费流量，网络不好的时候访问会慢一点；生成的东西比较多；如果手机重启了，Session 也就没了。

方法 2：给 API 网关接缓存，把 Session 存在缓存里。这样 App 请求来了以后，网关就可以横向扩展了。从 App 访问任何一个网关，都会有相同 Session 的信息。

同样，对于业务逻辑层而言，我们也可以将静态数据放置于应用实例本地，将动态数据存放在外置的 Redis Cluster 中。

8.3 性能设计

分布式事务的性能设计，主要包含吞吐量和相应延迟两方面。分布式事务更适合对吞吐量要求高，对相应延迟要求不苛刻的应用。

1. 性能设计的三个层面

性能设计有三个层面，分别为代码优化层、算法逻辑层以及架构设计层。

（1）代码优化层

代码优化层关注代码细节优化，代码实现是否合理，是否创建了过多的对象，循环遍历是否高效，cache 使用是否高效、合理，是否重用计算结果等，具体分析如下。

- 循环遍历是否高效：不要在循环里调用 RPC 接口、查询分布式缓存、执行 SQL 等，要先调用批量接口组装好数据，再循环处理。
- 代码逻辑避免生成过多的对象或无效对象：输出 Log 时进行 Log 级别判断，避免新建无效对象。
- ArrayList、HashMap 初始容量设置是否合理：扩容代价。
- 对数据对象是否合理重用：比如通过 RPC 查到的数据能复用则必须复用。
- 根据数据访问特性选择合适的数据结构，如果读多写少，考虑使用 CopyOnWriteArrayList（写时复制副本）。
- 拼接字符串的时候使用 String 还是使用 StringBuilder？在 StringBuilder 的容量预分配前提下，StringBuilder 的性能比 String 的性能高 15 倍左右）。
- 是否正确初始化语句：有些全局共享的数据采用饿汉式模式，需要在用户访问之前先初始化好。

- 列遍历是否使用 L1 缓存：列遍历由于不满足局部性原理，需要放到 L3 cache。行遍历符合局部性原理，因此缓存命中率高，速度接近前者 2 倍。

注意，CPU 缓存体系中各缓存的运行速度按从低到高的顺序排列是内存 ->L3->L2->L1。本质上内存使用一个大的一维数组，二维数组在内存中按行排列，先存放 a[0] 行，再存放 a[1] 行。这里有几点需要重点关注。

- 业务系统使用缓存降低响应时间、提高性能，必须要提高缓存命中率。
- 很聚焦的高频访问对时效性要求不高，因此很适合缓存提升性能，如 Banner 和广告位对时效性要求不是很高，不用实时体现更新，因此很适合使用缓存提升性能。
- 如果对数据实时性要求很高，必须提供严格的时效性，需要慎重处理更新缓存带来的一致性问题。
- 时效性和缓存的冲突，比如商品服务对商品进行了缓存，由于更新缓存和更新商品不是同一个事务，若对数据实时性要求很高，如交易，则只能直接从数据库查询商品信息。
- 当读操作数量少于等于写操作数量的时候，没必要用缓存。
- 当查询条件数据量超过总数据库总量的 30% 时，就不会用索引，而是直接用遍历查询。可以缩小范围，让条件覆盖的数据量少一些。也可以不查几年的，只查半个月的。

（2）算法逻辑层

算法逻辑层优化主要关注算法选择是否高效、算法逻辑优化、空间时间优化任务并行处理、是否使用无锁数据结构等，具体分析如下。

- 用更高效的算法替换现有算法，而不改变其接口。
- 增量式算法，复用之前的计算结果，比如一个报表服务，要从全量数据中生成。
- 报表数据量很大，但每次的增量数据较少，则可以考虑只计算增量数据并将其与之前的计算结果合并。
- 并发和锁的优化：读多写少，乐观锁；读少写多，互斥锁。
- 系统时间是瓶颈：如缓存复用计算结果，降低时间开销，因为 CPU 时间比内存容量更重要。
- 数据大小是瓶颈：网络传输是瓶颈，使用系统时间换取空间，使用 HTTP 的 Gzip 压缩算法。
- 并行执行：如果只是逻辑调用多个 RPC 接口，而这些接口之间并没有数据依赖，则可以考虑并行调用，减少响应时间。
- 异步执行：分析业务中的主次流程，把次要流程拆出来异步执行或将次要流程进一步拆分成单独的模块去执行，比如消息队列，让其彻底和核心流程解耦，提高核心流程的稳定性，减少响应时间。

（3）架构设计层

架构设计层的优化包括如何拆分系统，如何使各个部分系统负载更加均衡，充分发挥硬件设施的性能优势，减少系统内部开销等，具体分析如下。
- 系统微服务。
- 无状态化设计，动态水平弹性扩展。
- 调用链路梳理，热点数据尽量靠近用户。
- 分布式缓存，多级多类型缓存。
- 提前拒绝，保证柔性可用。
- 容量规划。
- 分布分表，读写分离，数据分片。

2. 架构设计优化

接下来，我们主要针对架构设计优化展开说明。

在基于容器云的分布式架构中，当客户端发起大流量请求时，网关、应用架构层、数据访问层可以横向扩展，但最终数据还是会落盘。因此有大流量请求时，分布式架构最终的性能瓶颈在于数据库上的热点数据。

针对数据库的热点数据，我们可以采用对数据库做分表的方法，但如果热点消息是一个数据库中的一行数据，通过数据库和缓存的分表也无法完全消除热点。

为了进一步消除热点，我们可以引入 Redis Cluster。在这个架构中，写的时候写在数据库中，第一次读的时候也从数据库读，然后读到缓存中。所以大量的客户端读请求就会从读数据库转化成读缓存，如图 8-1 所示。

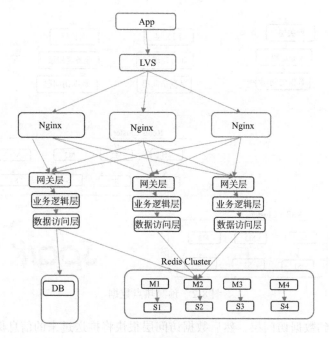

图 8-1　设置读缓存

但是当客户端的并发请求持续增加时，缓存上依然可能出现热点。彻底解决数据热点的方法是消除远端网络数据交互，从而将热点变成非热点。即将热点数据直接缓存到数据访问层的本地，这样横向扩展数据访问层时缓存上就不会有热点了。

将数据写在本地，可以使用本地缓存 Guava Cache。Guava Cache 是 Google Guava 中的一个内存缓存模块，用于将数据缓存到 JVM 内存中。它很好地封装了 GET、PUT 操作，能够集成数据源。

那么，我们怎么预测热点数据呢？

首先数据缓存层将日志写在本地，然后通过 Flume+Kafka 对日志进行采集，发到 Spark 中进行分析。Spark 一秒计算一次，例如当 Feed 访问量大于 1 万次时，把 Feed 推送到配置中心，如图 8-2 所示。

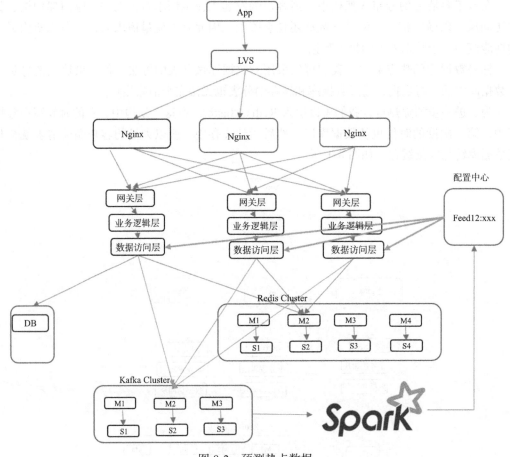

图 8-2　预测热点数据

把 Feed 推送到数据访问层，然后数据访问层很快将推送过来的信息保存在本地（数据访问层订阅）。这样查询的时候，先查询本地有没有。本地有则直接返回，本地没有就再读外部的数据库和缓存。如果访问量继续激增，对业务逻辑层和数据访问层进行横向扩展即可，新增加的实例会从配置中心获取到热点数据并将其缓存到本地，这样就不用担心数据库和 Redis 无法承受大量访问请求了。

上面的场景看似完美无瑕，但还有一个问题。热点预测并且将热点数据缓存到本地以及数据访问层生效是需要时间的，例如 5 秒。这段时间本地并没有缓存，但请求还是会转到数据库和缓存。这时候需要提前配置服务降级。在数据访问层的 I/O 线程设置超时时间，将等待的请求放到队列里，队列里大于 2s 的请求直接扔掉。等热点数据在数据访问层生效后，就不会出现大量的等待请求了。

我们在进行方案设计时，最终要将吞吐量和成本结合考虑，即 ROI。实际上，即使互联网公司的电商系统做了诸多优化，在促销时也不能保证 100% 请求全部成功，这不是技术的问题，而是 ROI 的考量。

8.4 应用的无状态化事务的幂等性设计

服务幂等是分布式事务设计中很重要的一点，它包括请求幂等和业务幂等两个方面。

生活中有很多幂等性的场景，例如笔者操作信用卡还款（欠 5000 元），第一次发起还款转账的时候，因为手机信号较差，超时了。那么第二次发起转账，这个请求应该是幂等的。也就是说，针对还款这件事，笔者虽然发起了第二次请求，但没有因此改变最终结果（数据库表对应字段从 –5000 变成 0，而不是变成 5000）。

那么，关于幂等性的设计，我们是不是在 IT 架构每一层都需要保证呢？不是的。

我们在选择幂等性所在层级时，主要是看哪一层会直接改变数据的结果。很显然，数据访问层会造成数据的改变，因此我们需要在数据访问层做幂等。

数据访问层对外提供 CRUD 接口，如图 8-3 所示。

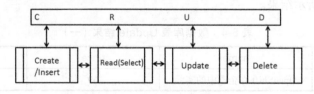

图 8-3　RDBMS 的 CRUD

接下来，我们看一下 CRUD 的幂等实现。在数据库中，Select 操作具有天然幂等性。针对 Create/Insert 操作，如何保证幂等性？也就是说，如何保证一条相同 Create/Insert 的 SQL，无论操作多少遍，在数据库中的结果都是一致的。

举例而言，执行如下操作：

```
INSERT INTO books (ID, name, price, author) VALUES ('1','OpenShift在企业中的实践
    ','139','魏新宇郭跃军');
```

执行结果如表 8-1 所示。

表 8-1 数据库表变化

ID	name	price	author
1	OpenShift 在企业中的实践	139	魏新宇郭跃军

将 SQL 语句执行三遍，数据库表出现如表 8-2 所示变化。

表 8-2 数据库表变化

ID	name	price	author
1	OpenShift 在企业中的实践	139	魏新宇郭跃军
1	OpenShift 在企业中的实践	139	魏新宇郭跃军
1	OpenShift 在企业中的实践	139	魏新宇郭跃军

可以发现，展示的结果显然不幂等。要解决这个问题，显然需要做主键。我们将 ID 列设置为主键，这样，第二次和第三次执行 SQL 语句时会失败。在实际的业务中，我们要避免使用自增主键，而是使用业务主键（如上面将 ID 设置为主键）。

在 CRUD 中，Update 操作是幂等的吗？Update 很容易被理解成天然幂等，其在并发请求下，很容易出现 ABA 的问题。例如默认表中的内容如表 8-3 所示。

表 8-3 数据库表的默认内容

ID	name	price	author
1	OpenShift 在企业中的实践	139	魏新宇郭跃军

张三执行"UPDATE books SET price='69', WHEREid='1';"语句。执行成功后数据库表被修改为表 8-4 所示结果。

表 8-4 数据库表 Update 结果（一）

ID	name	price	author
1	OpenShift 在企业中的实践	69	魏新宇郭跃军

此时李四执行"UPDATE books SET price='59', WHEREid='1';"语句。执行成功后数据库表被修改为表 8-5 所示结果。

表 8-5 数据库表 Update 结果（二）

ID	name	price	author
1	OpenShift 在企业中的实践	59	魏新宇郭跃军

而张三再次执行"UPDATE books SET price='69', WHERE id='1';"语句。执行成功后数据库表被修改为表 8-6 所示结果。

表 8-6 数据库表 Update 结果（三）

ID	name	price	author
1	OpenShift 在企业中的实践	69	魏新宇郭跃军

这就是典型的 ABA 问题。如何解决？通过乐观锁解决，即增加版本号。

例如表的初始状态如表 8-7 所示。

表 8-7 表初始状态

ID	name	price	author	version
1	OpenShift 在企业中的实践	139	魏新宇郭跃军	1

张三执行"UPDATE books SETprice='69' and version++, WHERE id='1' and version='1';"语句。执行成功后数据库表被修改为表 8-8 所示结果。

表 8-8 数据库表变化

ID	name	price	author	version
1	OpenShift 在企业中的实践	139	魏新宇郭跃军	2

李四并发执行"UPDATE books SET price='59', and version++, WHEREid='1' and version='1';"语句。此时表无变化。然后张三执行"UPDATE books SET price='69', and version++, WHERE id='1' and version='1';"语句。

表也无变化。

也就是说，我们通过增加版本号，避免了 ABA 问题。

与 Update 操作类似，Delete 操作同样存在 ABA 问题。这种问题同样可以通过增加版本号解决。

针对 CRUD 中的 Insert 操作，在有主键的情况下，是不会出现 ABA 问题的。此时 Insert 是幂等的。

可见，针对数据库，我们通过使用主键+乐观锁的方式，可以实现分布式事务请求的幂等。

8.5 分布式锁的设计

在正式介绍分布式锁之前，我们先看看 Java 锁的是什么。

Java 中一段同步块（synchronized）的代码被一个线程执行之前，该线程要先拿到执行这段代码的权限，在 Java 中就是拿到某个同步对象的锁。如果此时同步块的锁被其他线程拿走了，这个线程只能等待，即线程阻塞在锁池等待队列中。取到锁后，线程开始执行同步代码（被 synchronized 修饰的代码）；线程执行完同步代码后马上把锁还给同步对象，以便其他在锁池中等待的某个线程可以拿到锁执行同步代码。这样就保证了同步代码在同一时刻只被一个线程执行。

在分布式环境下，分布式锁锁定全局唯一资源的作用有两个：

- 业务资源锁定；
- 消费去重。

分布式锁主要借助数据库唯一主键或利用分布式 KV 数据库来实现。由于前者开销比较大，所以我们通常使用 KV 数据库的方式实现。

整体而言，Java 锁的实现如图 8-4 所示。

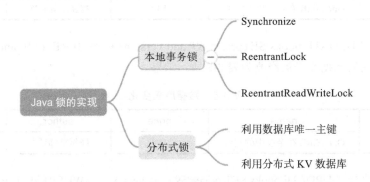

图 8-4　Java 锁的实现方式

利用 KV 数据库实现分布式锁的三种方式如表 8-9 所示。

表 8-9　KV 数据库实现分布式的方式锁对比

	Redis	ZooKeeper	etcd
一致性算法	无	ZAB	raft
CAP	AP	CP	CP
高可用	主从	N+1 可用	N+1 可用
接口类型	客户端	客户端	HTTP/gRPC
实现	setNX	createEphemeral	RESTfulAPI

我们在选择分布式锁的实现时，需要结合场景。对于 CP 类业务，应该选择 ZooKeeper 或 etcd。对于 AP 类业务（例如社交类），可以选择 Redis 做分布式锁。下面进行详细介绍。

如果业务是 CP 模型，就需要使用强一致的分布式锁，如 etcd。etcd 的特点包括简单 KV、强一致、多活、提供数据持久化。

etcdv3 默认提供分布式锁的功能。我们不用显式书写锁续租，只需要关注申请锁、释放锁即可。续租会自动进行。etcd 提供了独有的集群管理模式，方便进行极端情况下的测试。以三个节点的 etcd 集群为例：

1）单节点停机，不影响持续写入，不影响读，结果一致；
2）当只有一个节点时，读停止，写入正常。

接下来，我们看一个应用申请 etcd 锁的示例。

- 申请锁：curl http://127.0.0.1:2379/v2/keys/foo -Xput -d value=bar -d ttl=5 prevExist=false。
- CAS 更新锁租约：curl http://127.0.0.1:2379/v2/keys/foo?preValue=prev_uuid -XPUT -d ttl=5 refresh=true -d preExist-true。
- CAS 删除锁：curl http://10.10.10.0.21:2379/v2/keys/foo?prevValue=prev uuid -XDELETE。

在介绍了 etcd 实现分布式锁的内容后，接下来我们介绍如何通过 Redis 实现分布式锁。Redis 虽然本身支持多线程，但只是 I/O 支持多线程，但本质上其命令处理还是由唯一线程串行处理。Redis 自身的锁可以利用 Redis 的 setnx 命令，但分布式锁不能。

上述锁实现方式存在一些问题：如果 setnx 成功，在设置锁超时时间后，服务器挂掉、重启或网络问题等，导致 expire 命令没有执行；锁没有设置超时时间变成死锁。

有很多开源代码来解决这个问题，比如使用 Lua 脚本。也就是说，虽然 Redis 自己有加锁的命令，但我们在实际应用中不会这样用，因为会出现一些问题。

我们看两段通过 Redis 实现分布式锁加锁和解锁的代码片段。

加锁代码：

```java
public class RedisTool {
private static final String LOCK_SUCCESS = "OK";
private static final String SET_IF_NOT_EXIST = "NX";
private static final String SET_WITH_EXPIRE_TIME = "PX";

    /**
     * 尝试获取分布式锁
     * @param jedis Redis客户端
     * @param lockKey 锁
     * @param requestId 请求标识
     * @param expireTime 超期时间
     * @return 是否获取成功
     */
public static boolean tryGetDistributedLock(Jedis jedis, String lockKey,
    String requestId, int expireTime) {

        String result = jedis.set(lockKey, requestId, SET_IF_NOT_EXIST,
            SET_WITH_EXPIRE_TIME, expireTime);

if (LOCK_SUCCESS.equals(result)) {
return true;
        }
return false;
    }
}
```

可以看到，上面解锁代码是 jedis.set(String key, String value, String nxxx, String expx, int time)，这个 jedis.set () 方法一共有五个参数。

- 第一个参数为 key，我们使用 Redis key 来当锁，key 是唯一的。
- 第二个参数为 value，通过将 value 赋值为 requestId，我们可以得知这把锁是哪个请求加的，以便在解锁时有所依据。
- 第三个参数为参数字段，代码中我们填入 SET_IF_NOT_EXIST，即当 key 不存在时，进行 set 操作；若 key 已经存在，则不做任何操作。
- 第四个参数字段传入 key 的过期设置，具体时间由第五个参数决定。
- 第五个参数与第四个参数相呼应，代表 key 的过期时间。

解锁代码如下：

```java
public class RedisTool {
private static final Long RELEASE_SUCCESS = 1L;
/**
    * 释放分布式锁
    * @param jedis Redis客户端
    * @param lockKey 锁
    * @param requestId 请求标识
    * @return 是否释放成功
    */
public static boolean releaseDistributedLock(Jedis jedis, String lockKey,
    String requestId) {
        String script = "if redis.call('get', KEYS[1]) == ARGV[1] then return
            redis.call('del', KEYS[1]) else return 0 end";
        Object result = jedis.eval(script, Collections.singletonList(lockKey),
            Collections.singletonList(requestId));

if (RELEASE_SUCCESS.equals(result)) {
return true;
        }
return false;
    }
}
```

首先获取锁对应的 value，检查是否与 requestId 相等，如果相等则删除锁，即解锁。在加锁和解锁代码中使用 Lua 语言来确保操作是原子性的。例如在解锁代码中，eval 命令执行 Lua 代码的时候，Lua 代码将被当成一个命令去执行，并且直到 eval 命令执行完成，Redis 才会执行其他命令。

8.6 缓存一致性考量

当业务读压力太大时，可以考虑使用缓存。缓存是为了提升读性能，具体而言，它可以降低请求的响应时间，提升用户体验，减少对固化存储的读写压力。其工作原理分为 2

种情况：针对客户端写请求，写入数据库时删除 Redis Cluster 中的缓存项，读时再填充缓存项；针对读请求，读缓存，命中缓存后直接返回，如果不命中，先读数据库并把结果回填到缓存。需要注意的是，在分布式事务中，我们不能为了读性能而牺牲写性能。如果频繁修改数据，就需要考虑数据库和缓存一致的问题。

缓存适合的场景：
- 静态资源的缓存；
- 较少更改的缓存；
- 读多写少的场景，如互联网业务，读 1 写 1。

不适合的场景：频繁更新、读少写多。

缓存分为本地缓存和分布式缓存两种。本地缓存的作用：存储静态不变数据、减少网络 I/O 交互。如电商分类排名这种静态数据。分布式缓存的作用：缓存相对静态数据。如电商商品信息、电商购买商品列表、缓存数据量较大，单机无法存放，提高查询速度。

分布式缓存的方案主要有两种：Redis 和 Memcached。目前容器云中广泛使用的是 Redis，因此这里不对 Memcached 进行过多阐述。Redis 是一个 key-value 数据库，key 是字符串，value 可以是字符串、set、map、list 等，支持类型丰富。需要注意的是，Redis 的服务器端不是分布式，分布式靠客户端。

Redis 的特点是去中心化、高可用。Jedis 是 Java 中的 Redis 代理，可以让后面的分表无感知。如果加节点，使用 Gossip 协议自动发现。Redis 客户端的分表数量是 2 的 14 次方，一个 Redis Cluster 共 16384 个槽，客户端存储数据的时候，针对 16384 取模。

Redis 3 自带 Redis Cluster 功能，除了可以实现 Redis 服务器端的数据分片，还提供了 sentinel 中主从检测切换的功能。Redis 3 Cluster 使用哈希槽（hash slot）的方式来分配数据，实现数据分片。Redis 3 Cluster 默认分配了 16384 个槽，当执行 set 设置 key 操作时，会对 key 使用 CRC16 算法取模得到所属的槽，然后将这个 key 分到哈希槽区间的节点上。架构如图 8-5 所示。

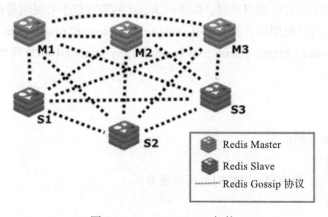

图 8-5　Redis 3 Cluster 架构

在容器云和分布式架构中使用 Redis Cluster，我们需要考虑两点：主从的选择和持久化存储的选择。

我们选择一主一从还是一主多从呢？如果是一主多从，每次写请求在 Master 写完以后，每个 Slave 都会从 Master 同步数据，会对 Master 造成很大的压力。因此在容器云和分布式架构中，一个 Redis Cluster 一主一从就够了，主节点负责存储键值对数据，从节点则负责复制主节点。从节点不提供任何读写操作。

Redis 的持久化实现有两种：RDB 快照、AOF 配置刷盘。RDB 是一种快照存储持久化方式，具体就是将 Redis 某一时刻的内存数据保存到硬盘的文件当中，默认保存的文件名为 dump.rdb，而在 Redis 服务器启动时，会重新加载 dump.rdb 文件的数据到内存当中恢复数据。AOF（Append-only file）持久化方式会记录客户端对服务器端的每一次写操作命令，并将这些写操作以 Redis 协议追加保存到后缀为 aof 的文件末尾，在 Redis 服务器重启时，会加载并运行 aof 文件的命令，以达到恢复数据的目的。开启 RDB 和 AOF 会损耗 Redis Cluster 的性能。此外，我们知道在容器云和分布式事务中即使出现 Redis 内存数据丢失，最多造成 I/O 穿透，不会造成业务问题。因此默认不开启。如果有持久化需求，再考虑打开参数。

那么，如何保证分布式缓存和数据库的一致性呢？数据库和分布式缓存的强一致性无法实现，只能做最终一致性，实现的大致步骤如下。

1）在有更新操作时先更新数据库，然后删除缓存项。
2）一段时间（如 2s 后）再次删除缓存项。即双重失效操作，尽可能保证时效成功率。
3）设置缓存的超时时间，具体的数值根据业务员特点设置。
4）如果缓存删除失败，写日志。人工介入。脚本修正。

8.7　Redis Cluster 的跨数据中心复制

在实现跨数据中心的应用双活时，Redis Cluster 的跨数据中心复制是很重要的一个考量点。目前开源社区可以使用的开源方案有 redis-migrate-tool 和 redis-shake。

redis-migrate-tool（https://github.com/vipshop/redis-migrate-tool）基于 Redis 复制，具有以下特点：

- 复制快速；
- 多线程；
- 基于 Redis 复制；
- 实时迁移；
- 迁移过程中，源集群不影响对外提供服务；
- 异构迁移；
- 支持 Twemproxy 集群、Redis cluster 集群、rdb 文件和 aof 文件；

❑ 过滤功能；
❑ 当目标集群是 Twemproxy 时，数据会跳过 Twemproxy 直接导入后端的 Redis；
❑ 迁移状态显示；
❑ 完善的数据抽样校验。

Twemproxy 是一种代理分片机制，由 Twitter 开源。Twemproxy 作为代理，可接收来自多个程序的访问，按照路由规则，转发给后台的各个 Redis 服务器，再原路返回。该方案很好地解决了单个 Redis 实例承载能力的问题。

redis-shake（https://github.com/aliyun/redis-shake）是一种支持 Redis 异构集群实时同步的工具。redis-shake 的基本原理是模拟一个从节点加入源 Redis 集群，首先进行全量拉取并回放，然后进行增量的拉取（通过 psync 命令），如图 8-6 所示。

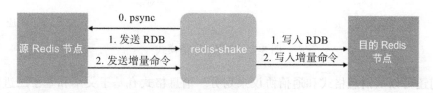

图 8-6　redis-shake 工作模式

redis-shake 在同步复制方面的功能包括如下几个方面。
❑ 恢复（restore）：将 RDB 文件恢复到目的 Redis 数据库。
❑ 备份（dump）：将源 Redis 的全量数据通过 RDB 文件备份。
❑ 解析（decode）：对 RDB 文件进行读取，并以 JSON 格式解析存储。
❑ 同步（sync）：支持源 Redis 和目的 Redis 的数据同步，支持全量和增量数据的迁移，支持单节点、主从版、集群版之间的互相同步。需要注意的是，如果源端是集群版，可以启动一个 redis-shake，从不同的数据库节点进行拉取，同时源端不能开启 move slot 功能；对于目的端，如果是集群版，可以写入 1 个或者多个数据库节点。
❑ 同步（rump）：支持源 Redis 和目的 Redis 的数据同步，仅支持全量的迁移。采用 scan 和 restore 命令进行迁移，支持不同云厂商不同 Redis 版本的迁移。

redis-migrate-tool 的配置十分简便，效率也高。但 redis-migrate-tool 只能全量同步，并且如果源做了分库，使用 redis-migrate-tool 同步到目标 Redis 的时候会同步到 db0 一个库中。相比之下，redis-shake 虽然配置复杂一些，但它支持前缀 key 的同步、多数据库同步、增量同步、分库场景。在实践中我们需要根据业务侧的特点和需求选择具体方案。

8.8　微服务间的通信协议和消息格式

服务之间的通信遵循 IPC（Inter-Process Communication，进程间通信）标准。它们之间的通信方式，可以按照以下多个维度进行分析。

首先按照同步和异步方式来划分。同步模式只有一对一，异步模式有一对一和一对多，如图 8-7 所示。

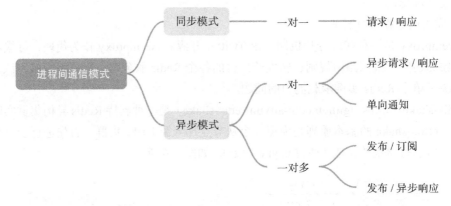

图 8-7　进程间通信模式

我们还可以从消息格式和通信协议来划分。消息格式有基于文本和基于二进制两种。通信协议有同步和异步两种。同步通信协议有 HTTP REST 和 gRPC。异步通信协议有 AMQP 或 STMP，如图 8-8 所示。

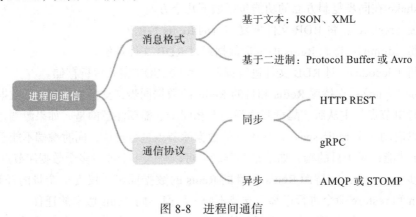

图 8-8　进程间通信

进程间通信的本质是交换消息。而消息通常包括数据，因此消息的格式选择对于传输进程间数据的效率关系很大。

- 基于文本的消息格式。优点是可读性高，缺点是消息冗长，尤其是 XML。如果在对效率和性能敏感的场景下，需要使用二进制消息传递格式。
- 基于二进制的消息传递格式。如果我们需要考虑避免 API 版本变更带来的问题，要尽量使用 Protocol Buffer。

接下来，我们看微服务进程间通信协议。在同步方式中，无论是 REST 还是 gPRC，都需要遵循远程过程调用的 RPI 机制。

REST 是一种使用 HTTP 协议的进程间通信机制，使用 HTTP 动词（如 GET、POST、PUT 等）操作资源，使用 URL 调用这些资源。

REST 的优点：操作简单、可以使用浏览器扩展 postman 插件或者 curl 命令行来测试 HTTP API、直接支持请求 / 响应方式的通信、HTTP 对防火墙友好、不需要中间代理简化了系统架构。

REST 的缺点：只支持请求 / 响应方式的通信；可能导致可用性降低；因为客户端和服务端在 REST API 调用期间都必须保持在线，没有代理缓冲消息；客户端必须知道服务实例的位置（URL）；客户端必须用服务发现机会来定位服务实例；在单个请求中获取多个资源具有挑战性；很难将多个更新操作映射到 HTTP 动词。

正是因为 REST 方式中，HTTP 仅提供有限数量的动词，设计支持多个更新操作的 REST API 并不容易，因此 gRPC 应运而生。gRPC 使用 Protocol Buffer 消息传递格式。

接下来，我们看微服务间的异步通信协议。我们在消息中间件传递消息，使用 XML 或 JSON 文本消息。在一个分布式系统中，服务之间相互异步通信的最常见方式是发送消息。我们把负责将发送方的正式消息传递协议转换为接收方的正式消息传递协议的工具叫作 Message Broker（消息代理）。市面上有不少 Message Broker 软件，如 ActiveMQ、RabbitMQ、Kafka 等。

服务之间消息传递主要有两种模式：队列（Queue）和主题（Topic）。

- Queue 模式是一种一对一的传输模式。在这种模式下，消息的生产者（Producer）的消息传递的目的地类型是 Queue。Queue 中一条消息只能传递给一个消费者（Consumer），如果没有消费者在监听队列，消息将会一直保留在队列中，直至消息消费者连接到队列为止，消费者会从队列中请求获得消息。
- Topic 模式是一种一对多的消息传输模式。在这种模式下，消息的生产者（Producer）的消息传递的目的地类型是 Topic。消息到达 Topic 后，消息服务器将消息发送至所有订阅此主题的消费者。

目前业内主要的异步消息传递协议如下。

- Java 消息传递服务（Java Messaging Service，JMS），它面向 Java 平台的标准消息传递 API。
- 面向流文本的消息传输协议（Streaming Text Oriented Messaging Protocol，STOMP）：WebSocket 通信标准。
- 高级消息队列协议（Advanced Message Queueing Protocol，AMQP）：独立于平台的底层消息传递协议，用于集成多平台应用程序。
- 消息队列遥测传输（Message Queueing Telemetry Transport，MQTT）：为小型无声设备之间通过低带宽发送短消息而设计。使用 MQTT 可以管理 IoT 设备。

市面上消息中间件的种类很多，Apache ActiveMQ Artemis 是最流行的开源、基于 Java 的消息服务器。ActiveMQ Artemis 支持点对点的消息传递（Queue）和订阅 / 发布模式

（Topic）。

ActiveMQ Artemis 支持标准 Java NIO（New I/O，同步非阻塞模式）和 Linux AIO 库（Asynchronous I/O，异步非阻塞 I/O 模型）。AMQ 支持多种协议，包括 MQTT、STOMP、AMQP 1.0、JMS 1.1 和 TCP。

8.9 消息中间件的考量

消息中间件在分布式事务中的作用有三个：业务解耦、异步调用、流量削峰。我们先看业务解耦。

在介绍消息中间件在分布式事务的应用场景之前，我们先看一下在不使用 MQ 的前提下，业务之间最常用的调用方式。比较常见的是 RPC 和 REST 方式。两种方式的简单对比如表 8-10 所示。

因为 REST 灵活度高、性能低，RPC 性能高而灵活度低，所以在微服务中，可以采用对外接口用 REST、内部通信用 RPC 的方式。微服务内部采用 RPC 的架构如图 8-9 所示。

如果业务逻辑被加入了有时效性的运营活动逻辑，RPC 的方式不适合频繁修改代码逻辑。借助于 MQ，我们将运行活动业务逻辑独立出来，通过 MQ 与主业务逻辑解耦，如图 8-10 所示。客户端发起的请求都发到 MQ，后面的业务逻辑根据自己的需求进行消费。

接下来，我们看一个具体的场景（电商场景），通过 MQ 实现业务异步调用。不使用 MQ 之前，交易服务都是通过 RPC 向卖家推送服务、记录交易数据等。实际上，这与核心业务逻辑无关。我们可以使用 MQ 将向卖家推送消息与主业务逻辑解耦，如图 8-11 所示。

表 8-10 RPC 和 REST

比较项	REST	RPC
通信协议	HTTP	一般使用 TCP
性能	低	低
灵活度	高	高

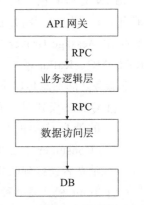

图 8-9 微服务内部采用 RPC

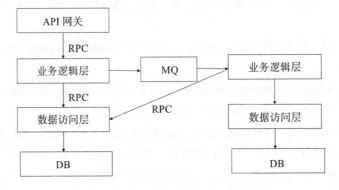

图 8-10 通过 MQ 与主业务逻辑解耦

第 8 章 分布式事务的最佳实践 ❖ 251

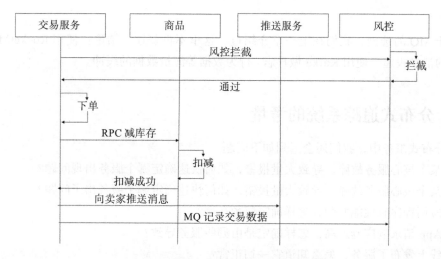

图 8-11 使用 MQ 与主业务逻辑解耦

接下来，我们看 MQ 实现流量削峰的场景。电商类业务有时会涉及秒杀的活动。在秒杀开始那一刻，很多用户发起请求，访问量突增。此时为了保证业务逻辑层的平稳运行，需要在 API 网关和业务员逻辑之间增加一个 MQ。客户端请求都被堆积在 MQ，然后由业务逻辑处理。此时，我们可以给用户开放一个秒杀结果的查询接口，通过 RPC 调用业务逻辑层，如图 8-12 所示。

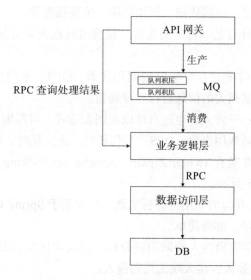

图 8-12 通过 RPC 调用业务逻辑层

MQ 虽然能够实现流量削峰、业务解耦、异步调用，但引入 MQ 也有一些缺点，例如增加了故障诊断的复杂度、增加了架构的复杂度。因此 MQ 不能完全替代 RPC，两者要结合使用。

关于 MQ 的选型，我们在上一章介绍过，这里不再赘述。结论：使用 RocketMQ 做业务相关的消息投递，使用 Kafka 做日志 / 行为数据等海量数据的缓冲。

8.10　分布式追踪系统的考量

在分布式事务中，我们还会遇到如下问题。
- 某个核心服务故障，导致大量报警，如何快速确定哪个服务出现问题？
- 某个核心服务故障，导致大量报错，如何快速确定哪个服务出了问题？
- 应用程序有性能瓶颈，怎样确定瓶颈在哪？
- App 请求响应延迟高，怎样确定是由哪些服务导致？
- 线上发布了服务，怎么知道它一切正常？

在分布式事务中，应用的相互调用情况很多。我们要解决上述的问题，比较好的方法是构建分布式请求追踪系统。分布式追踪系统的场景列举如下。
- 调用链跟踪：一次请求调用过程的展示，以图形化方式输出各个微服务端集群之间的调用关系，并记录整个过程的消耗时间，协助开发人员分析整个系统的瓶颈点与热点，从而优化系统。
- 调用链路径分析：对多条调用链进行分析，整理成集群之间的调用关系，计算出整条链路的关键节点，直接依赖、间接依赖、依赖强度等。
- 调用来源分析：针对某一特定的集群，整理出其他集群对其的调用情况，防止错误调用的发生。
- 调用量统计：实时统计各个集群的调用次数、QPS、平均耗时、最大耗时等信息，开发人员可以根据相关的信息进行容量规划。
- 监控请求调用量：开发人员通过自动以正则表达式，对匹配该正则的 URL 的请求进行实时监控，包括调用次数、QPS、平均耗时、最大耗时、最小耗时。

开源的分布式追踪方案有 Twitter Zipkin、Apache SkyWalking、Pinpoint。三种开源分布式追踪系统的对比如下所示。
- Zipkin 是 Twitter 开源的调用链分析工具，目前基于 Spring Cloud Sleuth 得到了广泛使用，特点是轻量，部署简单。
- Pinpoint 是基于字节码注入的调用链分析，以及应用监控分析工具。特点是支持多种插件，UI 功能强大，接入端无代码侵入。
- SkyWalking 是基于字节码注入的调用链分析和应用监控分析工具。特点是支持多种插件，UI 功能较强，接入端无代码侵入。目前已加入 Apache 孵化器。

目前国内分布式追踪系统案例中，SkyWalking 使用较为广泛。SkyWalking 是可观察性分析平台和应用程序性能管理系统，它具有如下特点。

❏ 跟踪、指标和日志记录一体解决方案。
❏ 支持 Java、.Net Core、PHP、Node.js、Go、Lua、C++ 代理。
❏ 支持 Istio + Envoy Service Mesh。

接下来，我们通过几张截图直观感受一下 SkyWalking 的效果。通过 Dashboard 查看服务的整体状态，如图 8-13 所示。

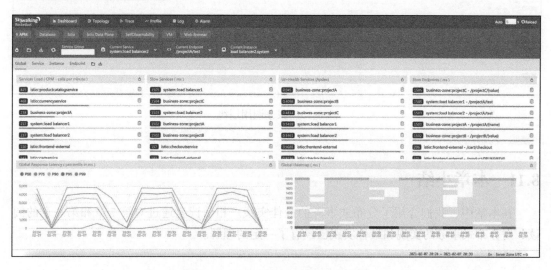

图 8-13　SkyWalking 的 Dashboard

查看服务之间调用的拓扑关系，如图 8-14 所示。

图 8-14　查看服务之间调用的拓扑关系

查看服务调用层级以及时长，如图 8-15 所示。

图 8-15　服务调用层级

8.11　本章小结

在本章中，我们介绍了分布式事务的最佳实践。相信读者通过对第 7 章和第 8 章的阅读，对分布式事务的实现和最佳实践已经有了一定的理解。

第四部分 Part 4

金融企业的稳态与敏态安全

当前金融行业数据中心现状是稳态+敏态的双模核心，本部分主要讨论稳态中心与敏态中心安全建设。随着从稳态向敏态转型过渡，金融级IT架构正经由封闭重量型转为开放敏捷型，以容器、微服务、多云、金融科技打造可快速上线的个性化的应用是各大银行IT转型中的一个显著特点。与之而来的安全领域的架构转型也正在发生，同业者正在积极地推动以应用为中心构建零信任架构，增强对个性化的安全防护，借助云服务、人工智能、大数据分析以及全面的安全生态体系，简化复杂的安全模型，加速传统安全架构转型。

目前金融行业安全架构转型主要有两个方面的突出挑战。一方面是传统稳态中心安全架构的束缚，传统安全架构的显著特点是多种安全设备集中式部署，提供基于数据中心的全局的防护能力，这种架构在一定程度上严重束缚了以应用为中心、个性化、主动式等的安全防护需求；另一方面是敏态中心安全建设的缺失或重视程度不够，API 网关是敏态中心业务的主要入口，如何围绕 API 网关打造以应用为中心的敏捷安全架构？如何提高安全技能，有效地对微服务、API、分布式应用做安全加固？边缘和多云环境下安全挑战如何应对？有效解决这些问题，才能保证敏态中心业务运行的安全可靠。

防火墙、SSL 卸载以及 WAF（Web 应用防火墙）是金融数据中心中最重要的部分，一线的金融 IT 安全专员的日常工作主要围绕这三类技术产品进行。本部分以这三类技术产品为主轴，共分三章：第 9 章分析安全攻防案例，解读安全监管法律法规，分享同业信息安全建设思路；第 10 章探讨稳态中心安全建设，介绍稳态中心防火墙、SSL 卸载和 WAF 的现状与方式，最后通过对安全设备编排来实现稳态中心对个性化应用安全的支撑；第 11 章关注敏态安全，主要探讨通过开源软件（Nginx、OpenSSL、ModSecurity 等）实现防火墙、SSL 卸载、WAF 等数据中心安全刚需的组件，偏重于实践操作，最后会探讨 API 开放平台的安全能力建设。

第 9 章

金融行业安全现状与建设思路

本章从某银行的一次安全攻防对抗事件纪实开始,展示 WAF 在面对最常见的应用层 DDoS 攻击时所起到的关键作用;然后列举金融行业安全监管法律法规,以及所有金融机构都会参与的"护网行动";最后分享某银行信息安全建设顶层设计的基本思路。

9.1 某银行安全攻防对抗纪实

DDoS(Distributed Denial of Service,分布式拒绝服务)是将多台计算机联合起来作为攻击平台,通过远程连接,利用恶意程序对一个目标发起攻击,消耗目标服务性能和带宽,导致服务器无法正常提供服务,甚至业务的核心数据被窃取,从而造成巨大的经济损失。

DDoS 攻击分为两大类:传输层 DDoS 攻击和应用层 DDoS 攻击。传输层 DDoS 攻击主要包括 Syn Flood、Ack Flood、UDP Flood、ICMP Flood。以 Syn Flood 攻击为例,它利用了 TCP 协议的三次握手机制,当服务端接收到一个 Syn 请求时,服务端必须使用一个监听队列将该连接保存一定时间。因此,它向服务端不停发送 Syn 请求,但不响应 Syn+Ack 报文,从而消耗服务端的资源。当服务端监听队列被占满时,服务端将无法响应正常用户的请求,达到拒绝服务攻击的目的。应用层 DDoS 攻击主要包括 DNS DDoS 攻击和 Web 应用 DDoS 攻击。DNS DDoS 攻击主要包括 DNS Request Flood、DNS Response Flood、虚假源 + 真实源 DNS Query Flood。Web 应用 DDoS 攻击主要指 HTTP Get Flood、HTTP Post Flood。HTTP Get Flood 通常指黑客从 Web 服务或界面找出一些资源消耗较大的事务和页面,并对这些事务和页面不停地发送 HTTP Get 请求,从而导致 Web 应用服务器资源耗尽,无法提供正常服务,或导致数据中心入口网络带宽被占满,整个数据中心无法正常对外提供服务。

由于应用层 DDoS 攻击行为和正常的业务行为并没有严格的边界，难以辨别，所以最为普遍，金融机构都遭受过不同程度的应用层 DDoS 攻击。Anonymous 组织在网络安全界无人不知、无人不晓。他们是遍布在全球范围的一群年轻人，拥有高超的网络安全知识，不从属于任何国家或企业，比起一般的黑客集团，Anonymous 组织更像是一个社区，只要有相同的想法或者理念，任何人都可以加入。

2018 年底，Anonymous 组织发起了代号为 OpIcarus 的攻击行动，如图 9-1 所示，鼓励所有匿名行动主义者对全球银行网站发起攻击。这一行动持续了数月，我国某银行也遭到了攻击。该银行业务双数据中心部署，双中心共有 8 条 ISP 线路入口，每条入口网络带宽 1GB，双数据中心网络带宽为 8GB。Anonymous 组织发现其门户网站上有一个静态 PDF 资源，大小为 3.5MB，随后对该门户网站发起 Web 应用 DDoS 攻击，发送 HTTP GET 请求获取此静态 PDF 资源。

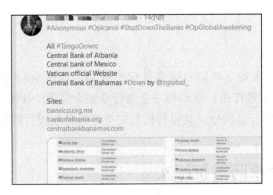

图 9-1　Anonymous 在社交网站上宣传代号为 OpIcarus 的攻击

银行在某天接近中午时间突然发现本银行的网上银行业务和手机银行 App 均出现访问迟缓，大多数业务客户都无法正常使用，初步怀疑遭受到黑客攻击。紧接着银行安全团队及相关厂商启动紧急预案，开始攻防对抗。很快安全团队接收到系统部门监控告警，门户网站后端 6 台服务器 CPU 使用率都接近 100%，随后安全团队聚焦到门户网站业务，发现新建和并发连接数不算很高，在一个正常支持的范围内，但是网络带宽占用率很高，通过网络流量包分析，发现大量 GET 请求发送到门户网站静态 PDF 资源。图 9-2 为攻防结束后一些关键指标统计对比，可以看到，攻击是在早上 9 点左右开始，11 点左右攻击力度增强，中午 12 点左右达到峰值，峰值状态持续了 1 个多小时，下午 1 点半攻防防护策略生效，网络吞吐量明显降低，下午 3 点左右攻击结束，各项指标统计信息与正常业务访问时相当。

从图 9-2 中可明显看到攻击过程中各项指标明显增加，攻击中和正常业务访问情况下各项指标变化如下。

- **网络吞吐量**：正常业务访问情况下吞吐量约为每秒 0.6GB，攻击中吞吐量平均约为每秒 6GB，在峰值时达到每秒 7.8GB，达到双数据中心 8 条 ISP 线路所能提供贷款的最大值。

- **并发连接数**：正常业务访问情况下并发连接数维持在 5 万左右，且大多数时间在 5 万以下，攻击中并发连接数平均约为 45 万，攻击峰值时长期保持在 70 万以上。
- **新建连接数**：每秒新建连接数在正常业务访问情况下约为 400 左右，而攻击中新建连接数每秒达到 2.5 万，攻击峰值新建连接数每秒达到 3.2 万。
- **HTTP 请求数**：HTTP 请求数在正常业务访问的情况下为 2000 左右，攻击中 HTTP 请求数约 4 万，峰值时达到 5 万。

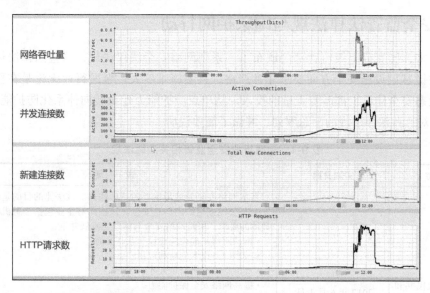

图 9-2　某银行受到 Web 应用 DDoS 攻击前后指标变化趋势

黑客组织通过 Web 应用 DDoS，针对某银行门户网站上静态 PDF 资源发送 HTTP Get Flood，造成支撑门户网站的 6 台服务器 CPU 资源消耗完，服务器无法正常提供服务，同时造成网络带宽消耗，攻击流量几乎占满了银行所能提供的最大网络带宽。由于门户网站是银行大多数业务的入口，门户网站不能访问影响的业务范围较大，同时由于银行数据中心总带宽的限制，所有业务都出现访问迟缓或无法访问现象。

回顾整个攻防对抗过程，成功阻击攻击者的两个关键措施是启用运营商的流量清洗服务及调整 Web 应用防火墙策略。事实上运营商流量清洗服务和 Web 应用防火墙设备在本次攻击之前就是行内安全运营的基本措施，攻击者的攻击流量到达门户服务器，会经过这些防护措施，只是由于担心误伤正常业务，相应的阻断和丢弃功能没有打开。攻防开始，网络流量监控显示有较大异常流量来自国外，结合现场安全专家的分析，很容易将此次攻击与 Oplcarus 攻击行动相联系，于是在运营商层面，在流量清洗服务上开启"海外 IP 流量过滤"操作，很快防御效果体现出来，数据中心入口带宽阻塞情况有所缓解，但是海外的真实客户也会被运营商屏蔽，无法正常访问业务。第二个紧急措施是调整 Web 应用防火墙策略,开启应用层攻击特征库防护、浏览器认证等预防措施,带宽阻塞情况进一步好转,攻击者的非法行为逐渐得到有效阻击。

Web 应用安全是安全防护的重中之重,十次攻击九次是针对 Web 应用,网络攻防及信息安全只有一些安全技术或一两个安全服务或设备是不够的,金融行业通常需要有体系化的防御措施,并在平常的工作中围绕技术、运营和管理不断提升安全防御的能力。本章后面会对此做进一步的讨论。

9.2 安全监管法律法规与国家护网行动

近年来,国家或上级监管部门颁布了一系列网络安全法律法规,这些法律法规在数据保护、关键基础设施安全方面要求非常严格,且实施难度大,金融行业无论是在稳态安全还是在敏态安全建设上都需要大量的投入,从单点防护能力建设转向体系化防护能力建设。表 9-1 是对这些法律法规的汇总罗列,并做了简单说明。

表 9-1 金融行业安全监管相关法律法规

名称	实施日期	说明
《中华人民共和国网络安全法》	2017 年 6 月 1 日	目前网络安全领域最重要的基础法律。该法律的目的是保障网络安全与公民或组织的信息安全。该法律对企业包括金融机构提出了具体的要求,坚持网络安全与信息化发展并重: • 推动网络基础设施建设和互联互通 • 鼓励网络技术创新和应用 • 支持培养网络安全人才 • 提高网络安全保护能力 金融行业敏态业务肩负着如何将已有的数据和服务通过数字化技术与第三方或自己的客户及合作伙伴共享,形成开放生态,从开放生态建设中发现新业务增长点。网络安全法对用户信息安全有很详细的规定,例如,对关键信息如用户信息需要严格保密,在禁止收集无关信息的同时,对收集到的用户信息不能泄露或篡改。敏态应用承载敏态业务,敏态安全保障敏态应用的安全,敏态安全建设需要更多的投入
《个人信息安全规范》	2018 年 5 月 1 日	目前国内个人信息保护制度中最完善的规范性文件,2017 年 12 月发布(GB/T 35273—2017),2020 年 10 月进一步修订(GB/T 35273—2020)。该规范被同业与欧盟的《通用数据保护条例》对比,它对企业包括金融行业信息系统中个人数据保护提出了具体的要求。例如在信息收集方面,如果手机银行等移动应用有收集个人信息的功能,则不得隐瞒,需要征得用户同意,用户拥有对收集到的信息彻底删除的权利。该法规还对用户画像进行了规范化描述,对信息的来源做了定义,并根据信息来源将用户画像分为直接用户画像和间接用户画像,这些规划对金融行业的具体业务系统,例如风控、大数据分析的建设有指导意义

（续）

名称	实施日期	说明
《信息安全技术 网络安全等级保护基本要求》	2019年5月13日	简称"等保2.0"，当前企业包括金融行业已广泛采纳，并在企业安全建设中对安全技术和安全设备的选型时要求技术提供方必须满足"等保2.0"要求，例如某银行在Web应用防火墙的招标文件中有关于"等保2.0"的具体描述，"达到等保三级建设标准的安全水平，其中包括对登录账户的密码复杂度要求，日志保留达到6个月" 与"等保1.0"相比，"等保2.0"定级保护的对象更加广泛，具体包括信息系统、基础信息网络、云计算平台、大数据平台、物联网平台等，金融行业金融科技落地建设也需要符合"等保2.0"等级保护要求 "等保2.0"在保障体系建设方面也提出全面主动防御能力的建设，具体包括感知预警、动态防护、安全检测、应急响应等
《中国人民银行关于发布金融行业标准加强移动金融客户端应用软件安全管理的通知》	2019年12月	中国人民银行〔2019〕237号文件，目的是指导督促金融行业贯彻落实上面提到的网络安全法，具体要求如下 • 保障客户端软件的要求，负责客户端软件设计、开发、发布、维护等全生命周期的安全管理，并周期性评估 • 加强个人金融信息保护，客户端应用软件在保护个人信息方面需遵照《个人信息安全规范》 • 健全投诉处理机制，客户端软件需具备投诉处理机制 • 提高风险监测能力并强化行业自律管理
《网络安全审查办法》	2020年6月1日	该法律的主要目的是通过网络安全审查这一举措，及早发现并避免采购产品和服务给关键信息基础设施运行带来风险和危害，保障关键信息基础设施供应链安全。企业包括金融行业在采购关键网络信息技术产品和服务时，可能需要通过国家网信部门会同国务院有关部门组织的国家安全审查

除了以上法律法规，《关键信息基础设施安全保护条例》《个人信息保护法》《数据安全法》等正在征求意见或在制定中，金融行业稳态与敏态安全建设需要遵循这些安全法律法规。

"护网行动"是最近几年非常热的话题，是由中华人民共和国公安部组织开展的攻防演练活动。该活动通常持续2周到4周，邀请国内安全企业和部分甲方企业作为攻击方，常采取"单盲式"开展模拟攻击，即攻击时间不固定、攻击源不明确、攻击目标不明确、攻击手段不明确，以获得目标权限、数据为得分点，防守方以发现入侵事件、处置事件、配合执法机关取证为目标获取得分，更详细的评分规则分析如下。

- ❏ 发现入侵。发现WebShell木马或主机木马，可根据重要性和严重级别，每台主机或每一个WebShell得20~100分；发现异常账户登录，普通应用层用户得5分、系统层用户得10分、数据库用户得10分、网络设备用户得25分；发现恶意邮件（包含恶意链接、病毒邮件），每发现一封得5分。
- ❏ 处置事件。与发现入侵对应，能够对发现的WebShell木马或主机木马进行处置，同样根据重要性和严重级别，每台主机或每一个WebShell得20~100分；对异常账户登录能够进行合理的处置，普通应用层用户得5分、系统层用户得10分、数据库用户得10分、网络设备用户得25分；能删除恶意邮件，每删除一封得5分。

□ 溯源取证。对网络攻击事件进行成功溯源，提供有效的证据材料形成证据链，还原完整攻击路径，能证实攻击者的攻击行为，成功溯源一个境内攻击者得 200 分，成功溯源一个境外攻击者得 500 分；通过关联分析对攻击者画像，能确认多个攻击者属于同一个攻击组织或攻击方，则相应的组织或团队加 500 分。

"护网行动"的目的是通过安全攻防对抗，提高企业包括金融机构自身安全攻防的能力、了解自身的安全短板、明确安全建设目标并加快培养网络安全人才。护网结束后会根据攻防中的得分，分行业对各个行业的参与者进行排名，对攻防对抗中的表现优异者给予奖励，对表现比较差的组织则提出改进建议。同时护网中发现的漏洞及相应厂商的产品也会公布在互联网上，梳理 2021 年护网公布的安全漏洞清单，可以发现漏洞主要分四类，包括网络安全设备漏洞、OA 办公类软件漏洞、应用平台级软件漏洞以及开源软件漏洞，如表 9-2 所示。

表 9-2　2021 年护网攻防中发现的典型漏洞

类别	漏洞
网络安全设备	• 某安全厂商天清汉马 USG 防火墙存在逻辑缺陷漏洞 CNVD-2021-17391 • 某安全厂商终端威胁检测响应系统 EDR 存在远程命令执行漏洞 CNVD-2020-46552 • 某网络厂商 SSL VPN 存在客户端远程文件下载漏洞
OA 办公类软件	• 某办公软件 WPS 存在通过点击触发 WPS 内置浏览器 RCE 执行命令漏洞 CVE-2020-25291 • 某 OA 软件存在 ajax.do 任意文件上传漏洞 • 某公司堡垒机存在命令执行漏洞
应用平台级软件	• 某项目管理厂商禅道项目管理软件 11.6 存在 SQL 注入漏洞 • 某中间件厂商 WebLogic T3 反序列化远程代码存在执行漏洞 • 某基础设施解决方案厂商计算机管理平台 2016 版存在运维审计系统任意用户登录漏洞 • TongWeb 文件存在上传漏洞
开源软件	• Jackson 存在反序列化漏洞 • Tomcat 存在反序列化命令执行漏洞 • Dubbo 存在反序列化命令执行漏洞 • Apache Solr 存在任意文件读取漏洞 • Joomla XSS 漏洞

护网行动中金融行业通常会采用什么措施呢？如何做到及时发现入侵，有效阻断入侵，并溯源取证？表 9-3 简单总结了 2021 年护网行动中表现优异的金融机构所采用的防护策略。

表 9-3　2021 年护网金融行业所使用的安全产品及防护策略

名称	主要安全产品	防护策略
某银行	IDS、FW、SOC、WAF、NAT、数据库防火墙、NPM 回溯、情报分析、蜜罐	应用层防御、共同研判、IP 封禁
某银行	FW、NPM、WAF、蜜罐、SOC	应用层防御、信息隐藏、IP 封禁
某银行	WAF、FW、IPS、SOC、蜜罐	应用层防御、旁路监控、IP 封禁

(续)

名称	主要安全产品	防护策略
某银行	WAF、FW、IPS、SOC、蜜罐	应用层防御与攻击阻断
某证券	WAF、FW、IPS、SOC、蜜罐	应用层防御、IP 封禁
某农信银行	异构 FW	IP 封禁

FW 即防火墙，用于 IP 封禁等操作；WAF 即 Web 应用防火墙，提供应用层防御；FW 和 WAF 是金融行业数据中心常见的安全设备。蜜罐提供主动防御攻击溯源的能力，根据护网评分规则，一次"溯源取证"的得分远远高于一次"入侵发现"和"入侵事件处置"，可以说蜜罐是护网利器，护网中结合蜜罐可以明显地提高金融行业在护网中的得分。

9.3 某银行信息安全建设思路分享

除了安全监管法律法规，迫使企业大幅增加安全投入，建立动态安全体系外，某银行信息安全建设还受到两个方面的推动，一是网络安全攻防态势的新变化，二是云计算和大数据时代网络安全边界瓦解的现状。

与五年前相比，目前银行所面对的网络攻击具有明显的产业化、精准化、移动化、技术化的特点：用户个人信息泄露助长网络黑产的发展，针对金融 App 的木马攻击呈现高度定制化趋势，"羊毛党"造成的损失日益严重。随着数字化科技的发展，生物识别、短信验证、互联网 Token、互联网金融生态等技术引入了新的风险点，也扩大了攻击者的攻击面。网络安全新态势主要表现在以下几个方面：

- 有组织的对抗增多，银行需要面对大量恶意网络攻击行为；
- 勒索软件成为头号敌人，各行各业都面临着花式多样的勒索软件攻击，美国政府最近将以勒索软件为主的网络攻击等同于恐怖攻击，金融行业也面临着勒索软件的攻击；
- 人的因素备受关注，33% 的企业网络安全或者数据安全事件与员工错误有关，对企业员工的安全意识培训已成为刚需，提高安全意识是最有效的网络安全措施；
- 漏洞数量创新高，2021 年上半年业界总共提交了近 1 万个安全漏洞，全年漏洞数量有望创下新高，其中移动终端漏洞数量同比增长 50%；
- 隐私保护形势严峻，个人金融业务中验证码、人脸等信息广泛运用到用户认证、业务交易中，使不法分子获取个人金融信息更容易，身份证、手机号、卡号金融信息三要素的组合资产欺诈频发。

传统数据中心稳态业务有比较明确的物理边界，在数据中心入口建设强大的防护体系即可，但随着云计算和大数据等技术的发展，网络安全边界的瓦解进程加速。某银行围绕"敏捷、科技、生态"的战略转型目标，深化建设数字化敏态发展体系，业务线上化进程加快，业务跨云的部署和运行带来新的边缘安全防护需求；合作伙伴、客户及第三方生态建设，带来多元化的用户、多样化的业务，跨平台的 API 调用带来新的接入边界控制；物联网设备、移动设备大量普及，数据在设备、业务和平台之间持续流动；新冠肺炎疫情成常态化趋势发展，远程办公也成常态化趋势发展，VPN 重新使用，居家办公频繁使用即时通信软件和远程会议软件，物理边界隔离的难度大增，安全风险增高。

为有效应对网络安全攻防态势的新变化、新形势下物理边界持续瓦解的现状，并落实监管的法律法规，某银行信息安全建设提出了"1+2+3"的建设原则。

- ❑ **聚焦一个目标**：加大顶层设计，构建新型动态信息安全防御体系。
- ❑ **打造两个能力**：一流安全合规能力、一流实战攻防能力。
- ❑ **夯实三个领域**：持续强化安全管理、安全运营、安全技术，推动信息化建设与信息安全"同步规划、同步建设、同步使用"，做实、做精安全防护和运营体系。

该银行信息安全建设架构如图 9-3 所示。

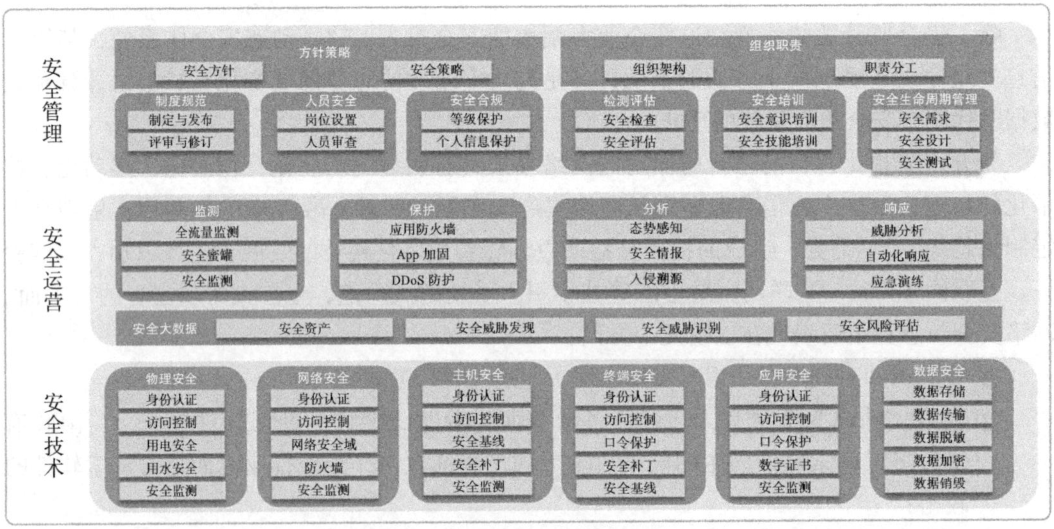

图 9-3 某银行信息安全建设架构

安全管理首先要进行安全工作顶层设计，设计全景安全工作视图，形成安全管理、安全运营、安全技术 3 个核心领域，并将其细分为方针政策、组织职责、安全培训等 20 个工作分类以及 68 项具体工作任务，对全行安全进行自上而下、360 度全方位管理。安全管理还要贯彻融合的工作概念，将安全工作融合到开发、测试、运维、数据管理各条线，推动安全内生，将安全工作融合到各项业务中，使业务更快捷、客户体验更好。此外，坚持闭环工作方式，让安全工作贯穿需求、架构、设计、开发、测试、投产、运维等系统生命周期各环节，成立 1+4 一体化安全组织（1 为安全管理处，4 包括开发安全、运维安全、测试安全、数据安全），持续一体化安全防护，一体化安全组织各司其职。

- **安全管理处**：主要负责安全管理、安全运营、安全技术、金融科技战略与信息安全管理。
- **开发安全**：制定开发安全规范，管理安全开发过程，建设安全开发支撑工具。
- **运维安全**：建设纵深网络安全防御体系，开展深度流量分析，持续开展安全威胁检测预警。
- **测试安全**：制定安全测试规范，建设安全测试支撑工具，持续开展安全测试。
- **数据安全**：建设数据安全体系，落实敏感信息保护，开展数据安全检查。

安全管理需要打造一流安全合规能力，强化全方位安全管控。对重要系统进行安全画像，实时展现安全状态；对安全监管制度标准进行解读和宣传贯彻，提升合规水平；开展安全意识和安全技能培训，提升全员安全能力；推进等级保护、渗透测试工作，形成检查评测体系；通过安全评审，落实三同步——同步规划、同步检核、同步使用。

安全管理还需要积极开展全员培训，形成以意识培训、能力培训和特色培训为核心的创新安全培训体系，以安全人员能力培训为起点、安全意识为终点的安全培训体系；形成以安全事件为契机的特色安全培训，安全事件触发培训，由开发中心组织，多团队、多项目共同参与的案例培训，安全管理处进行事件原理讲解，并配合相应的宣传，让各团队掌握应知应会的安全技术要求。

为实践常态化安全运营，某银行建立了实战化红队、蓝队、紫队三支对抗队伍，打造一流实战攻防能力，建设安全威胁漏洞感知和高效处置能力。

通过内部培养、外部招聘等多种渠道，建设自有高水平的攻防网军队伍，推动主动攻防能力建设，以攻促防，同步提升攻防两端能力；持续开展常态化、高频的安全漏洞攻防，减少漏洞暴露概率；开展全行攻防演练、技能比拼，持续提升全行攻防技能水平。

建设涵盖告警中心、资产中心、威胁中心、数据分析中心的全方位态势感知平台，实现安全态势全天候、全方位感知；构建全面、立体、智能安全技术防御体系；建设以安全大数据人工智能驱动安全技术体系，提供全方位的信息安全数据分析能力，为构建智能安全的防御体系形成铺垫；建设自动化响应平台，实现威胁的快速处置和消除。

构建全行一体化安全运营体系，实现安全运营数字化，提升自动研判、自动拦截处置能力；加强以安全事件为核心的运营流程机制建设，建立 7×24 小时信息安全运营队伍；持续建设安全运营观测指标，实时展现安全运营情况。

安全技术能力建设以安全能力为中心，对专业技术领域进行深度研究探讨，赋能各项目、业务。具体包括如下几个方面。

- **传统安全技术**：在身份鉴别、加密、密码保护、完整性效验以及重要支付领域开展技术研究。
- **金融新技术**：在人工智能、大数据、物联网、区块链新技术领域，进行垂直研究。
- **互联网移动应用**：加大互联网移动引用安全技术研究，支持银行业务互联网转型。
- **全栈安全云平台**：结合云平台建设项目，规划全栈云安全，符合"等保2.0"规范。

- **新核心安全规划**：在核心系统规划阶段，进行安全方案设计，将安全内生化。
- **联合创新实验室**：与头部安全企业建立网络安全联合实验室，研究前言安全技术和方案。

9.4 本章小结

本章主要以案例为主，分析了某银行安全攻防对抗纪实案例，以及某银行的信息安全建设整体思路，对安全管理、安全运营、安全技术分别进行了简单介绍。安全合规监管是金融行业安全能力建设的主要推动力，本章还对金融行业所需遵守的监管法律法规以及金融行业每年参与的"护网行动"做了分析。

第 10 章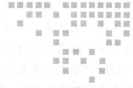

稳态中心安全建设

金融行业数据中心通常都通过水平、垂直分区分成多个区，垂直方向包括互联网接入区、前置区、后台区，水平方向分为互联网1区、互联网2区、后台1区、后台2区等。防火墙、SSL 卸载、WAF 是金融数据中心最常见的安全设备，这些设备分布在金融数据中心各个区，本章将分别讨论防火墙、SSL 卸载、WAF 应用防火墙，同时提出安全设备编排方案，尝试对稳态中心安全设备池化编排，提高稳态中心的个性化安全防护能力。本章不会深入探讨防火墙、SSL 卸载、WAF 等设备的底层工作原理，而是主要说明设备如何在金融行业数据中心各个区部署，以及所承载的安全防护任务。

10.1 防火墙

金融行业数据中心边缘接入后台核心系统后通常可以抽象出三层，即互联网接入层、互联网前置层和后台业务系统层，而防火墙在每一层都必不可少，可以说防火墙是金融行业数据中心部署数量最多的安全设备，是数据中心核心业务及海量数据安全的重要保障。互联网接入层主要包括多条运营商提供的链路，以及可以被互联网访问的业务 IP 入口。数据中心外部的客户或合作伙伴访问相关金融业务系统，或者数据中心内部业务系统访问外部互联网资源时，都需要经过相应的运营商链路，而每一条到数据中心的运营商链路上都有专门的防火墙，数据中心入向和出向的流量都会经过这道防火墙，防 DDoS、精细化的接入访问规则是互联网接入层防火墙最重要的功能体现。金融行业数据中心防火墙部署示意图如图 10-1 所示。

互联网前置区是金融行业数据中心最复杂的一个区，中大型金融数据中心前置层通常分为多个水平区，每个区承载不同的业务，而且通常有与之对应的后台业务区。中大型金融行业数据中心,每个区承载的业务通常是数百到数千个。前置区也是整个数据中心中网络架构最复杂的区域,业务应用刚需的安全设备,如 SSL 卸载设备、WAF 设备、动态混淆设备都部署在这个区,前置区与互联网接入层之间,以及前置区与后台业务区之间都有防护墙部署,该区域防火墙会配置精细化安全策略,精确地控制不同用户对数据中心业务服务区的访问权限,通常会提供 IPS、攻击防范等多种安全防护功能,保护数据中心业务区服务免受木马、蠕虫等攻击。

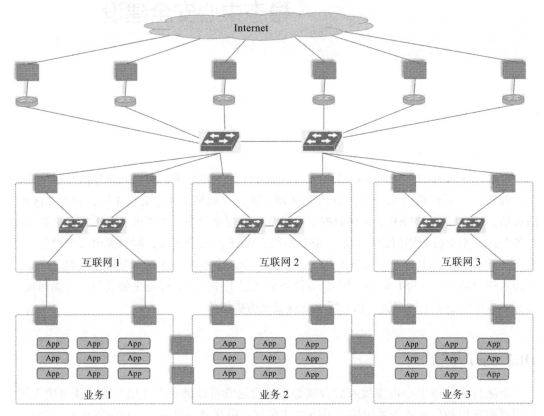

图 10-1 金融行业数据中心防火墙部署示意

后台业务区运行着银行的核心业务和数据,业务区入口也会部署防火墙,不同业务区东西向之间访问也需要经过防火墙。业务区入口和业务区东西向之间的防火墙主要保护数据中心业务安全,防止非内部人员或不安全终端主机接入,只有身份认证和终端主机安全检查通过才允许访问被保护的业务和数据。

防护墙普遍采用的技术是包过滤和状态检查技术。包过滤技术是指当请求流量经过防护墙时,防火墙会检查流量数据报文中 IP、TCP、UDP 的报头信息,与防火墙中预设的流量包过滤规则比较,依照过滤规则进行过滤。

图 10-2 为防火墙包过滤技术示意图,防火墙过滤规则通常是在管理平面的命令行、图

形化界面或自动化工具预先配置。包报头检查中提取的典型报头信息包括 IP 数据报头的源 IP 地址、目的 IP 地址、协议类型、TCP 数据报头的源端口、目的端口、UDP 数据报头的源端口、目的端口等。常见的过滤规则包括允许源地址为某个网络的客户端请求访问某个端口，禁止某个网络的客户端请求访问某个目标地址或端口。防火墙设备在接收到过滤前数据流量并执行包过滤之前，还会执行状态检查操作。状态检查指的是在收到的网络报文中提取出五元组信息后，检查状态表，并根据状态表进行判断，如果数据包属于已经建立的连接状态，则跳过包过滤规则直接放行到后端网络，反之，则会进行包过滤流程。

图 10-2　防火墙包过滤技术示意

通常金融行业数据中心还会将防火墙作为代理使用。防火墙作为应用代理，在防火墙上集成认证系统或日志系统，为后端应用提供安全认证或安全审计。图 10-3 为防火墙作为应用代理示意图，当接收到客户端发出的连接请求后，应用代理检查客户的源和目的 IP 地址，并依据事先设定的过滤规则决定是否允许该连接请求。如果允许该连接请求，则通过与防火墙集成的认证系统进行客户身份识别。否则，阻断该连接请求。通过身份识别后，应用代理发起和后端应用服务的连接请求，建立该连接请求的连接，并根据过滤规则传递和过滤该连接之间的通信数据。当客户端关闭连接后，应用代理关闭对应的与应用服务的连接，并将这次的连接记录在集成的日志系统内。

图 10-3　防火墙作为应用代理

防火墙作为应用代理具有很大局限性，它无法代理七层应用服务，不具备负载均衡的能力，而应用代理需要专业负载均衡设备，所以在实际应用中，金融行业数据中心多使用基于防火墙实现 NAT 的方式。金融行业数据中心内部的应用服务器及网络安全设备都使用私有地址，例如常见的 10.0.0/8、169.254.0.0/16、169.254.0.0/16、172.16.0.0/16、

192.168.0.0/16。NAT 是将一个地址域映射到另一个地址域的标准方法，它可以将内部网络中的地址转换成一个互联网 IP 地址。图 10-4 为某银行在互联网接入外侧防火墙上配置 NAT 实现公私网转换的示意图。防火墙实现内外部网络的隔离，互联网业务发布的公网地址都位于防火墙上，防火墙之后的链路控制负载均衡设备上的所有业务地址都为私网地址，防火墙实现 NAT。这种架构简化了负载均衡设备安全控制的复杂性，使数据中心入口网络转发层次更加清晰。

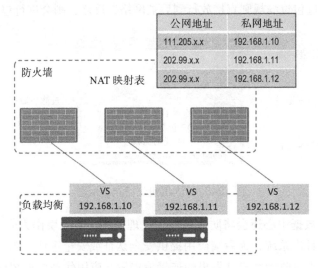

图 10-4　某银行在互联网接入外侧防火墙配置 NAT 公私网转换

防火墙部署有两种模式，路由模式和透明模式，简称为路由墙和透明墙。在路由模式中，防火墙的各个安全区域位于不同的网段且防火墙自身有 IP 地址，子网之间的相互访问控制被隔离。透明模式即网桥模式，只区分内部网络和外部网络，不需要对防火墙进行 IP 设置，内网用户意识不到防火墙的存在，隐蔽性较好，降低了用户管理的复杂性。有些情况下两种模式混合部署，简称混合模式，在混合模式中，内网与服务器区域是透明模式，与外网间则是路由模式。另外就单个部署而言，防火墙设备大都采用双机主从模式部署，当主节点故障后由从节点接管流量过滤任务。与主从模式对应的是负载模式，一组防火墙位于负载均衡之后，多个防火墙同时进行流量过滤任务，在提高了防火墙资源利用率的同时，也扩展了性能。

10.2　SSL 卸载设备

随着网络的发展，现代互联网正在逐渐步入全站 HTTPS 时代。SSL 的业务量将逐年增长，据统计，现在互联网上 90% 的流量都是加密流量。金融行业 IT 对安全要求更高，目前金融行业业务大多只能通过加密的方式访问，例如银行的手机银行和网银业务。手机银行和网银业务目前是银行流量的主要入口，数据中心大多数流量均来自这两个业务。这些加密流量为数据中心 IT 架构带来了两方面的挑战，首先是如何让安全检查设备能够继续工作，例如 WAF 无法对加密的流量进行分析，要确保 WAF 设备可工作，则需要在流量经过 WAF 设备之前完成解密；其次是性能消耗的问题，根据加解密算法，即根据密钥的长度进行一次 SSL 加解密需要经过复杂的计算，会消耗大量 CPU。单独规划 SSL 卸载设备主要是为了解决这两个问题，SSL 卸载设备是金融行业数据中心中必不可少的安全设备，通常采用多台资源池化部署方式，部署的位置是数据中心的互联网前置区。

为防止单点故障，确保业务高可用，手机银行、网银业务或者其他普通 SSL 加密的应用通常都是采用多点集群部署方式，负载均衡设备位于应用之前。由于应用之前有负载均衡设备，早期在负载均衡设备上完成 SSL 卸载的架构也较为流行。但随着互联网、移动互联网的发展，这种架构的局限性很快显现出来，负载均衡设备需要垂直扩展或集群部署以应对大量的加解密对负载均衡性能的需求，负载均衡和 SSL 卸载两项功能在同一台设备实现，当某项功能出现问题时另一项功能也会受到影响，而不同功能之间产生不同的问题，协调的成本比较高。

SSL 卸载设备部署在互联网前置区，主要目的是 SSL 解密后通过在前置区的应用安全检测设备可以对客户端请求进行安全检测。加密流量在经过 SSL 卸载设备之后到达应用服务器之前均处于未加密状态，那么未加密状态下的流量是否会为应用服务器带来数据包被嗅探或者 ARP 欺骗的风险呢？是否需要在前置区完成安全检查后对流量进行加密？在业界曾经就这些问题进行过讨论，讨论的结果是 SSL 卸载设备就一层结束，在数据中心建立信任的网络区和非信任的网络区，将 SSL 卸载部署到信任的网络区，在信任的网络区内可忽略非加密网络流量传输的风险，同时通过安全合规规范及培训提高数据中心操作人员安全合规意识，并对数据中心操作人员在任何时间的任何操作做审计记录。

图 10-5 是 SSL 加解密设备在金融数据稳态中心的典型三明治部署架构。三明治部署架构是三层架构模式，即两层负载均衡之间是 SSL 卸载。其中第一层负载均衡负责 SSL 设备的负载均衡以及非 SSL 流量的转发功能，将 SSL 流量转发到 SSL 卸载设备，将非 SSL 流量直接转发到第三层负载均衡。第二层是 SSL 卸载设备，通常是多节点集群部署，负责 SSL 卸载功能，实现 HTTPS 到 HTTP 的转化，流量卸载完成后汇聚到第三层负载均衡。第三层负载均衡负责服务器的负载均衡。三明治架构的好处是优化了网络转发及网络配置，如果配置 SNAT，则只需要在第三层负载均衡配置即可；如果是在应用服务器上配置网关，同样只需要配置第三层负载均衡地址作为网关即可。SSL 卸载设备通常会针对不同的业务提供不同的入口地址，不同的入口地址关联不同的证书。SSL 卸载设备运维管理相对复杂，而三明治架构下的 SSL 卸载设备位于中间层，方便了 SSL 设备的升级与扩展。

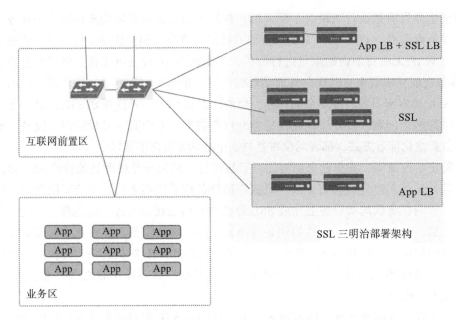

图 10-5 典型的三明治部署架构

10.3 基于数据中心的应用安全防护

在互联网及移动互联网高速发展的时代，Web 业务的迅速发展也引起黑客们的强烈关注，Web 应用的安全是金融数据中心安全的重点排查对象，Web 应用也是安全攻防双方博弈的主要对象。OWASP（Open Web Application Security Project，开源 Web 应用安全项目）是一个非营利组织，不附属于任何企业或财团。该组织列出了 10 种最常见的 Web 应用安全威胁，如表 10-1 所示。

表 10-1　OWASP 组织列出的 10 种最常见的 Web 应用安全威胁

安全威胁	描　　述
注入攻击	当不可信的数据作为命令或者查询语句的一部分被发送给解释器时，这些恶意数据可以欺骗解释器，执行非计划的命令或者未授权访问数据，注入攻击漏洞包括 SQL、HTTP Form 以及 LDAP 注入等。 示例如下： 　　String query = "SELECT * FROM accounts WHERE custID='" 　　+ request.getParameter("id") + "'"; 　　http://example.com/app/accountView?id=' or '1'='1 攻击者浏览器在 HTTP Form 提交时修改 id 参数值为 ' or '1'='1 时，可能会导致数据库中所有记录泄露

(续)

安全威胁	描　述
失效的身份认证	通过错误使用应用程序的身份认证和会话管理功能，攻击者能够破译密码、密钥或会话令牌，或者利用其他开发缺陷来暂时性或永久性冒充其他用户的身份，最终导致原有的身份认证失效； 常见的攻击形式包括默认的、弱的或众所周知的密码，例如 Password1 或 admin/admin 被识破；在 URL 上暴露会话 ID，用户下线后，用户会话或认证令牌没有正确注销或失效被攻击者利用等
敏感信息泄露	应用程序没有对相关敏感数据进行脱敏处理，如信用卡信息、个人 ID 号，及身份验证凭据等信息。攻击者可能会窃取或篡改这些敏感数据进行如信用卡诈骗、信息窃取或其他犯罪行为
XML 外部实体注入（XXE）	XXE 漏洞全称为 XML External Entity Injection，即 XML 外部实体注入漏洞。XXE 漏洞发生在应用程序解析 XML 输入时，没有禁止外部实体的加载，导致可加载恶意外部文件，造成文件读取、命令执行、内网端口扫描、攻击内网网站等危害。XXE 漏洞触发的点往往是可以上传 XML 文件的位置，没有对上传的 XML 文件进行过滤，导致可上传恶意 XML 文件
失效的访问控制	Web 页面上的访问对象没有访问控制或其他保护，攻击者可以任意访问这些未授权数据。例如：服务器上的具体文件名、路径或数据库关键字等内部资源被暴露在 URL 或网页中，攻击者就可以通过改变 URL 的参数尝试直接访问其他资源
安全配置错误漏洞	应用程序、中间件、数据库等在部署前未做安全基线配置检查，可能存在配置方面的安全问题。常见的安全配置问题如：应用程序、中间件、数据库服务器开启了默认端口，应用系统存在默认管理后台及管理口令等
跨站脚本攻击（XSS）	跨站脚本简称 XSS（Cross-Site Scripting），利用方式主要是借助网站本身设计不严谨，攻击者将恶意代码嵌入服务器 Web 文件中，当访问者正常浏览网页时，执行恶意用户提交的恶意 JS 代码； 这种攻击通常被利用在反馈、个人地址、客服服务等功能上，攻击者通过发布一些恶意内容，诱使用户有意或无意点击，造成恶意代码执行
不安全的反序列化	有些时候需要把应用程序中的数据以另一种形式进行表达，以便将数据存储起来，并在未来某个时间点再次使用，或者便于通过网络传输给接收方。这一过程我们把它叫作序列化； 例如，在 Socket 程序中，服务端程序有 readObject 方法，并根据 readObject 方法返回进行相关业务处理，攻击者可能会利用传递一些非正常的参数，造成服务端泄露
使用包含已知漏洞的组件	应用系统由各类组件组成，如开发组件、中间件、数据库组件、操作系统组件，这些组件在设计过程中往往并未严密考虑安全性，或者在后期开发过程中引入了漏洞，例如 Linux vim 任意代码执行漏洞、Redis 未授权访问漏洞等都属于该类漏洞
不足的日志记录和监控	攻击者依靠监控的不足和响应的不及时来达成他们的目标而不被知晓。确保所有登录、访问控制失败、输入验证失败能够被记录到日志中去，并保留足够的用户上下文信息，以识别可疑或恶意账户，并为后期取证预留足够时间，可有效避免不足的日志记录和监控

Web 应用防火墙主要用于保护 Web 应用，避免 Web 应用遭受表 10-1 中提到的这 10 种

类型的攻击，以及其他类型的攻击。Web 应用防火墙简称为 WAF，它是金融数据中心中必不可少的安全设备。与前面章节中讨论的传统防火墙根据网络层和传输层协议报文头中源目的 IP 和端口进行规则匹配过滤不同，WAF 工作在应用层，其主要通过中间代理的方式，截取网络通信中的 HTTP 流量，再通过其过滤规则进行分析和拦截。

由于 WAF 针对七层 HTTP 流量进行拦截分析，对于启用 SSL 加解密的应用，WAF 设备需要部署在 SSL 解密设备之后、Web 服务器之前。金融行业 IT 建设中 WAF 设备通常是部署在互联网前置区，在链路逻辑上位于 SSL 设备之后。和传统防火墙类似，WAF 也有两种部署模式，路由模式和透明模式。路由模式是将正式的服务器的地址映射到 WAF 设备上，在此种模式下，WAF 分别与客户端和后面的服务器建立 TCP 连接，所有流量通过前端网络连接发送给 WAF，在 WAF 处理后再通过后端连接转发给后台服务器。

图 10-6 为 WAF 代理模式下的典型部署架构，采用多层负载均衡实现 SSL、WAF 和应用的集群部署，SSL 三明治架构的第二层负载均衡将请求转发给 WAF 设备，后台业务区应用之前通常还有负载均衡，WAF 设备在处理完七层流量过滤后转给后台业务区负载均衡。在这种架构下，SSL、WAF 和应用之间没有耦合性，为 SSL、WAF 和应用三者都提供了灵活的扩容能力。WAF 代理模式包括路由代理模式和透明代理模式，路由代理模式又称作三层代理模式，透明代理模式又称作二层代理模式。在路由代理模式下，负载均衡设备还可以对 WAF 进行监控检查，及时发现 WAF 设备异常并停止将流量转发给异常的 WAF 设备，增加了业务的高可靠性。通常 WAF 在三层代理模式下的 Bypass 能力差，可从部署设计上实现 Bypass，例如在 WAF 前面的负载均衡池中除了添加 WAF 集群外，还添加应用集群，应用集群的优先级低，WAF 故障时负载均衡会自动将请求直接发送给应用，从而实现 WAF 故障 Bypass。

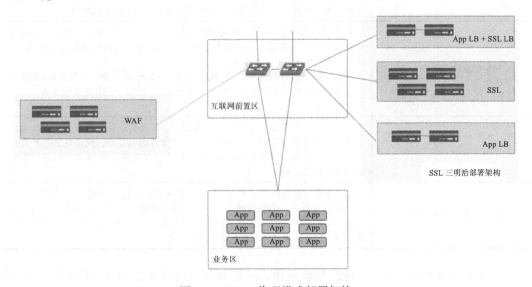

图 10-6　WAF 代理模式部署架构

透明模式下 WAF 以网桥方式工作在二层网络，通过截取请求流量来获取访问信息。WAF 本身不需要配置 IP 地址，前端请求可以直接发送到后端服务器，换句话说，WAF 设备对两者是透明的，可以当作一根网线。这种部署方式简单，零配置，如果设备故障，可以进行 Bypass 直通，网络部署简单，性能好。透明模式下 WAF 需要部署在 Web 服务器前端网络流量的集中点，前面 10.1 节中讨论了金融行业数据中心互联网接入区通常有多条运营商线路，一般重要的业务会在每一条线路上都发布一个地址，多个地址通常会在互联网前置区对应一个聚合的地址，聚合地址后的链路就是网络流量的集中点。如果在前置区没有聚合的操作，那么意味着一个业务在数据中心有多条路径到达，网络流量的集中点有多个，这种模式下每条路径都需要部署 WAF，将极大提升成本，一旦网络路径确定了，设备数量确定了，就无法再进行灵活扩容。

透明模式下 WAF 部署在互联网前置区，每台 WAF 设备上会有两根网线，VLAN in 和 VLAN out，客户端请求流量到达应用前会经过 VLAN in 到达 WAF，WAF 对 HTTP 流量处理完毕后通过 VLAN out 将数据报文经交换机到达业务区应用，如图 10-7 所示。

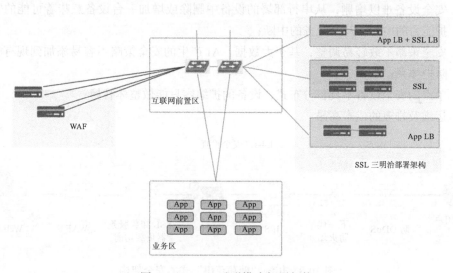

图 10-7　WAF 透明模式部署架构

WAF 防护效果的关键取决于对应用逻辑的理解，防护策略与应用逻辑结合越精密，防护效果越好。如果策略配置不当，很容易造成数据包被误拦截的情况，导致业务影响事件。误拦或误伤是 WAF 部署最大的一个挑战，在第 9 章中提到，攻击者通过应用层 DDoS 攻击导致数据中心入口网络带宽被占满，主要原因是为了避免误伤而没有开启 WAF 拦截策略，金融行业安全专员需要持续了解业务逻辑，在透明或路由部署模式下设定合适的策略，让 WAF 真正起到保护应用的作用。

10.4 安全设备编排方案

前面讨论了防火墙、SSL 卸载、WAF，这三类安全设备在金融行业稳态中心是需求量最大的，部署模式标准统一化。为了应对日益严重的 IT 风险，构建零信任架构，各种监测、防御、扫描、分析等安全产品相继加入生产网络，与现有传统的防火墙、SSL 卸载及 WAF 等安全产品一起形成纵深防御的网络安全体系。当前这种部署架构的显著特点是多种安全设备集中式部署，提供基于数据中的全局被动式的防护能力，这种架构在一定程度上束缚了以应用为中心、个性化、主动式等的安全防护需求。我们称这种架构为"糖葫芦串"式的安全架构，如图 10-8 所示。这种架构面临的巨大挑战可总结为如下几点：

- 安全设备与网络紧耦合，紧耦合意味着牵一发而动全身，任何安全策略的调整都有可能对网络流量造成较大的影响，这种场景下，个性化的安全策略落地变得很难；
- 所有流量经过所有设备导致噪音，在以应用为中心的场景下，不同的应用所需的安全设备不同，流量不需要经过所有设备；
- 安全设备难以增删，从串行部署的设备中删除或增加一台设备意味着可能的安全防护能力的中断，甚至业务的中断；
- 安全策略不敢轻易调整，基于大数据、AI 产生的安全策略不容易添加到现有的安全防护体系；
- 单点的安全设备不具备分布式，设备的扩缩容只能做整体替换；
- 运维及排障的成本高昂。

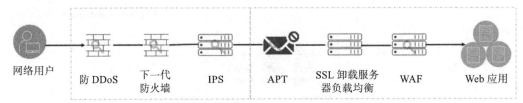

图 10-8 传统"糖葫芦串"式的安全架构

本节讨论如何摆脱以上传统架构的制约，基于业务的统一流量编排方案，以期通过流量编排调度方案在确保网络架构整体高可用的前提下实现安全资源池化管理，提升安全设备的利用效率，提高应用访问效率；实现安全资源弹性伸缩，满足灵活扩缩容需求；实现业务个性化安全策略定制，使安全资源更好地服务于业务差异化需求。

图 10-8 显示了"糖葫芦串"式的安全架构下所有安全设备在一条链路上，但实际上这个安全设备比较分散，因此首要解决的问题是安全资源集中管理问题，在此基础上再进行业务流量的调度。安全架构既要整合互联网接入区安全资源，也要整合部分前置区安全资源，以达到整体安全架构优化目标。

互联网接入区流量编排既要考虑现有接入区安全资源整合问题，也要解决前置区当前安全架构存在的一些主要问题。互联网接入区流量编排的主要原则是实现安全资源和网络架构解耦；实现接入区、前置区安全资源的统一、池化管理；解决 SSL 解密后的问题，为各前置区提供统一的解密流量；实现基于业务的个性化、灵活、按需流量编排。

图 10-9 所示为安全设备流量编排逻辑架构，在现有互联网接入区建立流量编排集群，并将接入区及前置区各类安全资源抽离出来集中部署于流量编排层下，形成不同的安全资源池，实现当前安全资源与网络架构的解耦，实现接入区、前置区安全资源的统一、池化管理，并将前置区 SSL 加解密功能上移到流量编排架构下，为安全资源池和各前置区提供统一的解密流量，简化和统一各前置区的架构。

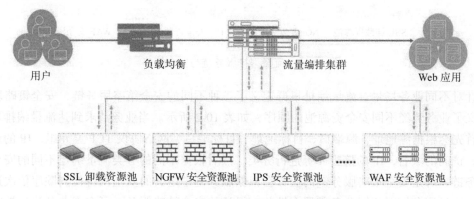

图 10-9　安全流量编排逻辑架构

流量编排集群：主要负责接收公网或内网发来的业务访问流量，对流量进行识别、分类，并根据业务、安全需求对不同流量进行统一调度。流量编排集群根据相应的策略将请求转发给相应安全资源池，安全资源池完成相应检测后再将请求送回流量编排集群。针对七层加密业务流量，流量编排集群本身可以考虑同步进行加解密操作，也可以先编排 SSL 加解密设备，加解密完成后再将明文送到各组安全资源池。

安全资源池：安全资源池由两台或两台以上具备相同功能的安全设备组成，如 SSL 加解密资源池、国密资源池、IDS 资源池、应用层防火墙资源池、防病毒资源池等。安全资源池设备在同城可以双中心部署，同一资源池提供相同的安全服务功能。安全资源池也可以随安全需求的增加进行扩展。

流量编排服务链是实现个性化安全防护的关键，服务链是一个指定安全设备检测顺序的集合。无论是通过前端负载分发设备或通过线路引流方式，只要将需要被编排的业务流量引入流量编排集群即可进行灵活的业务流量编排，实现差异化的安全策略。流量编排集群对于编排的安全资源池设备基本没有限制，无论是 Web 代理网关类型的设备、以三层路由模式部署的网络设备、以传统二层透明网桥方式部署的安全设备（如 WAF、IPS 等）、以 ICAP 协议为主的 DLP 数据预泄露或者防病毒网关类似的设备，还是常见的 IDS、日志等

TAP 安全设备均可进行集中统一编排和调度。

如图 10-10 所示，流量编排集群中接入了四类安全资源池设备（SSL、NGFW、IPS、WAF），根据不同业务需求，流量编排服务链和安全策略可以为其中任意一种方式。

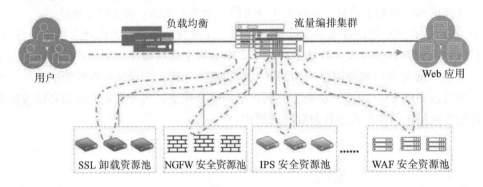

图 10-10　流量编排服务链与安全策略

针对不同业务场景，流量编排集群定义了三种不同的安全策略服务链，安全策略服务链定义了业务流经不同安全资源池的顺序，如表 10-2 所示。当业务请求到达流量编排集群时，首先会根据源地址、源端口、目标地址、目标端口、网络协议 TCP 五元组，IP 的地址位置，访问的域名，IP 的信誉库等进行分类。然后根据不同的分类流量绑定不同的安全策略服务链，绑定安全策略服务链的业务会根据服务链中定义的安全设备检测顺序依次进行检测。通过服务链对不同业务部署个性化、灵活的安全策略服务，可实现业务流量按需编排调度。

表 10-2　流量编排服务链示意

名称	编排服务链	说明
All Services	SSL -> NGFW -> IPS -> WAF	流量解密后流经所有安全设备
SSL、IPS and WAF	SSL -> IPS -> WAF	流量解密后先流经 IPS，然后流经 WAF
WAF Only	WAF	流量只流经 WAF

除了流量编排集群本身可提供高可靠性和弹性扩展外，其调度的对象各安全资源池同样可实现弹性和高可用，以避免单点安全设备故障场景导致整体业务受损或中断。

传统架构中安全设备通常为主从或一主多从部署，正常情况下只有主设备提供安全功能，当主设备发生故障后进行 Bypass 操作或跟随网络进行主从切换，切换后从节点变为主节点提供安全检测功能，Bypass 操作会导致安全服务出现"真空期"。在安全设备编排的安全架构下，对安全设备资源进行池化管理，多台安全设备同时提供相同的功能，流量编排集群根据负载均衡算法将请求发送到不同的安全节点，确保安全服务不会由于个别安全设备故障导致中断。当安全资源池节点不能够满足业务需求需要扩容时，只需在现有安全资源池中添加新设备即可为所有前置区提供全局安全服务,这种插入式的服务对现有业务无影响。

在传统安全架构中,安全资源与网络架构紧耦合,特别是三层安全资源,如果串接安全设备发生故障,可能会影响业务,严重时甚至导致业务全局中断,需要通过隔离或切换进行恢复。在安全设备编排的安全架构下,流量编排集群可定期对安全资源池设备进行健康检查,通过健康检查及时发现故障的安全设备,自动进行旁路并通过流量编排集群将故障设备检测流量切换到池中其他安全设备进行处理,无须进行网络架构切换即可进行安全设备的故障隔离和自动切换,最小化故障影响。

在实际生产中,安全设备的上线通常是分批次的,而且不同批次的设备性能可能存在差异。如 WAF 设备,第一批次上线的设备配置较低,而第二批次上线的设备配置高,在这种场景下,流量编排集群可以通过负载均衡算法,根据安全设备性能将不同比率业务流量分发给不同性能的安全设备,实现负载的均衡和安全资源的有效利用。

另外,采用流量编排服务链方案,可以针对安全设备运维和业务特点制定灵活的部署策略,实现双模安全部署。例如安全设备的灰度上线,无论是新安全资源池上线,还是现有安全资源池中新设备上线,均可通过灰度方式将少量业务流量引导给新安全资源池或新设备,待验证稳定后再进行业务全面切换。基于单个业务,同样可以指定不同的服务链,如生产链和灰度链,生产链更注重合规、稳定、可靠,而灰度链更注重攻防与对抗。

10.5 本章小结

本章稳态中心安全以传统防火墙设备、SSL 加解密设备、WAF 为主,说明这些设备在金融数据中心的作用、部署位置、部署方式及架构,随后提出了安全设备编排方案,通过对安全设备的编排实现稳态安全架构,满足现代应用个性化的安全需求。

第 11 章

敏态中心安全建设

蜜罐具有典型的敏态安全的特点，通常金融行业应对重大安全事件，例如"护网行动"会在短时间内部署大规模蜜罐，在护网行动结束后会下线大部分蜜罐。本章首先介绍可编程蜜罐，讨论如何将开源 Node.js、TCL 等蜜罐快速部署到网络安全等设备中，增加蜜罐的敏态能力；随后依次讨论金融敏态服务中心防护墙、SSL 卸载、WAF 应用安全，敏态安全防护墙介绍的是 iptables 技术原理及其在云原生场景中的使用，例如容器应用东西向访问控制 networkpolicy 的实现原理，SSL 卸载以开源 Nginx、OpenSSL 为主，结合一些实践和配置片段，基于应用的安全防护以开源 WAF 产品 ModSecurity 为主，展示如何通过 ModSecurity 和 Nginx 实现 OWASP 组织列出的常见安全攻击的防护；最后探讨敏态中心开放 API 技术平台安全能力的建设。

11.1 主动防御可编程蜜罐

根据第 9 章的讨论，蜜罐是护网利器，因为蜜罐是护网攻防中溯源取证的关键安全产品，而溯源取证是护网攻防得分规则中分值最高的项，在护网或类似的事件中，金融行业都需要大量部署各种类型的蜜罐，而护网或重大攻防事件结束后，则可以下线这些大规模的蜜罐，这就是典型敏态安全的需求，借助于可编程蜜罐可给金融行业提供敏态弹性部署蜜罐的能力。

信息安全的本质是持续攻防对抗，例如网络渗透与系统入侵要面对防火墙、入侵检测和应用程序安全加固等，但是在攻防对抗中攻防双方长期处于不对称状态，主要体现在三个方面，详细参照表 11-1。

表 11-1　安全攻防中不对称现象

	工作量不对称	信息不对称	后果不对称
攻击方	攻击方可以选择白天或工作日养精蓄锐，夜深人静、节假日展开攻击行动，攻其不备	攻击方处于"暗处"。攻击方通过信息收集、网络扫描、探测、踩点可以随时对处于"明处"的攻击目标进行全面了解，攻击方对防守方"了如指掌"	攻击方一次攻击失败，受到损失极小，重整旗鼓，可进行第二次、第三次、第 N 次攻击
防守方	防守方 7×24 小时不间断、全面防护，为保障网络和系统安全，一刻也不能懈怠	防守方处于"明处"。防方对于"暗处"的攻击方一无所知，不知道它是谁、有何攻击意图、掌握哪些攻击手段	防守方一次防守失败，受到损失极大，资产立刻面临损失风险，并可能带来其他不良影响

蜜罐技术本质上是对攻击方进行欺骗的技术，通过布置一些作为诱饵的主机、网络服务或者信息系统，诱使攻击方对它们实施攻击，从而可以对攻击行为进行捕获和分析，了解攻击方所使用的工具与方法，推测攻击意图和动机，让防御方清晰地了解他们所面对的安全威胁，并通过技术和管理手段来增强实际系统的安全防护能力，提升金融企业对安全事件的响应速度。蜜罐主要解决安全攻防中的不对称现象，是一种存在即被探测、被攻击的安全资源，与常见的安全设备同等重要。

图 11-1 展示的是外网蜜罐和内网蜜罐，互联网外侧通常部署外部溯源蜜罐，主要目的是攻防对抗中攻击画像溯源。内网蜜罐部署在内网区域，检测内网异常访问、横向移动检测、安全管理合规检测、安全意识培训。蜜罐是护网利器，在护网过程中，可大量部署外网和内网蜜罐，形成体系化统一蜜罐蜜网体系，涵盖内外网各个网络区，以及各分支机构各个网络区，实现从外到内的主动检测防御能力，主动发现并记录外网踩点、内网横向渗透及异常流量等。

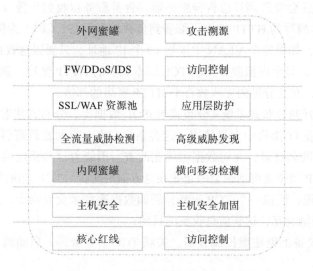

图 11-1　内外网蜜罐部署位置示意

如何快速部署大量蜜罐？通过可编程方式构建蜜罐，并将可编程蜜罐部署到负载均衡设备，可实现快速部署大量蜜罐。可编程蜜罐通过脚本（TCL、Node.js）实现，与负载均衡硬件或软件灵活适配，可随时按需调整。可编程蜜罐架构简单，部署方便，负载均衡上的一个 VS 作为一个蜜罐，可让企业快速具备大量蜜罐。可编程蜜罐擅长低交互、生产多种类型的蜜罐，例如：URL 蜜罐、TCP 蜜罐、Web 服务蜜罐等。

通过 TCL 脚本实现低交互 HTTP 蜜罐的代码如下所示。

```
when HTTP_REQUEST {
if { [HTTP::username] ne "" } {
    set username [HTTP::username]
    log 10.1.10.10:514 local0.warning "Honeypot [IP::client_addr] use \"$username\"
        try to authorized to access virtual server [IP::local_addr]:[TCP::local_port]."
}
    switch [substr [URI::path [HTTP::path]] 1 "/"] {
        login {
            HTTP::respond 401 WWW-Authenticate "Basic realm=\"Secured Area\""
        }
        default {
            HTTP::respond 403 content "<head><title>warning</title></head><body><h1>
                Unauthorized Access!!!All your actions will be recorded!!!</h1>
                </body>" Mime-Type "text/html"
            log 10.1.10.10:514 local0.warning " Honeypot [IP::client_addr],connect to
                [IP::local_addr]:[TCP::local_port],[HTTP::method] [HTTP::path]"
        }
    }
}
```

该脚本会拦截攻击者 HTTP 请求，如果攻击者 HTTP 请求中没有用户名等登录信息，则 TCL 脚本会返回 401 及认证授权提示；如果攻击者 HTTP 请求中携带用户名等信息，TCL 脚本会记录攻击者客户端 IP、攻击者请求的目的 IP 和端口，以及攻击者请求的路径和方法，通常记录信息会发送到日志告警服务器，告警服务器收到告警日志后会迅速做出响应。上面 TCL 脚本编写的 HTTP 蜜罐可部署到负载均衡设备，以 F5 为例，一台 F5 设备可关联数十个 VLAN，如果每个 VLAN 中规划 10 个 IP 地址，只要以这数百个 IP 为虚拟服务的 IP 创建虚拟服务，每个虚拟服务关联 TCL 脚本编写的 HTTP 蜜罐，则可以通过脚本或自动化程序快速创建，在几分钟内完成数百个 HTTP 蜜罐的部署。

近年来，一些开源分布式系统（分布式 NoSQL 数据库、分布式搜索引擎、分布式消息系统）已在金融行业 IT 架构中大量使用，这类系统在安全方面比较薄弱，为满足开发者的习惯，默认都可以匿名登录，并对数据做增删改查。围绕着这些系统的攻击层出不穷，通过 Node.js 构建 TCP 型蜜罐可增强金融企业在这方面的防护。TCP 蜜罐的构建分两个步骤：

1）Node.js 编程，模拟一个 TCP 服务，例如数据库登录交互命令，通过这些命令使攻击者能够和 TCP 蜜罐交互，达到信息收集的目的；

2）负载均衡设备上创建虚拟服务器，关联 TCP 服务蜜罐，启动监听端口，以确保攻击者可以访问服务。

如图 11-2 所示，负载均衡设备上创建了名为 miguan_vs 的虚拟服务器，关联着 Node.js 编写的 TCP 服务，TCP 服务模拟 MongoDB 的登录命令行操作，虚拟服务器监听 27017 端口，IP 地址为 10.1.10.100。

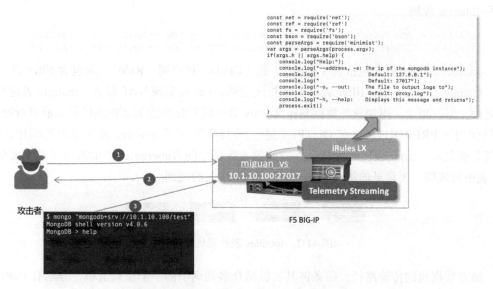

图 11-2　F5 BIG-IP 部署 TCP 服务蜜罐

蜜罐部署后，攻击者访问蜜罐的过程如下：

1）攻击者访问 TCP 蜜罐，通过 MongoDB 的连接客户端，基于默认的 MongoDB 端口和 miguan_vs 建立连接；

2）miguan_vs 接收到攻击者的信息后会对攻击者信息进行记录并转发到外部系统，同时 TCP 蜜罐服务会响应攻击者的请求，返回仿真的 MongoDB 登录命令行；

3）攻击者基于 TCP 连接的一些交互信息通过 miguan_vs 被 TCP 服务蜜罐接收，接收到信息后同样会记录并转发到外部系统。

开源蜜罐可以帮助开发者快速构建可编程蜜罐，以及帮助金融行业快速部署大规模多种类型的蜜罐。https://github.com/cloudadc/awesome-honeypots 链接中包括数百种可编程蜜罐，如数据库蜜罐、Web 服务蜜罐、常见服务蜜罐、网络蜜罐等，且大多数蜜罐可直接部署到负载均衡设备或反向代理服务器上，例如使用 Nginx NJS 模块可以部署该链接中的 JavaScript 蜜罐。https://github.com/cloudadc/nodejs-honeypot 链接中包括 Node.js 和 TCL 语言编写的低交互和高交互蜜罐，以及如何将这些蜜罐批量化部署到 F5 的步骤说明。

11.2　iptables 防火墙在云原生中的应用

netfilter 是 Linux 内核中一个强大的网络包过滤子系统，可以对操作系统上任何传入和传出的网络包通过可编程的方式进行检查、修改、拒绝、丢弃，常见的防火墙大都是通过 netfilter 过滤子系统实现的。在 Linux 操作系统上，iptables 是位于用户层面的小工具，用来与 netfilter 内核子系统进行交互，如下代码表示允许当前系统上的 HTTPS 服务被外界访问的 iptables 规则。

```
iptables -A INPUT -p tcp -m state --state NEW -m tcp --dport 443 -j ACCEPT
iptables -A INPUT -p udp -m state --state NEW -m udp --dport 443 -j ACCEPT
```

iptables 的基本概念包括表（Table）、链（Chain）和规则（Rule）。表包含 filter 表、nat 表、mangle 表、raw 表。filter 表只用于报文过滤，nat 表实现 NAT 服务，mangle 表进行报文处理、修改报文、附加额外数据到报文，raw 表可以对收到的报文在连接跟踪前进行处理，且只作用于 PREROUTING 和 OUTPUT 链。图 11-3 展示了 iptables 表处理优先顺序，raw 表优先级最高，filter 表优先级最低，前面第 6 章讨论的 Kubernetes 中的服务发现主要依赖 nat 表中的规则，而常见的防火墙则主要依赖 filter 表的规则。

图 11-3　iptables 表处理优先顺序

链即数据包的传输路径，每条链其实就是众多规则中的一个检查清单，分别有 INPUT、FORWARD、PREROUTING、POSTROUTING、OUTPUT。规则即网络管理员预定义的网络控制策略。iptables 是 Linux 操作系统上用户层面与 netfilter 包过滤子系统交互的工具，网络控制策略是通过 iptables 进行设定的，iptables 的命令格式为：

```
iptables [-t 表] 命令 匹配 操作
```

其中表选项指定命令应用于哪个内置表（filter 表、nat 表或 mangle 表），命令选项如表 11-2 所示，匹配选项如表 11-3 所示，动作选项如表 11-4 所示。

表 11-2　iptables 命令选项表

命　　令	说　　明
-P 或 --policy < 链名 >	定义默认策略
-L 或 --list < 链名 >	查看 iptables 规则列表
-A 或 --append < 链名 >	在规则列表的最后增加 1 条规则
-I 或 --insert < 链名 >	在指定的位置插入 1 条规则
-D 或 --delete < 链名 >	从规则列表中删除 1 条规则
-R 或 --replace < 链名 >	替换规则列表中的某条规则
-F 或 --flush < 链名 >	删除表中所有规则
-Z 或 --zero < 链名 >	将表中数据包计数器和流量计数器归零

表 11-3 iptables 匹配选项表

匹 配	说 明
-i< 网络接口名 >	指定数据包从哪个网络接口进入，如 eth0、eth1 等
-o< 网络接口名 >	指定数据包从哪块网络接口输出，如 eth0、eth1 等
-p< 协议类型 >	指定数据包匹配的协议，如 TCP、UDP、ICMP 等
-s< 源地址或子网 >	指定数据包匹配的源地址
--sport < 源端口号 >	指定数据包匹配的源端口号，可以使用"起始端口号:结束端口号"的格式指定一个范围的端口
-d< 目标地址或子网 >	指定数据包匹配的目标地址
--dport 目标端口号	指定数据包匹配的目标端口号，可以使用"起始端口号:结束端口号"的格式指定一个范围的端口

表 11-4 iptables 动作选项表

动 作	说 明
ACCEPT	接收数据包
DROP	丢弃数据包
REDIRECT	将数据包重新转向到本机或另一台主机的某个端口，通常用此功能实现透明代理或对外开放内网某些服务
SNAT	源地址转换，即改变数据包的源地址
DNAT	目标地址转换，即改变数据包的目的地址
MASQUERADE	IP 伪装，即常说的 NAT 技术，MASQUERADE 通常用于主机 IP 地址是由 ISP 等动态分配的场景；如果主机的 IP 地址是静态固定的，就要使用 SNAT
LOG	日志功能，将符合规则的数据包的相关信息记录在日志中，以便管理员进行分析和排错

使用 iptables 可以实现防火墙中一些常见的场景，例如基于 iptables 实现只允许某个特定的网段进行 SSH 远程登录：

```
iptables -A INPUT -p tcp -m state --state NEW -m tcp -s 10.1.10.0/24 --dport 22 -j ACCEPT
iptables -A INPUT -p tcp -m state --state NEW -m tcp --dport 22 -j DROP
```

如上规则设定值允许源地址为 10.1.10.0/24 这个网段的 IP 通过 SSH 连接到主机，而如果请求客户端的 IP 来自非 10.1.10.0/24 网段，则会被拒绝。

如下规则只允许 IP 为 10.1.10.136 的客户端访问主机上的 MySQL 服务：

```
iptables -A INPUT -p tcp -m state --state NEW -m tcp --dport 3306 -j DROP
iptables -A INPUT -p tcp -m state --state NEW -m tcp --dport 3306 -s 10.1.10.136 -j ACCEPT
```

防火墙都具备防止 DDoS、SYN-Flood 攻击能力，如下为基于 iptables 限定 SYN 请求的频率为每秒 10 次：

```
iptables -A FORWARD -p tcp --tcp-flags ALL SYN -m limit --limit 10/s -j ACCEPT
```

tcp-flags 的第一个参数 ALL 表示检查 TCP 的所有状态标志位，ALL 等价于 SYN、ACK、FIN、RST、URG、PSH，第二个参数 SYN 表示仅匹配设置了 SYN 标志位的报文，参数 --limit 10/s 表示每秒 10 次。

禁 Ping 也是防火墙上常配置的策略，基于 iptables 实现禁 Ping：

```
iptables -A INPUT -p icmp --icmp-type echo-request -j REJECT
```

基于如上规则，任何客户端主机通过网络发送 Ping 请求都会被拒绝，对应客户端会收到"Destination Port Unreachable"的告警信息。

上述这些操作命令执行会在 iptables 的 filter 表中写入相关的规则，通过 iptables-save 命令可以查看上述规则：

```
$ sudo iptables-save
...
*filter
-A INPUT -s 10.1.10.0/24 -p tcp -m state --state NEW -m tcp --dport 22 -j ACCEPT
-A INPUT -p tcp -m state --state NEW -m tcp --dport 22 -j DROP
-A INPUT -p tcp -m state --state NEW -m tcp --dport 3306 -j DROP
-A INPUT -s 10.1.10.136/32 -p tcp -m state --state NEW -m tcp --dport 3306 -j ACCEPT
-A INPUT -p icmp -m icmp --icmp-type 8 -j REJECT --reject-with icmp-port-unreachable
-A FORWARD -p tcp -m tcp --tcp-flags FIN,SYN,RST,PSH,ACK,URG SYN -m limit --limit
    10/sec -j ACCEPT
...
```

*filter 标识的是 filter 表，iptables-save 会将所有规则输出，iptables -t filter 可以查看 filter 表下规则，以及统计信息，还可以添加过滤查看某个链下的规则：

```
$ sudo iptables -t filter -vnL INPUT
    0     0 ACCEPT tcp  --  *  *   0.0.0.0/0      0.0.0.0/0       state NEW tcp dpt:443
    1    64 ACCEPT tcp  --  *  *   10.1.10.0/24   0.0.0.0/0       state NEW tcp dpt:22
    0     0 DROP   tcp  --  *  *   0.0.0.0/0      0.0.0.0/0       state NEW tcp dpt:22
   11   688 DROP   tcp  --  *  *   0.0.0.0/0      0.0.0.0/0       state NEW tcp dpt:3306
    0     0 ACCEPT tcp  --  *  *   10.1.10.136    0.0.0.0/0       state NEW tcp dpt:3306
   88  7392 REJECT icmp --  *  *   0.0.0.0/0      0.0.0.0/0       icmptype 8 reject-with
icmp-port-unreachable
```

上述输出最左侧是统计数据，可以看到，防火墙规则 DROP 掉的 MySQL 请求包数为 11 个，而拒绝的 Ping 请求数量为 88 个。

金融行业都在数据中心私有云、公有云和混合云等新型敏态环境中，基于容器、微服务、无服务、DevOps 等关键技术，建设可快速构建和运行可弹性扩展、随需而变的应用，这种形式的应用也被称为云原生应用。Kubernetes 是业界认可的最佳微服务运行平台及 DevOps 落地平台，通常一个 Kubernetes 平台运行着数千个服务，这些服务来自不同的项目组或不同业务部门，而这些不同项目组或不同业务部门的应用 Pod 之间的东西向请求需要网络策略的控制。Namespace 是 Kubernetes 中的租户，一个 Namespace 中包括实现相关业务的应用 Pod 及对应的服务等。Kubernetes 在早期的版本中就有 networkpolicy 的概念，用来限定哪些 Pod 可以被访问，以及被允许访问的 Namespace，networkpolicy 的更多介绍可参照 https://kubernetes.io/docs/concepts/services-networking/network-policies/。在定义基于

Pod 或 Namespace 的 networkpolicy 时，可以使用标签选择器来设定哪些流量可以进入或离开 Pod。

图 11-4 展示了 networkpolicy 控制 Pod 之间的访问控制关系。

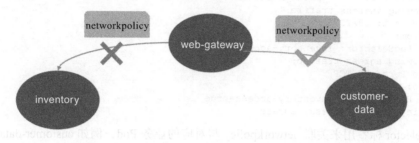

图 11-4　networkpolicy 控制 Pod 之间的访问控制关系

其中，web-gateway 需要访问 inventory 和 customer-data，通过 networkpolicy 规则设定 web-gateway 可以访问 customer-data，但不可以访问 inventory。通过 kubectl 命令查看 web-gateway、customer-data 和 inventory：

```
$ kubectl get pods --show-labels --no-headers
customer-data-84fc44c496-67fv7    1/1   Running   0   2m4s    app=customer-data
customer-data-84fc44c496-ws89b    1/1   Running   0   2m4s    app=customer-data
inventory-74657b978f-kwps4        1/1   Running   0   118s    app=inventory
inventory-74657b978f-w2q7q        1/1   Running   0   118s    app=inventory
web-gateway                       1/1   Running   0   8m11s   app=web-gateway,
customer-data-access=true,inventory-access=false
```

如上所示，customer-data Pod 设定的标签是 app=customer-data，inventory Pod 设定的标签是 app=inventory，而 web-gateway 设定的标签有 customer-data-access=true,inventory-access=false。查看 customer-data 的 networkpolicy：

```
$ kubectl describe networkpolicy customer-data-policy
Name:         customer-data-policy
Namespace:    default
Created on:   2021-08-08 14:13:23 +0000 UTC
Labels:       <none>
Spec:
  PodSelector:     app=customer-data
  Allowing ingress traffic:
    To Port: 80/TCP
    From:
      PodSelector: customer-data-access=true
  Allowing egress traffic:
    To Port: 80/TCP
    To:
      PodSelector: customer-data-access=true
  Policy Types: Ingress, Egress
```

查看 inventory 的 networkpolicy：

```
$ kubectl describe networkpolicy inventory-policy
Name:         inventory-policy
```

```
Namespace:      default
Created on:     2021-08-08 14:13:24 +0000 UTC
Labels:         <none>
Spec:
  PodSelector:      app=inventory
  Allowing ingress traffic:
    To Port: 80/TCP
    From:
      PodSelector: inventory-access=true
  Allowing egress traffic:
    To Port: 80/TCP
    To:
      PodSelector: inventory-access=true
  Policy Types: Ingress, Egress
```

PodSelector 标签用来关联 networkpolicy 与对应的业务 Pod，例如 customer-data-policy 中定义的 PodSelector 为 app=customer-data，则对应的 customer-data Pod 上也有 app=customer-data。inventory 和 customer-data 的 networkpolicy 都定义了入向 Ingress 和出向 Ingress 规则，Ingress 和 Ingress 中也有 PodSelector，该 PodSelector 与客户端 web-gateway 关联。例如 inventory-policy 中定义的入向和出向 PodSelector 都是 inventory-access=true，当 web-gateway 有相匹配的标签时，则 web-gateway 可以访问 inventory 并接收 inventory 的响应，分析 inventory Pod，发现它的 inventory-access=false 标签与 inventory-access=true 不匹配，所以 web-gateway 无法访问 inventory。Kubernetes 的 networkpolicy 实现依赖于对应的 CNI 网络的实现，但 CNI 容器网络实现东西向控制的底层依赖于 iptables。以 Calico 为例，Calico 会创建大量的规则，如下所示为 Calico 容器网络所创建的 iptables filter 表部分规则：

```
cali-INPUT       all  --  0.0.0.0/0            0.0.0.0/0
cali-wl-to-host  all  --  0.0.0.0/0            0.0.0.0/0
    [goto]  /* cali:8TZGxLWh_Eiz66wc */
cali-from-host-endpoint  all  --  0.0.0.0/0   0.0.0.0/0
    /* cali:2gmY7Bg2i0i84Wk_ */
cali-from-wl-dispatch    all  --  0.0.0.0/0   0.0.0.0/0
    /* cali:Ee9Sbo10IpVujdIY */
cali-from-wl-dispatch-3  all  --  0.0.0.0/0   0.0.0.0/0
    [goto]  /* cali:eRB5fFi8houtUdAx */
cali-fw-calif3fbaa67d7f  all  --  0.0.0.0/0   0.0.0.0/0
    [goto]  /* cali:Kh2KmPNzQPzaKabN */
```

基于这些规则，Kubernetes 中运行的容器实现了东西向访问控制。

容器应用平台中除了东西向流量控制外，南北向出向流量控制也是金融行业在容器云建设过程中所关注的。为满足合规安全的要求，金融行业数据中心对从数据中心出向的流量做访问控制。出向访问控制主要是根据运行服务的主机的 IP 地址在出向防火墙上设定控制规则。在传统非容器环境下，运行服务的主机 IP 地址一旦分配则长时间不会变化，所以出向访问控制规则设定比较容易。但在容器环境下，运行服务的容器 Pod 地址会变化，而一旦 Pod 的 IP 地址变化，则意味着在出向防火墙上设定的规则需要调整，需要对代表规则中的源地址进行修改，容器平台出向规则需要具备动态性，随着容器调度平台内 Pod 地址的变化，对应的出向防护墙上的规则也需要相应调整。如图 11-5 所示。

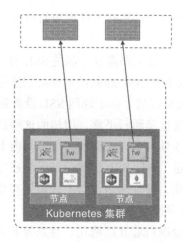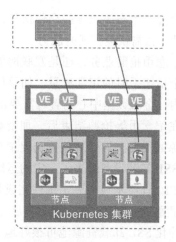

图 11-5　容器平台出向访问控制示意

容器应用南北向出向访问控制具体有两种方式实现。第一种是在出向防火墙部署对应的控制器，控制器以容器的方式运行在容器调度平台之内，控制器监控容器调度平台的事件，一旦新的服务发布或已发布的服务发生变化，则控制器会将变化转变成对应防火墙上规则创建或规则更新的语法，并通过防火墙的 API 将对应的规则更新到防火墙上。另一种方式是选择本书 6.2.1 节讨论的 F5 VE 作为容器调度平台的入口控制器。F5 VE 可以和容器调度平台网络打通并且运行在容器调度平台 Kubernetes 之外，而 CIS 作为入口控制器以容器的方式运行在 Kubernetes 内，它能够监控容器服务的创建及容器服务的变化，并且将变化及时推送到 F5 VE，所以可以通过自动化程序轮询监控 F5 VE 上服务的变化，并根据 F5 上服务的变化新建或更新防火墙上的出向规则。第一种方法要求防火墙提供完善的 API，可通过 API 进行规则配置，防火墙需求具备一定的网络能力，能够和容器网络联动，还必须开发与防火墙适配的控制器。第二种方法实现相较简单，特别是在出向防火墙 API 能力较弱以及联动控制器不完备的情况下，可优先选择第二种实现方式。

11.3　软件化 SSL 卸载资源池

金融行业 IT 越来越多地参与到一些秒杀、抢购等互联网业务场景中。例如纪念币抢购是非常典型的金融行业秒杀型业务。纪念币是中国人民银行为纪念国内外重大政治、历史、文化事件而发行的法定货币，而纪念币的抢购通常由几个银行承接，纪念币的抢购秒杀会持续数十分钟或数小时，在秒杀时间段内，银行所承载的业务流量数是平时的数十倍。双 11、618 等互联网购物节也会影响到金融行业业务，如某保险公司双 11 全天的保险销售额超过全年销售额的 15%，某银行和保险公司合作，独家支撑某保险公司的保险开门红业务，导致该银行在新年第一天手机银行和网银的流量是平时的十几倍。随着金融行业开放银行等建设,来自开放生态第三方的合作伙伴或客户的流量具有不可预知的特点,要求金融IT架构具有弹性、按需快速扩展的能力。

不管是纪念币抢购业务,还是互联网促销、开放生态流量,都是SSL加密的,这些业务数倍、数十倍于平时的正常流量,如果使用传统的SSL卸载设备加解密这些流量,则意味着短时间内,金融数据中心前置区需要部署数倍或数十倍于现网SSL设备数量的SSL卸载设备,但在纪念币等抢购结束后,加密数据流量又回归平常,增加的这些设备如果不下线会造成资源的浪费。另外这些抢购促销型业务具有不可预期性,短时间内上线数倍或数十倍于现网SSL卸载设备带来了一定的运维难题,硬件SSL卸载设备无法通过一次API调用,或通过CI/CD流水线中一个事件完成初始化,硬件网络设备上线需要布线、上架、通电、初始化配置等一系列步骤,无法满足金融互联网型业务随需而变的特点。

基于软件化SSL卸载资源池可很好地解决金融行业互联网化、秒杀等业务需求,资源池中软件化SSL卸载实例可通过一次API调用初始化完成,相关业务的接入配置同样也可以通过一次API调用初始化完成,在数分钟内可完成数百个SSL卸载实例的上线与初始化。

图11-6为金融数据中心SSL卸载的典型架构,三明治架构部署的SSL卸载设备支持传统稳态业务,而基于Nginx构建的软件化SSL卸载资源池支持敏态业务。敏态业务具有敏捷、弹性、快速按需部署的能力,资源池中的Nginx可通过API与CI/CD流水线集成,现代的监控设施能够对池中运行的软件化实例进行实时监控,当池中某个实例出现故障等无法工作后相应的监控设施能够及时告警触发自动化程序进行自动化修复,或部署新的实例。现代监控设施可基于所有池中的实例设定统一的阈值,例如当CPU或内存使用率超过一定值后会触发告警,触发自动化程序或CI/CD流水线增加更多SSL卸载实例数。

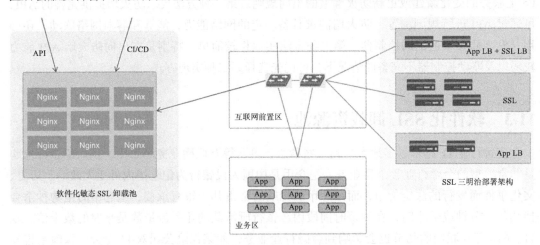

图11-6 软件化敏态业务SSL卸载资源池示意

软件化SSL卸载池具有证书管理的能力,本部分以自签名证书为例说明Nginx如何对微服务请求进行 SSL 卸载。微服务提供 HTTP 服务，Nginx 作为微服务网关对外提供 HTTPS 服务，直接 HTTP 请求访问微服务 http://backend:8080/fruits，会返回所有 fruits：

```
$ curl http://backend:8080/fruits -H "accept: application/json" | jq
[
  {
    "id": 1,
    "name": "Cherry"
  },
  {
    "id": 2,
    "name": "Apple"
  },
  {
    "id": 3,
    "name": "Banana"
  }
]
```

SSL 卸载池中的证书通常是由证书签发机构签发，签发过程包括本地生成私有证书，根据私有证书生成证书签发请求（Certificate Signing Request，CSR）文件，并将 CSR 文件发送给证书签发机构，证书签发机构签发证书。本部分通过 OpenSSL 快速签发一个自签名证书，命令如下：

```
openssl genpkey -out example.com.key -algorithm RSA -pkeyopt rsa_keygen_bits:2048 -aes-256-cbc -pass pass:hello
openssl req -new -config example.com.cnf -key example.com.key -out example.com.csr
openssl x509 -req -days 3650 -in example.com.csr -signkey example.com.key -out example.com.crt
```

这里共执行了三条命令，第一条为生成私有证书，这一步的关键是选择算法和长度，OpenSSL 支持的算法有 RSA、DSA、ECDSA、EdDSA，其中最常用的是 RSA 和 ECDSA，长度为 2048 被认为是目前安全的私钥长度，生成的私有证书名称为 example.com.key；第二步为生成 CSR 文件；第三步是根据 CSR 文件生成自签名证书，证书的名称为 example.com.crt。证书生成后可将其配置到 Nginx 上：

```
server {
    listen          443 ssl;
    server_name     www.example.com;

    ssl_certificate         cert/example.com.crt;
    ssl_certificate_key     cert/example.com.key;
    ssl_password_file       cert/example.com.pass;
    ssl_protocols           TLSv1 TLSv1.1 TLSv1.2;
    ssl_ciphers             HIGH:!aNULL:!MD5;
    ...
```

配置完成后则可通过网关的地址加密访问微服务：

```
$ curl --cacert example.com.crt https://www.example.com/fruits -H "accept: application/json" | jq
[
  {
```

```
  "id": 1,
  "name": "Cherry"
},
{
  "id": 2,
  "name": "Apple"
},
{
  "id": 3,
  "name": "Banana"
}
]
```

根据网络安全等级保护等要求，SSL 卸载资源池中的证书包括支持国密算法的证书。国密算法是国家商用密码算法的简称。自 2012 年以来，SM2/SM3/SM4 等密码算法标准及其应用规范陆续公布。其中，SM2 为基于椭圆曲线密码的公钥密码算法标准，包含数字签名、密钥交换和公钥加密，用于替代 RSA/Diffie-Hellman/ECDSA/ECDH 等国际算法；SM3 为密码哈希算法，用于替代 MD5/SHA-1/SHA-256 等国际算法；SM4 为分组密码，用于替代 DES/AES 等国际算法；SM9 为基于身份的密码算法，可以替代基于数字证书的 PKI/CA 体系。通过部署国密算法，可以帮助金融行业在满足合规性要求的同时，降低由弱密码和错误实现带来的安全风险。如果 Nginx SSL 卸载实例配置自签名的证书，需要对应生成国密算法证书，类似于上面生成 RSA 算法证书，具体执行命令如下：

```
openssl genpkey -algorithm EC -pkeyopt ec_paramgen_curve:sm2p256v1 -out example.com.key
openssl req -new -config example.com.cnf -key example.com.key -out example.com.csr
openssl x509 -req -days 3650 -in example.com.csr -signkey example.com.key -out example.com.crt
```

本节不对具体密码学或加密算法展开介绍，openssl.org 和 gmssl.org 为两个开源项目，可帮助网络安全运维人员或安全开发人员深入了解加密算法、TLS 协议等。

SSL 卸载对计算性能消耗比较大，通过以 2048 位 RSA 算法生成的自签名证书，在 Nginx 上做性能测试，每秒 HTTPS 请求数除了和 CPU 有关系外，还和请求返回大小有直接关系，每秒钟 HTTPS 新建连接数只与 CPU 有关系，每秒请求数和每秒新建连接数和 CPU 数量呈线性关系，表 11-5、表 11-6 是性能测试的结果。

表 11-5　Nginx SSL 卸载每秒请求数参照值

CPU 数量	返回 0KB	返回 1KB	返回 10KB	返回 100KB
1	71,561	40,207	23,308	4,832
2	151,325	85,139	48,654	9,871
4	324,654	178,395	96,808	19,355
8	647,213	359,567	198,818	38,900
16	1,262,999	690,329	383,860	77,427

表 11-6 Nginx SSL 卸载每秒新建连接数参照值

CPU 数量	每秒新建连接数
1	428
2	869
4	1735
8	3399
16	6676

Nginx 作为高性能 Web 服务器和反向代理，多工作线程非阻塞 IO 设计，有较好的性能，适合用于 SSL 卸载高性能要求的场景。Nginx 还具有较强的可编程能力，管理平面通过可编程 API 进行管理配置，数据平面可编程能力强，可开发扩展模块，gmssl.org 社区就有通过扩展 Nginx 支持国密 SSL 的示例。Nginx Controller 是一个商业的产品，能对 Nginx 做集中池化分租户管理，提供 API 上传管理证书，并可通过 API 快速创建 SSL 卸载 Nginx 实例，可基于 Nginx Controller 快速构建软件化 SSL 卸载资源池。

11.4　基于单个应用的安全防护

微服务是金融行业敏态中心业务的主要载体，它通常是以容器的方式运行，以 API 的方式对外提供服务和相互之间调用，并以 CI/CD 流水线的方式快速上线、快速迭代。基于单个应用的安全是敏态安全的热门话题，与传统安全专员通过部署在数据中心入口处 WAF 设备配置安全策略实现对应用安全防护不同，敏态中心微服务应用需要基于单个应用的安全，安全策略能够通过 CI/CD 方式被 DevOps 专员随微服务应用一起快速上线、快速变更、快速迭代。安全策略随微服务应用分布在不同的分布式环境中，如 Kubernetes 环境等，DevOps 开发人员无须经过安全专员即可随意控制安全策略，让微服务应用具备防注入、防失效身份认证、防失效访问等攻击。本节以 Nginx 为载体，说明如何通过在 Nginx 上运行 ModSecurity（modsecurity.org）及轻量级 WAF 策略实现基于单个应用的安全防护。

ModSecurity 是一个轻量级开源 Web 应用防火墙引擎，可以运行在 Apache Web 服务器、IIS 和 Nginx，基于事件编程脚本语言，配置 Web 应用防护规则，实现对 Web 应用的保护。ModSecurity 可识别常见 Web 应用安全攻击，提供 HTTP 流量实时监控及实时分析。ModSecurity 具有近 20 年的历史，是被使用最多的 Web 应用防护墙，常见的商用 Web 应用防火墙 WAF 类产品，大都参照了 ModSecurity 的实现，早前 ModSecurity 依赖 Apache httpd 包，Apache Web 服务器添加 mod_security 插件，提供 Web 应用防护是最常见的使用方式。从 3.0 开始，ModSecurity 架构进行了重构，保留了原先的基于事件的规则语言，移除了 Apache 相关的依赖，从而可以方便地运行与 Nginx 之上。Nginx + ModSecurity 是当前构建软件化敏态应用防火墙的最常见方式，市场上已经存在大量的基于 Nginx +

ModSecurity 技术架构的 WAF 类商业产品和开源产品,这些产品有的以硬件的方式交付,有的以软件的方式交付,也有的通过容器交付。本节不展示如何使用这些产品,而是通过从编译 ModSecurity 代码开始,展示如何将 ModSecurity 应用于 Nginx 之上,如表 11-7 所示。并实现 OWASP 排名前十的注入攻击的防护,如表 11-8 所示。

表 11-7 基于 Nginx 和 ModSecurity 应用防火墙安装测试

步骤	说 明

环境准备	常见的 Linux 操作系统或 MAC 系统均可以。这里使用的 Ubuntu 为 20.04:
	``
	$ lsb_release -a
	Distributor ID: Ubuntu
	Description: Ubuntu 20.04.2 LTS
	Release: 20.04
	Codename: focal
	``

依赖包安装	编译 ModSecurity 需要安装如下依赖包:
	``
	$ sudo apt-get install -y apt-utils autoconf automake build-
	    essential git libcurl4-openssl-dev libgeoip-dev liblmdb-dev
	    libpcre++-dev libtool libxml2-dev libyajl-dev pkgconf wget
	    zlib1g-dev
	``
	如果使用 RHEL/CentOS/MAC,则相关的依赖包名称可能有所不同

代码下载	上面步骤完成后会安装 git,使用 git clone 获取代码:
	``
	$ git clone --depth 1 -b v3/master --single-branch https:
	    //github.com/SpiderLabs/ModSecurity
	$ cd ModSecurity/
	$ git submodule init
	$ git submodule update
	``
	注入攻击等需要 libinjection 等子模块,这里通过 git submodule 初始化更新这些字模块

编译安装	设定完环境变量后执行 make 编译安装:
	``
	$ ./build.sh
	$ ./configure
	$ make
	$ sudo make install
	``
	编译完成后,相关的包及可执行文件会复制到 /usr/local/modsecurity 路径,编译过程中会出现类似 "fatal: No names found, cannot describe anything" 的错误,该错误可以忽略

ModSecurity 动态模块	ModSecurity Nginx 连接器动态模块负责连接 Nginx 和 ModSecurity,通常编译安装连接器动态模块首先需要下载代码:
	``
	$ git clone --depth 1 https://github.com/SpiderLabs/ModSecurity-nginx.git
	``
	编译 Nginx 模块首先需要确定当前 Nginx 的版本:
	``
	$ nginx -v
	nginx version: nginx/1.21.1
	``
	下载和当前版本一致的 Nginx 源代码:
	``
	$ wget http://nginx.org/download/nginx-1.21.1.tar.gz
	$ tar zxvf nginx-1.21.1.tar.gz
	``
	编译动态模块:

（续）

步骤	说　　明
| ModSecurity 动态模块 | ```
$ cd nginx-1.21.1/
$ ./configure --with-compat --add-dynamic-module=../ModSecurity-nginx
```<br>编译完成后会生成 objs/ngx_http_modsecurity_module.so，复制到 /etc/nginx/modules 目录：<br>```
$ sudo cp objs/ngx_http_modsecurity_module.so /etc/nginx/modules
```<br>复制完成后即完成了 ModSecurity Nginx 连接器动态模块编译安装 |
| Nginx 动态模块添加 | 编辑 /etc/nginx/nginx.conf 文件，添加 load_module 指令：<br>```
load_module modules/ngx_http_modsecurity_module.so;
```<br>load_module 位置是顶级上下文，和 http、events、user 等属于同一级别 |
| 初始化配置 | 创建 modsecurity.conf 配置文件，该文件中包括 Web 应用防护墙引擎相关的初始化配置，ModSecurity 源代码中有推荐的配置，通过该推荐配置完成初始化配置：<br>```
$ sudo mkdir /etc/nginx/modsec
$ sudo wget -P /etc/nginx/modsec https://raw.githubusercontent.com/SpiderLabs/ModSecurity/v3/master/modsecurity.conf-recommended
$ sudo mv /etc/nginx/modsec/modsecurity.conf-recommended /etc/nginx/modsec/modsecurity.conf
```<br>ModSecurity unicode.mapping 文件也是应用防火墙引擎工作所必需的，使用源码中的配置文件：<br>```
$ sudo cp ModSecurity/unicode.mapping /etc/nginx/modsec
```<br>默认配置引用防火墙行为是只检测，不阻断，修改默认行为，让应用防火墙可以阻断攻击：<br>```
$ sudo sed -i 's/SecRuleEngine DetectionOnly/SecRuleEngine On/' /etc/nginx/modsec/modsecurity.conf
```<br>如上配置修改 modsecurity.conf 配置文件，将 SecRuleEngine 配置项从 DetectionOnly 修改为 On。<br>创建 /etc/nginx/modsec/main.conf，添加一条测试规则如下：<br>```
Include "/etc/nginx/modsec/modsecurity.conf"
# Basic test rule
SecRule ARGS:testparam "@contains test" "id:1234,deny,status:403"
```<br>如上规则显示，如果 HTTP 请求中包含 testparam 变量，且该变量值包含 test 则拒绝此请求 |
| 启动引用防火墙 | 启动 Nginx 即可启动应用防火墙：<br>```
$ sudo systemctl start nginx
$ sudo systemctl enable nginx
``` |
| 测试验证 | 可以在 Nginx 应用防火墙上创建一个测试应用测试防火墙引擎是否工作，创建 /etc/nginx/conf.d/hellomodsec.conf 文件，添加如下内容：<br>```
server {
    listen       8010;
    server_name  hellomodsec.example.com;
    modsecurity on;
    modsecurity_rules_file /etc/nginx/modsec/main.conf;
    location /hello {
        return 200 'libmodsecurity from Nginx!';
    }
}
``` |
```

(续)

步骤	说明

测试验证	通过 curl 命令发起一次 HTTP 请求：
	`$ curl localhost:8010/hello`
	`libmodsecurity from Nginx!`
	
	返回成功，分析应用防火墙规则，只要 HTTP 请求不包含 testparam 变量则会放行允许访问。通过 curl 命令发起一次 HTTP 请求并包含 testparam 变量：
	`$ curl localhost:8010/hello?testparam=test123`
	`<html>`
	`<head><title>403 Forbidden</title></head>`
	`<body>`
	`<center><h1>403 Forbidden</h1></center>`
	`<hr><center>nginx/1.21.1</center>`
	`</body>`
	`</html>`
	
	HTTP 请求被拒绝是因为请求 URI 中有 testparam 变量，且变量的值包含 test 字段

如果想让上面安装的基于 Nginx 和 ModSecurity 的应用防火墙具备预防 SQL 注入类、跨站脚本类攻击，OWASP 核心规则集（Core Rule Set，CRS）是必需的。CRS 是一个社区维护的规则集，防护规则也在周期性地进行更新，可以免费试用。表 11-8 表示在表 11-7 的基础上安装并测试 OWASP CSR，并测试 OWASP 最常见的攻击类型 SLQ 注入攻击。

表 11-8　OWASP 规则集安装与 SQL 注入攻击示例

步骤	说明

规则下载安装	从 GitHub 下载规则库，并安装到 Nginx 应用防火墙服务器：
	`$ wget https://github.com/SpiderLabs/owasp-modsecurity-crs/archive/v3.0.0.tar.gz`
	`$ tar -xzvf v3.0.0.tar.gz`
	`$ sudo mv owasp-modsecurity-crs-3.0.0 /usr/local`
	
	创建初始化启动文件：
	`$ cd /usr/local/owasp-modsecurity-crs-3.0.0`
	`$ sudo cp crs-setup.conf.example crs-setup.conf`

Nginx 中添加 CRS 规则	编辑 /etc/nginx/modsec/main.conf，添加 OWASP CRS 规则：
	`# OWASP CRS v3 rules`
	`Include /usr/local/owasp-modsecurity-crs-3.0.0/crs-setup.conf`
	`Include /usr/local/owasp-modsecurity-crs-3.0.0/rules/*.conf`
	
	编辑完成后重新加载 Nginx 应用防火墙
	`$ sudo nginx -s reload`

周期性更新规则集	OWASP CRS 规则集需要周期性更新，只有周期性更新才能保证对最新的攻击行为更新，具体更新过程是重复上面两个步骤，如下为下载较新的 3.2.0 版本的 CRS 规则集：
	`$ wget https://github.com/SpiderLabs/owasp-modsecurity-crs/archive/v3.2.0.tar.gz`
	`$ tar -xzvf v3.2.0.tar.gz`
	`$ sudo mv owasp-modsecurity-crs-3.2.0 /usr/local`

(续)

步骤	说　　明
周期性更新规则集	在实际生产中，规则集的安装更新都是通过 API 或 CI/CD 流水线周期性进行，以保证规则集为最新

SQL 注入攻击示例	命令行通过 curl 命令执行：
	``
	$ curl http://localhost:8010?sql='<script>'
	<html>
	<head><title>403 Forbidden</title></head>
	<body>
	<center><h1>403 Forbidden</h1></center>
	<hr><center>nginx/1.21.1</center>
	</body>
	</html>
	``

图 11-7 所示为基于 Nginx 和 ModSecurity 构建软件化应用防火墙部署架构，采用池化的部署方式，部署的位置通常也在互联网前置区，WAF 资源池中的防护 Nginx 节点可以通过虚拟机部署，也可以通过容器部署。资源池通常由对应的控制器组成，控制器能够对池内应用防护 Nginx 节点集中管理，并提供监控告警、可视化等功能，控制器会提供 API，云管理平台可以通过 API 将 Nginx WAF 防护的能力拉入云管理平台，以服务化的方式对云平台上的用户提供服务。ModSecurity 通过内置的 RULE 引擎，编写 SecRule 来实现简单 WAF 策略，SecRule 虽然是基于事件脚本语言，但对 SecRule 的编写有一定学习门槛。Nginx 具有很强的可编程能力，通过扩展的第三方模块，例如 Lua，为开发者提供一个容易理解的可交互 Web 应用防护规则设定平台。

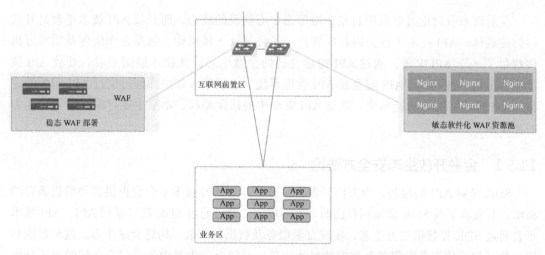

图 11-7　敏态软件化基于 Nginx Web 应用防火墙部署架构

ModSecurity 的应用非常广泛，开发者在构建开放 API 网关类技术平台时首先考虑的是通过 Nginx 及 ModSecurity 来提供 API 平台 WAF 能力。但针对一些高性能要求的重要业务，ModSecurity 也表现出一些不足。ModSecurity 性能是最主要被开发者讨论的问题，ModSecurity 的 WAF 策略执行完全依赖于 Nginx 本身的请求处理阶段，相比单纯 Nginx 对流量的转发速度，流量经过 ModSecurity 处理后再转发的时间延迟明显；另一个比较突出的问题是安全规则集问题，目前开源的规则集只有 OWASP 核心规则集，只能针对 OWASP 组织发布的排名前十的 Web 应用攻击，一些商业的安全规则集没有对外开放，且 OWASP 核心规则集的更新周期不固定，根据 GitHub 上的统计信息，有两次更新的间隔超过 11 个月，通常 WAF 类规则集需要每个月或每两个月更新一次；ModSecurity 缺乏可视化的管理界面也为一些运维人员带来了更大的运维难度。

Nginx App Protect（NAP）是 Nginx 提供的商业版的基于单个应用的安全产品。与 ModSecurity 不同，NAP 是对 Nginx 做了扩展，将 F5 WAF 产品软件化后以单独的进程运行。Nginx 与 F5 WAF 进程结合构成分布式 WAF 防护处理计算单元，基于 F5 在 WAF 应用防护领域的积累，NAP 能够防护更多的安全攻击类型，所具备的 Web 应用防护能力是 ModSecurity 的 5 倍，由于多进程分布式的升级架构，性能也有很大的提升。Nginx Controller（NC）是 Nginx 提供的商业版产品，能对 NAP 实例，或 Nginx 上配置有 ModSecurity 的实例进行集中池化管理，并提供图形化配置管理与监控告警界面。NC 还是一个自服务平台，开发者或运维人员可方便地基于 NC 进行基于单个应用安全防护能力的建设。NAP 和 NC 这两款商业产品可帮助提升金融行业敏态软件化应用安全防护的能力。

11.5 开放 API 技术平台安全能力建设

在前面章节讨论过开放银行是金融敏态中心建设的核心，而开放 API 技术平台是开放银行的载体，API 技术平台为银行的客户、子公司及下属机构，创新合作伙伴及第三方机构提供了一个 API 渠道，通过 API 构建自己的金融生态。从技术层面来看，开放 API 技术平台包括 API 网关、API 安全及 API 管理系统，本书第 6 章中详细讨论过 API 网关的建设、API 管理系统的功能模块，以及 API 安全中的认证鉴权，本节主要讨论 API 安全能力的建设。

11.5.1 金融开放生态安全方法论

SDK 是对 API 的封装，为方便开发者，有些开放 API 技术平台会提供多种编程语言的 SDK，开发者下载 SDK 添加到自己的开发环境中，即可通过 SDK 接口调用 API。API 技术平台通过 SDK 连接第三方生态，实现金融服务及数据的开放，构建金融生态。这种数据和服务的开放延伸了金融服务和数据的触达边界，使得金融生态中各参与方之间的业务合作节点明显增多，而各参与方信息安全防护能力参差不齐，同时金融监管合规问题也更加复杂，可以说金融开放 API 技术平台安全对各金融机构来说是一个全新的挑战。

金融开放 API 技术平台安全能力建设分三个维度：场景安全能力建设、认证鉴权能力建设，以及基础安全能力建设，如图 11-8 所示。首先是场景安全能力建设，包括数据安全、网络安全、业务安全、监管合规、生态合作及新技术应用安全建设；其次是认证鉴权能力建设，本书第 6 章讨论过基于 API 秘钥的认证鉴权，API 技术平台的认证鉴权通常还包括基础的基于用户名 / 密码的身份认证，以及集成第三方 OIDC 提供者进行认证鉴权；第三是基础安全能力建设，包括 API 代理及相关的安全访问控制策略，API 加解密及 SSL 证书管理，以及基于单个应用的安全防护建设。

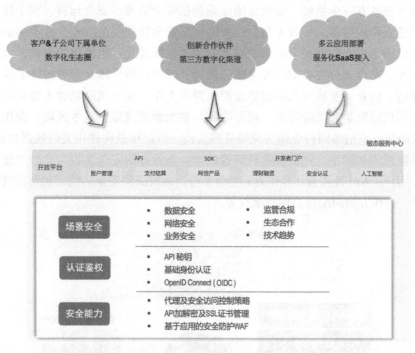

图 11-8　金融开放 API 技术平台安全能力建设三维度

场景安全中的数据安全是指在满足第三方用户服务体验的场景中，数据流转环节多，数据类型多样，涉及个人金融数据和业务数据。数据泄露和欺诈风险点增多，若任何一方服务接口存在缺陷或权限设置不当，使得数据保护存在薄弱环节，很可能受到恶意攻击者非法获取、篡改数据等攻击，危及金融信息安全，侵害各方权益；网络安全主要应对的是 IoT 终端、移动终端、5G 技术等带来的网络边界模糊，API 调用方形态多样化，机器人、智能终端都可能是主要的 API 调用者，使得 API 易被恶意调用，导致网络攻击，如 API Flood、恶意合作方用无效的认证请求等，导致业务服务质量下降或中断；业务安全主要是指在多方共同参与构建的服务场景中，如何更好地面对不断衍生的新型欺诈方式，例如合作方虚拟交易行为、API 漏洞导致中间人攻击伪造交易数据等；合规安全主要解决如何在多方合作构建生态实现金融创新、金融业务拓展的同时满足金融监管的合规需求，避免由于合规性风险造成多方损失；生态合作安全是确保金融生态客户、第三方机构及创新合作伙伴安全风险意识及安全能力水平，避免因合作方安全能力差异而带来系统性的风险；新安全技术趋势安全主要是指在使用新安全技术，例如大数据、人工智能、第三方安全服务等的过程中避免因新技术带来的安全风险。

开放 API 技术平台的场景安全能力建设遵循 CARE 模型，C（Capability）指服务和数据的开放能力或程度，A（Assurance）指安全保障体系，R（Risk）指安全风险轮廓，E（Ecosystem）指生态各方的安全，如图 11-9 所示。开放能力是风险主体，连结风险轮廓、保障体系和生态各方三个维度。安全保障体系包括安全管理、安全运营、安全技术。安全管理着力于建立和践行覆盖平台方与合作方的相关安全管理规范。安全技术主要通过构建架构和组件以满足生态各方安全要求的技术能力，以标准化、组件化的方式，为生态各方提供安全服务。安全运营主要围绕安全服务质量、效率和用户体验等的持续上升而展开相关研究、评估、检查、度量和风险态势监测预警等工作。安全风险轮廓主要反映开放生态中动态变化的风险种类和风险等级，例如隐私与数据泄露风险、技术风险、合作方信用风险、欺诈风险等。它借鉴同行业相关风险管理实践，依据场景构建相关的数据和业务属性，综合分析风险成因和概率，评估各类风险等级。生态各方的安全是指与金融开放生态场景相关的最终用户、API 使用者（合作方）主动参与，共筑纵深安全防线，包括监管指引、金融机构主导、合作方协同配合、用户赋权等。

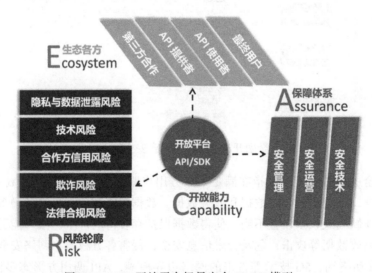

图 11-9 API 开放平台场景安全 CARE 模型

CARE 模型作为开放 API 技术平台安全能力建设的指导原则，以开放能力为核心，从保障体系、风险轮廓和生态各方三个维度提出构建安全体系的创新方法，为金融开放平台应对复杂多变的安全威胁环境提供一套系统性思维模型和样本。

开放 API 技术平台中 API 管理系统管理着 API 生命周期过程，为更好地完成金融开放生态这种新业务形态的场景安全能力建设，分类管理和风险防控等安全原则需要围绕 API

全生命周期，如图 11-10 所示。平台需要在 API 提供者将 API 注册到 API 管理系统之前的设计编码阶段，就进行安全管理，及时应用相应安全技术，在 API 下线后也需要进行相应的注销审计等安全措施，建立覆盖 API 全生命周期的安全管控体系。

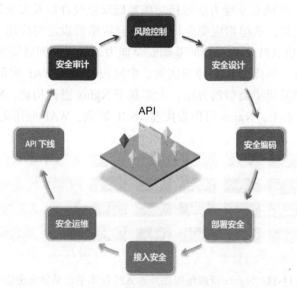

图 11-10　API 开放平台场景安全融入 API 全生命周期

安全设计需明确对不同 API 类别在身份认证、接口交互时所采取的安全防护措施。安全编码对编码规范、安全测试、版本管理等方面提出详细要求。部署安全指部署环境安全，明确安全域间的防护措施以及 API 网关的安全能力。接入安全主要是指对 API 连接时间和方式进行限制，明确 API 调用权限的具体要求。安全运维规范了安全监测、变更控制、运维巡检、事件响应、安全度量、安全评估等日常安全保障工作。API 下线需明确下线流程，以及数据归档、用户权益保护方面的要求。安全审计细化了对访问日志留存、完整性方面的要求。风险控制明确了交易风险监控范围，以及识别与处置异常情况、异常特征的要求。

认证鉴权是指开放 API 技术平台中的 API 管理系统对经过 API 网关的客户端 API 请求进行认证和授权，建立可信的身份，客户端只有通过了认证和授权才可以访问相应 API 提供者所提供的 API 服务。API 管理系统通常会支持多种认证鉴权的方式，例如基础认证、API 秘钥或令牌认证等。其中，API 秘钥或令牌通常是在开放平台的自服务门户或开发者门户注册获取。不管是基础认证还是令牌认证，API 管理系统最终都会将相应的策略脚本或配置推送到 API 网关的实例，例如 Nginx。认证鉴权通常还会集成第三方的认证服务器，如 API 管理系统会与 OIDC 提供者集成，实现基于 OAuth 2.0 框架的身份认证。

开放 API 技术平台上的 REST API 使用 HTTP 协议并且支持传输层安全加密（TLS）。TLS 是确保互联网连接私密性的一个标准，可以检查两个系统（服务器与服务器或服务器与客户端）之间发送的数据是否已加密且未被篡改。API 加解密和证书管理属于基础安全能力建设的范畴。前面 11.3 节展示了如何通过 Nginx 实现 SSL 卸载，开放 API 技术平台的基础安全能力建设需具有 SSL 卸载的能力。基于单个应用的安全防护也是开放 API 技术平台基础安全能力中的必需组件，11.4 节探讨了基于开源 ModSecurity 和 Nginx 实现轻量级基于单个应用的 WAF。基础安全能力还包括一些基础安全代理以及安全访问策略，Nginx 可以作为 API 网关的实例，承担相应安全代理和访问策略的设定与应用。图 11-11 中展示了 Nginx 资源池提供开放 API 技术平台的基础安全能力，这里按列将资源池中的 Nginx 分为多种类型，例如左边三列代表 SSL 卸载实例，中间四列代表 WAF 实例。事实上，金融机构 API 网关类项目都采用了类似的方法，大多基于 Nginx 进行构建。Nginx 资源池也可以运行在 Kubernetes 平台上，Nginx 可作为代理、SSL 卸载、WAF 应用防火墙等。

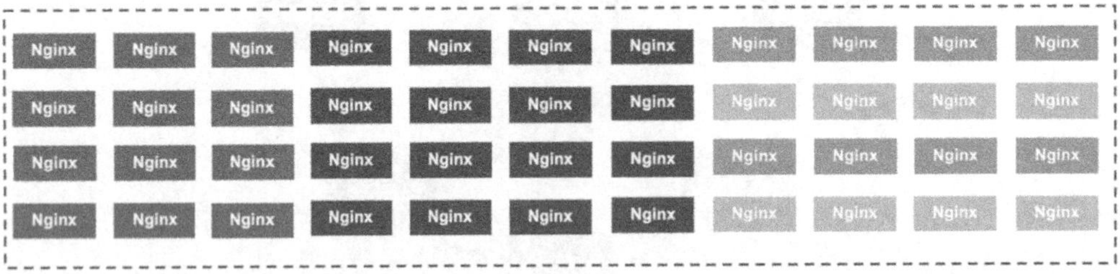

图 11-11　Nginx 资源池提供开放 API 技术平台基础安全能力

11.5.2　API 技术平台安全建设实践

前面部分从方法论的角度，围绕场景安全、认证鉴权、安全能力三个维度讨论了金融开放 API 技术平台安全能力建设，本节介绍 API 技术平台安全建设实践。API 管理系统是整个 API 技术平台的管理中枢，所有下发到网关实例的安全策略都是通过 API 管理系统完成的。本节不会去说明 API 管理系统的安全功能，而是聚焦在网关实例，基于 Nginx 展开 API 技术平台安全建设实践。

图 11-12 为实践的部署示意图。

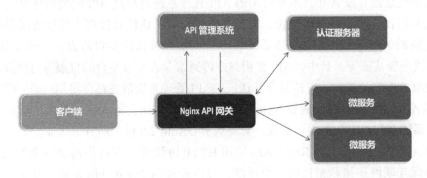

图 11-12　基于 Nginx 的 API 平台安全建设实践示意图

其中，Nginx 作为 API 网关，Spring Boot 微服务作为 API 提供者，API 管理系统没有部署，实践中只是模拟 API 管理系统下发的指令，直接通过命令行的方式配置到 Nginx 网关之上，认证服务提供认证鉴权。本节涉及的实践如下所示：

- 基于 IP 的访问控制策略；
- 基于 Nginx map 和 add_header 实现动态开启 CORS；
- 基于连接数、比率、带宽限制到网关的请求；
- API 网关到上游微服务加密配置；
- 基于 HTTP Basic 认证配置；
- 基于 OpenID Connect JWT 实现认证鉴权过程。

Nginx API 网关是微服务应用的代理，在代理上添加基于 IP 地址的访问控制策略，是 API 技术平台常见的安全实施措施。例如拒绝某个特定 IP 的主机发起访问，允许某个网络的地址访问网关，详细配置与实践见表 11-9。

表 11-9 基于 IP 的访问控制策略

步骤	说明

访问控制策略配置	在 Nginx 网关 location 中配置如下访问控制规则，禁止 IP 为 10.1.10.7 的客户端访问服务：
	``
	location / {
	    deny 10.1.10.7;
	    allow 10.1.10.0/24;
	    allow 2001:0db8::/32;
	    deny all;
	    proxy_pass http://backend;
	}
	``

访问测试	通过网关访问服务：
	``
	$ curl -X GET http://gateway.example.com:8001/info
	{group=io.cloudadc, app=backend, version=0.0.9}
	``
	在 IP 地址为 10.1.10.7 的客户端通过网关访问服务：
	``
	$ curl -X GET http://gateway.example.com:8001/info
	<html>
	<head><title>403 Forbidden</title></head>
	<body>
	<center><h1>403 Forbidden</h1></center>
	<hr><center>nginx/1.19.10</center>
	</body>
	</html>
	``
	访问结果显示 Nginx API 网关拒绝了该客户端发起的请求

跨源资源共享（CORS）是一项浏览器安全功能，该功能限制在浏览器中运行的 HTML5、Java Script 等脚本启动的跨源 HTTP 请求。常见跨源的场景包括不同域之间访问，例如，从 example.com 到 test.com；不同子域之间的访问，例如，从 example.com 到 book.example.com；不同的端口，例如从 example.com 到 example.com:8877；不同的协议

类型之间的访问,例如从 http://example.com 到 https://example.com。金融开放 API 技术平台是将金融的服务和数据通过 REST API 开放出来供客户及创新伙伴调用,跨源资源共享是必需的,API 技术平台针对某个固定 API 的特定方法都有是否开启 CORS 的选项,开启 CORS 的实质是在 API 网关底层添加 Access-Control-Allow-Methods、Access-Control-Allow-Headers、Access-Control-Allow-Origin 等标头属性。Nginx 可以通过 add_header 和 map 指令针对不同的 REST 请求方法开启 CORS。表 11-10 为 Nginx API 网关上开启 CORS 示例。

表 11-10　基于 Nginx map 和 add_header 实现动态开启 CORS

步骤	说明

CORS 开启配置	在 Nginx 网关 location 中配置 add_header 指令,在 http 上下文中配置 map 指令,如果 REST 请求为 GET 和 POST,开启 CORS:
	``
	map $request_method $cors_method {
	  OPTIONS 11;
	  GET 1;
	  POST 1;
	  default 0;
	}
	server {
	  listen 8002;
	  server_name gateway.example.com;
	  location / {
	    if ($cors_method ~ '1') {
	      add_header 'Access-Control-Allow-Methods'
	          'GET,POST,OPTIONS';
	      add_header 'Access-Control-Allow-Origin'
	          '*.example.com';
	      add_header 'Access-Control-Allow-Headers'
	          'DNT,
	          Keep-Alive,
	          User-Agent,
	          X-Requested-With,
	          If-Modified-Since,
	          Cache-Control,
	          Content-Type';
	    }
	    if ($cors_method = '11') {
	      add_header 'Access-Control-Max-Age'
	          1728000;
	      add_header 'Content-Type'
	          'text/plain charset=UTF-8';
	      add_header 'Content-Length'
	          0;
	      return 204;
	    }
	    proxy_pass http://backend02;
	  }
	}
	``

(续)

步骤	说明

访问测试	调用 API 并检查响应中的 CORS 标头来测试 API 的 CORS 配置:
	``
	$ curl -v -X GET http://gateway.example.com:8002/info
	< HTTP/1.1 200
	< Server: nginx/1.19.10
	< Date: Sun, 15 Aug 2021 04:29:42 GMT
	< Content-Type: text/plain;charset=UTF-8
	< Content-Length: 48
	< Connection: keep-alive
	< Access-Control-Allow-Methods: GET,POST,OPTIONS
	< Access-Control-Allow-Origin: *.example.com
	< Access-Control-Allow-Headers: DNT,
	< Keep-Alive,
	< User-Agent,
	< X-Requested-With,
	< If-Modified-Since,
	< Cache-Control,
	< Content-Type
	``
	响应中的 Access-Control-Allow-Origin、Access-Control-Allow-Headers 和 Access-Control-Allow-Methods 属性显示此 API 支持 CORS

限流是 API 技术平台最关键的安全策略控制,互联网公有云网关类服务的计费等能力与限流有直接关系。API 技术平台网关限流需要支持多维度精细化的限流,支持秒、分钟、小时、天等时间维度,支持请求数、连接数、带宽使用比率等网关上统计数据等维度进行限流。通过开放 API 平台生态,用户在获得代表访问 API 计划次数的令牌后,通常还需要通过开发者门户等针对自己自服务定制的 API 进一步精细化限流,限制某一个 API 的某个方法的访问次数等。同一个用户通常还需要主次业务限流控制,合理分配资源,例如当某个 API 访问量特别大,使得整体 API 调用次数达到所订阅的 API 计划的访问上线,则可以在未升级计划之前限制该 API 的调用次数,从而保证整体 API 调用访问正常进行,避免业务损失。表 11-11 为 Nginx API 网关配置基于连接数、比率、带宽进行请求限制的模板。

表 11-11 基于连接数、比率、带宽限制到网关的请求

步骤	说明

连接数限制	在 http 上下文配置 limit_conn_zone 和 limit_conn_status,在 server 上下文配置 limit_conn:
	``
	limit_conn_zone $binary_remote_addr zone=limitbyaddr:10m;
	limit_conn_status 429;
	server {
	    listen 8003;
	    server_name gateway.example.com;
	    limit_conn limitbyaddr 100;
	``
	• limit_conn_zone:该指令指定以客户端 IP 的二进制格式进行限流,定义了一个大小为 10MB,名称为 limitbyaddr 的共享区域
	• limit_conn_status:该指令定义了触发限流后网关返回给客户端的 HTTP 状态码
	• limit_conn:该指令实现具体限流,包括两个参数,limit_conn_zone 名称和运行最大的连接数

(续)

步骤	说明

比率限制	在 http 上下文配置 limit_req_zone 和 limit_req_status，在 server 上下文配置 limit_req：
	``
	limit_req_zone $binary_remote_addr
	zone=limitreqbyaddr:10m rate=10r/s;
	limit_req_status 429;
	server {
	    listen 8003;
	    server_name gateway.example.com;
	    limit_req zone=limitreqbyaddr burst=20 nodelay;
	``
	• limit_req_zone：该指令指定以客户端 IP 的二进制格式进行限流，定义了一个大小为 10MB，名称为 limitbyaddr 的共享区域，最大允许的请求比率为每秒 10 次
	• limit_req_status：该指令定义了触发限流后网关返回给客户端的 HTTP 状态码
	• limit_req：该指令实现具体限流，参数包括 limit_req_zone 名称，当请求数超过 limit_req_zone 定义的比率值后，请求将被延迟，直到到达 burst 定义的大小，nodeplay 指客户端直接使用 burst，而不等待

带宽限制	在 location 中通过 limit_rate_after 和 limit_rate 指令来限制某个请求路径，根据带宽限流：
	``
	location / {
	    limit_rate_after 10m;
	    limit_rate 1m;
	    proxy_pass http://backend03;
	}
	``
	• limit_rate_after：当网关返回给客户端的报文大小超过 10MB 后开启基于带宽比率的限制
	• limit_rate：该指令指定带宽限制的比率返回给客户端的报文大小每秒不能超过 1MB

访问测试	通过 BASH 脚本批量访问网关服务：
	``
	$ for i in {1..100} ; do curl -X GET http://gateway.example.com:8003/info ; done
	...
	<html>
	<head><title>429 Too Many Requests</title></head>
	<body>
	<center><h1>429 Too Many Requests</h1></center>
	<hr><center>nginx/1.19.10</center>
	</body>
	</html>
	``
	HTTP 的返回状态码为 429，代表触发了限流的阈值

某些场景下，还需要对 Nginx API 网关到 API 提供的微服务之间加密。前面 11.3 节通过自签名证书说明客户端到 API 网关之间的流量加密，表 11-12 为 API 网关到上游微服务之间加密配置模块。

API 技术平台上集成的第三方认证服务器通常支持 Basic 的用户名密码认证方式，API 技术平台通常会将 Basic 认证指令配置推送到 API 网关，进而实现对客户端进行基于 HTTP Basic 认证方式的认证鉴权。表 11-13 为 Basic 认证指令配置及访问测试演示。

第 11 章 敏态中心安全建设 ◆ 307

表 11-12 API 网关到上游微服务加密配置

步骤	说 明

upstream 加密配置	通过 proxy_ssl 指令开启 API 网关到上游微服务之间的加密：
	``
	location / {
	proxy_pass https://upstream.example.com;
	proxy_ssl_certificate cert/example.com.crt;
	proxy_ssl_certificate_key cert/example.com.key;
	proxy_ssl_verify on;
	proxy_ssl_verify_depth 2;
	proxy_ssl_protocols TLSv1.2;
	}
	``

表 11-13 基于 Basic 认证配置

步骤	说 明

认证服务器测试	认证服务地址为 auth-server，端口为 8090，通过 /auth 路径进行 HTTP Basic 认证，访问测试：
	``
	$ curl http://auth-server:8090/auth
	<html>
	<head><title>401 Authorization Required</title></head>
	<body>
	</body>
	</html>
	``
	curl 命令执行传递 Basic 认证用户名和密码测试：
	``
	curl -u 'kylin:default' http://auth-server:8090/auth
	<html>
	<head><title>404 Not Found</title></head>
	<body>
	</body>
	</html>
	``
	将 kylin 作为用户名，default 作为密码，认证成功

Basic 认证配置	在 server 上下文中配置两个 location，其中 /auth 为内部 location：
	``
	location / {
	    auth_request /auth;
	    auth_request_set $auth_status $upstream_status;
	    proxy_pass http://backend05;
	}
	location = /auth {
	    internal;
	    proxy_pass http://auth-server:8090;
	    proxy_pass_request_body off;
	    proxy_set_header Content-Length "";
	    proxy_set_header X-Original-URI $request_uri;
	}
	``

(续)

步骤	说 明

访问测试	命令行通过 curl 命令访问 Nginx 网关：
	``
	$ curl -X GET http://gateway.example.com:8005/info
	<html>
	<head><title>401 Authorization Required</title></head>
	<body>
	<center><h1>401 Authorization Required</h1></center>
	<hr><center>nginx/1.19.10</center>
	</body>
	</html>
	``
	可以看到 Basic 认证失败。再次通过 curl 命令添加 -u 'kylin:default' 访问，访问请求成功：
	``
	$ curl -u 'kylin:default' -X GET http://gateway.example.com:8005/info
	{group=io.cloudadc, app=backend, version=0.0.9}
	``

OpenID Connect 是 API 管理平台或 API 网关普遍采用的用户身份认证鉴权标准，它使用简单的 REST/JSON 消息流来实现，和传统身份认证协议相比，开发者可以轻松集成。OpenID Connect 使用 API 进行身份交互的框架，允许客户端根据授权服务器的认证结果最终确认用户的身份，以及获取基本的用户信息。OpenID Connect 支持包括 Web、移动、JavaScript 在内的所有客户端类型，方便金融开放生态快速构建现代应用。第 6 章简单介绍了 OpenID Connect 标准中用于用户信息的数据格式 JWT，并对 JWT 格式中报文头、报文体、签名做了介绍，但对如何生成 API KEY 等没有做详细介绍。表 11-14 中包括通过命令生成 API KEY 并保存在文件，将 API KEY 添加到 Nginx 网关，在客户端发送到网关请求中使用 JWT 的全过程。

表 11-14 基于 OpenID Connect JWT 实现认证鉴权过程

步骤	说 明

创建 Secret 文件	生成 Base64URL 加密的字符串：
	``
	$ echo -n kylin
		base64	tr '+/' '-_'	tr -d '='
				a3lsaW4
				``
				创建 api_secret.jwk 文件，内容如下：
				``
				{"keys":
				    [{
				        "k":"a3lsaW4",
				        "kty":"oct",
				        "kid":"0001"
				    }]
				}
				``
				k 字段为私钥"kylin"Base64URL 加密的字符串，kty 定义 KEY 的类型，kid 代表 JWT 的序列号

(续)

步骤	说　　明

Nginx 上本地文件 JWT 认证配置	在 location 中添加 auth_jwt 指令：
	``
	location / {
	    auth_jwt "Products API";
	    auth_jwt_key_file conf.d/api_secret.jwk;
	    proxy_pass http://backend07;
	}
	``
	auth_jwt_key_file 指定了上面步骤生成 Secret 文件

生成 JWT 令牌	生成报文头：
	``
	$ echo -n '{"typ":"JWT","alg":"HS256","kid":"0001"}'
		base64	tr '+/' '-_'	tr -d '='
				eyJ0eXAiOiJKV1QiLCJhbGciOiJIUzI1NiIsImtpZCI6IjAwMDEifQ
				``
				生成报文体：
				``
				$ echo -n '{"name":"Cloudadc System","sub":"cloudadc","iss":"My API Gateway"}'
					base64	tr '+/' '-_'	tr -d '='
							eyJuYW1lIjoiQ2xvdWRhZGMgU3lzdGVtIiwic3ViIjoiY2xvdWRhZGMiLCJpc3MiOiJNeSBBUEkgR2F0ZXdheSJ9
							``
							生成报文签名：
							``
							HEADER_PAYLOAD=eyJ0eXAiOiJKV1QiLCJhbGciOiJIUzI1NiIsImtpZCI6IjAwMDEifQ.eyJuYW1lIjoiQ2xvdWRhZGMgU3lzdGVtIiwic3ViIjoiY2xvdWRhZGMiLCJpc3MiOiJNeSBBUEkgR2F0ZXdheSJ9
							$ echo -n $HEADER_PAYLOAD
								openssl dgst -binary -sha256 -hmac kylin	base64	tr '+/' '-_'	tr -d '='
											JC_xjyCcQtgJcmsPpwkeC3ls39jSA7gvNjvc8KHbWno
											``
											复制报文头、报文体及签名并放到一起，用逗号隔开，生成 JWT 令牌：
											``
											$ echo $HEADER_PAYLOAD.JC_xjyCcQtgJcmsPpwkeC3ls39jSA7gvNjvc8KHbWno > token.jwt
											``
											上面步骤中不同颜色字体成对出现，表示前一个步骤生成，后一个步骤引用。查看完整 JWT 令牌，可以看到由报文头、报文体、签名组成，同样对照上面的颜色：
											``
											$ cat token.jwt
											eyJ0eXAiOiJKV1QiLCJhbGciOiJIUzI1NiIsImtpZCI6IjAwMDEifQ.eyJuYW1lIjoiQ2xvdWRhZGMgU3lzdGVtIiwic3ViIjoiY2xvdWRhZGMiLCJpc3MiOiJNeSBBUEkgR2F0ZXdheSJ9.JC_xjyCcQtgJcmsPpwkeC3ls39jSA7gvNjvc8KHbWno
											``

访问测试	通过 curl 命令访问 Nginx API 网关，通过 HTTP 头属性指定生成的 JWT 令牌：
	``
	$ curl -H "Authorization: Bearer `cat token.jwt`" http://gateway.example.com:8007/info
	{group=io.cloudadc, app=backend, version=0.0.9}
	``
	如果访问没有 Authorization 属性，则访问测试会返回 401 Authorization Required 的错误提示

本节通过实践操作的方式对开放 API 平台安全建设常见场景的底层实现进行了探讨，结合敏态中心安全建设前面的 SSL 加解密、基于应用的 WAF 应用防火墙部分的实践场景，

读者可对 API 开放平台安全建设有初步的了解。更多关于基于 Nginx 构建 API 技术平台的内容可参考 nginx.org 和 docs.nginx.com 上的相关文档。

11.6 本章小结

本章主要介绍敏态中心安全建设，以实践为主，每节都包括操作实践的内容，基于开源软件技术方案，展示了防火墙、SSL 加解密、WAF 应用防火墙的工作原理。最后一节从方法论和实践两个方面讨论了金融敏态安全中最重要的开放 API 技术平台安全能力建设。

第五部分 Part 5

金融企业的自动化运维

第五部分是金融企业的自动化运维,包括第12~14章。其中,第12章通过一个具体案例讲解如何基于 Ansible 实现自动化运维。第13章介绍 RHEL 7 的性能优化与配置管理。第14章讲解虚拟化与分布式存储,并通过实际案例帮助读者加深理解。

第 12 章

基于 Ansible 的自动化运维

随着金融行业相关业务信息化、电子化进程的加快，IT 设备、软件、数据的数量和种类不断增多，靠手工以及人工表格等传统方式进行运维的部门，想要实现 IT 资产的规范化和精准化管理已经举步维艰。加之很多商业银行普遍采用业务集中化管理方式，总部级数据中心的 IT 资产急剧增加。数据中心的多中心架构也导致相关运维人员的管理半径不断加大，原有的 IT 资产管理系统靠手工盘点、核对，这种管理模式已无法适应当前的管理需求。通过 Ansible 等自动化运维工具，对 IT 资产进行自动化、集中化、智能化的全流程管理，可以大大提高资产流转速度，降低管理成本，控制运行风险。通过对 IT 资产相关运维操作进行标准化并抽象成原子操作后，在对复杂流程进行有效解耦的同时，可以根据需求随时快速、高效地进行工作流的串联，实现金融行业相关业务流程的整合，进而实现跨部门、跨系统的业务流程自动化。

本章将以操作系统信息采集为例，围绕创建一个 Ansible 项目最佳实践时会涉及的几个部分，介绍如何基于 Ansible 实现针对系统运维的原子化操作，并基于 Ansible 的功能特性，将原子操作串联成工作流，从而实现业务流程自动化。操作系统信息采集部分的总体目录结构如图 12-1 所示。

Ansible 项目代码目录结构如下：

```
[root@ansible system_health_check] # tree -L 4
.
|-- ansible.cfg
|-- group_vars
|   `-- all
|-- library
|   |-- export2Excel.py
|   |-- systemBasicInfo.py
|   `-- userBasicInfo.py
```

```
|-- logs
|   |-- system_info.xlsx
|   `-- user_info.xlsx
|-- resources
|   `-- hosts_info_file.xlsx
|-- roles
|   |-- atomic_operations
|   |   |-- export_to_excel.yml
|   |   `-- system
|   |       |-- compute_info
|   |       |-- config_info
|   |       |-- log_info
|   |       |-- network_info
|   |       |-- process_info
|   |       |-- resource_info
|   |       |-- security_info
|   |       |-- service_info
|   |       |-- status_info
|   |       |-- storage_info
|   |       |-- sysctl_info
|   |       `-- user_info
|   `-- workflows
|       |-- get_system_info
|       |   |-- README.md
|       |   |-- defaults
|       |   |-- files
|       |   |-- handlers
|       |   |-- meta
|       |   |-- tasks
|       |   |-- templates
|       |   |-- tests
|       |   `-- vars
|       `-- get_user_info
|           |-- README.md
|           |-- defaults
|           |-- files
|           |-- handlers
|           |-- meta
|           |-- tasks
|           |-- templates
|           |-- tests
|           `-- vars
|-- site.yml
|-- xlsx_inventory.cfg
`-- xlsx_inventory.py

38 directories, 16 files
```

这个目录里包含了一个 Ansible 项目常用的 4 个部分：Ansible 项目配置管理、Ansible 项目主机管理、Ansible 项目任务管理、Ansible 项目输出管理。下面分别进行介绍。

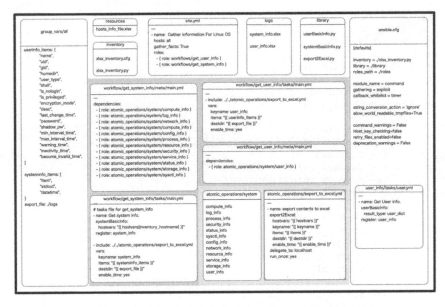

图 12-1 操作系统信息采集整体目录结构图

12.1 Ansible 项目配置管理

本节将介绍 Ansible 项目配置管理部分，配置文件为 ansible.cfg，如图 12-2 所示。

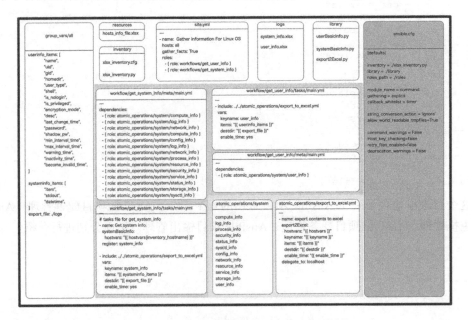

图 12-2 Ansible 配置文件 ansible.cfg 示例

首先，本例中 ansible.cfg 的存储路径为 system_health_check/ansible.cfg，即位于当前 Ansible 项目目录中。这样做的好处如下：

1）ansible.cfg 的配置只对当前项目有效，在实际使用时，你可以根据自己的使用习惯进行私人定制。

2）当前目录下的 ansible.cfg 文件与 Ansible 全局配置文件（/etc/ansible/ansible.cfg）、其他 Ansible 项目中的 ansible.cfg 都不会冲突。

Ansible 读取配置文件的优先级由高到低依次为：ANSIBLE_CONFIG（系统环境变量）、ansible.cfg（位于当前目录中）、.ansible.cfg（位于家目录中）、/etc/ansible/ansible.cfg。

对于 Ansible 配置文件的优先级顺序，可以从其源码（ansible v2.11）中看出端倪：

```
/usr/local/lib/python3.6/site-packages/ansible/config/manager.py
def find_ini_config_file(warnings=None):
    ''' Load INI Config File order(first found is used): ENV, CWD, HOME, /etc/ansible '''
    ...
```

关于 ansible.cfg 文件的使用，有以下几条建议：

1）依据 anisble.cfg 最佳实践，准备一份通用版 ansible.cfg 文件并将其作为模板。

2）在 Ansible 项目目录中先复制通用版的 ansible.cfg。

3）根据具体项目在通用版 ansible.cfg 的基础上进行定制，不必一开始就准备一份大而全的配置文件，可以在项目调试过程中根据需求随时动态添加相关内容。

接下来使用 ansible-config 命令行工具查看 ansible.cfg 文件中使用的配置项：

```
[root@ansible system_health_check]# ansible-config view
[defaults]

inventory = ./xlsx_inventory.py
library = ./library
roles_path = ./roles

module_name = command
gathering = explicit
callback_whitelist = timer

string_conversion_action = 'ignore'
allow_world_readable_tmpfiles=True

command_warnings = False
Host_key_checking=false
retry_files_enabled=false
deprecation_warnings = False
```

上述代码所示是一个常用的 ansible.cfg 模板，如果使用的不是动态 inventory，可以将 xlsx_inventory.py 改成自己的 inventory 文件名字。下面对该文件中涉及的配置进行详细介绍。

1. inventory = ./xlsx_inventory.py

这条配置的作用是定义 Ansible 默认查找 ansible inventory 文件的位置。

如果没有添加这条配置，则 Ansible 会默认使用按照优先级顺序找到的第一个 inventory 文件，如果不打算使用默认 inventory 文件，则需要在使用 Ansible 命令时显式指定 inventory 文件的路径：

```
[root@ansible system_health_check]# ansible all -i xlsx_inventory.py -m ping
```

添加下面这条配置后再执行 Ansible 命令时，就可以省略 -i xlsx_inventory.py 选项了：

```
[root@ansible system_health_check]# ansible all -m ping
```

2. library = ./library

这条配置的作用是定义 Ansible 自定义模块的存放目录。

如果没有这条配置，自定义模块的目录名只能为 library，且为当前 Ansible 项目目录，这是 Ansible 语法约定的。使用这条配置后，则可以将目录名改成任意名字，存放在任意指定位置。

3. roles_path = ./roles

这条配置的作用是定义 Ansible Roles 的存放目录。

如果没有这条配置，Ansible Roles 的目录名只能为 roles，且为当前 Ansible 项目目录，这是 Ansible 语法约定的。使用这条配置后，则可以将目录名改成任意名字，存放在任意指定位置。

4. module_name = command

这条配置的作用是定义使用 Ansible 命令行工具时默认使用的 Ansible 模块。

使用 Ansible 命令不加 -m 选项，则 Ansible 默认使用这条配置设定的模块，系统默认值为 command，大家可以根据自己的使用习惯进行配置。

例如下面两条命令的效果是相同的：

```
[root@ansible system_health_check]# ansible all -m command -a "date"
managed_host_04 | CHANGED | rc=0 >>
Sat Jul 17 15:47:05 CST 2021

[root@ansible system_health_check]# ansible all -a "date"
managed_host_04 | CHANGED | rc=0 >>
Sat Jul 17 15:47:15 CST 2021
```

有些用户喜欢将 Ansible 命令行默认使用的模块由 command 换成 shell，因为他们认为 shell 比 command 适用性广，在使用 shell 模块时，参数项可以直接使用所有的 Linux shell 命令，无论 shell 命令中是否包含管道符（|），但是 Ansible 默认使用的 command 模块更贴合 Ansible 的功能特性。

Ansible 默认选择 command 模块而非 shell 的原因是 command 不通过系统的 shell 运行，因此使用 command 执行 tasks 时，执行结果不会受到被管主机用户环境的影响，相对更安全。正因为如此，用户特定的环境变量（如 $HOME）无法通过 command 使用，类似

的还有一些流操作（stream operation），如 <、>、|、& 等也无法使用。所以，如果需要使用被管主机的用户环境变量、命令或需要用到流操作时，那么只能选 shell，其他情况建议一律选 command。

```
[root@ansible system_health_check]# ansible all -m shell -a "export LC_ALL=C"
managed_host_02 | CHANGED | rc=0 >>
managed_host_01 | CHANGED | rc=0 >>
[root@ansible system_health_check]# ansible all -m command -a "export LC_ALL=C"
managed_host_01 | FAILED | rc=2 >>
[Errno 2] No such file or directory
managed_host_02 | FAILED | rc=2 >>
```

5. gathering = explicit

这条配置的作用是定义 gather_facts 的使用模式。

gather_facts 有 3 种使用模式，即 implicit、explicit、smart，默认是 implicit 模式。3 种使用模式的作用如下。

- implicit 模式：这种模式下 gather_facts 默认开启，且禁用 fact cache。如果想关闭 gather_facts，需要在 Playbook 中显式指定 gather_facts = False。
- explicit 模式：这种模式下 gather_facts 默认关闭，且启用 fact cache。如果想开启 gather_facts，则需要在 Playbook 中显式指定 gather_facts = True。
- smart 模式：这种模式下 gather_facts 默认开启，且启用 fact cache。这种模式与 implicit 模式的不同点在于，前者在 Playbook 运行过程中，每个主机的 fact 信息只采集一次。

如果需要禁用 gather_facts 的任务远多于需要启用 gather_facts 的任务，且大多数情况下编写 Playbook 时都会在 play 的配置选项里加上一条 gather_facts = False，那么建议选用 explicit 模式。

默认情况下 Ansible 采集 fact 信息的时间开销还是很可观的，任务量少的时候尤为明显。如果想要优化这部分的时间开销，除了使用 explicit 模式外，还可使用 gather_subset 配置项。这个配置项可以与 implicit 模式配合使用，从而做到在启用 gather_facts 的同时又降低采集 fact 信息的时间开销。

6. callback_whitelist = timer

这条配置的作用是统计每个 play 的执行时间。

在实际使用 Ansible 的过程中，如果遇到 Playbook 执行速度慢，想要查找耗时较多的 play，来有针对性地优化 Ansible 的执行时间时，这条配置会很有帮助。

注意：在 Ansible 2.11 版本中，这条配置被替换为 callback_enabled = timer。

7. string_conversion_action = 'ignore'

这条配置的作用是处理 Ansible 模块传参时的类型转换模式。

Ansible Playbooks 在模块传参的时候，会默认将非 string 类型的数据强制转换成 string

类型,这个功能会在需要传 list 或 dict 等类型的参数时出现问题,并且抛出如下类似的警告:

```
[WARNING]: The value 4 (type int) in a string field was converted to u'4'
    (type string). If this does not look like what you expect, quote the entire
    value to ensure it does not change.
```

使用 string_conversion_action 参数可以解决这个强制转换并报警的问题。

8. allow_world_readable_tmpfiles = True

这条配置的作用是将在被管理端生成的临时目录设为全局可读,适用于 become_user 为非 root 且未提权的用户场景。

9. 4 个常用的配置项

4 个常用的配置项为 command_warnings、host_key_checking、retry_files_enabled 和 deprecation_warnings,分别代表命令行错误警告、首次连接被管主机时的 SSH key 检查、执行失败时自动生成 retry 文件、版本遗弃功能警告。这几个配置项通常均默认设置为 false。

12.2 Ansible 项目主机管理

本节介绍 Ansible 项目主机管理部分,其动态 inventory 文件为 xlsx_inventory.py,如图 12-3 所示。

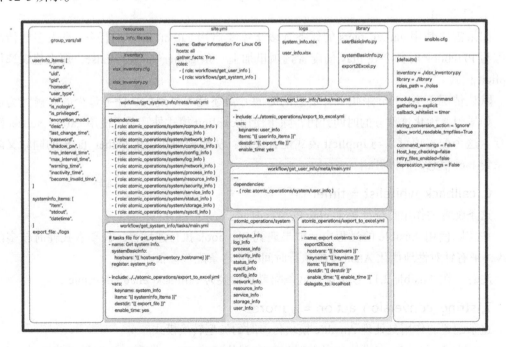

图 12-3 动态 inventory 文件 xlsx_inventory.py

用户可以将主机信息放到 Excel 文件中,然后通过动态 inventory 文件来解析 Excel 文件并获取被管理端主机信息。这样,用户只需要维护一个 Excel 文件即可,后续还可以通过版本管理工具对 Excel 文件进行版本管理。

1. 动态 inventory 原理

动态 inventory 需要满足的条件如下所示。

1)用于生成 JSON 的脚本对实现语言没有要求,它可以是一个可执行脚本、二进制文件,或者其他任何可以运行的文件,但是必须输出为 JSON 格式,同时必须支持 --list 和 --host <hostname> 两个参数。这里主要介绍 --lish。

2)--list:用于返回所有的主机组信息,每个组所包含的主机列表 hosts、所含子组列表 children、主机组变量列表 vars 都应该是字典形式的,_meta 用于存放主机变量。

被管主机信息 Excel 文件的示例如图 12-4 所示。

	A	B	C	D	E	F
1	vm_name	environment	ansible_host	ansible_user	ansible_password	mysql_root_pass
2	managed_host_01	prod	192.168.3.51	ansible	password01	redhat01
3	managed_host_02	test	192.168.3.52	root	password02	redhat02
4	managed_host_03	dev	192.168.3.53	ansible	password03	redhat03
5	managed_host_04	sit	192.168.3.54	root	password04	redhat04

图 12-4 Excel 类型被管主机信息文件

图 12-4 所示每个主机信息均包含系统主机名、环境信息(group 组名)、主机 IP 地址信息、登录用户、登录用户密码和一个 inventory 参数。

动态 inventory 文件 xlsx_inventory.py 的源代码示例如下:

```python
#!/usr/bin/env python
import json
import os
import argparse
import configparser
import six
from openpyxl import load_workbook
from openpyxl.utils.cell import coordinate_from_string, column_index_from_string

try:
    FileNotFoundError
except NameError:
    FileNotFoundError = IOError


config_file = 'xlsx_inventory.cfg'
default_group = 'NO_GROUP'
```

```python
def find_config_file():
    env_name = 'EXCEL_INVENTORY_CONFIG'
    if env_name in os.environ:
        return os.environ[env_name]
    else:
        return config_file


def main():
    args = parse_args()
    if args.config:
        create_config(
            filename=args.file,
            group_by_col=args.group_by_col,
            hostname_col=args.hostname_col,
            sheet=args.sheet
        )
    config_path = find_config_file()
    config = load_config(config_path)
    try:
        wb = load_workbook(config['xlsx_inventory_file'])
        if 'sheet' in config:
            sheet = wb[config['sheet']]
        else:
            sheet = wb.active
        inventory = sheet_to_inventory(
            group_by_col=config['group_by_col'],
            hostname_col=config['hostname_col'],
            sheet=sheet
        )
        if args.list:
            print(json.dumps(inventory, indent=4, sort_keys=True, default=str))
        if args.config:
            create_config(
                filename=args.file,
                group_by_col=args.group_by_col,
                hostname_col=args.hostname_col,
                sheet=args.sheet)
        elif args.host:
            try:
                print(json.dumps(
                    inventory['_meta']['hostvars'][args.host],
                    indent=4, sort_keys=True, default=str))
            except KeyError as e:
                print('\033[91mHost "%s" not Found!\033[0m' % e)
                print(e)
    except FileNotFoundError as e:
        print(
            '\033[91mFile Not Found! Check %s configuration file!'
            ' Is the `xlsx_inventory_file` path setting correct?\033[0m' % config_path)
        print(e)
        exit(1)
    except KeyError as e:
        print(
            '\033[91mKey Error! Check %s configuration file! Is the `sheet` name'
            ' setting correct?\033[0m' % config_path)
        print(e)
        exit(1)
```

```python
        exit(0)

def create_config(filename=None, group_by_col=None, hostname_col=None, sheet=None):
    config = configparser.ConfigParser()
    config['xlsx_inventory'] = {}
    if filename is None:
        print('\033[91m--file is required!\033[0m')
        exit(1)
    config['xlsx_inventory']['xlsx_inventory_file'] = filename
    if group_by_col is not None:
        config['xlsx_inventory']['group_by_col'] = group_by_col
    if hostname_col is not None:
        config['xlsx_inventory']['hostname_col'] = hostname_col
    if sheet is not None:
        config['xlsx_inventory']['sheet'] = sheet
    with open(find_config_file(), 'w')as cf:
        config.write(cf)

def load_config(config_path):
    config = configparser.ConfigParser()
    config['DEFAULT'] = {'hostname_col': 'A', 'group_by_col': 'B'}
    if len(config.read(config_path)) > 0:
        return config['xlsx_inventory']
    else:
        print('\033[91mConfiguration File "%s" not Found!\033[0m' % config_path)
        exit(1)

def parse_args():
    arg_parser = argparse.ArgumentParser(description='Excel Spreadsheet Inventory
        Module')
    group = arg_parser.add_mutually_exclusive_group(required=True)
    group.add_argument('--list', action='store_true', help='List active servers')
    group.add_argument('--host', help='List details about the specified host',
        default=None)
    group.add_argument('--config', action='store_true', help='Create Config File')
    arg_parser.add_argument('--file', default=None, help='Excel Spreadsheet file
        used by xlsx_inventory.py')
    arg_parser.add_argument('--group-by-col', default=None, help='Column to group
        hosts by (i.E. `B`)')
    arg_parser.add_argument('--hostname-col', default=None, help='Column
        containing the hostnames')
    arg_parser.add_argument('--sheet', default=None, help='Name of the Sheet, used
        by xlsx_inventory.py')
    return arg_parser.parse_args()

def sheet_to_inventory(group_by_col, hostname_col, sheet):
    if isinstance(group_by_col, six.string_types):
        group_by_col = column_index_from_string(coordinate_from_string(group_by_
            col + '1')[0]) - 1
    if isinstance(hostname_col, six.string_types):
        hostname_col = column_index_from_string(coordinate_from_string(hostname_
            col + '1')[0]) - 1

    groups = {
        '_meta': {
            'hostvars': {}
        }
    }
```

```python
        rows = list(sheet.rows)
        for row in rows[1:]:
            host = row[hostname_col].value
            if host is None:
                continue
            group = row[group_by_col].value
            if group is None:
                group = default_group
            if group not in groups.keys():
                groups[group] = {
                    'hosts': [],
                    'vars': {}
                }
            groups[group]['hosts'].append(row[hostname_col].value)
            groups['_meta']['hostvars'][row[hostname_col].value] = {}
            for xlsx_head in rows[:1]:
                for idx, var_name in enumerate(xlsx_head):
                    if var_name.value is None:
                        var_name.value = "xlsx_" + var_name.coordinate
                    if row[idx].value is not None:
                        groups['_meta']['hostvars'][row[0].value][var_name.value.
                            lower().replace(' ', '_')] = row[idx].value

    return groups


if __name__ == "__main__":
    main()
```

上述脚本中用到了解析 Excel 表数据的 Python 模块，这里推荐使用 openpyxl。执行以下代码，安装 openpyxl 模块，结果如图 12-5 所示。

```
[root@ansible system_health_check]# pip3 install openpyxl
```

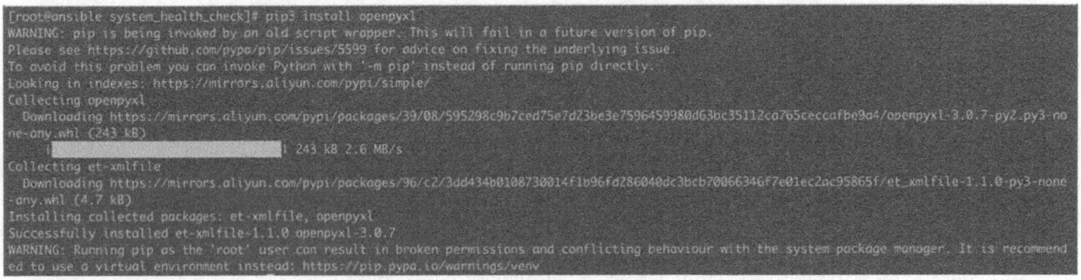

图 12-5 openpyxl 模块安装示例图

验证 openpyxl 是否安装成功，结果如图 12-6 所示。

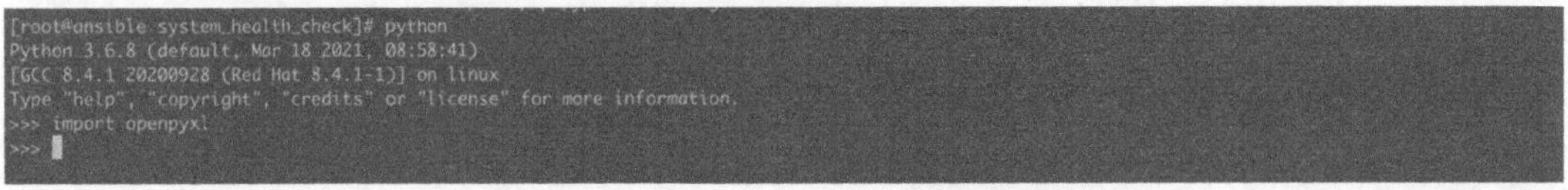

图 12-6 openpyxl 模块安装验证方法

动态 inventory 文件的配置示例如下：

```
[xlsx_inventory]
xlsx_inventory_file = resources/hosts_info_file.xlsx
group_by_col = B
hostname_col = A
sheet = Sheet1
```

接下来就可以看到 Ansible 动态 inventory 的效果了。

2. 动态 inventory 效果示例

list 功能测试的代码如下所示：

```
[root@ansible system_health_check]# ./xlsx_inventory.py --list
{
    "_meta": {
        "hostvars": {
            "managed_host_01": {
                "ansible_host": "192.168.3.51",
                "ansible_password": "password01",
                "ansible_user": "ansible",
                "environment": "prod",
                "mysql_root_pass": "redhat01",
                "vm_name": "managed_host_01"
            },
            "managed_host_02": {
                "ansible_host": "192.168.3.52",
                "ansible_password": "password02",
                "ansible_user": "root",
                "environment": "test",
                "mysql_root_pass": "redhat02",
                "vm_name": "managed_host_02"
            },
            "managed_host_03": {
                "ansible_host": "192.168.3.53",
                "ansible_password": "password03",
                "ansible_user": "ansible",
                "environment": "dev",
                "mysql_root_pass": "redhat03",
                "vm_name": "managed_host_03"
            },
            "managed_host_04": {
                "ansible_host": "192.168.3.54",
                "ansible_password": "password04",
                "ansible_user": "root",
                "environment": "sit",
                "mysql_root_pass": "redhat04",
                "vm_name": "managed_host_04"
            }
        }
    },
    "dev": {
        "hosts": [
            "managed_host_03"
        ],
        "vars": {}
    },
    "prod": {
```

```
            "hosts": [
                "managed_host_01"
            ],
            "vars": {}
        },
        "sit": {
            "hosts": [
                "managed_host_04"
            ],
            "vars": {}
        },
        "test": {
            "hosts": [
                "managed_host_02"
            ],
            "vars": {}
        }
}
```

使用主机信息的方式展示功能测试的示例如下:

```
# ./xlsx_inventory.py --host=managed_host_01
{
    "ansible_host": "192.168.3.51",
    "ansible_password": "password01",
    "ansible_user": "ansible",
    "environment": "prod",
    "mysql_root_pass": "redhat01",
    "vm_name": "managed_host_01"
}
```

使用动态 inventory 文件进行 Ansible 任务演示:

```
[root@ansible system_health_check]# ansible all -i xlsx_inventory.py -m ping
managed_host_02 | SUCCESS => {
    "ansible_facts": {
        "discovered_interpreter_python": "/usr/bin/python"
    },
    "changed": false,
    "ping": "pong"
}
managed_host_04 | SUCCESS => {
    "ansible_facts": {
        "discovered_interpreter_python": "/usr/bin/python"
    },
    "changed": false,
    "ping": "pong"
}
managed_host_01 | SUCCESS => {
    "ansible_facts": {
        "discovered_interpreter_python": "/usr/bin/python"
    },
    "changed": false,
    "ping": "pong"
}
managed_host_03 | SUCCESS => {
    "ansible_facts": {
        "discovered_interpreter_python": "/usr/bin/python"
    },
```

```
        "changed": false,
        "ping": "pong"
}
```

下面用 ansible-inventory 命令进行测试。

1）使用 ansible-inventory 的 graph 参数，可以看到结构化的主机清单。主机清单如下所示。

```
[root@ansible system_health_check]# ansible-inventory -i xlsx_inventory.py --graph
@all:
  |--@dev:
  |  |--managed_host_03
  |--@prod:
  |  |--managed_host_01
  |--@sit:
  |  |--managed_host_04
  |--@test:
  |  |--managed_host_02
  |--@ungrouped:
```

2）使用 ansible-inventory 的 list 参数，可以将 inventory 所有的有效变量一起打印出来。

```
[root@ansible system_health_check]# ansible-inventory -i xlsx_inventory.py --list
{
    "_meta": {
        "hostvars": {
            "managed_host_01": {
                "ansible_become": "yes",
                "ansible_host": "192.168.3.51",
                "ansible_password": "redhat",
                "ansible_user": "ansible",
                "become_method": "sudo",
                "become_pass": "redhat",
                "become_user": "root",
                "environment": "prod",
                "export_file": "./logs",
                "systeminfo_items": [
                    "item",
                    "stdout",
                    "datetime"
                ],
                "userinfo_items": [
                    "name",
                    "uid",
                    "gid",
                    "homedir",
                    "user_type",
                    "shell",
                    "is_nologin",
                    "is_privileged",
                    "encryption_mode",
                    "desc",
                    "last_change_time",
                    "password",
                    "shadow_pw",
                    "min_interval_time",
                    "max_interval_time",
                    "warning_time",
```

```
                "inactivity_time",
                "become_invalid_time"
            ],
            "vm_name": "managed_host_01"
        },
......
}
```

3）使用 ansible-inventory 的 host 参数，打印指定主机的信息和有效参数，这个方法可以用来判断主机的参数定义是否生效。

```
[root@ansible system_health_check]# ansible-inventory -i xlsx_inventory.py --host=managed_host_01
{
    "ansible_become": "yes",
    "ansible_host": "192.168.3.51",
    "ansible_password": "redhat",
    "ansible_user": "ansible",
    "become_method": "sudo",
    "become_pass": "redhat",
    "become_user": "root",
    "environment": "prod",
    "export_file": "./logs",
    "systeminfo_items": [
        "item",
        "stdout",
        "datetime"
    ],
    "userinfo_items": [
        "name",
        "uid",
        "gid",
        "homedir",
        "user_type",
        "shell",
        "is_nologin",
        "is_privileged",
        "encryption_mode",
        "desc",
        "last_change_time",
        "password",
        "shadow_pw",
        "min_interval_time",
        "max_interval_time",
        "warning_time",
        "inactivity_time",
        "become_invalid_time"
    ],
    "vm_name": "managed_host_01"
}
```

12.3 Ansible 项目任务管理

本节介绍与 Ansible 项目任务管理相关的内容。Linux 系统信息采集案例中与 Ansible Playbook 相关的资源，如图 12-7 所示。

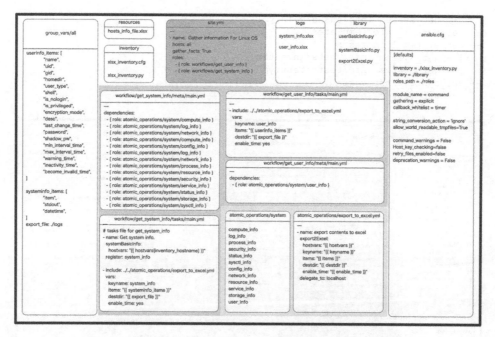

图 12-7 系统信息采集案例中与 Ansible Playbook 相关的资源

site.yml 作为 Playbook 入口文件，其代码示例如下：

```
---
- name: Gather information For Linux OS
  hosts: all
  gather_facts: True
  roles:
    - { role: workflows/get_user_info }
    - { role: workflows/get_system_info }
```

上述代码中，以 roles 的方式调用了定位为 workflow 的 get_system_info 和 get_user_info，这两个目录是典型的 roles 目录，本例中用到的两个主要文件是 meta 下的 main.yml 和 tasks 下的 main.yml。meta 下的 main.yml 用于串联 workflow 包含的原子操作，tasks 下的 main.yml 用于编写此 workflow 特有的任务，如图 12-8 所示。

get_system_info 目录结构及代码示例如下：

```
[root@ansible workflows]# tree -L 2 get_system_info/ -f
get_system_info
|-- get_system_info/README.md
|-- get_system_info/defaults
|   `-- get_system_info/defaults/main.yml
|-- get_system_info/files
|-- get_system_info/handlers
|   `-- get_system_info/handlers/main.yml
|-- get_system_info/meta
|   `-- get_system_info/meta/main.yml
|-- get_system_info/tasks
```

```
|   `-- get_system_info/tasks/main.yml
|-- get_system_info/templates
|-- get_system_info/tests
|   |-- get_system_info/tests/inventory
|   `-- get_system_info/tests/test.yml
`-- get_system_info/vars
    `-- get_system_info/vars/main.yml
```

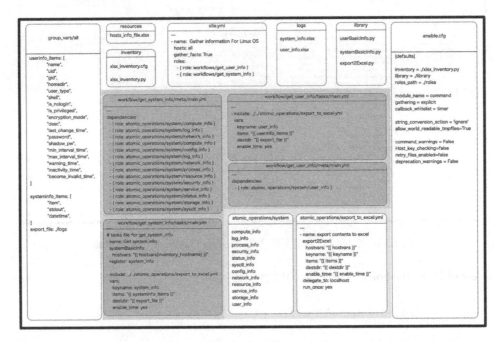

图 12-8　以 roles 的方式调用定位为 workflow 的文件

get_system_info 目录的两个主要文件的代码示例如下：

```
[root@ansible workflows]# cat get_system_info/meta/main.yml
---
dependencies:
  - { role: atomic_operations/system/compute_info }
  - { role: atomic_operations/system/log_info }
  - { role: atomic_operations/system/network_info }
  - { role: atomic_operations/system/process_info }
  - { role: atomic_operations/system/resource_info }
  - { role: atomic_operations/system/security_info }
  - { role: atomic_operations/system/service_info }
  - { role: atomic_operations/system/status_info }
  - { role: atomic_operations/system/storage_info }
  - { role: atomic_operations/system/sysctl_info }

[root@ansible workflows]# cat get_system_info/tasks/main.yml
---
# tasks file for get_system_info
- name: Get system info.
  systemBasicInfo:
    hostvars: "{{ hostvars[inventory_hostname] }}"
```

```yaml
      register: system_info

    - include: ../../atomic_operations/export_to_excel.yml
      vars:
        keyname: system_info
        items: "{{ systeminfo_items }}"
        destdir: "{{ export_file }}"
        enable_time: yes
```

get_user_info 的目录结构及代码示例如下：

```
[root@ansible workflows]# tree -L 2 get_user_info/ -f
get_user_info
|-- get_user_info/README.md
|-- get_user_info/defaults
|   `-- get_user_info/defaults/main.yml
|-- get_user_info/files
|-- get_user_info/handlers
|   `-- get_user_info/handlers/main.yml
|-- get_user_info/meta
|   `-- get_user_info/meta/main.yml
|-- get_user_info/tasks
|   `-- get_user_info/tasks/main.yml
|-- get_user_info/templates
|-- get_user_info/tests
|   |-- get_user_info/tests/inventory
|   `-- get_user_info/tests/test.yml
`-- get_user_info/vars
    `-- get_user_info/vars/main.yml

8 directories, 8 files
```

get_user_info 的目录中两个主要文件的代码示例如下：

```yaml
[root@ansible workflows]# cat get_user_info/meta/main.yml
---
dependencies:
  - { role: atomic_operations/system/user_info }

[root@ansible workflows]# cat get_user_info/meta/main.yml
---
dependencies:
  - { role: atomic_operations/system/user_info }

[root@ansible workflows]# cat get_user_info/tasks/main.yml
---
- include: ../../atomic_operations/export_to_excel.yml
  vars:
    keyname: user_info
    items: "{{ userinfo_items }}"
    destdir: "{{ export_file }}"
    enable_time: yes
```

两个 workflow 均以 roles 中一个 role 的方式存在，又以 roles 依赖的方式调用定位为原子操作的 atomic_operations 目录下的 system 中的资源，其中每一个原子操作都可以独立执行，使用 roles 的标准化结构，完成一项特定的任务。这里借助 Ansible roles 的 meta 功能特性，实现原子操作的有序执行，并模拟 workflow 中的流程编排，如图 12-9 所示。

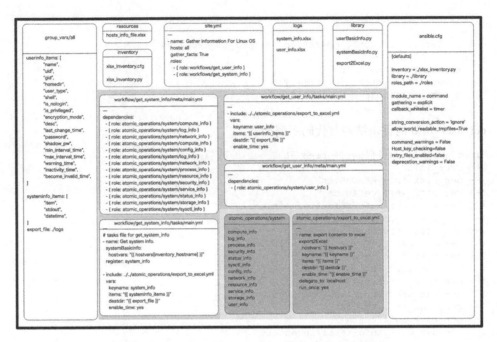

图 12-9 以 roles 的方式调用定位为原子操作的文件

其中一个原子操作的 system/sysctl_info 的目录结构及代码示例如下：

```
[root@ansible atomic_operations]# tree -L 2 system/sysctl_info/ -f
system/sysctl_info
|-- system/sysctl_info/README.md
|-- system/sysctl_info/defaults
|   `-- system/sysctl_info/defaults/main.yml
|-- system/sysctl_info/files
|-- system/sysctl_info/handlers
|   `-- system/sysctl_info/handlers/main.yml
|-- system/sysctl_info/meta
|   `-- system/sysctl_info/meta/main.yml
|-- system/sysctl_info/tasks
|   |-- system/sysctl_info/tasks/ip_local_port_range.yml
|   |-- system/sysctl_info/tasks/kernel_core_pattern.yml
|   |-- system/sysctl_info/tasks/kernel_sysrq.yml
|   |-- system/sysctl_info/tasks/main.yml
|   |-- system/sysctl_info/tasks/tcp_keepalive_intvl.yml
|   |-- system/sysctl_info/tasks/tcp_keepalive_probes.yml
|   |-- system/sysctl_info/tasks/tcp_keepalive_time.yml
|   |-- system/sysctl_info/tasks/tcp_retries2.yml
|   |-- system/sysctl_info/tasks/tcp_syn_retries.yml
|   |-- system/sysctl_info/tasks/tcp_timestamps.yml
|   |-- system/sysctl_info/tasks/tcp_tw_recycle.yml
|   |-- system/sysctl_info/tasks/tcp_tw_reuse.yml
|   `-- system/sysctl_info/tasks/vm_swappiness.yml
|-- system/sysctl_info/templates
|-- system/sysctl_info/tests
|   |-- system/sysctl_info/tests/inventory
|   `-- system/sysctl_info/tests/test.yml
```

```
`-- system/sysctl_info/vars
    `-- system/sysctl_info/vars/main.yml

8 directories, 20 files
```

由于 sysctl_info 为原子操作，只需要关注 tasks/main.yml 文件即可，其代码示例如下所示：

```
[root@ansible atomic_operations]# cat system/sysctl_info/tasks/main.yml
- include: ip_local_port_range.yml
- include: kernel_core_pattern.yml
- include: kernel_sysrq.yml
- include: tcp_keepalive_intvl.yml
- include: tcp_keepalive_probes.yml
- include: tcp_keepalive_time.yml
- include: tcp_retries2.yml
- include: tcp_syn_retries.yml
- include: tcp_timestamps.yml
- include: tcp_tw_recycle.yml
- include: tcp_tw_reuse.yml
- include: vm_swappiness.yml

[root@ansible tasks]# cat ip_local_port_range.yml
- name: check net.ipv4.ip_local_port_range
  shell: echo $(sysctl -a --ignore 2> /dev/null |grep net.ipv4.ip_local_port_range)
  register: res_ip_local_port_range
  ignore_errors: True
  changed_when: false

- debug:
    msg: "{{ res_ip_local_port_range.stdout_lines }}"
```

get_user_info 调用的原子操作 system/user_info 的目录结构及代码示例如下：

```
[root@ansible atomic_operations]# tree -L 2 system/user_info/ -f
system/user_info
|-- system/user_info/README.md
|-- system/user_info/defaults
|   `-- system/user_info/defaults/main.yml
|-- system/user_info/files
|-- system/user_info/handlers
|   `-- system/user_info/handlers/main.yml
|-- system/user_info/meta
|   `-- system/user_info/meta/main.yml
|-- system/user_info/tasks
|   |-- system/user_info/tasks/main.yml
|   `-- system/user_info/tasks/user.yml
|-- system/user_info/templates
|-- system/user_info/tests
|   |-- system/user_info/tests/inventory
|   `-- system/user_info/tests/test.yml
`-- system/user_info/vars
    `-- system/user_info/vars/main.yml

8 directories, 9 files
```

user_info 中 tasks/main.yml 及 tasks/user.yml 文件的代码示例如下：

```
[root@ansible atomic_operations]# cat system/user_info/tasks/main.yml
---
# tasks file for user_info
- include: user.yml

[root@ansible atomic_operations]# cat system/user_info/tasks/user.yml
---
- name: Get User info.
  userBasicInfo:
    result_type: user_dict
  register: user_info
```

还有一个特殊的原子操作的 Playbook 文件——atomic_operations/export_to_excel.yml，两个 workflow 分别用任务导入的方式调用该原子操作，然后将采集到的 Linux 系统信息导出到 Excel 文件格式的输出文件中，其代码示例如下所示：

```
[root@ansible roles]# cat atomic_operations/export_to_excel.yml
---
- name: export contents to excel
  export2Excel:
    hostvars: "{{ hostvars }}"
    keyname: "{{ keyname }}"
    items: "{{ items }}"
    destdir: "{{ destdir }}"
    enable_time: "{{ enable_time }}"
  delegate_to: localhost
  run_once: yes
```

浏览完两个 workflow 的目录结构的主干和主要代码后，我们来梳理一下任务执行流程，如图 12-10 所示。

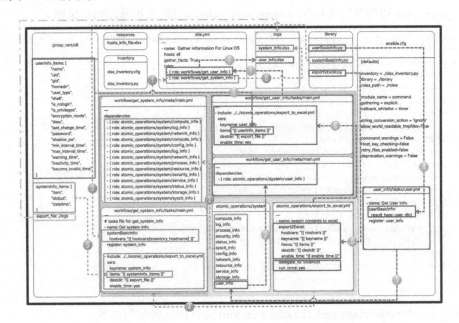

图 12-10　Ansible 任务执行流程示意图

图 12-10 中包含了 get_system_info 与 get_user_info 的 workflow 资源调度及执行流程。先看 get_system_info，将它单独拆分出来后，其 workflow 资源调度及执行流程如图 12-11 所示。

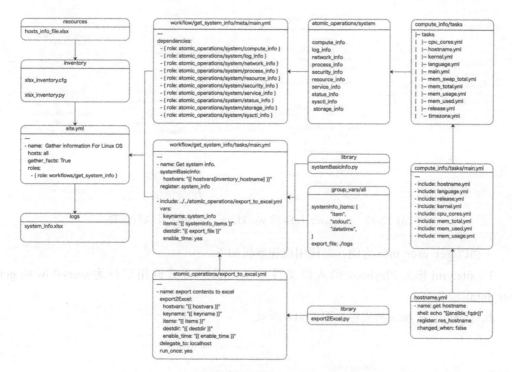

图 12-11　get_system_info 的 workflow 资源调度及执行流程

get_system_info 的任务执行流程如图 12-12 所示。

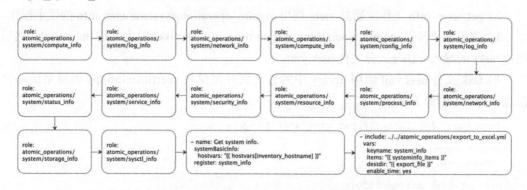

图 12-12　get_system_info 的任务执行流程

单独拆分出 get_user_info，其 workflow 资源调度及执行流程如图 12-13 所示。

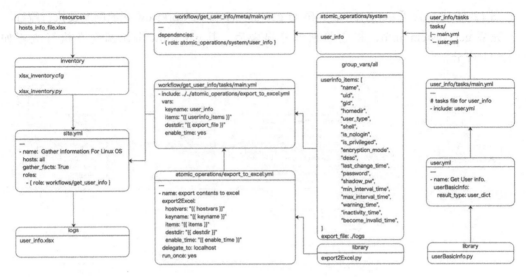

图 12-13　get_user_info 的 workflow 资源调度及执行流程

下面以 get_user_info 为例，对调用流程解析如下。

1）site.yml 作为 Playbook 的入口文件，以 roles 的方式调用定位为 workflow 的 get_user_info。

执行 get_user_info 的流程如图 12-14 所示。

图 12-14　get_user_info 的任务执行流程

2）get_user_info 工作流通过 meta 调用 atomic_operations/system/user_info 的原子操作。

3）调用原子操作 atomic_operations/system/user_info 中 tasks 的主文件 main.yml，然后通过 tasks 的导入方法导入分文件 user.yml。

4）task 文件 user.yml 调用 library 中的自定义开发模块 userBasicInfo.py 收集系统账户信息，代码示例如下所示：

```
[root@ansible library]# cat userBasicInfo.py
#!/usr/bin/env python
import commands
import json

def get_user_passwd_info():
    f = open("/etc/passwd")
    user_list  = []
    passwd_info_dict = {}
    user_info_key = ["name","password","uid","gid","desc","homedir","shell"]
    for line in f.readlines():
        user_info_value = line.split(":")
```

```python
            user = user_info_value[0]
            user_list.append(user)
            passwd_info_dict[user] = dict(zip(user_info_key, user_info_value))
    return passwd_info_dict

def get_user_shadow_info():
    shadow_f = "/etc/shadow"
    f = open(shadow_f)
    user_list = []
    shadow_info_list = []
    shadow_info_dict = {}
    shadow_info_key= ["name","shadow_pw","last_change_time",
"min_interval_time","max_interval_time",
"warning_time","inactivity_time", "become_invalid_time"]
    for line in f.readlines():
        shadow_info_value = line.split(":")
        user = shadow_info_value[0]
        user_list.append(user)
        shadow_info_list = shadow_info_value[1:]
        shadow_info_dict[user] = dict(
zip(shadow_info_key, shadow_info_value)
)
        lct = shadow_info_dict[user]["last_change_time"]
        if lct:
            c = "date -u -d \"1970-01-01 UTC $((%s * 86400 )) seconds\" " % (lct,)
            shadow_info_dict[user]["last_change_time"] = commands.getoutput(c)
    return shadow_info_dict

def add_nologin_type(user_dict):
    nologin_type_dict = {}
    for user in user_dict.keys():
        nologin_type= ""
        if "nologin" in user_dict[user]["shell"]:
            nologin_type = "True"
        else:
            nologin_type = "False"
        nologin_type_dict[user] = {"is_nologin": nologin_type}

    return _merge_dict(user_dict, nologin_type_dict)

def add_privileged_type(user_dict):
    privileged_type_dict = {}
    for user in user_dict.keys():
        privileged_type = ""
        if user_dict[user]["uid"] == "0":
            privileged_type = "True"
        else:
            privileged_type = "False"
        privileged_type_dict[user] = {"is_privileged": privileged_type}

    return _merge_dict(user_dict, privileged_type_dict)

def add_classification_type(user_dict):
    classification_type_dict = {}
    for user in user_dict.keys():
        classification_type = ""
        if int(user_dict[user]["uid"]) < 1000:
            classification_type = "System User"
        else:
            classification_type = "Normal User"
        classification_type_dict[user] = {"user_type": classification_type}
```

```python
        return _merge_dict(user_dict, classification_type_dict)

def add_encryption_mode(user_dict):
    encryption_mode_dict = {}
    for user in user_dict.keys():
        encryption_mode = ""
        if user_dict[user]["shadow_pw"].startswith("$6$"):
            encryption_mode = "SHA-512"
        elif user_dict[user]["shadow_pw"].startswith("$1$"):
            encryption_mode = "MD5"
        elif user_dict[user]["shadow_pw"].startswith("$2$"):
            encryption_mode = "Blowfish"
        elif user_dict[user]["shadow_pw"].startswith("$5$"):
            encryption_mode = "SHA-256"
        elif user_dict[user]["shadow_pw"] == "*":
            encryption_mode = "Locked"
        elif user_dict[user]["shadow_pw"] == "!!":
            encryption_mode = "Not set password"
        encryption_mode_dict[user] = { "encryption_mode": encryption_mode }
    return _merge_dict(user_dict, encryption_mode_dict)

def get_user_basic_info(result_type):
    passwd_info_dict = get_user_passwd_info()
    shadow_info_dict = get_user_shadow_info()
    basic_info_dict = _merge_dict(passwd_info_dict, shadow_info_dict)
    basic_info_dict = add_nologin_type(basic_info_dict)
    basic_info_dict = add_privileged_type(basic_info_dict)
    basic_info_dict = add_classification_type(basic_info_dict)
    basic_info_dict = add_encryption_mode(basic_info_dict)

    user_list = basic_info_dict.keys()
    if result_type == 'user_list':
        return user_list
    elif result_type == 'user_dict':
        return basic_info_dict

def _merge_dict(dict1, dict2):
    for k in dict1:
        if k in dict2:
            dict1[k].update(dict2[k])
    return dict1

def main():
    module = AnsibleModule(
        argument_spec=dict(
result_type=dict(required=True,
choices=['user_list', 'user_dict'])
),
        supports_check_mode=True
)
    if module.check_mode:
        module.exit_json(changed=False)
    result_type = module.params["result_type"]
    user_info = get_user_basic_info(result_type)
    module.exit_json(changed=False,user_info=user_info)

from ansible.module_utils.basic import *
from ansible.module_utils.facts import *
main()
```

> **注意** 本例中的代码是针对 Python 2 的,如果是在 Python 3 中执行,需要将 commands 模块改为 subprocess 模块。

5)原子操作 atomic_operations/export_to_excel.yml 调用 library 中的自定义开发模块 export2Excel.py,并将获取到的系统账户信息导出到 Excel 文件中,代码示例如下所示:

```python
[root@ansible library]# cat export2Excel.py
#!/usr/bin/env python

import os
import json
import datetime
from openpyxl import Workbook
from ansible.module_utils.basic import *

def export_handler(hostvars, keyname, items, destdir, enable_time):
    wb = Workbook()
    ws = wb.active
    ws.title = keyname
    hosts = hostvars.keys()

    # Add title list
    title_list = []
    title_list.insert(0, 'host')
    for item in items:
        title_list.append(item)

    ws.append(title_list)
    for h in hosts:
        if keyname not in  hostvars[h]: continue
        t_dict = hostvars[h][keyname]
        if keyname in t_dict:
            c_dict_list = t_dict[keyname].values()
            for c_dict in c_dict_list:
                c_dict['host'] = h
                c_list = []
                for k in title_list:
                    c_list.append(c_dict.get(k, None))
                ws.append(c_list)

    if not os.path.exists(destdir):
        os.mkdir(destdir)

    if enable_time == 'yes':
        _datetime = datetime.datetime.now().strftime("%Y-%m-%d_%H:%M:%S")
        filename = keyname + '-' + _datetime + '.xlsx'
    else:
        filename = keyname + '.xlsx'

    filepath = os.path.join(destdir, filename)
    wb.save(filepath)
    return filepath

def main():
    module = AnsibleModule(
        argument_spec=dict(
            hostvars=dict(require=True),
            keyname=dict(require=True),
```

```
                items=dict(require=True),
                destdir=dict(require=True),
                enable_time=dict(default='yes', choices=['yes', 'no']),
        ),
        supports_check_mode=True
    )
    hostvars = eval(module.params['hostvars'])
    keyname = module.params['keyname']
    items = eval(module.params['items'])
    destdir = module.params['destdir']
    enable_time = module.params['enable_time']
    ret = export_handler(hostvars, keyname, items, destdir, enable_time)

    module.exit_json(changed=False, ret=ret)

main()
```

6)工作流 workflows/get_user_info 通过 tasks 的导入方式调用 export_to_excel.yml 的原子操作。

7)原子操作 atomic_operations/export_to_excel.yml 通过在变量文件 group_vars/all 中定义的 userinfo_items 来控制导出的 Excel 文件中的采集条目。

```
userinfo_items: [
            "name",
            "uid",
            "gid",
            "homedir",
            "user_type",
            "shell",
            "is_nologin",
            "is_privileged",
            "encryption_mode",
            "desc",
            "last_change_time",
            "password",
            "shadow_pw",
            "min_interval_time",
            "max_interval_time",
            "warning_time",
            "inactivity_time",
            "become_invalid_time",
]
```

8)生成的系统账户信息采集结果的 Excel 文件被存放到 logs 目录下,结果如图 12-15 所示。

9)如果需要收集特定几个账户的信息指标,只需修改 group_vars/all 中定义的 userinfo_items,例如将其改为如下内容:

```
userinfo_items: [
            "name",
            "uid",
            "gid",
            "user_type",
            "shell",
            "is_privileged",
            "encryption_mode",
]
```

```
export_file: ./log
```

按上述方式修改后，输出结果如图 12-16 所示。

	host	name	uid	gid	homedir	user_type	shell	is_nologin	is_privileged	encryption_mode	desc	last_change_time	passw
2	managed_host_01	sync	5	0	/sbin	System User	/bin/sync	False	False	Locked	sync	Thu Jun 21 00:00:00 UTC 2018	x
3	managed_host_01	ansible	1002	1002	/home/ansible	Nomal User	/bin/bash	False	False	SHA-512		Mon Jul 12 00:00:00 UTC 2021	x
4	managed_host_01	shutdown	6	0	/sbin	System User	/sbin/shutdown	False	False	Locked	shutdown	Thu Jun 21 00:00:00 UTC 2018	x
5	managed_host_01	operator	11	0	/root	System User	/sbin/nologin	True	False	Locked	operator	Thu Jun 21 00:00:00 UTC 2018	x
6	managed_host_01	ftp	14	50	/var/ftp	System User	/sbin/nologin	True	False	Locked	FTP User	Thu Jun 21 00:00:00 UTC 2018	x
7	managed_host_01	polkitd	999	998	/	System User	/sbin/nologin	True	False	Not set password	User for polkitd	Tue Oct 29 00:00:00 UTC 2019	x
8	managed_host_01	vagrant	1000	1000	/home/vagrant	Nomal User	/bin/bash	False	False	SHA-512		Wed Oct 30 00:00:00 UTC 2019	x
9	managed_host_01	lp	4	7	/var/spool/lpd	System User	/sbin/nologin	True	False	Locked	lp	Thu Jun 21 00:00:00 UTC 2018	x
10	managed_host_01	mail	8	12	/var/spool/mail	System User	/sbin/nologin	True	False	Locked	mail	Thu Jun 21 00:00:00 UTC 2018	x
11	managed_host_01	adm	3	4	/var/adm	System User	/sbin/nologin	True	False	Locked	adm	Thu Jun 21 00:00:00 UTC 2018	x
12	managed_host_01	bin	1	1	/bin	System User	/sbin/nologin	True	False	Locked	bin	Thu Jun 21 00:00:00 UTC 2018	x
13	managed_host_01	halt	7	0	/sbin	System User	/sbin/halt	False	False	Locked	halt	Thu Jun 21 00:00:00 UTC 2018	x
14	managed_host_01	awx	1001	1001	/home/awx	Nomal User	/bin/bash	False	False	Not set password		Tue Jun 15 00:00:00 UTC 2021	x
15	managed_host_01	nobody	99	99	/	System User	/sbin/nologin	True	False	Locked	Nobody	Thu Jun 21 00:00:00 UTC 2018	x
16	managed_host_01	daemon	2	2	/sbin	System User	/sbin/nologin	True	False	Locked	daemon	Thu Jun 21 00:00:00 UTC 2018	x
17	managed_host_01	vboxadd	998	1	/var/run/vboxadd	System User	/bin/false	False	False	Not set password		Wed Oct 30 00:00:00 UTC 2019	x
18	managed_host_01	sshd	74	74	/var/empty/sshd	System User	/sbin/nologin	True	False	Not set password	ilege-separated S	Tue Oct 29 00:00:00 UTC 2019	x
19	managed_host_01	systemd-network	192	192	/	System User	/sbin/nologin	True	False	Not set password	d Network Mana	Tue Oct 29 00:00:00 UTC 2019	x
20	managed_host_01	postfix	89	89	/var/spool/postfix	System User	/sbin/nologin	True	False	Not set password		Tue Oct 29 00:00:00 UTC 2019	x
21	managed_host_01	dbus	81	81	/	System User	/sbin/nologin	True	False	Not set password	stem message b	Tue Oct 29 00:00:00 UTC 2019	x
22	managed_host_01	games	12	100	/usr/games	System User	/sbin/nologin	True	False	Locked	games	Thu Jun 21 00:00:00 UTC 2018	x
23	managed_host_01	root	0	0	/root	System User	/bin/bash	False	True	SHA-512	root	Tue Oct 29 00:00:00 UTC 2019	x
24	managed_host_02	sync	5	0	/sbin	System User	/bin/sync	False	False	Locked	sync	Thu Jun 21 00:00:00 UTC 2018	x
25	managed_host_02	ansible	1002	1002	/home/ansible	Nomal User	/bin/bash	False	False	SHA-512		Mon Jul 12 00:00:00 UTC 2021	x
26	managed_host_02	shutdown	6	0	/sbin	System User	/sbin/shutdown	False	False	Locked	shutdown	Thu Jun 21 00:00:00 UTC 2018	x
27	managed_host_02	operator	11	0	/root	System User	/sbin/nologin	True	False	Locked	operator	Thu Jun 21 00:00:00 UTC 2018	x

user_info

图 12-15　系统账户信息采集结果 Excel 文件

	host	name	uid	gid	user_type	shell	is_privileged	encryption_mode
2	managed_host_03	bin	1	1	System User	/sbin/nologin	False	Locked
3	managed_host_03	ftp	14	50	System User	/sbin/nologin	False	Locked
4	managed_host_03	daemon	2	2	System User	/sbin/nologin	False	Locked
5	managed_host_03	systemd-network	192	192	System User	/sbin/nologin	False	Not set password
6	managed_host_03	lp	4	7	System User	/sbin/nologin	False	Locked
7	managed_host_03	polkitd	999	998	System User	/sbin/nologin	False	Not set password
8	managed_host_03	postfix	89	89	System User	/sbin/nologin	False	Not set password
9	managed_host_03	dbus	81	81	System User	/sbin/nologin	False	Not set password
10	managed_host_03	nobody	99	99	System User	/sbin/nologin	False	Locked
11	managed_host_03	vagrant	1000	1000	Nomal User	/bin/bash	False	SHA-512
12	managed_host_03	sshd	74	74	System User	/sbin/nologin	False	Not set password
13	managed_host_03	sync	5	0	System User	/bin/sync	False	Locked
14	managed_host_03	ansible	1001	1001	Nomal User	/bin/bash	False	SHA-512
15	managed_host_03	games	12	100	System User	/sbin/nologin	False	Locked
16	managed_host_03	shutdown	6	0	System User	/sbin/shutdown	False	Locked
17	managed_host_03	mail	8	12	System User	/sbin/nologin	False	Locked
18	managed_host_03	operator	11	0	System User	/sbin/nologin	False	Locked
19	managed_host_03	vboxadd	998	1	System User	/bin/false	False	Not set password
20	managed_host_03	adm	3	4	System User	/sbin/nologin	False	Locked
21	managed_host_03	root	0	0	System User	/bin/bash	True	SHA-512
22	managed_host_03	halt	7	0	System User	/sbin/halt	False	Locked
23	managed_host_01	sync	5	0	System User	/bin/sync	False	Locked
24	managed_host_01	ansible	1002	1002	Nomal User	/bin/bash	False	SHA-512
25	managed_host_01	shutdown	6	0	System User	/sbin/shutdown	False	Locked
26	managed_host_01	operator	11	0	System User	/sbin/nologin	False	Locked
27	managed_host_01	ftp	14	50	System User	/sbin/nologin	False	Locked

user_info

图 12-16　修改指标后的系统账户信息采集结果 Excel 文件

12.4　Ansible 项目输出管理

为了专注讲解采集到的数据的输出流程，我们将被管主机和需要采集的数据条目精简一下。

首先在不修改 hosts_info_file.xlsx 源文件的情况下，在命令行中使用 --limit 参数只采集 managed_host_01 的信息：

```
[root@ansible system_health_check]# ansible all -m ping --limit=managed_host_01
managed_host_01 | SUCCESS => {
    "ansible_facts": {
        "discovered_interpreter_python": "/usr/bin/python"
    },
    "changed": false,
    "ping": "pong"
}
```

将 workflows/get_system_info/meta/main.yml 修改为：

```
---
dependencies:
  - { role: atomic_operations/system/compute_info }
```

将 atomic_operations/system/compute_info/tasks/main.yml 修改为：

```
[root@ansible tasks]# cat main.yml
---
# tasks file for compute_info
- include: hostname.yml
- include: release.yml
```

这样 { role: workflows/get_user_info } 将只采集系统的 hostname 和 release 信息。

然后，将 group_vars/all 文件中的 userinfo_items 变量的值改为：

```
userinfo_items: [
            "name",
            "uid",
            "gid",
            "homedir"
]
```

这样 { role: workflows/get_system_info } 将只输出系统的 user_info 信息，包括 name、uid、gid、homedir。

上面留下的 3 个采集项，分别采集 hostname、release、user_info 这 3 类信息，用到 3 种采集方法：

1）对于 hostname，直接使用 ansible_facts 中的信息。

2）对于 release，使用 shell 命令采集信息。

3）对于 user_info，使用自定义模块采集信息。

采集结果的输出方式有两种：

1）采集条目和采集结果一一对应。

2）采集条目和采集结果为一对多关系。

先看执行任务时 Ansible 的默认输出日志。

采集 hostname 信息的输出日志如下：

```
TASK [atomic_operations/system/compute_info : get hostname]
ok: [managed_host_01]

TASK [atomic_operations/system/compute_info : debug]
ok: [managed_host_01] => {
    "msg": [
        "server1"
    ]
}
```

采集 release 信息的输出日志如下：

```
TASK [atomic_operations/system/compute_info : get release version]
ok: [managed_host_01]

TASK [atomic_operations/system/compute_info : debug]
ok: [managed_host_01] => {
    "msg": [
        "Red Hat Enterprise Linux Server release 7.6 (Maipo)"
    ]
}
```

采集 user_info 信息的输出日志如下：

```
TASK [atomic_operations/system/user_info : Get User info.]
************************************************************************
ok: [managed_host_01] => {"changed": false, "user_info": {"adm": {"become_invalid_time": "", "desc": "adm", "encryption_mode": "Locked", "gid": "4", "homedir": "/var/adm", "inactivity_time": "", "is_nologin": "True", "is_privileged": "False", "last_change_time": "Thu Jun 21 00:00:00 UTC 2018", "max_interval_time": "99999", "min_interval_time": "0", "name": "adm", "password": "x", "shadow_pw": "*", "shell": "/sbin/nologin\n", "uid": "3", "user_type": "System User", "warning_time": "7"}, "ansible": {"become_invalid_time": "", "desc": "", "encryption_mode": "SHA-512", "gid": "1002", "homedir": "/home/ansible", "inactivity_time": "", "is_nologin": "False", "is_privileged": "False", "last_change_time": "Wed Jul 14 00:00:00 UTC 2021", "max_interval_time": "99999", "min_interval_time": "0", "name": "ansible", "password": "x", "shadow_pw": "$6$JTJZPA9U$YIxh7YLzSXf8hKobNji7gyimKxXJt/gHxDZmSfs5qclpcURvcMeMwG2ofj8QajdGetA7GNMyAIpiJP509DZ5s0", "shell": "/bin/bash\n", "uid": "1002", "user_type": "Normal User", "warning_time": "7"} ……
```

再看使用数据导出模块后的采集结果：

1）采集条目和采集结果一一对应的输出示例如图 12-17 所示。

A	B	C	D
host	item	stdout	datetime
managed_host_01	release	Red Hat Enterprise Linux Server release 7.6 (Maipo)	2021-07-30-18:23:09
managed_host_01	hostname	server1	2021-07-30-18:23:09

图 12-17 采集条目和采集结果一一对应的输出示例

2）采集条目和采集结果一对多的输出示例如图 12-18 所示。

host	name	uid	gid	homedir
managed_host_01	sync	5	0	/sbin
managed_host_01	ansible	1002	1002	/home/ansible
managed_host_01	shutdown	6	0	/sbin
managed_host_01	operator	11	0	/root
managed_host_01	ftp	14	50	/var/ftp
managed_host_01	polkitd	999	998	/
managed_host_01	vagrant	1000	1000	/home/vagrant
managed_host_01	lp	4	7	/var/spool/lpd
managed_host_01	mail	8	12	/var/spool/mail
managed_host_01	adm	3	4	/var/adm
managed_host_01	bin	1	1	/bin
managed_host_01	halt	7	0	/sbin
managed_host_01	awx	1001	1001	/home/awx
managed_host_01	nobody	99	99	/
managed_host_01	daemon	2	2	/sbin
managed_host_01	vboxadd	998	1	/var/run/vboxadd
managed_host_01	sshd	74	74	/var/empty/sshd
managed_host_01	systemd-network	192	192	/
managed_host_01	postfix	89	89	/var/spool/postfix
managed_host_01	dbus	81	81	/
managed_host_01	games	12	100	/usr/games
managed_host_01	root	0	0	/root

图 12-18　采集条目和采集结果一对多的输出示例

先看与数据导出模块对应的 tasks，将 get_system_info 和 get_user_info 对比，如图 12-19 所示。

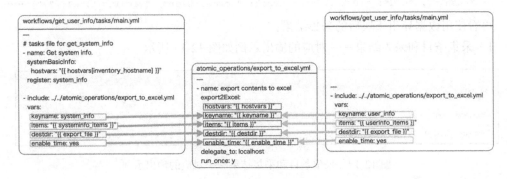

图 12-19　get_system_info 和 get_user_info 对比

在 get_system_info 和 get_user_info 中分别调用 export_to_excel.yml 时需要给自定义模块 export2Excel 传入的参数对比解析如下。

1）keyname：分别通过自定义模块 systemBasicInfo.py 和 userBasicInfo.py 将数据汇总到 system_info 和 user_info 两个变量中，并通过参数传给 export2Excel.py 模块，如图 12-20 所示。

```
system_health_check/library/systemBasicInfo.py
def main():
    module = AnsibleModule(
        argument_spec=dict(
            hostvars=dict(require=True),
        ),
        supports_check_mode=True
    )
    if module.check_mode:
        module.exit_json(changed=False)
    hostvars = eval(module.params['hostvars'])
    system_info = get_system_basic_info(hostvars)
    module.exit_json(changed=False,system_info=system_info)
```

```
system_health_check/library/userBasicInfo.py
def main():
    module = AnsibleModule(
        argument_spec=dict(
            result_type=dict(required=True, choices=['user_list', 'user_dict'])),
        supports_check_mode=True
    )
    if module.check_mode:
        module.exit_json(changed=False)
    result_type = module.params["result_type"]
    user_info = get_user_basic_info(result_type)
    module.exit_json(changed=False,user_info=user_info)
```

图 12-20　system_info 和 user_info 两个变量

system_info 中的实际数据如下：

```
"system_info": {
    "changed": false,
    "failed": false,
    "system_info": {
        "hostname": {
            "datetime": "2021-07-30-19:32:18",
            "item": "hostname",
            "stdout": "server1"
        },
        "release": {
            "datetime": "2021-07-30-19:32:18",
            "item": "release",
            "stdout": "Red Hat Enterprise Linux Server release 7.6 (Maipo)"
        }
    }
}
```

user_info 中的实际数据如下：

```
"user_info": {
    "changed": false,
    "failed": false,
    "user_info": {
        "adm": {
            "become_invalid_time": "",
            "desc": "adm",
            "encryption_mode": "Locked",
            "gid": "4",
            "homedir": "/var/adm",
            "inactivity_time": "",
```

```
                "is_nologin": "True",
                "is_privileged": "False",
                "last_change_time": "Thu Jun 21 00:00:00 UTC 2018",
                "max_interval_time": "99999",
                "min_interval_time": "0",
                "name": "adm",
                "password": "x",
                "shadow_pw": "*",
                "shell": "/sbin/nologin\n",
                "uid": "3",
                "user_type": "System User",
                "warning_time": "7"
            },
            "ansible": {
                "become_invalid_time": "",
                "desc": "",
                "encryption_mode": "SHA-512",
                "gid": "1002",
                "homedir": "/home/ansible",
                "inactivity_time": "",
                "is_nologin": "False",
                "is_privileged": "False",
                "last_change_time": "Wed Jul 14 00:00:00 UTC 2021",
                "max_interval_time": "99999",
                "min_interval_time": "0",
                "name": "ansible",
                "password": "x",
                "shadow_pw": "$6$JTJZPA9U$YIxh7YLzSXf8hKobNji7gyimKxXJt/gHxDZmSfs5
                    qclpcURvcMeMwG2ofj8QajdGetA7GNMyAIpiJP509DZ5s0",
                "shell": "/bin/bash\n",
                "uid": "1002",
                "user_type": "Normal User",
                "warning_time": "7"
            }
......
```

2）items：分别通过 group_vars/all 中的 systeminfo_items 和 userinfo_items 将数据传给 export2Excel.py 模块。

systeminfo_items 中的实际数据如下：

```
systeminfo_items: [
           "item",
           "stdout",
           "datetime",
]
```

userinfo_items 中的实际数据如下：

```
userinfo_items: [
           "name",
           "uid",
           "gid",
           "homedir"
]
```

3）destdir：通过 group_vars/all 中的 export_file: ./logs 指定文件生成的路径。

4）enable_time：用于决定生成的 Excel 文件是否带文件生成的时间戳。

enable_time 的值为 yes 时生成的文件名示例如下：

```
system_info-2021-07-25_03:20:06.xlsx
user_info-2021-07-25_03:20:03.xlsx
```

enable_time 的值为 no 时生成的文件名示例如下：

```
system_info.xlsx
user_info.xlsx
```

5）hostvars：收集信息系统时，通过 hostvars 汇总所有主机的采集信息，并通过参数传给 export2Excel.py 模块。

我们以下面的代码为例，来看看上述参数是如何传入 export2Excel.py 模块并被解析的：

```python
def main():
    module = AnsibleModule(
        argument_spec=dict(
            hostvars=dict(require=True),
            keyname=dict(require=True),
            items=dict(require=True),
            destdir=dict(require=True),
            enable_time=dict(default='yes', choices=['yes', 'no']),
        ),
        supports_check_mode=True
    )
    hostvars = eval(module.params['hostvars'])
    keyname = module.params['keyname']
    items = eval(module.params['items'])
    destdir = module.params['destdir']
    enable_time = module.params['enable_time']
    ret = export_handler(hostvars, keyname, items, destdir, enable_time)

    module.exit_json(changed=False, ret=ret)
```

12.5 Ansible 项目最佳实践

关于 Ansible 项目的最佳实践，这里简单总结了一些经验供读者参考。

1）像管理代码一样管理 Ansible 资源：
- 对 Ansible 相关资源做好版本迭代管理。
- 先从能完成基本功能的 Playbook 和静态 inventory 做起。

2）制定代码规范，保持一致性，并强制使用，这些规范包括但不限于：tag 规范、空格规范、tasks 命名规范、plays 命名规范、变量命名规范、roles 命名规范、Ansible 项目目录结构规范等。

3）从一个 Git 库开始，但是当积累到一定阶段时，需要分而治之。
- 前期：可以用一个 git repo 管理所有代码。
- 后期：每个 role 分别用不同的 git repo 管理，细化到每个 play，每个 task。

4）使用容易理解且有意义的主机别名，而不是类似 IP 或者 DNS 类型的主机名，如图 12-21 所示。

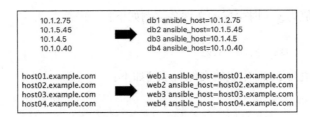

图 12-21　使用容易理解且有意义的主机别名

5）主机组分得越细越好，这样可以避免在 Playbook 中使用很多条件进行判断。

6）在可能的情况下，尽量可能多地使用动态 inventory：

❑ 保持自动同步。

❑ 降低人为误操作的概率。

❑ 变更效率更高。

❑ inventory 专人管理。

7）使用有意义的变量名，不仅能减少变量冲突，还能提高 Playbook 的易读性。

8）通过给变量设置详细的前缀，增加变量可读性。

9）建立变量定义的途径规范：

❑ 不同场景下使用合适的位置来设置变量。

❑ 尽量将 task 和变量分离管理，减少耦合，从而精简变量定义的个数。

❑ 变量不要随意存放，要使用习惯的方法统一管理。

10）task 代码格式要规范。

11）要尽可能地增加 task 名称的可读性。

12）尽量多使用 block 语法来处理异常执行的结果。

13）充分使用 Ansible 提供的多种机制来增强命令行的交互性和辅助调试出现的问题。

```
- vvvv
--step
--check
--start-at-task
```

14）在执行 Ansible 命令前使用下列命令来确认本次操作的对象信息和要执行的任务信息：

```
Use the power of included options:
--list-tasks
--list-tags
--list-hosts
--syntax-check
```

15）有些场景下可以不使用 inventory 文件而直接在命令行里使用主机名。

16）command 和 shell 能不用就不用，优先使用 Ansible 自带的模块。

12.6 本章小结

数据采集是实现系统自动化运维的第一步，而且数据采集只是通过 Ansible task 从系统获取数据，不会对系统进行任何变更，属于对系统无害的自动化操作。在完成数据采集任务的同时，该操作不但检验了整个自动化环境的可用性、被管端的联通性，收集了系统的状态信息，还将收集到的数据作为监控工具采集到的数据的补充。利用采集到的数据，配合对应系统的规范的健康指标，经过对比处理后，可以实现系统健康检查和系统合规检查。在此基础上，再加上规范指标的配置脚本，就可以实现系统的标准化方案的落地。

自动化任务的设计应遵循服务的独立性原则。作业针对服务进行定义，一个作业只能对应一个服务，以实现原子操作。这样既便于发布方案的灵活组合，又能提升对作业执行的监控力度。而实现自动化的前提是业务流程标准化，把整体需求梳理出来，根据不同功能将每个步骤拆分出来，实现原子操作，然后使用 Ansible Playbook 实现该功能并使用 roles 封装好，最后将原子操作的 Playbook 串联成工作流。通过上述方法实现功能的解耦，可以提高 Playbook 的可复用性，减少维护成本。

第 13 章

RHEL 的性能优化与配置管理

在上一章中，我们介绍了如何通过 Ansible 实现自动化运维。在本章中，我们将介绍 RHEL 的性能优化与配置管理。

13.1 RHEL 7 与 RHEL 8 的技术参数与生命周期

目前 RHEL 已被广泛应用于国内金融行业中，其高性能、稳定性受到很多客户的青睐。当然也有一些客户在使用 Cent OS 或是 RHEL 的变体 Linux。红帽 Linux 无疑在企业 Linux 市场占据主导地位。在本节中，我们将介绍 RHEL 7 和 RHEL 8 的技术参数以及生命周期。

13.1.1 RHEL 7 的技术参数与生命周期

RHEL 7 的技术参数如表 13-1 所示。

表 13-1　RHEL 7 的技术参数

参数类型	参数指标
核心参数	Kernel 3.10、Gnome 3.8、X.org 7.7、glibc 2.17、GCC 4.8.5
标准符合度及架构支持	• 通过 EAL4+ 安全认证 • 支持包括 Intel 及 AMD 等所有 x86/x86-64 架构的 CPU，以及非 x86 架构的 CPU，例如 PowerPC 架构的 CPU • 符合 POSIX 标准、符合社区的开源协议
系统核心支持能力	• 支持的 CPU 数量：x86 最多支持 32 个逻辑 CPU；x86-64 最多支持 240 [5120，理论值] 个逻辑 CPU • 最大内存：x86 支持 16GB；x86-64 支持 6TB [64TB，理论值] • 每进程最大虚拟内存：x86，3GB；x86-64，128TB

(续)

参数类型	参数指标
系统核心支持能力	• 最大文件大小：Ext3, 2TB；Ext4, 16TB；GFS2, 100TB；XFS, 500TB • 文件系统最大支持：Ext3（Ext4），16TB；GFS2, 100TB； • XFS, 500TB • 支持多核处理器, 针对 NUMA 体系架构进行了优化 • 可扩展性：支持 2048 终端设备
安装	• 提供中文化的图形操作界面，符合常用操作习惯，提供详细的帮助信息 • 支持多种安装方式，包括光盘安装、网络安装、硬盘安装等 • 提供大规模"一键式"快速安装部署支持
中文处理	• 提供中文输入法支持，如汉语拼音输入法等 • 采用 i18n（国际化）技术和标准，支持相关国家标准字符集
兼容性与稳定性要求	• 当前大版本提供的生命周期支持服务可以到 2026 年 • 大版本应保证版本的稳定性，不同小版本的内核版本以及 glibc 版本应保持不变以确保兼容性，投标方应提供当前主要大版本的各小版本的内核版本和 glibc 版本说明 • 可提供高可用组件实现系统级 HA/Cluster 技术，支持自定义应用，提供 Fence 机制，防止系统死锁或无响应时的 Cluster 动作，保证应用可用，高可用组件应同为开源产品并与操作系统兼容 • 支持主流硬件（不少于 300 款硬件设备），包括 IBM、Dell、HP 等，提供不少于 3 家的官方双向认证信息和网页地址 • 支持主流应用软件（不少于 10 款），包括 Oracle、DB2、JBoss、WebLogic 等，各应用认证提供不少于 3 家的官方双向认证信息和网页地址 • 供应商必须提供版权保障计划，确保用户在使用投标所包含软件时的权益，承担在正确使用中的知识产权纠纷造成的损失
安全特性	• 通过 EAL4+ 安全认证，提供官方认证资料 • 提供基于 SELinux 的多种安全策略支持 • 支持加密文件系统 • 支持安全集中管理工具，对安全进行集中管控
虚拟化支持	可作为 Guest OS 提供对 VMware、Hyper-V、KVM、Xen、VirtualBox 等虚拟化技术的支持，提供虚拟化管理工具实现单机环境下的虚拟机的创建、配置与管理
备份恢复	支持对整个已安装操作系统及数据分区的镜像备份和恢复
开发工具	• 提供丰富的开发工具和完整的 Linux 开发环境，支持 Java、C、C++、Python、Perl、Shell、Ruby、PHP、Tcl/Tk、Lisp 等编程语言 • 提供对 Eclipse、Emacs 等集成开发环境支持

对于金融行业客户而言，操作系统的生命尤为重要，我们查看 RHEL 的生命周期，如图 13-1 所示。

在图 13-1 中，我们看到 RHEL 7 的发布时间为 2014 年 6 月 10 日，目前 RHEL 7 的最新版本为 7.9。RHEL 7 的第二阶段维护支持截止日期为 2024 年 6 月 30 日，拓展支持（ELS）结束日期待定。

RHEL 6 的最新版为 6.10，其 ELS 结束日期为 2024 年 6 月 30 日（从正式发布到正式终止支持为 14 年），因此使用 RHEL 6 的客户需要在近两年将 RHEL 迁移，较好的方式是迁移到 RHEL 8。

在介绍了 RHEL 7 的技术参数以及生命周期后，接下来我们介绍 RHEL 8 的新特性。

Red Hat Enterprise Linux

Detailed life cycle information

Include unsupported versions

Version	General availability	Full support ends	Maintenance Support 1 ends	Maintenance Support or Maintenance Support 2 ends	Extended life cycle support (ELS) add-on ends	Extended life phase ends	Last minor release
Full support							
8	2019年5月7日	2024年5月31日	Not Applicable	2029年5月31日	TBD	TBD	8.10
Maintenance support							
7	2014年6月10日	2019年8月6日	2020年8月6日	2024年6月30日	TBD	Ongoing	7.9
7 (System z (Structure A))	2018年4月10日	2019年8月6日	2020年8月6日	2021年5月31日	Not Applicable	Ongoing	7.6
7 (POWER9)	2017年11月13日	2019年8月6日	2020年8月6日	2021年5月31日	Not Applicable	Ongoing	7.6
End of maintenance							
7 (ARM)	2017年11月13日	2019年8月6日	2020年8月6日	2020年11月30日	Not Applicable	Ongoing	7.6
6	2010年11月10日	2016年5月10日	2017年5月10日	2020年11月30日	2024年6月30日	Ongoing	6.10
4	2005年2月14日	2009年3月31日	2011年2月16日	2012年2月29日	2017年3月31日	Ongoing	4.9
5	2007年3月15日	2013年1月8日	2014年1月31日	2017年3月31日	2020年11月30日	Ongoing	5.11

All future dates mentioned are close approximations, non definitive, and subject to change.

图 13-1 RHEL 的生命周期

13.1.2 RHEL 8 的新特性

RHEL 8 于 2019 年 5 月 7 日正式发布，采用 Linux Kernel 4.18 版本。RHEL 8 为混合云时代的到来引入了大量新功能，包括用于配置、管理、修复和配置 RHEL 8 的红帽智能管理组件——Addon。相比之前的发行版本，RHEL 8 调整了软件仓库的结构，包含三个预置的分别适用于不同场景的软件仓库。

- ❑ BaseOS：包含操作系统的大部分内容。
- ❑ AppStream：针对大多数开发人员的工具。
- ❑ CodeReady Linux Builder：开发人员工具。

RHEL 8 在系统管理上做了很大的改善，可以让没有使用经验的系统管理员或者是接触过 Windows 的管理员很容易地实现对 Linux 的运维和管理。它还自带很多红帽企业版 Linux System Role，这些是一系列 Ansible Role，通过这些脚本可以让管理员更快地自动化执行复杂任务。RHEL 8 还提供了 Web 管理控制台，帮助系统完成 RHEL 8 的大部分日常管理和监控工作。

RHEL 8 在安全方面也做了很大的改进，内置了对 OpenSSL 1.1.1 和 TLS 1.3 加密标准的支持。它还为红帽容器工具包提供了全面支持，用于创建、运行和共享容器化应用程序。

在软硬件兼容方面，RHEL 8 广泛支持各种类型的应用，包括各种主流的开源软件和 SAP、Oracle、微软 SQL Server 等商业应用。RHEL 8 也积极地和各硬件厂商进行认证合作，让用户在使用过程中有更多选择。接下来我们来看看 RHEL 8 具体有哪些新特性。

1. 软件仓库的变化

RHEL 8 的 ISO 中包含两个主要的软件仓库。

- BaseOS。BaseOS 仓库提供了底层操作系统的核心功能和所有安装的基础，所有的软件包和以前一样都是 RPM 格式，且生命周期也和以前 RHEL 的生命周期一样。
- AppStream。相比 BaseOS，AppStream 中的组件的更新更加频繁。AppStream 的生命周期通常为 2 ~ 5 年，而且 AppStream 中的软件包是没有 EUS 和 ELS 的。关于 AppStream 中软件的描述请参考 https://access.redhat.com/node/4079021。

AppStream 中提供两种格式：RPM 和 RPM 的扩展格式（模块）。Module 是软件包的逻辑单元，包含应用、语言包、数据库或者一组工具，这些组件一起编译、测试和发布。Module Stream 是各个版本 AppStream 组件的集合，例如，在 PostgreSQL Module 中有两个 PG 数据库的 Stream（版本），默认是 10 和 9.6，但是同一时刻只能有一个 PG 的 Module Stream 被安装。可以通过容器方式安装不同的版本。

此外，RHEL 还提供 CodeReady Linux Builder 仓库，专门为开发人员提供额外的软件包，不过目前该仓库没有技术支持。

2. 最新的 RPM 包管理工具：DNF

RHEL 8 通过 DNF 来管理 RPM 软件包。DNF 是以前广泛使用在 RHEL 6、RHEL 7 中的 YUM 的替代版本，相比 YUM 有更强大的功能。它在兼容 YUM 绝大多数功能和命令的基础上增加了对模块（Module）的管理，而且相比 YUM，运行和查询速度更快，可以更好地解析 RPM 软件包之间的依赖关系。

3. 提供基于 Web 的管理工具

RHEL 8 提供了具有友好用户界面的 Web 控制台，通过它可以在服务器上执行管理任务。它也是一个 Web 控制台，所以我们可以通过移动设备使用它。Web 控制台不需要任何特殊配置，安装后即可使用。你可以使用它来执行不同的任务，举例如下：

- 监视系统的当前状态；

- 管理系统各类服务；
- 管理账户；
- 管理存储；
- 管理网卡绑定和配置；
- 管理虚拟机；
- Linux 终端；
- 终端录屏和回放等。

RHEL 8 可以让没有使用经验的系统管理员或者只接触过 Windows 的管理员很容易地实现对 Linux 的运维和管理。

4. 支持为不同环境创建统一的镜像

RHEL 8 提供了镜像创建工具——Image Builder，通过 Image builder，你可以快速为业务系统生成并部署与上述混合环境一致的操作系统镜像。它可以灵活地为物理机虚拟化、私有云和公有云部署操作系统。该工具包含一系列命令行工具，可以和 Web 控制台集成，方便用户在脚本和基于 Web 的管理界面中进行相关的操作。

5. 通过 System Role 加速自动化

Ansible 是现在非常流行的自动化工具。为了让用户更容易地实现自动化，RHEL 8 集成了 Ansible 这个主流的自动化管理工具。考虑到用户会管理不同版本的 RHEL，而且用户的技术水平可能参差不齐，因此 RHEL 8 结合 Ansible Role 引入了 System Role 的概念，用于加速红帽企业版 Linux 的自动化方面的工作。通过操作系统集成的 System Role，我们可以很方便地在时钟同步、网络设置、SELinux 管理等方面实现对下层 RHEL 无感知的自动化配置，从而降低工作强度、提高工作效率以及消除人为误操作而造成的系统稳定性的问题。

6. 容器增强

容器是目前非常流行的技术，但是，实际上容器技术大部分用到的都是已有的 Linux 上的功能，比如命名空间、控制组、SELinux 等，从技术角度上讲，它就是 Linux 的另外一种实现方式而已。所以容器与红帽企业版 Linux 有极好的先天配合度。RHEL 8 另外一个亮点就是用全新的兼容 OCI 的容器工具替换掉了 Docker，使用户不仅能轻松地使用他们现有的容器技能，还能使用新的容器技术。

RHEL 8 用自带的技术完全取代了 Docker，而且这些技术和 Docker 完全兼容。

（1）容器管理：podman

podman 通过命令行来构建、运行和管理容器和镜像。它不需要守护进程，可以使用用户命名空间隔离来支持容器上的非 root 操作，而用户命名空间将把容器中的根用户映射到容器外的非特权用户，从而允许特权操作而无须升级。所以，相比 Docker 必须要用 root 操作来运行而言，podman 更加安全。

podman 负责设计用来替代使用 Docker 工具的大多数现有工作流。podman 还支持以标准 Kubernetes Pod 格式导出和导入 Pod 定义。Pod 是一组共享同一网络、pid 和 ipc 命名空间的一个或多个容器。

（2）镜像管理：buildah

RHEL 8 通过 buildah 来实现容器镜像构建的自动化，它和 podman 一样不需要守护进程，因此相比 Docker 更加快速和轻便。

使用 buildah 意味着镜像的最终内容可以只是应用程序和相关的依赖组件，而不包含操作系统工具和软件包管理工具。

例如，你可以使用 buildah 创建一个工作容器，然后使用宿主机中的 YUM 工具将包安装到其中。这样做可以消除运行时不需要的包，比如 YUM 及其依赖项。同样的过程也可以应用于编译后的程序，其中只有最终的二进制文件和依赖项可以复制到容器中。

（3）镜像检测和传输：skopeo

在容器镜像检测和传输方面，RHEL 8 是通过 skopeo 来实现的。skopeo 允许在不下载镜像的情况下查看镜像的元数据，包括版本、创建日期和其他信息等。它也支持从仓库复制镜像到主机或者在仓库之间复制镜像，还支持在发布镜像时通过 GPG 密钥对镜像进行签名。

7. 安全增强

RHEL 8 提供全新的工具来设置 update-crypto-policies，在一个位置就可以为全系统设置统一的加密策略。策略适用于受支持的安全通信协议，如 TLS、IKE、IPSec、DNSSEC 和 Kerberos。它支持以下加密算法。

- LEGACY：64 位加密。
- DEFAULT：112 位加密。
- FUTURE：128 位加密。
- FIPS：联邦信息处理标准。

在防火墙方面，RHEL 7 和 RHEL 8 都是通过 firewalld 来实现对防火墙规则的控制，不同的是，在 RHEL 7 中，firewadll 的后端是 iptables。众所周知，iptbales 没有办法同时支持 IPv4、IPv6、ARP 和桥接规则，所以针对 IPv4 网络，我们需要用 iptables；针对 IPv6 网络，我们需要 ip6tables；针对 ARP 网络，我们需要 arptable 等。

在 RHEL 8 中，firewalld 的后端默认是 nfstbale。nfstable 的好处是在单个框架中同时支持 IPv4、IPv6、ARP 和桥接规则，可以消除单独框架的冗余，减少资源开销，提升运行效率。

此外 nfstables 可以在一个规则中执行多个操作，这样就不需要特定的规则来记录或跳转到其他链来继续进行处理，有助于跟踪和调试工作。

8. 就地升级

当新版本发布以后，很多用户会关心如何从旧的版本迁移或者升级到新的版本。不用担心，RHEL 8 支持从 RHEL 7 就地升级到 RHEL 8。

这个升级操作是一个无缝而且非破坏性的升级过程。RHEL 8 提供了相应的工具对要升级的系统进行分析，并生成报告。基于这个报告，管理员可以很直观地知道迁移过程是否存在风险，如果有风险则相应处理，随后通过 boom 引导管理器创建可引导的 LVM 快照，完成升级工作。如果升级失败，可以通过快照进行回滚。

虽然 RHEL 8 的功能和性能较 RHEL 7 有了很大的提升，但两个版本之间的使用差异并不是太大，运维人员几乎感觉不到。我们对 RHEL 7 与 RHEL 8 命令行做了对比，如表 13-2 所示。

表 13-2　RHEL 7 与 RHEL 8 命令行对比

工作任务	RHEL 7	RHEL 8
查看系统的配置文件	sosreport、dmidecode、lstopo、lscpu	sosreport、dmidecode、lstopo、lscpu、cat /proc/cpuinfo、lshw
配置打印机	system-config-printer	gnome-control-center
配置网络	nmcli、nmtui、nm-connection-editor	nmcli、nmtui、nm-connection-editor、gnome-control-center
配置系统语言	localectl	localectl、gnome-control-center
配置时间和日期	timedatectl、/etc/chrony.conf、ntpdate	timedatectl、date、/etc/chrony.conf、chronyc
配置键盘	localectl	localectl、gnome-control-center
列出所有的服务	• systemctl -at service • ls /etc/systemd/system/*.service • ls /usr/lib/systemd/system/*.service	• systemctl list-units -at service • find /etc/systemd/ /usr/lib/systemd/ /run/systemd/ -name *.service
配置系统审计	• add audit=1 to kernel cmdline • auditctl • /etc/audit/auditd.conf • /etc/audit/audit.rules • authconfig • /etc/pam.d/system-auth • pam_tty_audit kernel module	• add audit=1 to kernel cmdline • auditctl • /etc/audit/auditd.conf • /etc/audit/audit.rules • authconfig • /etc/pam.d/system-auth • tlog
作业调度和批处理	cron、at、batch	cron、at、batch、systemd-run --on-calendar
安装模块	-	yum module install module_name
查看模板信息	-	yum module info module_name
查看模块的 stream	-	yum module info module_name
更改模板的 stream	-pvcreate	• yum module remove module_name:stream • yum module reset module:stream • yum module install module:new_stream

(续)

工作任务	RHEL 7	RHEL 8
列出可用模板	-	yum module list
图形用户管理	system-config-users	gnome-control-center
创建分区	fdisk、gdisk、parted、ssm create	parted、fdisk、gdisk、ssm_create
创建 pv	pvcreate	• pvcreate • ssm create（如果后端是 lvm）
创建 vg	vgcreate	• vgcreate • ssm create（如果后端是 lvm）
创建 lv	lvcreate	• lvcreate • ssm create（如果后端是 lvm）
检查修复文件系统	fsck	fsck、ssm check
配置防火墙	firewall-cmd、firewall-config	firewall-cmd、firewall-config、nftables
查看端口和套接字	ss、lsof、netstat	ss、lsof、netstat、pcp-dstat --socket
LDAP、SSD、Kerberos	authconfig、authconfig-tui、authconfig-gtk	authselect
查看系统资源使用情况	top、ps、sar、iostatdf、iostat、ss、vmstat、mpstat、numastat、tuna	pcp atop、top、ps、sar、iostat、ss、vmstat、mpstat、numastat、tuna
查看磁盘空间	df、iostat	pcp-dstat、pmiostat、df、iostat

在介绍了 RHEL 8 的新特性后，接下来我们介绍 RHEL 8 的性能调优与管理。

13.2 RHEL 8 的性能调优与管理

在本节中，我们将介绍 RHEL 8 的性能调优以及通过 Ansible Role 管理 RHEL 8 的方法。

13.2.1 RHEL 8 的性能调优工具

在 RHEL 中，我们可以使用 tuned 工具，根据系统运行的负载特性进行调优。调优的方式分为静态和动态两种。

- 配置静态调优。tuned 守护进程会在服务启动或选择新的调优配置文件时对应用系统进行设置。静态调优会对配置文件中由 tuned 在运行时应用的预定义的 kernel 参数进行配置。对于静态调优而言，内核参数是针对整体性能预期而设置的，不会随着活跃度的变化而进行调整。
- 配置动态调优。对于动态调优而言，tuned 守护进程会监视系统活动，并根据运行时的变化来调整设置。从所选调优配置文件中声明的初始设置开始，动态调优会不断进行调优调整以适应当前工作负载。tuned 守护进程会监视这些组件的活动并调整参数设置，以最大限度提升高活动量期间的性能，并在低活动量期间降低参数值。

tuned 守护进程将使用预定义调优配置文件中提供的性能参数。

接下来，我们安装和启动 tuned 工具，代码如下：

```
$ yum install tuned
$ systemctl enable --now tuned
```

tuned 提供的配置文件分为以下几个类别：

- 节能型配置文件；
- 性能提升型配置文件。

性能提升型配置文件主要侧重以下方面：

- 存储和网络的低延迟；
- 存储和网络的高吞吐量；
- 虚拟机性能；
- 虚拟化宿主机性能。

查看目前系统中使用的配置文件，结果如图 13-2 所示。

```
# tuned-adm active
```

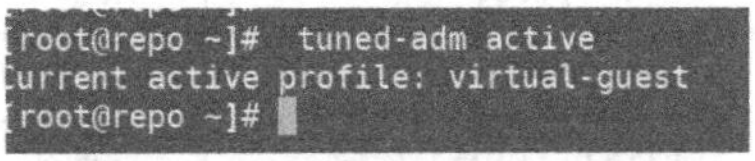

图 13-2 查看使用的配置文件

我们使用 tuned-adm list 命令列出所有可用的调优配置文件，包括内置配置文件和系统管理员创建的自定义调优配置文件，如图 13-3 所示。

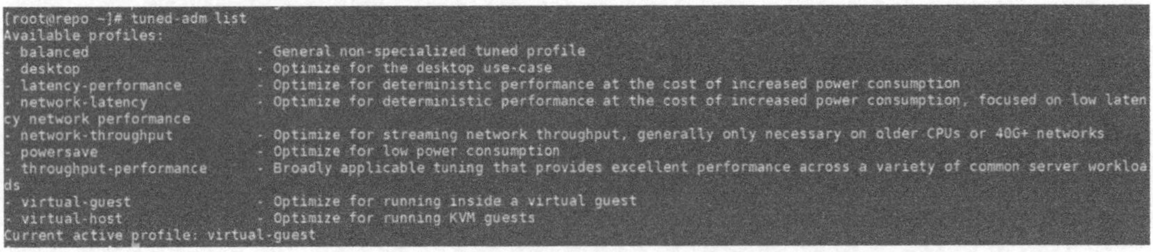

图 13-3 列出所有可用的调优配置文件

使用 tuned-adm 配置配置文件名称，可以将活动配置文件切换为更符合系统当前调优要求的配置文件。

```
#tuned-adm profile throughput-performance
# tuned-adm active
Current active profile: throughput-performance
```

tuned-adm 命令可以为系统推荐调优配置文件。此机制用于确定 RHEL 安装后系统的默认配置文件。

```
# tuned-adm recommend
virtual-guest
```

tuned-adm 推荐输出各种系统特征，包括系统是否为虚拟机以及在系统安装期间选择的其他预定义类别。

要还原当前配置文件所做的设置更改,可参考如下命令:

```
[root@repo ~]# tuned-adm off
[root@repo ~]# tuned-adm active
No current active profile.
```

13.2.2 自定义性能配置文件

RHEL 自带的性能调优配置文件存储在目录中,每个配置文件都有自己的目录。该配置文件由名为 tuned.conf 的主要配置文件以及其他文件(例如脚本)组成。

查看现有的(/usr/lib/tuned/ 目录下的)profile 目录,如图 13-4 所示。

```
[root@repo tuned]# ls
balanced    functions          network-latency      powersave     throughput-performance  virtual-host
desktop     latency-performance network-throughput  recommend.d   virtual-guest
```

图 13-4 查看现有的 profile

查看 throughput-performance 目录,发现包含 tuned.conf 文件,如图 13-5 所示。

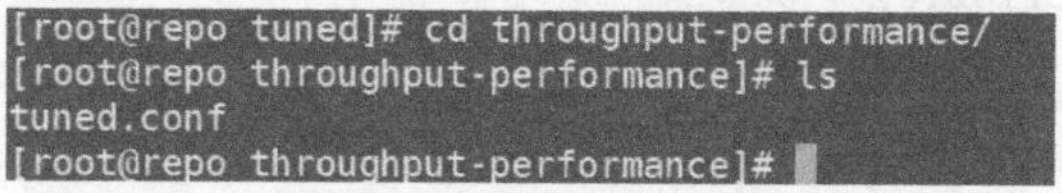

```
[root@repo tuned]# cd throughput-performance/
[root@repo throughput-performance]# ls
tuned.conf
[root@repo throughput-performance]#
```

图 13-5 查看 throughput-performance 目录

查看 tuned.conf 中的内容:

```
vm.dirty_ratio = 40
/etc/tuned/
```

如果需要定制 profile 文件,需要将 profile 文件从 /usr/lib/tuned/ 复制到 /etc/tuned/ 的子目录中,然后修改 tuned.conf 对应的参数。例如设置 vm.dirty_ratio = 20。

此外,在 /etc/tuned/ 中还有个全局配置文件 tuned-main.conf,如图 13-6 所示。

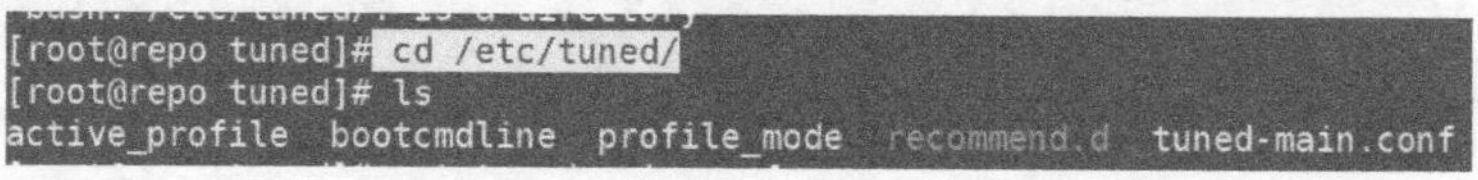

```
[root@repo tuned]# cd /etc/tuned/
[root@repo tuned]# ls
active_profile  bootcmdline  profile_mode  recommend.d  tuned-main.conf
```

图 13-6 全局配置文件 tuned-main.conf

具体配置文件如下:

```
[root@repo tuned]# cat tuned-main.conf
# Global tuned configuration file.

# Whether to use daemon. Without daemon it just applies tuning. It is
# not recommended, because many functions don't work without daemon,
# e.g. there will be no D-Bus, no rollback of settings, no hotplug,
# no dynamic tuning, ...
daemon = 1
```

```
# Dynamicaly tune devices, if disabled only static tuning will be used.
dynamic_tuning = 0

# How long to sleep before checking for events (in seconds)
# higher number means lower overhead but longer response time.
sleep_interval = 1

# Update interval for dynamic tunings (in seconds).
# It must be multiply of the sleep_interval.
update_interval = 10

# Recommend functionality, if disabled "recommend" command will be not
# available in CLI, daemon will not parse recommend.conf but will return
# one hardcoded profile (by default "balanced").
recommend_command = 1

# Whether to reapply sysctl from the e.g /etc/sysctl.conf, /etc/sysctl.d, ...
# If enabled these sysctls will be re-appliead after Tuned sysctls are
# applied, i.e. Tuned sysctls will not override system sysctls.
reapply_sysctl = 1

# Default priority assigned to instances
default_instance_priority = 0

# Udev buffer size
udev_buffer_size = 1MB
```

默认情况下，动态调整是禁用的。要启用它，需要编辑 /etc/tuned/tuned-main.conf 文件，将 dynamic_tuning 选项改为 1，然后定期分析系统统计信息并使用它们来更新系统设置。要配置两次更新之间的时间间隔（以秒为单位），请使用 update_interval 选项，如上述代码所示。

举例来说：当 RHEL 以太网负载很低时，网络接口不必始终保持全速运行。tuned 具有监视和调整网络设备的插件，可以检测到这种低活动性，然后自动降低该接口的速度，通常会降低功耗。如果网络负载较大，则 tuned 会检测到此情况，并将界面速度设置为最大，以提供最佳性能。在数据中心的生产环境，不建议使用动态调整。如果不是面向企业生产的工作站环境，则可以考虑启用该插件。

接下来我们安装一个提供 cpu-partitioning 配置文件的 RPM：

```
#yum -y install tuned-profiles-cpu-partitioning
```

然后在 /usr/lib/tuned/ 目录中可以看到对应的配置文件的子目录内容，如图 13-7 所示。

```
[root@repo cpu-partitioning]# ls
00-tuned-pre-udev.sh  script.sh  tuned.conf
```

图 13-7 查看配置文件子目录

此时，查看可使用的配置文件，发现已经增加了 cpu-partitioning 配置文件，如图 13-8 所示。

```
[root@repo cpu-partitioning]# tuned-adm list
Available profiles:
- balanced                  - General non-specialized tuned profile
- cpu-partitioning          - Optimize for CPU partitioning
- desktop                   - Optimize for the desktop use-case
- latency-performance       - Optimize for deterministic performance at the
- network-latency           - Optimize for deterministic performance at the
atency network performance
- network-throughput        - Optimize for streaming network throughput, gen
- powersave                 - Optimize for low power consumption
- throughput-performance    - Broadly applicable tuning that provides excell
kloads
- virtual-guest             - Optimize for running inside a virtual guest
- virtual-host              - Optimize for running KVM guests
No current active profile.
```

图 13-8　查看可使用的配置文件

启用这个配置文件，执行如下命令即可完成安装。

```
#tuned-adm profile  cpu-partitioning
```

13.2.3　利用 Ansible Role 实现 RHEL 8 的自动化管理

为了简化 RHEL 的运维复杂度，红帽为 RHEL 8 提供了 Ansible Role，包括 rhel-system-roles.kdump、rhel-system-roles.network、rhel-system-roles.postfix、rhel-system-roles.selinux 和 rhel-system-roles.timesync。

要通过 Ansible 管理 RHEL 8，需要使用 ansible_python_interpreter 主机变量指定 RHEL 8 使用的 Python 版本。默认情况下，使用 RHEL 8 提供 Python 即可。

安装 RHEL 8 自带的 Python 和 Ansible，依次执行如下命令：

```
[root@localhost rhel-system-roles.network]# yum repolist
rhel-8-for-x86_64-appstream-rpms Red Hat Enterprise Linux 8 for x86_64 - AppStream
    (RPMs)                    8,611
rhel-8-for-x86_64-baseos-rpms Red Hat Enterprise Linux 8 for x86_64 - BaseOS
    (RPMs)                    3,697

#dnf update
#dnf install python3
#python3 -V
#pip3 install ansible --user
#subscription-manager repos --enable ansible-2.8-for-rhel-8-x86_64-rpms
# dnf -y install ansible
```

查看 Ansible 版本：

```
#  ansible --version
ansible 2.9.6
  config file = /etc/ansible/ansible.cfg
  configured module search path = ['/root/.ansible/plugins/modules', '/usr/share
    /ansible/plugins/modules']
  ansible python module location = /root/.local/lib/python3.6/site-packages/ansible
  executable location = /usr/bin/ansible
  python version = 3.6.8 (default, Oct 11 2019, 15:04:54) [GCC 8.3.1 20190507
```

```
(Red Hat 8.3.1-4)]
```

接下来，我们安装 rhel-system-roles 软件包，代码如下：

```
#  yum install rhel-system-roles
```

结果如图 13-9 所示。

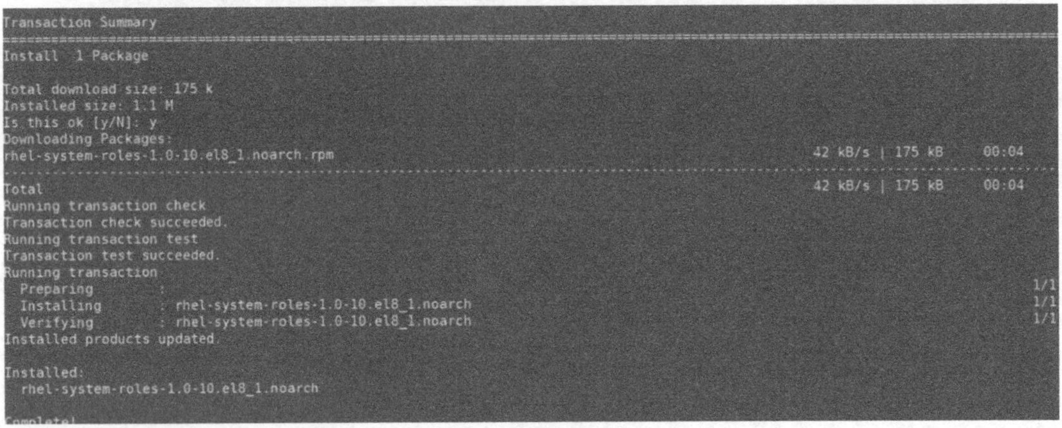

```
Transaction Summary
================================================================================
Install  1 Package

Total download size: 175 k
Installed size: 1.1 M
Is this ok [y/N]: y
Downloading Packages:
rhel-system-roles-1.0-10.el8_1.noarch.rpm            42 kB/s | 175 kB     00:04
--------------------------------------------------------------------------------
Total                                                42 kB/s | 175 kB     00:04
Running transaction check
Transaction check succeeded.
Running transaction test
Transaction test succeeded.
Running transaction
  Preparing        :                                                          1/1
  Installing       : rhel-system-roles-1.0-10.el8_1.noarch                    1/1
  Verifying        : rhel-system-roles-1.0-10.el8_1.noarch                    1/1
Installed products updated.

Installed:
  rhel-system-roles-1.0-10.el8_1.noarch

Complete!
```

图 13-9 安装 rhel-system-roles 软件包

使用 ansible-galaxy 命令行验证可用的 Ansible Role。

```
[root@localhost roles]# ansible-galaxy list
# /usr/share/ansible/roles
- linux-system-roles.kdump, (unknown version)
- linux-system-roles.network, (unknown version)
- linux-system-roles.postfix, (unknown version)
- linux-system-roles.selinux, (unknown version)
- linux-system-roles.storage, (unknown version)
- linux-system-roles.timesync, (unknown version)
- rhel-system-roles.kdump, (unknown version)
- rhel-system-roles.network, (unknown version)
- rhel-system-roles.postfix, (unknown version)
- rhel-system-roles.selinux, (unknown version)
- rhel-system-roles.storage, (unknown version)
- rhel-system-roles.timesync, (unknown version)
# /etc/ansible/roles
```

我们使用 linux-system-roles.network 为 RHEL 8 配置网卡的连接。

首先查看网卡设备：

```
# nmcli dev status
```

结果如图 13-10 所示。

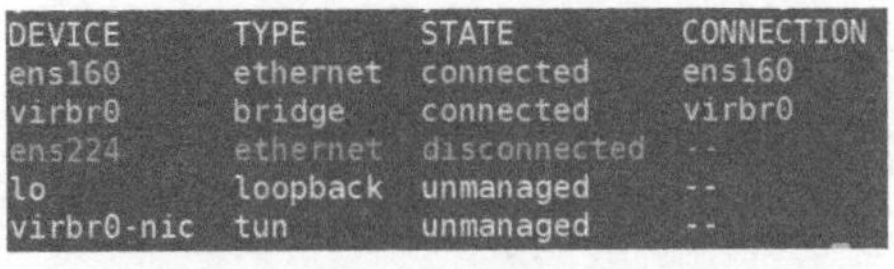

```
DEVICE      TYPE      STATE         CONNECTION
ens160      ethernet  connected     ens160
virbr0      bridge    connected     virbr0
ens224      ethernet  disconnected  --
lo          loopback  unmanaged     --
virbr0-nic  tun       unmanaged     --
```

图 13-10 查看网卡设备

配置本地连接的 Playbook，调用 rhel-system-roles.network role（conn 的名字为 DBnic，使用 DHCP 获取 IP 地址）。

```
[root@localhost rhel-system-roles.network]# cat example-network-playbook.yml
---
- hosts: localhost
  vars:
    network_connections:
      - name: DBnic
        state: up
        type: ethernet
        interface_name: eth224
        autoconnect: yes
        ip:
          dhcp4: yes
          auto6: no
  roles:
    - role: rhel-system-roles.network
```

执行 Playbook，代码如下：

```
# ansible-playbook example-network-playbook.yml
```

结果如图 13-11 所示。

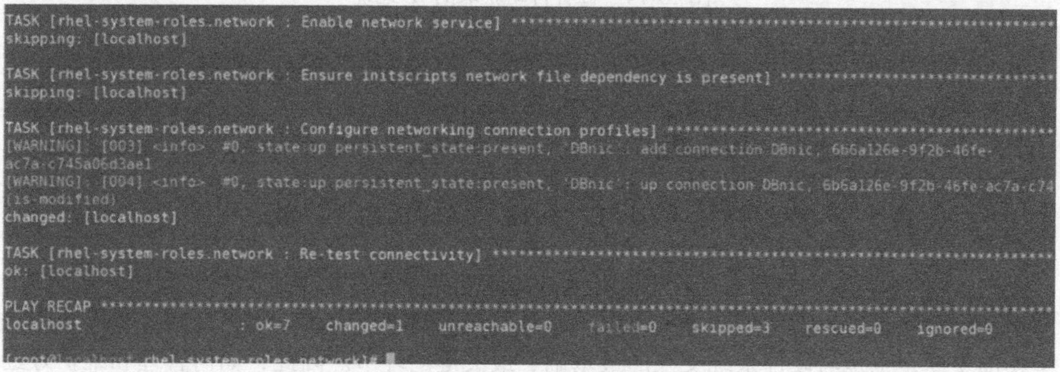

图 13-11　执行 Playbook 结果

用命令行查看网卡状态：

```
# ansible localhost -m setup -a 'gather_subset=network filter=ansible_interfaces'
```

结果如图 13-12 所示。

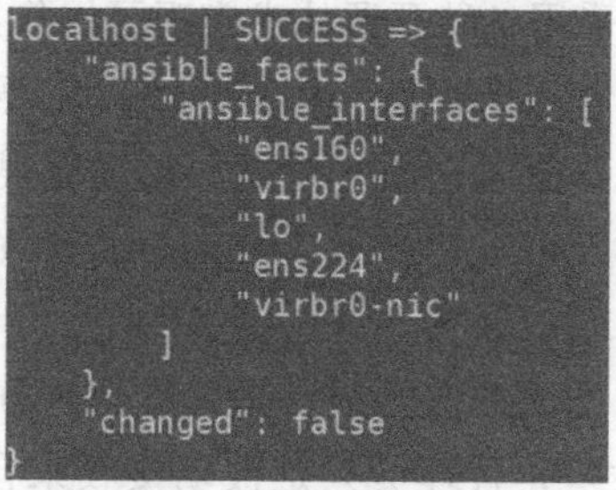

图 13-12　查看网卡状态

使用命令 # nmcli conn show 查看运行结果，如图 13-13 所示，发现连接已经创建成功，名字为 Playbook 指定的 DBnic。

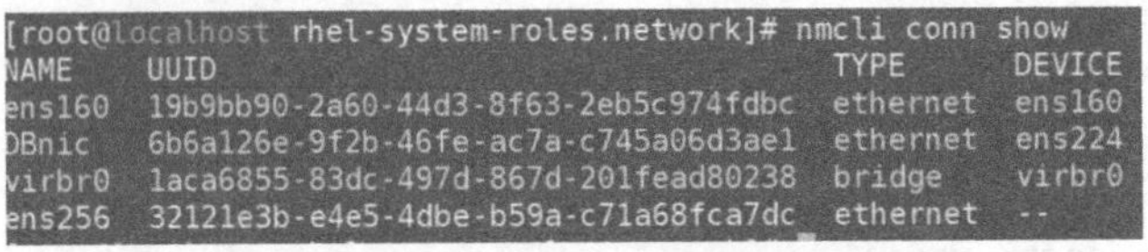

```
[root@localhost rhel-system-roles.network]# nmcli conn show
NAME     UUID                                  TYPE      DEVICE
ens160   19b9bb90-2a60-44d3-8f63-2eb5c974fdbc  ethernet  ens160
DBnic    6b6a126e-9f2b-46fe-ac7a-c745a06d3ae1  ethernet  ens224
virbr0   1aca6855-83dc-497d-867d-201fead80238  bridge    virbr0
ens256   32121e3b-e4e5-4dbe-b59a-c71a68fca7dc  ethernet  --
```

图 13-13 连接已经创建成功

查看自动获取的 IP 地址，如图 13-14 所示。

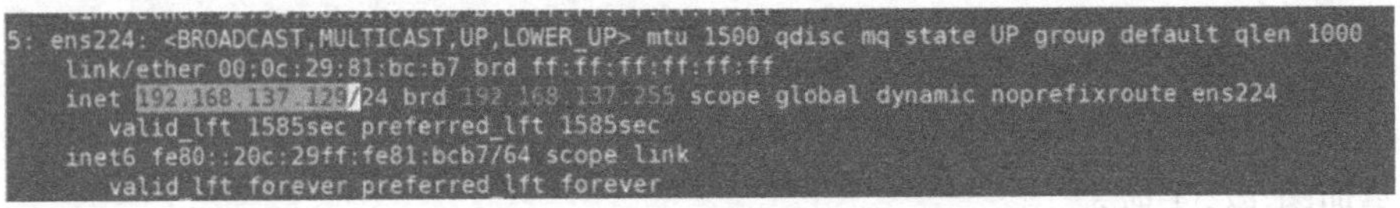

```
5: ens224: <BROADCAST,MULTICAST,UP,LOWER_UP> mtu 1500 qdisc mq state UP group default qlen 1000
    link/ether 00:0c:29:81:bc:b7 brd ff:ff:ff:ff:ff:ff
    inet 192.168.137.129/24 brd 192.168.137.255 scope global dynamic noprefixroute ens224
       valid_lft 1585sec preferred_lft 1585sec
    inet6 fe80::20c:29ff:fe81:bcb7/64 scope link
       valid_lft forever preferred_lft forever
```

图 13-14 查看自动获取的 IP 地址

在介绍了 RHEL 8 中使用 Ansible Role 实现自动化管理的方法后，接下来我们介绍一个案例，即 Z 客户对 RHEL 进行补丁管理和配置管理的例子。

13.3 Z 客户实现 RHEL 的补丁管理和配置管理

Z 客户现有多个应用系统基于红帽企业版 Linux 运营，并且基于该 Linux 的应用仍在不断增加。操作系统作为业务应用运行的核心基础，为数据库系统、中间件和业务应用提供坚实的支撑，也是与硬件系统交互的最基础、最关键的环节。因此，如何管理和维护好红帽 Linux 操作系统，使其具有良好的稳定性、坚固的安全性、最优的响应和业务处理能力是 x86 平台的重点工作之一。

13.3.1 客户对 RHEL 操作系统的管理需求

随着在生产环境中使用红帽 Linux 的应用数量的增加，Z 客户需要解决以下问题。

- 自动部署：目前 Z 客户采用各种开源技术实现了操作系统的批量安装和自动化部署，但是先前做法的可重复利用度很低，每当有项目需要进行自动部署时都需要针对该项目进行重新配置，工作量大、效率低下，且没有很好的版本管理和回退机制，也缺乏一个很好的管理界面来进行管理，希望通过有效的管理工具来实现快速部署海量服务器的问题。
- 软件更新：目前 Z 客户的服务器升级都是去红帽官方网站下载最新版本然后手工完成，实效性、可追溯性差，管理员只是被动接收来自安全部门和红帽的安全建议，希望通过一个集中展示平台，直观地看到 Z 客户所有 Linux 服务器目前运行的软件版本和官方版本之间的差异、升级的类型，并直接通过统一的展示界面远程对需要升级的服务器进行某一个软件的程序升级。
- 安全更新：国家现在对开源软件的安全性要求很高，Z 客户内部的安全部门会定期对所有的 Linux 服务器进行安全扫描并发布安全整改意见，这些意见和厂商提供的安全更新建议往往有很大的出入，所以迫切地需要一个能提供红帽产品的安全更新以及修复建议，并且能结合上述软件更新功能为系统及时修补安全漏洞的工具。
- 合规性检查：Z 客户内部有自己的操作系统基线，定义了一系列标准，这些标准需要人工来实现，参与 Linux 运维的人员也很多，每个人的能力、对操作系统的理解程度以及使用习惯的不同会造成 Linux 服务器的配置存在很大的差异，需要通过一个集中式管理工具结合 Z 客户的运维规范来实现自动化部署，根据已有环境找出与规范之间的差异并消除。
- 从开发、测试到运维的软件生命周期管理：开发、测试、运维的环境不完全一样，这会出现在开发、测试环境中可用但在生产环境中有问题的风险，需要通过工具对开发、测试和运维平台上 Linux 环境的部署、应用软件的分发以及合规性一致性的检测等进行统筹管理。
- 多用户、用户组管理以及访问控制：基于 Linux 的系统都是以项目（业务）的方式进行划分的，每个项目都会有相应的软件中心和数据中心的技术人员负责应用软件和操作系统的开发、部署、上线、维护等工作，因此需要一个给相应的用户赋予相应的权限以避免越权操作的工具，解决在大规模 Linux 使用环境下用户管理和权限划分的问题。
- 服务器组批量操作：传统的 Linux 运维管理需要登录到服务器上手工或者通过执行脚本的方式来进行。对于一个项目而言，通常几台甚至几十台服务器的配置和运行环境是完全一样的，所以希望能像操作一台服务器那样操作一组服务器，执行一次操作就可以让该组内所有服务器都生效，批量地完成对一组服务器的升级、部署、管理和维护工作。

引入红帽 Satellite 服务器可以实现上面的需求，达到简化 IT 架构，降低人为故障的发生率，提高工作效率、安全性，节约运维成本的目的。本次测试的目的是方便 Z 客户全面了解红帽 Satellite 的各项功能并对其未来可能在 Z 客户的部署展开评估。

13.3.2　实施环境总体架构

Z 客户 Satellite 部署架构如图 13-15 所示。

整个测试环境全部基于 VMware 虚拟机部署，包括：
- 一台服务器用作 Satellite 管理平台，安装 RHEL 7 和 Satellite 管理软件；
- 一台服务器部署 Capsule 服务器，安装 RHEL 7 和 Capsule 软件；
- 一台服务器部署 proxy 服务器，安装 RHEL 6 和 squid 软件。

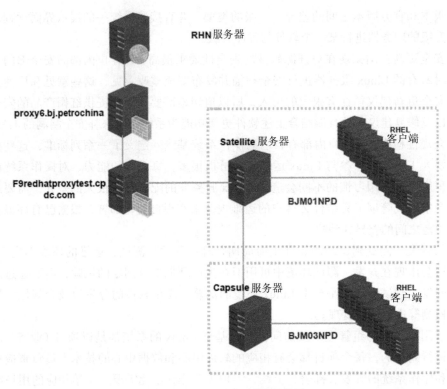

图 13-15　Satellite 部署架构图

通过 Satellite，客户实现的功能如表 13-3 所示。

表 13-3　通过 Satellite 实现 RHEL 的补丁和配置管理

编号	功能大项	功能描述
1	Satellite 功能	Satellite 服务器安装和配置 组织机构划分 Satellite admin 账户属性设置 订阅管理 软件仓库离线导入 软件仓库在线导入 生命周期管理 内容视图 激活码 自定义软件仓库 安装自定义软件包 被管服务器的引导配置 创建部署模板 配置操作系统 配置分区表 部署网络 创建主机组

(续)

编号	功能大项	功能描述
2	proxy 测试	proxy 主机安装 proxy 配置
3	主机纳管	物理主机纳管 虚拟化主机纳管
4	自动部署	创建新的主机 通过 BOOT ISO 自动部署服务器
5	软件升级	升级提示 升级信息查看 服务器端软件包主动推送 客户端主动升级
6	安全管理	安全升级提示 安全等级分类查看 安全补丁升级
7	合规性	软件包版本差异比对 配置差异比对 系统服务检查 差异报警与纠正 根据不同应用自定义规则组 OpenSCAP
8	用户权限	创建用户并设置其角色权限
9	Capsule 测试	Capsule 安装与配置 Capsule 设置 Capsule 纳管主机测试 跨网段升级测试 跨网段安全测试 跨网段合规性测试 跨网段用户角色权限测试
10	其他功能测试	备份与恢复 组合内容视图

13.4　C 客户使用 Ansible 管理大规模 Linux 的设计与优化

上文提到，RHEL 8 内嵌了 Ansible Role，因此在 RHEL 8 时代，Ansible 将会作为操作系统运维利器，被大量使用。在本节中，我们以 C 客户为例，介绍使用 Ansible 管理大规模 Linux 的设计与优化。

13.4.1　C 客户使用 Ansible 管理 2000 个异地 Linux 系统

C 客户使用 2000 个 Linux 系统（包括但不限于 RHEL），并且部署 5 个异地数据中心，每个数据中心有不同的 DMZ 网络区域。两地三中心五网络区域，内网与 DMZ 网络区域不通，DMZ 各个网络区域不通，如图 13-16 所示。

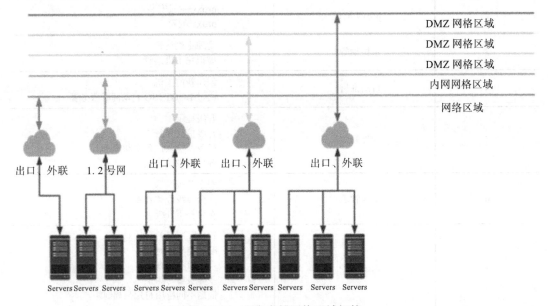

图 13-16　C 客户的网络区域拓扑

这就带来一个问题：Ansible 需要与被管理节点通过 SSH 连接。但不同的 DMZ 限制了 Ansible Server 同时与 N 台 Linux 系统的访问。并且，过多的 Linux 系统也会造成性能的下降。

结合客户需求的环境特点，最终设计方案如图 13-17 所示。

在方案中，首先构建一个 Ansible 的主机集群，由三个 Ansible Server 节点组成，采用双主一从复制方式。三个 Ansible 节点使用共享存储。然后在每个 DMZ 网络区域设置 Ansible 代理。实际上就是在 Linux 堡垒机上安装 Ansible。确保 Ansible 集群可以将任务下发到堡垒机的 Ansible，由每个 DMZ 网络区域的 Ansible 代理执行 Playbook。具体设置方法请参照 https://www.chblogs.com/junneyang/p/6073714.html。

在方案中，除了通过 Ansible 代理实现 5 个数据中心、2000 多个 Linux 系统的统一管理之外，还能进行 Ansible 的性能调优，使 Ansible Playbook 的执行时间缩短 50% 以上。

Ansible 调优完毕后，收集 2250 台 Linux 系统的信息，耗费 36.51s，与优化前的 10+min 形成鲜明的对比，如图 13-18 所示。

接下来，我们对 C 客户使用的 Ansible 调优手段和安全策略准则进行介绍。

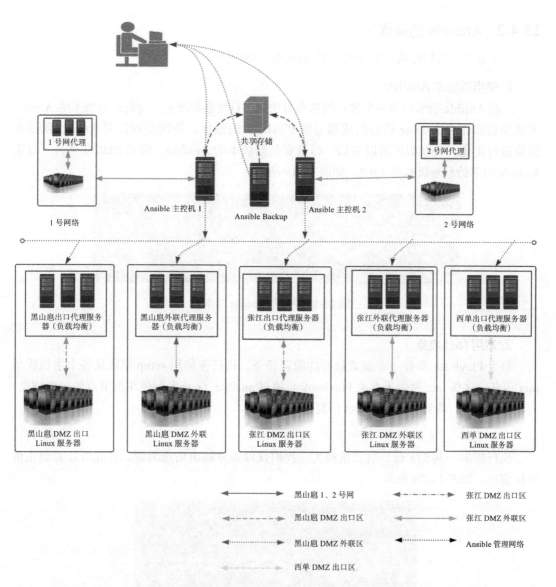

图 13-17 通过 Ansible 纳管多个 DMZ 网络区域的方案

图 13-18 Ansible 优化后的 Playbook 执行时间

13.4.2 Ansible 的调优

在本节中，我们将从 7 个方面介绍 Ansible 的调优方式。

1. 使用新版本 Ansible

红帽 Ansible 引擎的每一个发行版都会对功能进行增强和改进。运行最新版本的 Ansible 可帮助提高作为 Ansible 核心组成部分的 Playbook 的速度，特别是可以对 Ansible 附带的模块进行优化。所以如果可以的话，尽量安装新版本的 Ansible。截至 2020 年 4 月，红帽 Ansible 引擎的最新版本是 2.9.3，如图 13-19 所示。

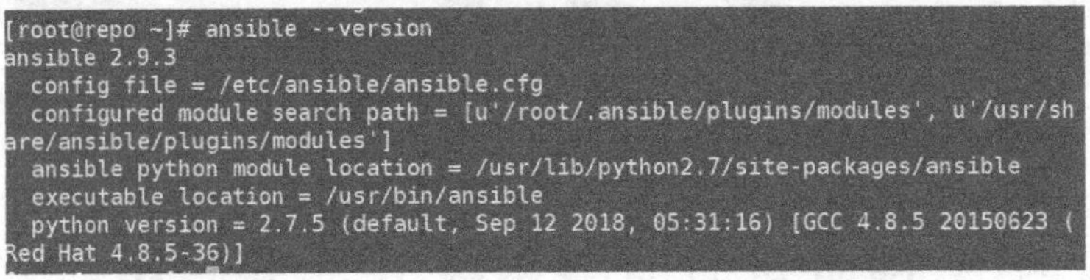

```
[root@repo ~]# ansible --version
ansible 2.9.3
  config file = /etc/ansible/ansible.cfg
  configured module search path = [u'/root/.ansible/plugins/modules', u'/usr/share/ansible/plugins/modules']
  ansible python module location = /usr/lib/python2.7/site-packages/ansible
  executable location = /usr/bin/ansible
  python version = 2.7.5 (default, Sep 12 2018, 05:31:16) [GCC 4.8.5 20150623 (Red Hat 4.8.5-36)]
```

图 13-19 查看 Ansible 版本

2. 禁用 fact 收集

每个 Playbook 都有一个前置运行的隐藏任务，该任务使用 setup 模块从各个主机收集 fact 信息。这些 fact 提供了有关 Playbook 可通过 ansible_facts 变量使用的节点的一些信息。为了方便理解，我们手工收集 fact 信息进行查看：

```
[root@repo ~]# ansible localhost -m setup
```

执行结果一共 575 行，信息量很大。我们仅以部分输出信息为例。首先可以看到主机整体信息，如图 13-20 所示。

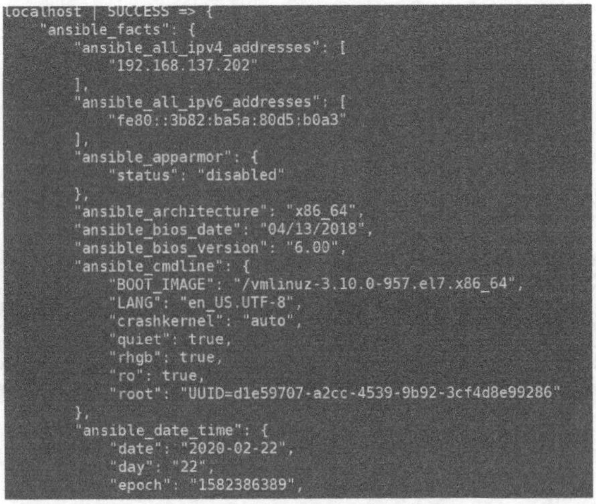

```
localhost | SUCCESS => {
    "ansible_facts": {
        "ansible_all_ipv4_addresses": [
            "192.168.137.202"
        ],
        "ansible_all_ipv6_addresses": [
            "fe80::3b82:ba5a:80d5:b0a3"
        ],
        "ansible_apparmor": {
            "status": "disabled"
        },
        "ansible_architecture": "x86_64",
        "ansible_bios_date": "04/13/2018",
        "ansible_bios_version": "6.00",
        "ansible_cmdline": {
            "BOOT_IMAGE": "/vmlinuz-3.10.0-957.el7.x86_64",
            "LANG": "en_US.UTF-8",
            "crashkernel": "auto",
            "quiet": true,
            "rhgb": true,
            "ro": true,
            "root": "UUID=d1e59707-a2cc-4539-9b92-3cf4d8e99286"
        },
        "ansible_date_time": {
            "date": "2020-02-22",
            "day": "22",
            "epoch": "1582386389",
```

图 13-20 查看主机整体信息

还可以看到网络相关信息，如图 13-21 所示。

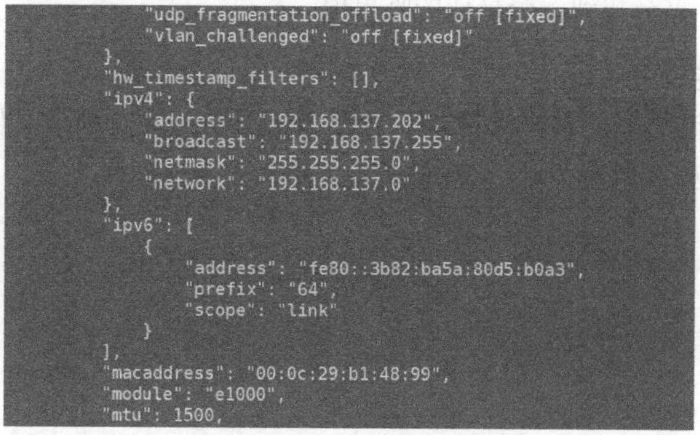

图 13-21　查看网络相关信息

收集每个远程主机的 fact 需要花费时间，尤其当纳管主机较多时，花费的时间呈线性增长。如果我们的 Playbook 中不收集 fact 信息，可以通过将 gather_facts 指令设为 False（或 no）来禁用 fact 收集。

实际上，Playbook 通常以如下变量使用 fact 收集的信息：ansible_facts['hostname']、ansible_hostname、ansible_facts['nodename'] 或 ansible_nodename。对于这些信息，我们也可以使用 inventory_hostname 和 inventory_hostname_short 对上述变量进行替换。

3. 增加并行度

当 Ansible 运行 Playbook 时，它将在当前批处理中的每一台主机上运行第一项任务，完成后在当前批处理中的每台主机上运行第二个任务，依此类推，直到所有任务完成为止。forks 参数控制 Ansible 可以有多少个连接同时处于活动状态。forks 的默认值为 5，这意味着即使在当前任务中要处理 100 台主机，Ansible 也以 5 个为一组与它们进行通信。待完成与所有 100 台主机的通信后，Ansible 将移动到下一任务。

如果我们增加 forks 值，即 Ansible 一次性可在更多主机上同时运行每一项任务，这样 Playbook 会以更快的速度完成。例如，我们将 forks 设为 100，则 Ansible 可以尝试同时打开与上一示例中的所有 100 台主机的连接，当然这将给控制节点和网络带来更大负载。

配置 Ansible 的 forks 值，可以在 Ansible 配置文件中指定，也可以在执行 Playbook 时，通过将 -f 选项传递给 ansible-playbook 指定。

我们在 Ansible 配置文件 ansible.cfg 中将 forks 参数设为 100，如下所示：

```
#cat ansible.cfg
[defaults]
inventory=inventory
remote_user=devops
forks=100
```

forks 参数的值决定了 Ansible 要启动的进程数量，数值太大可能会导致 Ansible 管理节点和网络的性能问题,因此在实际操作中,可以先尝试较小的值(例如 20),然后在每次监控系统时逐步增加,直至找到一个最佳的临界值。

4. 安装软件包时避免循环

通过 Ansible 安装 Linux 系统软件包,通常会调用 yum。当批量安装软件包时,要避免使用循环的方式。使用如下代码所示的方式安装,yum 会被调用 7 次。

```
---
- name: Install the packages on the web servers
  hosts: web_servers
  become: True
  gather_facts: False

  tasks:
  - name: Ensure the packages are installed
    yum:
      name: "{{ item }}"
      state: present
    loop:
    - httpd
    - mod_ssl
    - httpd-tools
    - mariadb-server
    - mariadb
    - php
    - php-mysqlnd
```

在 Ansible 中要尽量避免使用循环。如以下代码所示,在这种方式下,yum 只被调用一次。

```
---
- name: Install the packages on the web servers
  hosts: web_servers
  become: True
  gather_facts: False

  tasks:
  - name: Ensure the packages are installed
    yum:
      name:
      - httpd
      - mod_ssl
      - httpd-tools
      - mariadb-server
      - mariadb
      - php
      - php-mysqlnd
      state: present
```

通过第二种方式,我们可以提升安装软件包的效率,从而提升 Ansible 的运行效率。

5. 提高复制文件的效率

在 Ansible 中 copy 模块可将目录递归复制到被管主机。当目录很大并且文件数量很多时,可能需要花费很长时间才能完成复制。在将大量文件复制到被管主机时,使用

synchronize 模块会更高效。synchronize 模块在后台使用 rsync 的方式，速度比 copy 模块快。

在下面的配置中，我们在 Playbook 使用 synchronize 模块将 web_content 目录递归复制到 Web 服务器上。

```
---
- name: Deploy the web content on the web servers
  hosts: web_servers
  become: True
  gather_facts: False
  tasks:
  - name: Ensure web content is updated
    synchronize:
      src: web_content/
      dest: /var/www/html
```

6. 优化 SSH 连接

当 Ansible 执行 Playbook 时，首先会在 Ansible 管理节点和被管节点之间建立 SSH 连接。建立 SSH 连接是一个速度较慢的过程，尤其当被管节点数量很多的时候，会大幅增加 Ansible 运行的总时长。

因此，我们需要对 SSH 连接进行优化。Ansible 依赖于 SSH 提供两个功能。

- ControlMaster，允许多个同时与远程主机连接的 SSH 会话使用单一网络连接。第一个 SSH 会话建立连接，与同一主机连接的其他会话则重复利用该连接，从而绕过较慢的初始过程。SSH 在最后一个会话关闭后，会立即销毁共享的连接。
- ControlPersist，可以使 SSH 连接在后台保持打开，而不是在上一次会话后销毁。这样稍后的 SSH 会话可重用该连接。ControlPersis 控制空闲连接保持打开的时间，每个新会话将重置此空闲计时器。

我们在 Ansible 配置文件 ansible.cfg 的 [ssh_connection] 部分，进行如下配置：

```
[ssh_connection]
ssh_args = -o ControlMaster=auto -o ControlPersist=60s
```

设置后，Ansible 在最后一次会话完成后会使 SSH 连接保持打开 60s。如果被管主机数量较多，可以适当调大 ControlPersist 的值。

如果 forks 或 ControlPersist 设置得比较大，控制节点可能会使用更多并发连接，以确保控制节点配置了足够的文件句柄，用于支持更多活动的网络连接。

7. 使用滚动更新

Ansible 在执行任务时具有幂等性。也就是说，任意多次执行对资源本身所产生的影响均与一次执行的影响相同。

例如，我们对 10 台被管主机执行一个 Playbook，其中 5 台成功了，5 台失败了。找出 5 台主机执行失败的原因，再次执行 Playbook，则 Playbook 仅对执行失败的机器进行操作，而不会对此前执行成功的机器上做任何操作。但当纳管主机很多时，这种操作方式会降低效率（因为我们不能保证第二次执行一定能成功）。

此外，Ansible 自身的模块是幂等性的，但是如果 Ansible 调用了 shell 或者系统的命令行，就不能保证完全幂等性了。因此我们要避免大规模执行 Playbook 时大量节点任务执行失败的情况。

为了解决类似的问题，Ansible 在执行 Playbook 时可以进行滚动更新。这样做的好处是发生不可预见的问题时，Ansible 可以暂停部署，并且任何错误都仅限于特定批处理中的服务器。然后通过测试和监控，进行如下操作。

❑ 对受影响的批处理中的主机进行回滚配置。
❑ 隔离受影响的主机，以启用对失败部署的分析。
❑ 向相关负责人发送部署通知。

在滚动更新模式下对机器分批执行任务时，只有当第一批中所有的机器任务都执行失败了，Ansible 才会认为这批机器上执行的任务失败并终止对下一批机器的操作。如果一批中只有部分机器失败了，Ansible 会对下一批机器执行任务。我们有两种配置滚动更新的方法：设置固定批处理大小和设置批处理百分比。

（1）设置固定的批处理大小

在 Playbook 的配置中，serial 关键字指定每个批处理中有多少台主机。在开始下一个批处理之前，Ansible 将全程通过 Playbook 处理每一台主机。如果当前批处理中的所有主机都失败，则整个处理操作将中止，并且 Ansible 不会启动下一个批处理，如下所示：

```
---
- name: Update Webservers
  hosts: web_servers
  serial: 2
```

在上面的配置中，"serial:2" 表示 Ansible 每次对 web_servers 组中的两台主机进行操作，这两台成功以后，再对另外两台进行操作。此过程将继续，直到所有主机都操作完成。因此，如果 Playbook 中的主机总数不能被批处理大小整除，则最后一个批处理包含的主机可能比 serial 关键字的指定值少。

（2）设置批处理百分比

除了设置 serial 数值，我们还可以为 serial 关键字的值指定百分比，如下所示：

```
---
- name: Update Webservers
  hosts: web_servers
  serial: 25%
```

如果指定了百分比，则将在每一个批处理中处理相应百分比的主机数量。如果 serial 的值为 25%，那么无论 web_servers 组中是包含 20 台主机还是 200 台主机，都需要四个批处理来完成对所有主机的处理操作。

Ansible 将该百分比应用到主机组中的主机总数。如果生成的值不是整数数量的主机，则值将被截断到最接近的整数。剩余的主机在最终的较小批处理中运行。批处理大小不能为零个主机。如果截断后的值为零，Ansible 会将批处理大小更改为一个主机。

13.4.3　Ansible 优化前后对比

在本节中，我们通过优化一个 Playbook 来展示优化前后的效果对比。

首先查看一个部署 webserver 的 Playbook，该 Playbook 将安装软件包、启动服务，并以递归方式将本地目录复制到被管节点。Playbook 的内容如图 13-22 所示。

图 13-22　优化之前的 Playbook

为了统计 Playbook 的执行时间，修改 Playbook 配置文件，启用两个回滚插件，如图 13-23 所示。

图 13-23　启动回滚插件

运行 deploy_webservers.yml 的 Playbook，然后记下 Playbook 的总运行时间。

```
#ansible-Playbook deploy_webservers.yml
```

我们看到执行 Playbook 一共需要 38s，如图 13-24 所示。

图 13-24　查看 Playbook 的执行时间

接下来从三个方面优化 deploy_webservers.yml 的 Playbook。

- 禁用 fact 收集,因为该 Playbook 不使用 fact。
- 删除软件包安装任务中的循环。
- 将 copy 模块替换为 synchronize 模块。

将 Playbook 修改成图 13-25 所示内容。

```
- name: Deploy the web servers
  hosts: web_servers
  become: True
  gather_facts: False
  tasks:
    - name: Ensure required packages are installed
      yum:
        name:
          - httpd
          - mod_ssl
          - httpd-tools
          - mariadb-server
          - mariadb
          - php
          - php-mysqlnd
        state: present

    - name: Ensure the services are enabled
      service:
        name: "{{ item }}"
        state: started
        enabled: True
      loop:
        - httpd
        - mariadb

    - name: Ensure the web content is installed
      synchronize:
        src: web_content/
        dest: /var/www/html
```

图 13-25 优化后的 Playbook

再次执行 Playbook,查看运行结果,共运行了 16s,如图 13-26 所示,而优化之前,Playbook 的执行时间是 38s。

图 13-26 优化之后的执行时间

通过上述调优手段,Playbook 的执行速度大幅提升。

13.4.4 Ansible 安全

执行 Ansible Playbook 需要配置在管理节点和被管节点之间的 SSH 信任。最简单的方式是在 Ansible Engine 和 Ansible 被管主机之间配置 root 用户的无密码 SSH 信任。但是,显然这种方式太不安全了。如果配置 root 用户的无密码 SSH 信任,理论上如果 Ansible Engine 主机被黑客攻破,那所有被纳管的系统都可以被超级用户访问。所以,Ansible 中默认会用普通权限用户执行 Playbook,当需要特权执行某些任务时,再使用特权升级。

1. Ansible 特权升级的级别

Ansible 特权升级配置分为全局级别配置、主机级别配置、单 Playbook 级别配置、role 级别配置、任务中的级别配置 5 个级别。接下来，我们介绍这 5 个级别的配置方式。

全局级别配置通过配置 ansible.cfg 文件实现，如下所示：

```
#vi ansible.cfg
[privilege_escalation]
become = True
become_method = su
become_user = root
become_password = root
```

主机级别配置可以在 inventory 中实现，如下所示：

```
webservers:
  hosts:
    servera.lab.example.com:
    serverb.lab.example.com:
  vars:
ansible_become: true
```

在单 Playbook 中设置特权升级，如下所示：

```
---
- name: Example play using connection variables
  hosts: webservers
  vars:
ansible_become: true
  tasks:
    - name: Play will use privilege escalation even if inventory says no
      yum:
        name: perl
        state: installed
```

role 的特权升级可以有两种方式。

- 第一种方式是针对角色本身，在其内部或者针对其任务设置特权升级变量。角色的文档可能会指定是否必须设置其他变量（如 become_method），才能使用该角色。你也可以在 Ansible 配置或 Playbook 中自行指定此信息。
- 第二种方式对调用该角色的 Playbook 进行特权升级设置。

在 Playbook 中设置 role 的特权升级，如下所示：

```
- name: Example play with one role
  hosts: localhost
  roles:
    - role: role-name
become: true
```

任务中的级别配置如下所示，这里是为 Playbook 中的一个任务进行特权升级：

```
---
- name: Play with two tasks, one uses privilege escalation
  hosts: all
  become: false
  tasks:
```

```yaml
- name: This task needs privileges
  yum:
    name: perl
    state: installed
  become: true
- name: This task does not need privileges
  shell: perl -v
  register: perlcheck
  failed_when: perlcheck.rc != 0
```

在介绍了 Ansible 特权升级的五个级别后，接下来我们看一个特权升级配置示例。

2. Ansible 特权升级示例

以下是包含三个任务的 Playbook 示例。第一个任务指定 become:true，表示使用特权升级（覆盖 Ansible 配置文件或命令行选项）。第二个任务指定 become:false 表示即使配置文件或命令行选项指定为升级特权，也不使用特权升级。第三个任务没有 become 指令，会根据 Ansible 配置文件或命令行中的默认设置使用特权升级。ansible_user_id 变量显示在被管主机上运行当前 play 的用户的用户名。

```yaml
---
- name: Become the user "manager"
  hosts: webservers
  become: true
  tasks:
    - name: Show the user used by this play
      debug:
        var: ansible_user_id

- name: Do not use privilege escalation
  hosts: webservers
  become: false
  tasks:
    - name: Show the user used by this play
      debug:
        var: ansible_user_id

- name: Use privilege escalation based on defaults
  hosts: webservers
  tasks:
    - name: Show the user used by this play
      debug:
        var: ansible_user_id
```

至此，我们就完成了对 Ansible 特权升级的展示。

13.5 本章小结

在本章中，我们介绍了 RHEL 7 的技术参数与生命周期、RHEL 8 的性能调优与管理；然后通过 C 客户使用 Ansible 实现 Linux 操作系统运维的案例，介绍 Ansible 的设计与优化，帮助读者加深理解。在第 14 章中，我们将介绍虚拟化和分布式存储的内容。

第 14 章

虚拟化与分布式存储

在上一章中,我们介绍了 RHEL 的性能优化与配置管理。在本章中,我们将介绍虚拟化和分布式存储。

14.1 虚拟化方案的选择

在客户的数据中心内,vSphere 仍然被大量使用。在基于开源的虚拟化方案里,KVM 已经占据主导地位。KVM 虚拟化方案占整个服务器虚拟化市场的比重越来越高是不争的事实。那么,基于 KVM 技术,客户如何构建企业级虚拟化方案?我们接下来详细介绍。

14.1.1 KVM 大量普及

KVM 的全称是 Kernel-based Virtual Machine。KVM 在 2007 年 1 月 7 日被纳入主流 Linux 系统的内核中。KVM 本属于 Qumranet 公司(该公司还提供 KVM 管理平台 oVirt)。2008 年,红帽公司收购了 Qumranet 公司,随后在 2009 年推出基于 KVM 的虚拟化解决方案 RHEV 2.1。

客户选择虚拟化的方案时,通常从自身的需求出发,结合实际预算进行选择。而出于成本与源代码把控等多个角度考虑,越来越多的客户考虑在自身的 IT 业务系统中引入除 vSphere 之外的第二个虚拟化平台,并且这个平台应该是基于开源的解决方案。而选择 KVM 虚拟化方案显然是最合适的。

14.1.2 传统 KVM 虚拟化方案的选择

谈到红帽虚拟化方案,除了 KVM 之外,还不得不提到 oVirt(Open Virtualization)。

oVirt 是基于 KVM 的开源管理软件的项目，项目同样起源于 Qumranet 公司，在 2011 年开源为 oVirt 项目。作为一款开源虚拟化管理软件，oVirt 的支持厂家有红帽、IBM、Intel、思科、Canonical、NetApp 和 SUSE。

oVirt 包括两部分内容：oVirt-Engine 和 oVirt-Node。oVirt-Engine 通过 HTTP 协议向外提供 HTTP API，同时提供内建的网页服务供用户和系统管理员使用。系统管理员通过网页可以创建、修改虚拟机及相关设备或用户权限，用户在拥有权限的情况下可以操作自己的虚拟机。

而 ovirt-node 的目的是构建一个精简、健壮的操作系统镜像。简单地说，ovirt-node 是一个小的主机镜像，该镜像提供 libvirt/vdsm（Virtual Desktop Server Manager）和 KVM（Kernel based Virtual Machine）等虚拟化服务，使用 libvirt/vdsm 管理 KVM 虚拟机。

从架构上讲，oVirt-Engine 对应红帽 KVM 虚拟化中的 RHV-Manager，类似 vSphere 的 vCenter。oVirt Host 对应红帽虚拟化中的 RHV-Hypervisor，类似 vSphere 的 ESXi。RHV 与 vSphere 的技术对比如表 14-1 所示。

除了 RHV 外，OpenStack 是以 KVM 为核心的虚拟化方案。目前社区 OpenStack 最新的版本为 Wallaby。目前红帽 OpenStack 平台的发布策略是只根据 OpenStack 社区大版本对外发布红帽企业版 OpenStack。对于社区小版本的 OpenStack，红帽只发布内部测试版。红帽企业版 OpenStack 功能与社区版无区别，但提供企业级支持。目前红帽 OpenStack 平台的最新版本是 16，对应社区 Train 版本。红帽企业版 OpenStack 的生命周期如图 14-1 所示，我们看到每个版本最长可支持 5 年。

表 14-1 RHV 与 vSphere 技术对比

RHV	vSphere
RHV-M	vCenter
RHV-H（基于 KVM）	ESXi
Live Migration	vMotion
Storage Live Migratioon	Storage vMotion
Scheduling Policy	DRS
HA	HA
OVS，Linux Bridge	vDS
REST API	vSphere SDK

Version	General availability	Full support ends	Maintenance support ends	Third-party certification period ends	End of Life	Extended life cycle support (ELS) add-on ends
Maintenance support						
16	2020年2月6日	2020年10月27日	2024年4月30日	2022年5月30日	2024年4月30日	2025年4月30日
13	2018年6月27日	2019年12月27日	2021年6月27日	2019年12月27日	2021年6月27日	2023年6月27日
Extended support						
10	2016年12月15日	2018年6月16日	2019年12月16日	2018年12月31日	2019年12月16日	2021年12月15日

图 14-1 红帽企业版 OpenStack 产品生命周期

红帽企业版 OpenStack 安装部署模块包含的组件如图 14-2 所示。

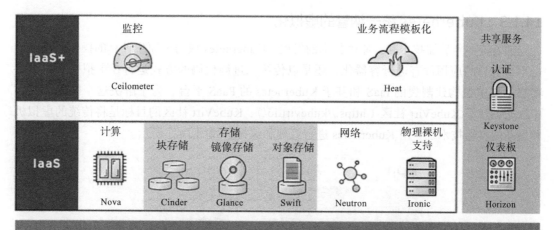

图 14-2 红帽 OpenStack 架构图

- Keystone：OpenStack 身份认证模块，提供通用的认证框架，能够管理用户、租户、角色、服务和服务端点。提供 SQL、PAM、LDAP 等后端支持。
- Horizon：OpenStack 仪表板，提供自服务界面，管理 IaaS 的用户、租户及配额等。
- Nova：OpenStack 计算服务，统一管理虚拟机 Hypervisor，分布式控制管理调度策略及 API 调用等。
- Glance：OpenStack 镜像存储服务，管理虚拟机的磁盘镜像和虚拟机模板，支持通用的虚拟机格式，如 RAW、QCOW、VMDK、VHD、ISO 等。
- Cinder：OpenStack 卷存储服务，为虚拟机提供持久化的卷存储管理服务，同时支持基于插件的横向扩展，以支持不同类型的后台存储。
- Swift：OpenStack 对象存储服务，提供面向对象的易用的数据存储服务。（当前部署环境无要求。）
- Neutron：OpenStack 网络服务，基于 SDN（Software Defined Network）框架的虚拟网络服务，支持 L2、L3 级别数据交换和路由。
- Heat：OpenStack 业务流程模板化服务，通过一个业务流程的通用引擎以模板化快速部署多个负责的云应用。
- Ceilometer：OpenStack 监控和计量服务，提供了一套收集 OpenStack 状态信息的统一框架，能够收集所有模块中的信息，以此实现监控、计量等扩展能力。
- Ironic：OpenStack 物理裸机支持服务，可以实现物理机的添加、删除、电源管理和安装部署等。Ironic 提供的插件机制让厂商可以开发自己的驱动以支持通用的硬件。

14.1.3 Kubernetes 统一纳管的虚拟化

随着这些年容器技术和云原生技术的发展，Kubernetes 成为云原生计算的操作系统。但是不少客户的应用没有进行容器化，还是以传统二进制代码的方式运行在虚拟机上。而且客户不想单独构建割裂的 IaaS 和基于 Kubernetes 的 PaaS 平台。为了解决这个问题，2016年红帽创建了 KubeVirt 社区（https://kubevirt.io/）。KubeVirt 社区的目标是将传统的虚拟机和最新的容器技术统一由 Kubernetes 进行管理和编排，如图 14-3 所示。

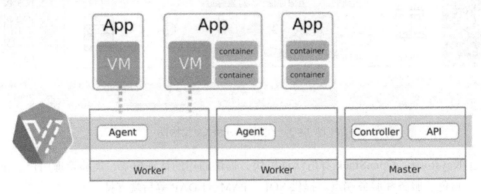

图 14-3　KubeVirt 架构

KubeVirt 采用 Kubernetes 扩展 API 的方式，主要在以下 3 个方面进行了扩展。

- ❑ VM 相关的自定义资源（CRD）被增加到 Kubernetes API 中间。新增的 CRD 包括 VirtualMachine、VirtualMachineInstance、VirtualMachineInstanceMigration、DataVolume 等。
- ❑ 新建虚拟机控制器，用于实现对上述相关 CRD 的增、删、改等操作。
- ❑ 增加每个节点上的守护进程 virt-handler（运行在 Kubernetes 集群的 DaemonSet 中），可以认为是 KubeVirt 的 kubelet。Virt-handler 和 kubelet 一起创建虚拟机实例（VMI），以达到 CRD 期望的状态。

KubeVirt 社区官方的详细架构图，展示了 KubeVirt 与 Kubernetes 的协同工作，如图 14-4 所示。

OpenShift Virtualization 是红帽 KubeVirt 推出的经过加固和增强的企业发行版，被作为 OpenShift 的一个组件对外提供。OpenShift Virtualization 的目标不是只提供传统虚拟化技术（比如红帽虚拟化或 VMware vSphere）之外的另一种选择，而是提供一种基于 Kubernetes 的全新技术，将传统的、基于虚拟机的应用与云原生的、容器化的应用进行整合，如图 14-5 所示。Kubernetes 能够为虚拟机提供高可用性、调度、安全、资源管理等功能，就像为容器提供这些功能一样。

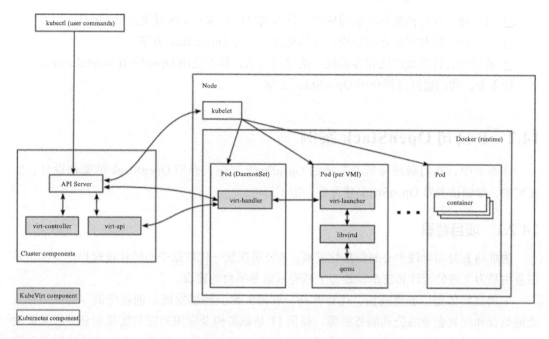

图 14-4 KubeVirt 架构图

对于客户而言，OpenShift Virtualization 的应用场景如下。

- 客户尚未建立虚拟化环境：希望用容器云平台统一管理容器化应用和传统应用。
- 客户已经 / 计划部署了容器云：客户在进行容器化转型，但从原来的大型单体应用到现代微服务应用的改造不是一蹴而就的，需要通过一个比较长的周期，进行多次迭代才能完成。在这个转型周期中，通过容器云平台统一管理传统的大型单体应用（基于虚拟机）和新创建的微服务应用有利于降低转型过程的复杂度。

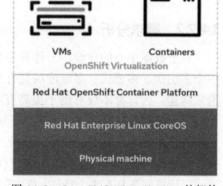

图 14-5 OpenShift Virtualization 的架构

- 边缘计算场景：边缘计算场景的新的应用基本都是按照容器化进行开发的，但也存在一些传统的基于虚拟机的应用。通过使用 OpenShift Virtualization，可以将两者结合起来，如果再结合 OpenShift 多集群的管理功能，就可以进行边缘计算的统一管理，实现云边协同的效果。

OpenShift Virtualization 充分使用了 OpenShift 完整生态，在可靠性、稳定性、易用性以及生态友好性方面，大大超出了其上游社区 KubeVirt。

综上所述，在选择 KVM 时有三种方案。

- 第一种，针对传统有状态的应用，推荐选择红帽 KVM 虚拟化方案（RHV）。
- 第二种，针对无状态的应用，推荐选择红帽的 OpenStack 方案。
- 第三种，针对虚拟化和容器统一纳管的需求，推荐使用 OpenShift Virtualization。

接下来，我们通过案例介绍 OpenStack 方案。

14.2　F 公司 OpenStack 案例

在本节中，我们通过分析 F 公司的 OpenStack 案例，介绍 OpenStack 的架构设计、实施规划，帮助读者对 OpenStack 建设有一定了解。

14.2.1　项目背景

为推动 F 公司管理中心的信息化发展，F 公司在新一代数据中心的建设过程中，决定采用业内最为先进的云计算技术，致力于私有云服务平台的建设。

本项目将依据"加速成长、优势互补、资源汇聚、持续发展、创新增值"的原则，有效地整合和配置企业的公共服务资源，提供 IT 基础架构及应用的完整支撑和公共服务解决方案。本项目建成后不仅将支撑企业在信息建设工作中的普遍需求，提供共性的技术和服务，而且会针对不同行业对信息应用的特殊需求，提供面向特定行业领域的技术和服务。

F 公司在充分依托现有资源的基础上，重点建设数据中心及云计算公共服务中心等服务模块。

14.2.2　需求分析

对于数据中心的建设，云计算是多种概念和技术并行发展，在融合过程中逐渐形成的一个多层次、多模式、多维度的复合概念。不同的企业应用可以选择使用不同的云计算技术来构建。云计算不仅有助于提高资源利用率，节约成本，还能大幅度提高应用程序从设计开发到业务部署的速度，并有助于加快创新步伐，创造更大的业务成效。

针对本次项目的需求，通过分析，F 公司认为此次项目的架构方案也应该从面向云服务和云计算的角度出发，搭建具有先进性的架构方案。

云计算服务具有 5 个特征：面向服务；具有可扩展性，是一个弹性的框架；是共享平台；按需计量；基于互联网技术。

云计算服务平台为企业提供共享计算、共享存储、开发环境平台搭建、支撑服务软件等内容的公共技术服务。建设内容包括中心机房、服务器设备、存储设备、网络设备、安全设备、支撑软件、业务软件等模块。

14.2.3　建设目标

数据中心及云计算服务中心依托先进技术，能统一管理标准，确保平台的保密性、安全性、稳定性和可扩展性。拥有统一管理标准的平台，降低了 IT 维护成本，提高了对需求的响应速度，可以达到以下目标：充分利用现有的硬件、软件资源；支持计算、存储资源共享能力；为企业提供业务支撑服务。

在构建平台时不管是从系统安全、可靠性、大容量方面，还是从可扩充性等诸多方面，我们都应给予非常全面的考虑，具体包括：

- 整体架构的经济性；
- 架构的可靠性，避免单点故障；
- 存储大容量，可扩展性；
- 计算资源的有效性；
- 平台的安全性。

14.2.4 总体架构

基于 F 公司的真实需求和现实状况，结合红帽产品的特性，建议服务器总数量为 30 台，项目实施分为两期，整体架构如图 14-6 所示。

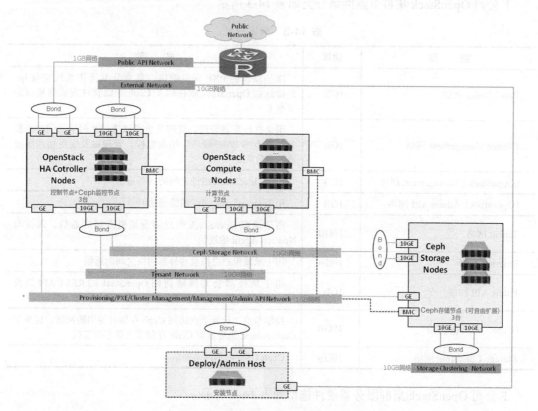

图 14-6 OpenShift 实施整体架构图

F 公司 OpenStack 集群节点的角色和作用如表 14-2 所示。

表 14-2 服务器角色数量

角色	作用	
安装节点	安装节点是由 1 个单一系统组成的 OpenStack 安装环境，包括部署和管理 OpenStack 环境所需的组件	1
控制节点	OpenStack 云平台使用独立的物理服务器作为控制节点，控制节点对终端用户提供管理服务，对云平台的操作内部提供各种控制和管理服务。当前环境中，镜像管理、卷管理、网络管理、用户身份及权限控制、虚拟机统一管理等服务安装在控制节点。由 3 台物理服务器组成的高可用控制节点集群大大提高了整个架构的可用性	3
计算节点	OpenStack 云平台使用独立的物理服务器作为计算节点。云平台创建的虚拟机运行在计算节点 Hypervisor 中	23
Ceph 存储节点	使用独立的物理服务器作为 Ceph 存储节点，存放真实数据信息	3
Ceph 监控节点	复用控制节点的物理服务器，作为 Ceph 监控节点，统一协调管理 Ceph 集群信息	3

F 公司 OpenStack 集群节点网络分类如表 14-3 所示。

表 14-3 网络分类

类型	速率	用途
Provisioning/PXE	1GB	这是默认的 PXE 安装网络，负责分发操作系统安装 ip，并将红帽 OpenStack 软件以及 Ceph 存储软件安装到集群的节点上
Cluster Management 网络	1GB	用来进行集群管理，管理员也可以通过此网络访问物理服务器节点的 BMC 端口，用来监控、管理以及变更物理服务器的参数配置
（OpenStack）Management 网络	1GB	用于 OpenStack 组件之间的内部通信
（Openstack）Admin API 网络	1GB	用于 OpenStack 组件的管理访问
Tenant 网络	10GB	用于承载 OpenStack 租户的虚拟机之间的通信，以及与 Neutron Agent 的通信
External 网络	10GB	用于承载租户虚拟机和外部网络之间的通信
Public API 网络	1GB	用于从外部公共网络访问 OpenStack 的 REST API 以及 Horizon 仪表盘
（Ceph）Storage 网络	10GB	控制节点、计算节点访问 Ceph 存储时使用的网络，也用于 Ceph Admin 服务器对 Ceph 存储节点状态的监控
Storage Clustering 网络	10GB	Ceph OSD 内部网络通信

F 公司 OpenStack 集群服务器硬件选型如表 14-4 所示。

表 14-4 硬件推荐

角色	类型	配置	数量
控制节点/Ceph 监控节点	两路服务器	x3650 M5 系统，2 颗 Xeon E5-2650 v3 处理器，64 GB RAM，2 块 900GB 2.5 英寸 HDDs，4 口 1GB，4 口 10GB，BMC 模块	3
计算节点（标准配置）	两路服务器	x3650 M5 系统，2 颗 Xeon E5-2650 v3 处理器，256 GB RAM，16 块 900 GB 2.5 英寸 HDDs，2 口 1GB，2 口 10GB，BMC 模块	23
存储节点	一路服务器	x3650 M5 系统，1 颗 Xeon E5-2650 v3 处理器，64 GB RAM，2 块 2.5 英寸 400GSSDs（Intel S3500），12 块 3.5 英寸 4TB HDDs，2 口 1GB，4 口 10GB，BMC 模块	3
安装节点	一路服务器	x3550 M5 系统，1 颗 Xeon E5-2620 v3 处理器，32 GB RAM，4 块 900GB 2.5 英寸 HDDs，2 口 1GB，BMC 模块	1

网络硬件选型：

- 千兆网口数量：$3 \times 4 + 23 \times 2 + 3 \times 2 + 1 \times 2 = 66$
- 万兆网口数量：$3 \times 4 + 23 \times 2 + 3 \times 4 = 70$

根据不同速率的网口数量，选择合适的硬件。需要注意的是，10GB 交换机有两种选择，一种是选择一个 72 口的交换机，另一种是选择 3 个 24 口的交换机组合使用，如表 14-5 所示。

表 14-5 网络交换机

型号	参数	数量
Lenovo G8124（选择一）	24 口万兆	3
Lenovo G8272（选择二）	72 口万兆	1
Lenovo G7052	52 口千兆	2

F 公司 OpenStack 集群软件配置如表 14-6 所示。

表 14-6 OpenStack 集群软件配置

角色	使用红帽产品	数量
控制节点	红帽企业版 Linux OpenStack 平台（标准配置）	3
计算节点	红帽企业版 Linux OpenStack 平台（标准配置）	23
Ceph 存储	红帽 Ceph 存储（推荐）	1
存储节点 OS	红帽企业版 Linux 服务器，（标准配置）	3
安装节点 OS	红帽企业版 Linux 服务器，（标准配置）	1

14.2.5 云主机容量评估

为了使 F 公司更好地评估未来的云环境的承载能力，特别是能够根据业内常见的标准给出相关的容量评估依据，使得 F 公司的相关运维团队以及管理团队能够对整个云主机资源池有一个全面的掌控，F 公司需要具备云主机容量评估的能力。

表 14-7 列出了虚拟主机工作量特性的假设。混合工作负载由 45% 小型虚拟机、40% 中型虚拟机、15% 大型虚拟机组成。此信息仅作为衡量用户实际工作量的基准，不一定代表任何特定的应用程序。在实际的运行环境中，工作负载都不可能具有相同的特性，并且主机之间的工作负载可能不平衡。

表 14-7 虚拟主机分类

	vCPU	vRAM	内存	IOPS
小型虚拟机	1	2GB	20GB	15
中型虚拟机	2	6GB	60GB	35
大型虚拟机	6	12GB	200GB	100

单台物理主机能够提供的虚拟资源总量的估算方法如下。

计算所需资源量的工作量预期，然后将该工作量乘以工作量的最大大小，并添加 10% 的缓冲区管理开销。为了更好地提高资源利用率，考虑在同一类型（最好以操作系统类型区分）的工作负载安装在同一主机上，这样物理主机可以充分利用内存或存储。通常情况下主机内存和 CPU 的计算公式如下：

- vCPU = 物理内核 * CPU 分配率（6:1）
- vRAM = 物理内存 *（RAM 分配率 2）*（100%–OS 预留）

使用上述方法论及计算公式，我们可以得到单台物理主机的资源总量，如表 14-8 所示。

表 14-8 单台物理主机虚拟资源总量

	单台计算节点虚拟资源提供量
Server	x3650 M5 系统
vCPU	20 内核 *6=120 vCPU
vRAM	256GB*150%*(100%–10%)= 345GB
内存空间	16*900GB+RAID–10 = 6.6 TB
IOPS（67% 读操作 +33% 写操作）FIO 性能测试	~8000

通过上述计算公式及单台物理服务器资源总量，我们可以大致估算出每台物理主机可以承载的虚拟机数量。但是需要特别注意的是，当虚拟机对 IOPS 和网络性能要求较高时，需要根据真实情况决定单台物理主机上的虚拟机数量，一般情况下单台物理主机上的虚拟机数量不要超过 30 台。

14.2.6 项目收益

过去传统 IDC 虚拟化模式下的运维工作更多是依赖闭源厂商提供的产品来实现，运维人员可以创新的地方相对较少，而且由于运维工具的不透明，很多运维人员只知其然而不知其所以然。随着红帽开源解决方案的引入，运维工作变得更加灵活高效，运维人员也可以根据实际业务状况进行更加深入的定制和改造。

通过红帽 OpenStack+Ceph，F 公司无须购买专用的存储设备，只需使用通用的 x86 服务器即可组成一个计算资源以及存储资源共存的私有云平台，而且对对象存储这样的新型存储方式有最好的支持，同时云平台中的虚拟机使用的块设备也可以由 Ceph 一并提供，可以大大节省采购成本，降低管理难度。

14.3 存储虚拟化的选择

在云计算时代，计算虚拟化、软件定义存储、软件定义网络是 IaaS 的三大基础支柱。目前在软件定义存储市场，很多厂商均有自己的产品。有的基于文件系统，有的基于块设备，有的基于对象存储。在云时代，用户需要云门户来调度底层的各种计算资源（物理机、虚拟机、公有云）和存储资源（SAN、NAS、对象存储），这就需要有一种统一存储平台，通过提供统一接口，同时提供块存储、对象存储和文件系统，与云平台对接。在目前的开源界，能够提供统一的、开源的最著名的分布式存储是 Ceph。

14.3.1 Ceph 的背景

2014 年，红帽收购 Inktank（Inktank 主要提供基于 Ceph 的企业级产品）。此次收购后，红帽成为 Ceph 开源社区代码贡献最多的贡献者。Ceph 作为一种存储集群，其支持的节点数量和容量无理论上限，可以多达上百个节点、PB 容量级别。Ceph 内部是一种对象存储，它对外提供三种访问方式。

- Object：兼容 Swift 和 S3 的 API，提供对象存储访问方式。
- Block：支持精简配置、快照、克隆，提供块设备、裸设备访问方式。
- File：Posix 接口，支持快照，提供文件系统访问方式。

目前企业使用 Ceph 的场景有三类。

- 为 KVM 虚拟化、OpenStack 提供后端存储。
- 为容器云提供后端存储。
- 为 Linux 操作系统（物理机或虚拟机）提供后端存储。

在全球范围内，Ceph 的成功案例比比皆是，如 SAS、趋势科技、FICO、摩根大通集团、BlackRock 等。其中，SAS 是全球最大的软件公司之一，是全球商业智能和分析软件与服务领袖。2015 年 SAS 的收入高达 31.6 亿美元，全球雇员超过 1.4 万人。SAS 公司使用红帽 Ceph 构建 OpenStack 私有云。在使用 OpenStack 和 Ceph 之前，SAS 一直使用 NetApp 和 Isilon 提供的传统存储方案。红帽 Ceph 与 OpenStack 无缝的集成性，不仅实现了客户存储云的需求，而且帮客户解除了存储厂商的锁定。

谈到 Ceph 适用的具体业务场景，主要有以下三种。

- IOPS 密集型业务场景：这种场景通常是支撑在虚拟化、私有云上运行数据库。如在 OpenStack 上运行 MySQL、MariaDB 或 PostgreSQL 等。IOPS 密集型业务场景对磁盘的性能要求较高，最好使用全闪架构。如果使用混合架构，机械盘转速需要 1.2 万转 / 秒，并使用高速盘存储频繁写操作的日志或元数据。
- 高吞吐量型业务场景：这种场景主要是大块数据传输，如图像、视频、音频文件等。高吞吐量型业务场景对磁盘的要求没有 IOPS 密集型业务场景高，但对网络配置要求较高，同时需要配置 SSD 来处理写日志。
- 高容量型业务场景：这种场景主要用于存储归档、离线数据。它对磁盘的容量要求较高，对性能无过多要求。写日志也可以存储在 HDD 上。

14.3.2　Ceph 的架构

Ceph 存储集群由三类守护进程组成：OSD、Monitor 和 Manager。

- OSD：OSD 是 Ceph 存储数据的空间，通常一个 HDD 是一个 OSD，并且不建议做 RAID（独立硬盘冗余阵列）。每个 OSD 有一个 OSD 守护进程。Ceph OSD 利用 Ceph 节点的 CPU、内存和网络资源来执行数据复制、纠删码、数据恢复、监控和报告功能。
- Monitor：Monitor 负责维护 Ceph 存储集群，主要存储集群中数据的主副本以及存储集群的当前状态。注意，多个 Monitor 的信息需要强一致，因此要求 Monitor 节点之间的系统时间是一致的，并且网络延时要低。
- Manager：Manager 是 Ceph 12.8 中的新功能，它维护放置组（PG）、进程元数据和主机元数据的详细信息。这部分功能此前由 Monitor 完成（其目的是提高 Ceph 集群的性能）。Manager 可以处理只读 Ceph CLI 查询请求，例如放置组统计信息等。此外，Manager 还提供 RESTful API 监控。

如果要使用 Ceph 文件系统和对象接口，Ceph 集群还需要具备如下节点。

- 元数据服务器（Metadata Server，MDS）：每个 MDS 节点运行 MDS 守护程序（ceph-mds），管理与 Ceph 文件系统（CephFS）上存储的文件相关的元数据。
- 对象网关：Ceph 对象网关节点上运行 Ceph Rados 网关守护程序（ceph-radosgw）。它是一个构建在 librados 之上的对象存储接口，也是一个为应用程序提供 Ceph 存储集群的 RESTful 网关。Ceph 对象网关支持两个接口：S3 和 OpenStack Swift。

在介绍了 Ceph 的相关背景和架构后，我们介绍 Ceph 的配置规范。

14.3.3 Ceph 的配置规范

针对 IOPS 密集型业务场景，服务器配置建议如下。
- OSD：每个 NVMe SSD 上配置四个 OSD（可以使用 lvm）。
- 日志：存放于 NVMe SSD。
- 控制器：使用 Native PCIe 总线。
- 网络：每 12 个 OSD 配置一个万兆网口。
- 内存：最小为 12GB，每增加一个 OSD，增加 2GB 内存。
- CPU：每个 NVMe SSD 消耗 10 CPU 内核。

针对高吞吐量型业务场景，服务器配置建议如下。
- OSD：使用 7200 转速的机械盘，每个磁盘为一个 OSD。不需要配置 RAID。
- 日志：如果使用 SATA SSD，日志容量与 OSD 容量的比率控制在 1:4 ~ 5。如果使用 NVMe SSD，则容量比率控制在 1:12 ~ 18。
- 网络：每 12 个 OSD 配置一个万兆网口。
- 内存：最小为 12GB，每增加一个 OSD，增加 2GB 内存。
- CPU：每个 HDD 消耗 0.5 CPU 内核。

针对高容量型业务场景，服务器配置建议如下。
- OSD：使用 7200 转速的机械盘，每个磁盘为一个 OSD。不需要配置 RAID。
- 日志：使用 HDD 磁盘。
- 网络：每 12 个 OSD 配置一个万兆网口。
- 内存：最小为 12GB，每增加一个 OSD，增加 2GB 内存。
- CPU：每个 HDD 消耗 0.5 CPU 内核。

除此之外，在选择 Ceph 的硬件时也有一些通用的标准，如 Ceph 节点使用相同的 I/O 控制器、磁盘大小、磁盘转速、网络吞吐量和日志配置。

Ceph 集群包含以下两类网络。
- 前端公共网络：处理客户端发过去的请求并且与 Ceph Monitor 通信。
- 后端集群网络：处理 OSD 心跳、副本复制等。

从性能角度考虑，这两类网络最好使用不同的网卡。在上面的 Ceph 安装中，我们将两个网络进行了拆分。

在介绍了 Ceph 的背景、架构、最佳实践后，我们介绍一个 Ceph 的实际案例。

14.4 T 客户案例

T 客户使用 OpenStack 作为 IaaS，支撑 OpenStack 的分布式存储是红帽 Ceph。红帽 Ceph 作为支撑 T 客户的分布式存储，保证了业务系统的高效、稳定运行。接下来我们详细介绍分布式存储的使用情况。

14.4.1 案例背景

在 T 客户中一共部署了 5 个红帽 Ceph 集群（Red Hat Ceph Storage，RHCS），分别部署在高密机房的信息内网区域、低密机房的信息内网区域、低密机房的内网电子支付区域、低密机房的信息外网区域和低密机房 T5 的外网电子支付区域。

Ceph 集群 Monitor 节点数量与集群中的 OSD 数量相关。若 OSD 数量大于 1000，则建议 Monitor 节点数量为 5，否则为 3。根据这个规则，5 个 Ceph 集群的配置如下。

1）高密机房内网区域，cluster-84 集群：5 个 Ceph 监控节点、84 个存储节点。

2）低密机房内网区域，cluster-40 集群：3 个 Ceph 监控节点、40 个存储节点。

3）低密机房内网电子支付区域，cluster-16 集群：3 个 Ceph 监控节点、16 个存储节点。

4）外网区域，cluster-68 集群：5 个 Ceph 监控节点、68 个存储节点。

5）电子支付区域，cluster-12 集群：3 个 Ceph 监控节点、12 个存储节点。

我们知道，PG 的数量与 Ceph 集群的整体性能有关。如果 PG 数量太少，将会降低读写性能，如果 PG 数量太高，每个 OSD 会消耗更多的 CPU 和内存。由于 Ceph 环境的 OSD 数量较多，因此我们对 PG 的数量进行了调优，大幅提升了 Ceph 的读写性能。

Ceph PG 的数量调整如下，如表 14-9 所示。

表 14-9 Ceph 的规模与配置

Cluster	Pool 名称	OSD 数量	初始值	调整值
Ceph 1	SAS-Pool	1344	8192	131072
	PCIE-Pool	168	32768	16384
Ceph 2	SAS-Pool	1088	65536	65536
	PCIE-Pool	136	8192	8192
Ceph 3	SAS-Pool	640	32768	32768
	PCIE-Pool	80	4096	4096
Ceph 4	SAS-Pool	256	16384	16384
	PCIE-Pool	32	2048	2048
Ceph 5	SAS-Pool	192	8192	16384
	PCIE-Pool	24	1024	2048

需要注意的是：在生产环境中增加 PG 数量时需要循序渐进，小心操作。从 4.8.16 开始增加 PG 的步长，找到一个对集群影响较小的数值，尝试增加，等待集群状态恢复至 HEALTH_OK 再进行下一步操作。建议在客户没有上线业务时进行此操作。此操作非常耗费时间。

14.4.2 红帽 Ceph 节点服务器配置

为了保证红帽 Ceph 性能充分发挥，Ceph 集群的 Ceph Monitor 和 OSD 节点都配置了 SATA SSD 和万兆网卡。此外，OSD 节点还配置了 PCI-E 的 SSD。

Ceph Monitor 节点的服务器配置如表 14-10 所示。

表 14-10　Ceph Monitor 节点的服务器配置

集群名称	Cluster 1	Cluster 2	Cluster 3	Cluster 4	Cluster 5
节点数量	5	3	3	5	3
服务器类型	SRH510（OEM Lenovo SR850）	SRH310（OEM Lenovo SR650）			
CPU	4 × Intel Xeon 12 内核	2 × Intel Xeon 12 内核		2 × Intel Xeon 10 内核	
内存	512GB	256GB			
硬盘	操作系统使用：SAS 1.2TB × 2 for with RAID-1				
网卡	10GbE × 6 Ports （Ceph Public Network: 2 Ports 管理网络：2 ports for LACP bonding）				

Ceph OSD 节点的服务器配置如表 14-11 所示。

表 14-11　Ceph OSD 节点的服务器配置

集群名称	Cluster 1	Cluster 2	Cluster 3	Cluster 4	Cluster 5
节点数量	84	44	16	72	12
服务器类型	Huawei 2488v5	SRH310(OEM Lenovo SR650)			
CPU	4 × Intel Xeon 10 内核	2 × Intel Xeon 10 内核			
内存	256GB				
硬盘	SAS 1.2TB × 2 for OS with RAID-1 SAS 1.2TB × 16 for OSD SATA 960GB SSD × 4 for Faster Pool PCIe 3.2TB SSD × 2 for RocksDB/WAL SAS 1.2TB × 2 for backup				
网卡	10GbE * 6 （Ceph Public Network：2 ports for LACP bonding Ceph Cluster Network：2 ports for LACP bonding Ceph Management 2 ports for LACP bonding）				

14.4.3 BlueStore 的设计

BlueStore 存储引擎的实现,需要用到存储数据和元数据。目前红帽 Ceph BuleStore 的元数据存储在 RocksDB(K-V 数据库)中。通过为 RocksEnv 提供操作接口,RocksDB 存放在 BlueFS 上。因此 BlueFS 最终通过 RocksDB,承载的是 BlueStore 存储引擎中的元数据,因此它会很大程度上影响整个 Ceph 的性能。

BlueFS 内部支持多种不同类型的设备。按照速率和延迟可将这些设备分为超高速(WAL)、高速(DB)、慢速(Slow)三种。RocksDB 的日志文件和 BlueFS 自身的日志文件优先使用超高速设备,BlueFS 中的普通文件优先使用高速设备,当设备空间不足的时候,自动降到下一级的设备。通过这种方式,可以大幅提升 Ceph 对元数据的操作效率,从而提升整个 Ceph 的稳定性和性能。BlueStore 存储的普通数据(非元数据)可由普通大容量机械盘提供,存储在慢速设备上,如图 14-7 所示。

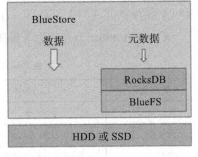

图 14-7 Ceph BlueStore 内部架构

T 客户有两种业务场景,即普通业务场景和关键业务场景。一般业务场景使用混合磁盘,关键业务场景使用全闪磁盘。

- 对于普通业务:一块慢速机械的 SAS HDD 磁盘(用于存放数据的 OSD),对应 SATA SSD 盘上 DB 分区需不少于 50GB,WAL 分区需不小于 2GB。
- 对于关键业务,T 客户为服务器配置了 PCIe SSD,元数据和数据都保存在上面,分区划分如下:
  - 数据分区:2.5TB;
  - 元数据分区:DB 分区需不少于 120GB,WAL 分区需不小于 50GB。

在 T 客户的 Ceph 集群中,每个 OSD 节点都有 16 个 SAS 磁盘,4 个 SATA SSD,2 个 PCI SSD。T 客户使用 Ceph 主要存储 VM Image,并为 VM 中的系统提供块存储。

T 客户中 Ceph 集群配置了低速、高速、超高速三个数据池,如图 14-8 所示。

- 低速池:普通 SAS HDD 磁盘。
- 高速池:SATA SSD 磁盘。
- 超高速池:PCI-e SSD。

在 T 客户的环境中,每个 Ceph 存储节点共有 16 个 1.2TB SAS(HDD03 ~ HDD18)作为 OSD 盘,每 4 个 OSD 的 BlueStore 的 DB 和 WAL 保存在一个 SSD 盘中,即 HDD03~HDD06 对应 SSD1,HDD07~HDD10 对应 SSD2,HDD11~HDD14 对应 SSD3,HDD15~HDD18 对应 SSD4;HDD19 和 HDD20 用于替换出现硬件故障的数据盘,缩短故障排除时间,降低硬件维修不及时所带来的风险。PCIe1 和 PCIe2 作为超高速池为关键业务保留使用。

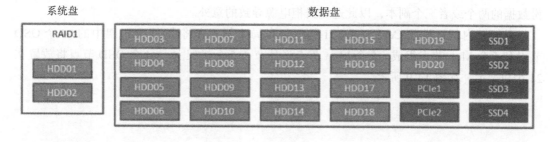

图 14-8　T 客户 Ceph 集群数据池配置

在 5 个 Ceph 集群中，针对 bluestore_cache_kv_max 和 bluestore_cache_size_hdd、bluestore_cache_size_ssd 三个参数进行调整，可以大幅提升 Ceph 集群的读性能。原参数值如下所示：

```
bluestore_cache_kv_max = 2147483648
bluestore_cache_size_hdd = 10737418240
bluestore_cache_size_ssd = 10737418240
```

在运行时修改，登录任意 OSD 节点：

```
ceph tell osd.* injectargs --bluestore_cache_kv_max 2147483648
```

验证是否生效，选取一个 OSD 检查即可：

```
ceph --admin-socket /var/run/ceph/***.asok config show | grep bluestore_cache_kv_max
```

然后，在全部 Ceph 节点的 /etc/ceph.conf 中的 [global] 下添加两行参数配置：

```
[global]
bluestore_cache_kv_max = 2147483648
bluestore_cache_size_hdd = 10737418240
bluestore_cache_size_ssd = 10737418240
```

14.4.4　故障域设计

T 客户的 Ceph 集群故障域设计以机架作为单元。一个 Ceph 集群的 OSD 节点应分布在 3 个以上的机架上，并更改分配给池的 CRUSH 规则，以选择机架作为故障域。此配置将确保整个机架出现故障时，Ceph 集群的整体可用性最多降低 33%，数据不会发生丢失。

T 客户实施过程主要涉及两个机房，共计 55 个机柜。一个机柜可以放置 14 个服务器（节点），10 个用于计算，4 个用于存储。我们不让一个机架上的 4 个节点 OSD 中出现同一份数据的两个或者三个副本，以此避免机柜电源导致的意外。

以信息内网区域的 Ceph Cluster1 的机架布局为例，它将由 21 个机架中的 84 个 OSD 节点和 5 个 Mon 节点组成。5 个 Mon 节点将分布在 5 个机架上，84 个 OSD 节点将放置在 21 个机架上，如图 14-9 所示。

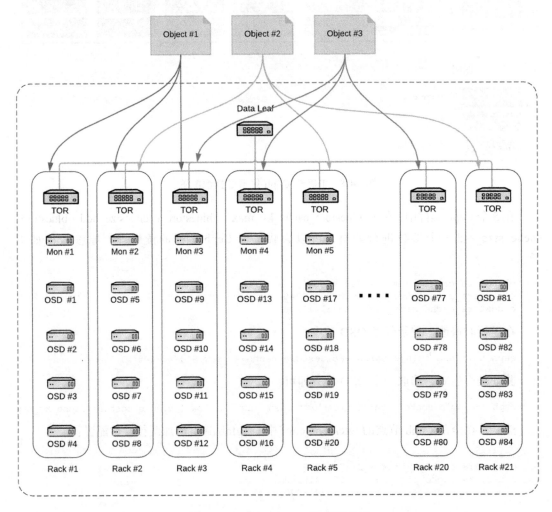

图 14-9　Ceph Cluster1 的机架布局

14.4.5　网络设计

Ceph 集群 Mon 和 OSD 节点都分别配置南北向、东西向和管理的网络。

- 南北向网络，即客户访问 Ceph 存储的网络：10GbE×2，接 T 客户的存储访问流量，需要与 T 客户的存储访问界面同网段。

- 东西向网络，即 Ceph 集群内部通信的网络：10GbE×2，独立网段，不受（对）外界干扰。
- 管理网络，即管理用的网络：1GbE，用于安装、部署和监控。
- 生产网络均使用网卡绑定，避免单点故障，实现高可用。
- 存储网络交换机的故障域与 Ceph（例如电源）保持一致，这样即使一个机柜出现断电问题，业务也不会发生中断。
- Ceph 节点万兆网卡使用 bond0，MTU 大小设置为 9000。

对所有 Ceph 节点万兆网卡系统参数进行如下优化：

```
net.ipv4.tcp_rmem = 4096 87380 16777216
net.ipv4.tcp_wmem = 4096 16384 16777216
net.core.rmem_max = 16777216
net.core.wmem_max = 16777216
net.core.netdev_budget = 1000
```

Ceph 作为 T 客户核心数据的存储系统，在三年来有力地支撑了 T 客户业务系统的稳定运行。随着 T 客户业务的不断发展、IaaS 云规模的不断扩大，相信红帽 Ceph 会在 T 客户 IT 系统中发挥越来越大的作用！

14.5 本章小结

在本章中，我们介绍了虚拟化的选型以及客户使用 OpenStack 的案例。此外，我们还介绍了 Ceph 的最佳实践以及客户的使用案例，相信读者会对其有更深入的了解。

推荐阅读

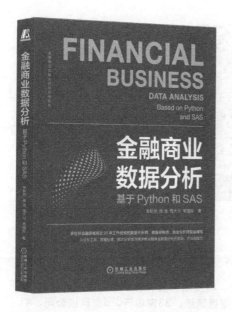 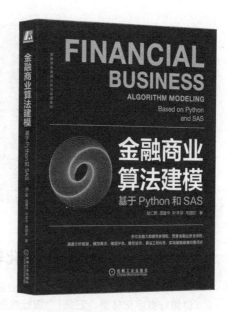

金融商业数据分析：基于Python和SAS

本书贴合金融行业的分析软件环境，将新兴的Python与传统的SAS相结合，以便于读者快速掌握相关技术。本书共14章，分为3篇。软件基础篇（第1～4章）：介绍了SAS EG的菜单操作和Python的快速入门。数据处理篇（第5～9章）：从构建统计指标和数据可视化开始讲解，将数据查询、数据整合与数据清洗相结合，构建出满足分析需求的数据集。统计分析篇（第10～14章）：从假设检验开始讲解，介绍如何从业务洞察中获取灵感，然后用数据验证灵感，并且将得到的灵感构建成统计模型，以便预测客户的未来价值或者营销响应的概率。

金融商业算法建模：基于Python和SAS

本书针对决策类、识别类、优化分析类三大主题，独创九大模板：客户价值预测、营销响应预测、细分画像、交叉销售、申请反欺诈、违规行为识别、预测、运筹优化、流程挖掘，详细讲解了每个模板的算法原理、评估方法、优化方法和应用案例等，内容上极力做到准确、明晰、直观与实用。

此外，本书还对数据科学项目中比较容易被忽视的内容做了补充，包括模型评估、模型监控、算法工程化，指导读者构建易读、高效、健壮的数据科学工程。

推荐阅读

《银行数字化转型：路径与策略》

本书将分别从行业研究者、行业实践者、科技赋能者和行业咨询顾问的视角探讨银行数字化转型，汇集1个银行数字化转型课题组、33家银行、5家科技公司、4大咨询公司的研究成果和实践经验，讲解银行业数字化转型的宏观趋势、行业先进案例、科技如何为银行数字化转型赋能以及银行数字化转型的策略。

《银行数字化营销与运营：突围、转型与增长》

从营销和运营两个维度，深度解读数字化时代银行转型与增长的方法。

在这个数字化时代，银行如何突破自身桎梏，真正完成营销和运营方面的数字化转型？在面对互联网企业这个门口的野蛮人时，银行如何结合自身优势，借助数字化方式实现逆势增长？书中涉及数十个类似的典型问题，涵盖获客、业务、营收等多个方面。为了帮助读者彻底解决这些问题，书中不仅针对这些问题进行了深度分析，寻求问题出现的根源，还结合作者多年的银行从业经验给出了破解方法。

《中小银行运维架构：解密与实战》

这是一部全面剖析中小银行运维架构和运维实战经验的著作。作者团队均来自金融机构或知名互联网企业，有丰富的运维实战经验，近年来持续探索中小规模银行如何推广和落地虚拟化、容器化、分布式、云计算等新兴技术，综合运用各种技术手段，打造高质量、自动化、智能化的运维体系，提升系统稳定性和运维效率。

本书是该团队的经验总结，书中把一些优秀的实践、流程、方法固化为代码、工具和平台，希望对银行、证券、基金等行业的科技团队或金融科技公司有所帮助。